MINHA VIDA

MIKHAIL GORBACHEV
MINHA VIDA

Tradução:

Rodrigo Botelho
Júlio Sato

Amarilys

Título original em alemão: *Alles zu seiner Zeit – Mein Leben*
Copyright © 2013 by President Mikhail Gorbachev

Amarilys é um selo editorial Manole.

Editor-gestor: Walter Luiz Coutinho
Editor: Enrico Giglio
Produção editorial: Luiz Pereira
Preparação: Felippe César de Paula Ferreira
Revisão: Karina Sávio
Editoração eletrônica: Tkd Editoração
Capa: Daniel Justi
Foto: Miki Kratsman/Corbis/Latinstock

Dados Internacionais de Catalogação na Publicação (CIP)
(Câmara Brasileira do Livro, SP, Brasil)

Gorbachev, Mikhail, 1931- .
   Minha vida / Mikhail Gorbachev ; tradução
Rodrigo Botellho, Júlio Sato. -- Barueri, SP :
Amarilys, 2016.

   Título original: Alles zu seiner Zeit
   ISBN 978-85-204-3945-6

   1. Chefes de Estado - União Soviética -
Autobiografia 2. Gorbachev, Mikhail
Sergueievitch, 1931- 3. Gorbachev, Mikhail
Sergueievitch, 1931- Autobiografia I. Título.

16-01017   CDD-947.0854092

Índices para catálogo sistemático:
1. Gorbachev, Mikhail Sergueievitch :
Autobiografia 947.0854092

A Editora Manole é filiada à ABDR – Associação Brasileira de Direitos Reprográficos

Edição brasileira – 2016

Editora Manole Ltda.
Av. Ceci – Tamboré
06460-120 – Barueri – SP – Brasil
Tel. (11) 4196-6000 – Fax (11) 4196-6021
www.amarilyseditora.com.br / info@amarilyseditora.com.br

Impresso no Brasil
Printed in Brazil

Em memória de minha esposa

SUMÁRIO

PRÓLOGO

Do diário

21 de setembro de 2000

Um ano sem Raíssa. Nós, parentes e amigos mais próximos, nos reunimos hoje para descerrar a lápide. A peça é do escultor Friedrich Sogojan. Uma placa de mármore colorida – como um campo repleto de flores. Pedras grandes. A inscrição diz: "Raíssa Maximovna Gorbachova, 5 de janeiro de 1932 – 20 de setembro de 1999". O vulto de uma mulher jovem, muito parecida com Raíssa. Ela se inclina para depositar flores do campo sobre o túmulo.

Um ano se passou, talvez o pior de todos. Minha vida perdeu o verdadeiro sentido. Precisei de meses para me recuperar. O que me salvou foi a proximidade com minha filha, Irina, minhas netas, Xênia e Anastácia, e meus amigos.

Depois da morte de Raíssa, suspendi as viagens e aparições públicas por alguns meses. Passei todo o tempo na minha *datcha*. Nunca antes me sentira tão terrivelmente só. Raíssa e eu estivemos juntos por quase cinquenta anos, um ao lado do outro, e nunca percebemos isso como um fardo, pelo contrário: sempre vivemos bem a dois. Nós nos amávamos, embora não conversássemos sobre o assunto. O essencial era o seguinte: queríamos preservar tudo o que nos havia aproximado durante a juventude. Nós nos entendíamos e cuidávamos do nosso relacionamento.

Não me livro do sentimento de ser responsável pela morte de Raíssa. Repasso mentalmente todos os momentos para entender como foi possível eu não ter conseguido salvá-la. Percebi o quanto ela se abateu com os acontecimentos recentes: como nosso país pôde ter sido tomado por pessoas sem decência, escrúpulos e responsabilidade? Raíssa tocava nesse assunto constantemente e, quando eu reclamava, alegando que não se pode pensar o tempo todo em uma só coisa, ela se calava e recolhia-se a sua toca. Eu sentia muito por isso. Seu sofrimento me afligia.

Sempre me lembro da última noite que passou com vida, entre os dias 19 e 20 de setembro. Raíssa faleceu no dia 20 de setembro de 1999, às 2h57. Ela morreu sem sentir dor, estava em coma. Não pudemos dizer nada um ao outro como despedida. Ela se foi dois dias antes da data agendada para o transplante de células-tronco da medula de Ludmila, sua irmã, cinco dias antes do aniversário de 46 anos da cerimônia do nosso casamento civil em Moscou.

Acreditei na sua cura até o último momento e, por muito tempo, não fui capaz de compreender o ocorrido. Incapazes e consternados, Irina e eu permanecemos ao lado de sua cama: "Não vá embora, *Sacharka.** Você está ouvindo?". Eu segurava suas mãos na esperança de que ela talvez respondesse pressionando a minha. Raíssa permaneceu em silêncio – ela estava morta.

Antes da doença, Raíssa e eu conversamos repetidas vezes sobre o nosso futuro. Uma vez, eu a ouvi dizer: "Não gostaria de ficar sem você. Essa não seria uma opção para mim. Você, sim, você pode se casar e continuar sua vida". Fiquei abalado com o que se passava pela sua cabeça. "O que você está dizendo?! Por que você está falando isso? Por que está falando em morrer? Você é jovem, olhe-se no espelho. Ouça o que as pessoas estão dizendo. Você só está cansada."

"Não quero ser uma mulher velha", ela sempre dizia. Quando chegaram os netos, tivemos de decidir como eles se dirigiriam a nós. Ela

---

*   Apelido carinhoso inspirado no famoso retrato de uma menina camponesa, obra de 1825 do artista russo Alexei Gavrilovich Venetsianov. (N.T.)

quis ser chamada de *babulia*. "*Babushka** soa tão decrépito, mas, por outro lado, *babulia* tem energia!" Ela era assim...

Raíssa gostava de um provérbio sobre a idade de uma mulher: "Criança, menina, jovem, jovem, jovem, jovem – uma mulher velha é uma mulher morta".

Nos últimos anos da nossa vida em comum, ela sonhava bastante com o falecimento de um de nós dois. Percebia cada vez com mais frequência que ela tinha medo. Às vezes, ela dizia: "Vamos viajar menos". Para ela, tornava-se cada vez mais difícil me acompanhar em viagens longas. Mas, como eu podia ler nos seus olhos tristes, era mais difícil ainda ficar sozinha.

Naquela noite, Irina e eu estávamos ao lado da sua cama. Choramos, sem poder fazer mais nada.

5 de janeiro de 2001

O aniversário de Raíssa. Ela teria completado 69 anos. Em nossas conversas sobre o futuro, ela dizia constantemente: "Se eu vivesse até o romper do novo século e do novo milênio, isso já seria mais do que suficiente". Três meses a separaram desse objetivo. Nós tínhamos um plano: queríamos dar as boas-vindas aos anos 2000 de forma inesquecível. Como Irina e as crianças nunca haviam ido a Paris, pretendíamos adentrar os anos 2000 na Champs-Élysées, na cidade mais maravilhosa do mundo.

Estávamos ansiosos com a viagem, até sermos atingidos por essa terrível perda. Mesmo assim, fui com as meninas até Paris, o presente de natal de Raíssa para elas.

Hoje estivemos no cemitério Novodevichy. Levamos muitas flores – já era época de natal. Nevara durante a noite. Escolhi as flores prediletas de

---

* Maneira carinhosa de se referir, em russo, a uma senhora idosa, avó ou matriarca. (N.T.)

Com Irina, Anastácia e Xênia, 2009.

Raíssa: rosas vermelhas. Uma imagem inesquecível: as rosas vermelhas contra o branco da neve. Sobre a lápide.

Quando voltamos, sentamo-nos à mesa. Na parede, um grande retrato dela. Na sala, flores, velas acesas, a árvore de natal enfeitada e o aroma de pinho. Sobre a mesa, tudo com o que ela costumava nos mimar. Resumindo: um banquete russo com as cores da Sibéria, na forma de *pelmeni* e da torta chamada *Avantgarde*, preparada pela confeitaria do Kremlin e cujo nome fora escolhido por Raíssa. Erguemos as taças e permanecemos em silêncio...

Depois do jantar, subi para o meu escritório. Deixei as luzes apagadas e caminhei até a janela. O terreno da *datcha* iluminado pelos lampiões, a densa floresta russa e a neve caindo incansável – eu me senti como se estivesse no Teatro Bolshoi, vendo *O Quebra-Nozes*. Cultivávamos uma tradição familiar de ir ao Teatro Bolshoi todos os anos, na véspera do Ano-Novo. Assistíamos a *O Quebra-Nozes* e, quando voltávamos para casa, festejávamos o fim do ano velho, e distribuíamos os presentes que *Dedushka Moros** conseguira colocar debaixo da nossa árvore de natal, apesar do alto nível de segurança da residência oficial. Música, uma confraternização feliz...

Agora tudo isso são apenas lembranças de uma vida passada, do tempo em que todos nós ainda estávamos juntos.

Raíssa amava o inverno russo, em especial quando havia neve e tempestades, como é de costume. Já era assim na época em que morávamos no *krai*† de Stavropol, quando uma vez chegamos a nos perder durante uma nevasca. E também era assim em Moscou. Raíssa nasceu nas montanhas Altai e cresceu na Sibéria. A família construtora de estradas de ferro também viveu por alguns anos no Ural do Norte, na taiga.

---

*   *Dedushka Moros* ("Vovô Geada", em tradução literal) é um personagem dos contos de fada russos, análogo à figura do Papai Noel. Ele é a personificação do inverno e presenteia as crianças na véspera do Ano-Novo. (N.T.).

†   *Krai* é o termo russo utilizado para se referir a cada uma das 85 regiões administrativas da Federação Russa. (N.T.).

Com Raíssa, 1986.

Ela sempre contava sobre as viagens de trenó nas quais as três crianças, Raíssa, Xênia e Liudotska, eram levadas para uma nova casa, embrulhadas em casacos de pele. Nas noites de inverno era costume da família sovar o famoso *pelmeni*, um pastel siberiano que era congelado e guardado dentro de um saco, no ar frio. *Pelmeni* era o prato preferido de Raíssa.

Relembro mais uma vez os seus últimos dias. Corajosa, era lutou pela vida e suportou pacientemente tudo o que os médicos fizeram com ela. Ter que presenciar tudo isso foi um martírio. Nos momentos de desespero, ela procurava nos meus olhos e nos de suas filhas uma resposta à pergunta sobre o que aconteceria com ela.

Quando Raíssa foi levada ao quarto do hospital após seu diagnóstico, em 19 de julho, fui encontrar-me com ela. Ela fitou meus olhos e perguntou:

— O que os médicos disseram?

Com cautela, respondi:

— Eles disseram que se trata de uma doença sanguínea grave.

— É o fim? — ela questionou.

— Não. Decidimos levar você para a Alemanha amanhã, onde serão feitos exames complementares para obter um quadro mais preciso da doença. Lá também será decidido como tratá-la.

Voamos para Münster com a esperança de que Raíssa se recuperaria. Em 21 de setembro tivemos de voltar com Raíssa morta.

Decidi escrever um livro sobre a nossa vida. Já alimentava essa ideia há muito tempo, mas nunca a realizara. Este livro não é algo fácil para mim. Durante todo o tempo, ficou na minha cabeça a imagem do título que Raíssa queria dar ao seu livro, escrito em vermelho: "O que cala fundo na minha alma".

Dedico minhas lembranças à memória de Raíssa.

NOTA INTRODUTÓRIA

Este livro é diferente de todos os outros que já publiquei. Ele não possui uma estrutura rígida, não se trata de memórias, no sentido próprio da palavra, mas apenas da minha visão sobre a nossa vida.

Pedi a algumas pessoas que lessem e dessem sua opinião sobre este livro, e elas disseram que gostaram. Teria compreendido a ausência de reclamações como um desejo de me agradar, como uma forma de apoio. Entretanto, junto à avaliação positiva, recebi críticas muito úteis que foram consideradas na redação final, quando era possível.

Espero que tenha conseguido oferecer uma apresentação abrangente da história da minha vida. Este livro é a minha resposta à pergunta sobre os fatores que, em última análise, foram determinantes para o meu caminho político.

PARTE I

Minhas universidades

CAPÍTULO 1

De onde venho

Dos mais de oitenta anos de minha vida, vivi 42 na região de Stavropol e os demais em Moscou. No Cáucaso Norte, diferentes culturas e religiões se misturam. A história multifacetada dessa região sempre me interessou intensamente.

Com o fortalecimento do Império Russo, os povos do Cáucaso procuraram abrigo na região imperial para se defender de todos os possíveis dominadores. Em agosto de 1555, Andrei Shtchepetov retornou do Cáucaso Norte, para onde havia sido enviado por Ivan, o Terrível. Ele trazia uma mensagem dos príncipes da Adiguésia.* O czar declarara que o reino de Piatigorsk passava a pertencer ao território russo. O lado russo construiu fortificações de fronteiras. Sob o comando de Catarina, a Grande, iniciou-se a construção da linha de fronteira que ia de Azov até Mozdok, com sete fortes, entre eles o forte de Stavropol. Os primeiros guardas de fronteira eram cossacos do rio Khoper (província de Voronej) e granadeiros do regimento de Vladimir (província de Vladimir).

Com isso, começaram a surgir assentamentos cossacos, um após o outro. Inicialmente, os operários da construção fugiam da situação de servidão, indo para o sul. Depois, passaram a se instalar ali por necessidade. A província de Stavropol, precursora de toda a região de Stavropol, que eu,

---

* Também Adigueia. Trata-se de uma república participante da Federação Russa, no Cáucaso. (N.T.)

aliás, cheguei a dirigir posteriormente, é uma unidade administrativa do Império Russo relativamente atrasada. Recebeu o *status* de província somente em 1848, fazendo sua capital na cidade mais alta da região – Stavropol –, cercada por uma região de estepe predominantemente plana, com 400 quilômetros de comprimento e 200 quilômetros de largura. Separavam-se do Cáucaso propriamente dito as terras dos cossacos de Terek, assim como, a sudoeste, as dos cossacos de Kuban, que Catarina, a Grande, havia levado da Ucrânia para o Cáucaso Norte. A noroeste prolongava-se o território dos cossacos de Don e, a nordeste, a província de Astracã.

A região de Stavropol pertence ao Cáucaso Norte. Fica na fronteira entre Europa e Ásia. A leste, na fronteira com a Chechênia, o solo se divide em 14% de areia e 31% de estepe seca; o restante da superfície é coberta por terra marrom e preta.

Os invernos são severos. Geralmente, a temperatura cai entre vinte e trinta graus negativos. Mas o maior problema são os ventos quentes que trazem tempestades de areia nos anos de pouca chuva. É provado estatisticamente que, nos últimos cem anos, essas tempestades ficaram mais fortes. A tempestade de abril de 1898, que dizimou 200 mil cabeças de gado, entrou para a história. A tempestade de areia da primavera de 1948 varreu a camada superficial do solo, e a dos anos 1975/1976 (quando fui primeiro secretário do Comitê Regional do PCUS)* levou a uma seca catastrófica.

No início do século XX, viviam cerca de um milhão de pessoas na região. Essa população se dividia essencialmente entre uma maioria de russos (na época, chamados oficialmente de "grão-russos"); um terço de ucranianos (oficialmente eram chamados de "pequeno-russos"); e, além deles, o restante da população se dividia entre nogais, turcomenos, calmucos, armênios, georgianos, gregos, estonianos, judeus e poloneses. Os alemães, com suas enormes e ricas fazendas, viviam isoladamente nas estepes. Havia também opulentas fazendas russas. Uma delas, que em sua época era bem conhe-

---

*   Partido Comunista da União Soviética. (N.T.)

cida na região de Stavropol, pertencia à família da qual descendeu Soljenít-sin.* Essa província tinha 40% de seu território ocupado por nômades: nogais, turcomenos e calmucos. Os povos das montanhas do Cáucaso (carachais, circassianos e abazas) chegaram à região somente na época da União Soviética.

Nessa província, encontravam-se duas cidades (Stavropol tinha, antes da revolução, algo superior a 40 mil habitantes) e outros 130 povoados, entre os quais havia dez relativamente grandes (com uma população de até 15 mil). Na cidade havia onze estações de trem, nove postos de telégra-fo, 21 postos dos correios, 22 postos médicos estatais – aos quais se somavam muitos residentes de fora – dois hospitais com cinco leitos cada, cinco es-colas de ensino secundário, 313 escolas com apenas uma sala cada, e três livrarias.

A atividade econômica era predominantemente rural: agricultura, criação de gado e de ovelhas. Os produtos agrícolas eram destinados à exportação: para São Petersburgo, Moscou e Paris. No setor de produção havia: indústria de moagem e de produção de cera (responsável também por velas), indústrias de laticínio, destilarias, curtumes, olarias; enfim, tudo o que possa ser característico de uma província rural.

Naquele tempo, a divisão em camadas sociais também era algo bem característico nas províncias: havia uma grande quantidade de nobres, latifundiários, membros do clero, comerciantes e negociantes, e uma pequena burguesia (executivos, funcionários públicos, empregados); as propriedades rurais (com áreas de extensão de duas a cinco dessiatinas)† empregavam 90% da população; para esses empregos migraram trabalha-dores de todo tipo (inclusive operários diaristas) e pessoas pobres sem ocupação determinada. Era assim que a província de Stavropol se organi-zava antes da Primeira Guerra Mundial e da Revolução de 1917.

---

*   Alexander Soljenítsin: escritor e historiador russo, ganhador do Prêmio Nobel de Litera-tura de 1970. (N.T.)

†   Uma dessiatina = 1,09 hectar.

A história desse território é repleta de acontecimentos importantes. Alguns deles viraram lendas que se contam até os dias de hoje. Com o tempo, eu soube que 25 dos oficiais que haviam se insurgido contra o czar na revolta dezembrista de 1825 haviam sido banidos para cá. A vida de muitos deles acabou durante a Guerra do Cáucaso, nos inúmeros conflitos com os habitantes das montanhas. Entre os degradados estava o poeta Alexander Odoiévski, autor da resignada resposta em verso à epístola de Púchkin[*] aos dezembristas, que continha a famosa citação: "A faísca torna-se chama".

No Museu Lérmontov,[†] em Piatigorsk, há um diário de Odoiévski em exibição. Em suas páginas, amareladas pelo tempo, podem ser encontrados nomes conhecidos além dos muros da escola. Foi aqui que Odoiévski se tornou amigo de Lérmontov e encontrou Ogarev,[‡] que era amigo de Alexander Herzen.[§] E pensar que, quando eu aprendera em um livro escolar que "os dezembristas despertaram Herzen", isso me havia parecido como uma viva conexão com as pessoas conhecidas e confiáveis de minha pátria.

Assim como durante as cheias da primavera o rio vai deixando um rastro de pequenos lagos em suas margens, o reassentamento de diferentes povos nas estepes e nos sopés das montanhas também deixou diversos rastros nas terras de Stavropol. Além dos nomes propriamente russos, sempre se encontram nomes como Antusta, Dshalga e Tachta, de origem mongol, ou Atshikulak e Arsgir, de origem turca.

Uma mistura de etnias tão rica em um espaço territorial tão pequeno, uma diversidade de línguas, culturas e religiões como aquela só existe em poucas regiões do mundo. Além dos russos, que perfaziam 83%, viviam em Stavropol na minha época também carachais, circassianos, abazes, nogais, ossetas, gregos, armênios e turcomenos. É impossível enumerar

---

[*]   Alexander Púchkin foi um dos mais importantes escritores russos, a quem se atribui o início da formação da moderna literatura russa. (N. T.)

[†]   Mikhail Lérmontov, poeta e romancista. (N. T.)

[‡]   Nicolai Ogarev, poeta, escritor e ativista político. (N. T.)

[§]   Alexander Herzen, jornalista e político. (N. T.)

todos. E cada povo traz consigo não apenas sua língua, mas também seus costumes, suas maneiras e tratos, sem falar no modo de organizar e dividir suas casas.

Hoje os assentamentos têm outra aparência, ganharam unidade. Mas lá pelo começo do século xx era possível encontrar o típico *aul** caucasiano e, próximo a ele, um assentamento cossaco ou um vilarejo russo, com os telhados das cabanas feitos de palha ou de cana. Ao redor de cada cabana, havia uma cerca construída a partir da madeira de árvores jovens. Eu entendia muito bem essa arte de entrelaçar as palhas, sabendo exatamente como recobrir o telhado e com qual solução molhar a palha, para evitar que os pássaros a roubassem.

Os moradores desse território são sociáveis e estão sempre prontos a ajudar. O bom relacionamento com as pessoas das diversas etnias era a condição mais importante para uma sobrevivência no Cáucauso Norte. O fato de precisarmos nos movimentar dentro de um ambiente multilinguístico e multicultural nos levou a desenvolver tolerância e respeito uns para com os outros. Se alguém magoasse ou ofendesse um habitante das montanhas, ganhava um inimigo mortal. O respeito à dignidade e aos costumes de um habitante das montanhas significava ganhar um amigo de confiança. Tinha uma grande quantidade de amigos assim, pois já naquela época, sem conhecer as respectivas palavras grandiloquentes, cheguei à opinião de que apenas a tolerância e a harmonia podem assegurar a paz entre os homens.

Aqui em minha terra natal foi onde tive a minha primeira aula sobre educação internacional. Não como teoria, mas como parte fundamental do cotidiano. No Cáucaso Norte convivem pessoas de diferentes etnias, muitas vezes dentro do mesmo vilarejo, do mesmo assentamento, do mesmo *aul* ou da mesma localidade. Elas mantêm sua cultura e suas tradições, mas também se ajudam, visitam umas às outras, esforçam-se para falar uma língua comum e trabalham juntas.

---

* O termo *aul* vem da língua turcomana e designa um tipo muito específico de sociedade que se organiza em vilas nas montanhas do Cáucaso. (N. T.)

Quando me tornei presidente da União Soviética e me vi na situação de precisar lidar com os conflitos de nacionalidade dentro do meu país, já não era nenhum novato no assunto: aqui na esfera intelectual do Cáucaso Norte é onde vejo a gênese da minha inclinação natural a fazer acordos em casos de conflitos; não por fraqueza de caráter, como dizem alguns. No Cáucaso Norte não faltavam rebeldes. Foi bem aqui que os líderes de revoltas populares recrutaram seus exércitos e se puseram em marcha: Kondraty Bulavin,[*] Ignat Nekrasov,[†] Stepan Razin e Iemelian Pugachev.[‡] Por fim, seguindo essa linhagem de grandes nomes, foi também dessa região que surgiu Iermak, o conquistador da Sibéria.

As inúmeras investidas dos conquistadores nos tempos antigos e a longa Guerra do Cáucaso, já em um passado mais recente, custaram muitas vidas. A Guerra Civil do século passado também deixou um terrível rastro de sangue em nossa região. O poderio soviético saiu de Rostov em direção a Stavropol. Nossos povoados eram os primeiros do caminho e, assim, no chão da minha terra se formaram as primeiras divisões da chamada Guarda Vermelha. É bem conhecida, aliás, a carta de saudação de Lênin ao *"front* de Medvezhye".

Em 1º de janeiro de 1918 foi declarada a República Soviética de Stavropol e formado um Conselho dos Comissários do Povo. Meio milhão de agricultores ganharam terras do novo governo. Trabalhava-se uma jornada de oito horas, instituiu-se o controle do trabalho nas fábricas e as escolas passaram a ser gratuitas. Porém, já em março do mesmo ano, tiveram início na região de Medvezhye alguns conflitos com unidades de oficiais do general branco Kornilov e, em abril, com o Exército Voluntário do general Alexeiev. Em julho de 1918, a República Soviética de Stavropol uniu-se à República de Kuban e à do Mar Negro, assim como a República

---

[*]   Kondraty Bulavin comandou a Revolta de Kondraty Bulavin (1707-1708). (N.T.)

[†]   Ignat Nekrasov foi um insurgente na mesma revolução. (N.T.)

[‡]   Líderes de rebeliões que levaram seus nomes: a Rebelião de Razin, de 1670, e a Rebelião de Pugachev, nos anos 1770. (N.T.)

de Terek uniu-se à República Soviética do Cáucaso Norte, o que perdurou até janeiro de 1919. Depois disso, os generais brancos Denikin e Shkuro assumiram o poder.

As lutas no Cáucaso Norte foram conduzidas da maneira mais amarga possível. Uma parte dos cossacos foi para o Exército Vermelho, de maneira que, na segunda metade de 1918, havia catorze regimentos cossacos vermelhos em funcionamento no *front* do sul, tendo sido posteriormente reformulados para se tornarem brigadas e regimentos de cavalaria. E exatamente como asseguraram nossos veteranos locais, 40% dos soldados do famoso 1º Regimento de Cavalaria de Budyonny e de Voroshilov eram oriundos de Stavropol. Por sua vez, outra parte (nada desprezível) dos cossacos uniu-se ao Exército Branco. Quando o motim ocorreu às margens do rio Don, o general Krasnov, com a ajuda de tropas alemãs, erigiu uma ditadura militar e eliminou 45 mil cossacos simpatizantes das forças soviéticas, sendo executados a tiros ou enforcados. Mas os vermelhos não tiveram escrúpulos e não se acanharam diante de medidas tão brutais, inclusive contra idosos, mulheres e crianças. Ainda me lembro do episódio relatado pelo general Kniga, descrito a seguir.

Em 1967 estávamos celebrando o 50º aniversário das Forças Soviéticas. Inúmeros participantes da Guerra Civil foram para as cidades e vilarejos, e contaram sobre suas memórias de guerra. Muitos encontros foram organizados, principalmente para os jovens. Em um deles, o general Kniga, um herói da Guerra Civil, foi instado a procurar sua terra natal no norte da província, justamente onde havia lutado pelas Forças Soviéticas. O general declarou ter entendido a orientação, mas, para surpresa de todos, pediu uma escolta.

— Por que você acha que precisa de uma escolta, Vassili?

— Preciso dela imprescindivelmente. Na Guerra Civil aniquilamos todo um povoado a golpes de espada.

— Como? Aniquilaram?

— É...

— Todos os habitantes?

— Possivelmente nem todos, por isso acho que talvez algum possa ter sobrevivido e ainda se lembre do ocorrido.

Quantas vezes tive de escutar que, em uma transição para um novo modelo de sociedade, a violência não apenas é justificada, como também é uma necessidade. Que geralmente se torna impossível impedir o derramamento de sangue durante revoluções, isso é um fato. Mas enxergar na violência a solução para todos os problemas, instigá-la para se alcançar objetivos "nobres" pretensamente a qualquer custo, enfim, em caso de dúvida, esfaquear toda uma população, isso é desumano.

Após a abolição da escravidão, na segunda metade do século XIX, a família Gorbachev chegou às terras de Stavropol. Meu bisavô, Moisei Gorbachev, mudou-se com seus três filhos – Alexei, Grigori e Andrei – para o entorno do vilarejo Privolnoye, que havia se formado muito antes. Todos os membros da família moravam juntos, num total de dezoito pessoas. Nas redondezas moravam alguns parentes próximos e distantes, também Gorbachev. Com o tempo, para cada filho e suas famílias foi construída uma cabana separada. Meu avô, Andrei Moiseivitch, que se casou com a minha avó, Stepanida, também acabou se separando de seus pais para formar sua própria família. Em 1909, veio ao mundo Serguei, meu pai.

Nos arredores do povoado de Privolnoye, habitado pelos Gorbachev e seus parentes, moravam também Pantelei Yefimovitch e Vassilisa Gopkalo, que, por sua vez, também vinham de outras partes: ele vinha da região de Chernigov e ela, da região de Carcóvia,* portanto ambos eram ucranianos. Ao que parece, eles vieram e se instalaram nos arredores de Privolnoye na mesma época em que os Gorbachev. Tiveram uma filha, Maria, minha mãe.

Em 1929, meus pais se casaram; ele com vinte anos e ela com dezoito. Sabe-se, a partir das histórias da minha família, que minha mãe na verdade não queria se casar com meu pai, mas estava tudo arranjado entre meus

---

* Carcóvia (também chamada, eventualmente, de Karkhiv) é a segunda maior cidade da Ucrânia. Não confundir com Cracóvia, cidade da Polônia. (N.T.)

avôs. Minha mãe agradou ao meu pai. Ele a amava; amou-a por toda a sua vida e cuidava dela. Ele lhe perdoava qualquer coisa. Quando ele viajava, sempre voltava com presentes. Presentes para Maria!

Eu nasci no dia 2 de março de 1931 e fui batizado na igreja de Letnizkoie, um vilarejo vizinho. Logo após a Revolução de 1917, a religião foi perseguida, e as igrejas de Privolnoye foram destruídas. Minha mãe e meu pai haviam me dado o nome de Vítor, imediatamente após o nascimento. Porém, no momento do batismo, foi meu avô Andrei quem respondeu para a igreja qual deveria ser o meu nome, e me chamou Mikhail. Então, fui embrulhado em pele de ovelha quentinha e me trouxeram de volta para Privolnoye. Foi assim menos pelo frio e mais pela tradição de que isso traria riqueza à criança batizada.

A cabana do vovô Andrei era disposta na direção de leste a oeste e consistia em três cômodos. No primeiro cômodo, havia um bom quarto, onde vovô e vovó dormiam. O canto direito deste quarto tinha uma enorme e maravilhosa iconóstase*. O solo argiloso era coberto por tapeçarias fabricadas manualmente pela própria família. O segundo cômodo era a sala de estar, com um forno russo, sobre o qual ainda se construía outro pequeno forno. Junto da parede com janela havia uma mesa para refeições e um banco comprido. No forno grande se assava pão, e todo o resto se assava no forninho menor. As crianças pequenas dormiam sobre o forno.

Assim que papai e mamãe se casaram, um pedaço desse cômodo foi separado para eles. Por isso, adicionou-se uma espécie de corredor no meio. O terceiro cômodo da cabana servia como um depósito, onde se armazenavam cereais, sementes e a comida dos animais. Logo abaixo do telhado pendiam sacos com torradas. Quando fiquei um pouco maior, adorava ir até essa sala de armazenamento e me ajeitar num lugarzinho calmo para tirar uma soneca. Uma vez, descobri dois sacos com fabulosas notas coloridas. Entendi que eram *kerenskys*, notas de dinheiro que foram instituídas

---

*　Painel ornamentado com ícones religiosos, usado como divisória. (N.T.)

e distribuídas em 1917 durante o governo provisório de Kerensky. Ficaram ali por um bom tempo. Vovô achava que não perderiam o valor. Aquele jeito de pensar do povo do campo!

Havia uma quarta divisão externa, que era onde se colocava o gado. Bem ao lado havia grãos e uma parte da lenha. Era assim que a cabana se dividia.

Há muitos anos minha mãe contou à minha filha, Irina, sua primeira neta, como eu vim ao mundo. Quando as contrações começaram, trouxeram minha mãe para a sala do depósito. Colocaram palha sobre o chão e a colocaram deitada ali. Entre a sala de estar e o estábulo foi onde eu nasci. Quando Irina cresceu um pouco, ela me contava essa história e comentava:

— Papai, olha só, você nasceu igual a Jesus Cristo.

— Sim! E pode guardar essa história no seu coração. Mas não conte para ninguém — eu dizia a ela, achando graça.

Agora gostaria de passar a contar um pouco sobre meus dois avôs. O destino deles era típico dos camponeses submetidos ao poder soviético. Após a Primeira Guerra Mundial, vovô Pantelei voltou do *front* de guerra na Turquia, e vovô Andrei do *front* na Áustria. Ambas as famílias eram paupérrimas. Vovô Pantelei havia perdido seu pai aos treze anos e tinha quatro irmãos e irmãs mais novos. Embora fosse de temperamento muito pacato, adorava mudanças, então fundou um conselho de agricultores e uma cooperativa para promover o trabalho conjunto do solo, uma maneira muito comum de cooperação na época.

— O poder soviético não nos salvou, ele nos deu terras.

Sempre ouvi estas palavras de vovô Pantelei. E isso foi determinante para a maneira como ele se relacionava com o poder soviético. A coletivização havia começado. E ele se tornou organizador e mantenedor de um colcoz.*

---

* Fazenda de propriedade coletiva, desenvolvida a partir de 1930. (N. T.).

Vovô Andrei, por sua vez, tinha um temperamento mais esquentado e não reconhecia os colcozes, preferindo continuar a administrar sua terra sozinho. Meu pai ficou do lado de vovô Pantelei e entrou para o colcoz, tornando-se condutor de trator e rompendo relações com seu próprio pai.

Com vovô Andrei tudo ia bem. Ele recebia do Estado as imposições de quantos grãos semear ou não semear e as obedecia conscientemente. Em ambas as famílias, a vida se normalizava pouco a pouco, se não acontecia nada de diferente.

E então chegou o ano de 1933 com a famosa fome soviética. A família de vovô Andrei estava em uma situação extremamente crítica. Eles não faziam ideia de quando poderiam alimentar as crianças. Três deles morreram de fome durante o inverno. Quando chegou a primavera, não tinham sementes. As autoridades avaliaram a situação como sabotagem e como decorrência do descumprimento das imposições do plano de semeadura. Vovô Andrei foi mandado para a Sibéria, para trabalhar como lenhador. Ganhou liberdade antes do tempo estipulado, em 1935, e trouxe algumas condecorações. Emoldurou esses documentos e os pendurou ao lado dos ícones da parede. Ao retornar, voltou para o colcoz, onde trabalhou até o dia de sua morte. Quase sempre o trabalho dele era o mais bem avaliado, e por isso recebeu um prêmio.

Em 1938, outra infelicidade nos abateu. Vovô Pantelei foi preso e julgado pelos trotskistas. Eles torturaram e interrogaram vovô por catorze meses.

Quando foi preso, vovó Vassilisa veio morar conosco. De imediato ,tudo mudou. Os vizinhos já não nos visitavam e, caso o fizessem, era somente à noite. Era como se nossa casa estivesse em quarentena: "a casa de um inimigo do povo!".

Todos na família se esforçavam para deixar para trás os tempos difíceis. Nunca cheguei a ouvir os pormenores dessa história. E havia um desconforto em perguntar. Mais tarde concluí que eles não se comportavam assim apenas para esquecer mais rápido, e sim por medo. Conversas desse tipo não eram bem-vistas pelo poder soviético.

Não saí de Privolnoye por quase vinte anos. Somente uma vez fui até Stavropol em um caminhão com um grupo de mecânicos, pois iriam nos condecorar pelos resultados excepcionais de nosso trabalho. E outra vez fui com a tia Sânia (uma irmã de papai) no vagão de carga de grãos até o armazém de grãos da estação de Pestchanokopsk.

Com a mãe, Maria Panteleiêvna, em 1941

Aliás, eis algo interessante: minha primeira viagem longa, inclusive com um pernoite, foi na estepe, próximo a um poço, onde todos se sentavam. Comíamos juntos à noite e dormíamos no vagão de transporte de grãos. E, na estação, vi pela primeira vez uma locomotiva!

Frequentemente, eu ficava com vovô Pantelei e vovó Vassilisa, que, com o passar do tempo, mudaram-se para o povoado vizinho, onde vovô havia sido eleito administrador do colcoz. Não só minha avó (que, por sinal, tornou-se avó aos 38 anos de idade) ficava feliz com isso, mas também eu mesmo e, em especial, meus pais. Algumas vezes, eles tentavam me levar para o povoado de Privolnoye, mas eu queria sempre voltar para junto de vovô e vovó. Todas as tentativas de meus pais acabavam com uma vitória minha. Eu corria por um quilômetro e meio atrás da carroça do vovô até que ele ficava com pena e me pegava.

Vovó gostava de contar como a gente se dava bem ou como eu a trancava em casa, por exemplo, se ela não me desse tanto açúcar quanto eu queria. O que ela não falava com todas as letras é que eu sempre fui o netinho preferido.

Guerra

No fim dos anos 1930 surgiu a imposição de que devíamos ir passear na área de floresta da estepe nos domingos e feriados, para descansarmos e nos refazermos. Famílias inteiras faziam o mesmo, fosse a cavalo, montadas em gado ou, no caso de curtas distâncias, a pé. Todos gostavam dessa vida pacata. As crianças jogavam taco e bola – os tacos eram jogados no ar e tinham de ser apanhados de novo –, ou perseguiam a bola que eles mesmos haviam arremessado. As mães tagarelavam entre elas e aplaudiam os filhos. Os pais discutiam seus "problemas de homem". Bebia-se e cantava-se. E se alguém bebesse demais e ficasse fora de si, começava a briga. Somente as mulheres conseguiam acalmar os arruaceiros, unindo suas forças jogando-se contra eles.

Durante um desses passeios no meio do verde, no domingo, dia 22 de junho, chegou um cavaleiro e gritou para todos:

— Estamos em guerra! Todos devem estar ao meio-dia na praça central de Privolnoye, pois Molotov vai dar um discurso.

Em Privolnoye não havia rádio. Iriam instalar, excepcionalmente, uma rede elétrica para transmissão por alto-falantes.

Nós, crianças, entendíamos de maneira diferente dos adultos que, por sua vez, ficaram ali com os rostos petrificados com essa notícia. Nós, crianças, pensávamos:

— Vamos fazer bonito perante os fascistas!

E então começou a mobilização e, já no outono, vieram as primeiras notícias de baixas. Em geral, elas chegavam à noite. Nós ficávamos lá esperando para escutar, para ver onde o cavaleiro pararia, na frente de qual casa. Eram homens jovens que morriam: nossos pais, irmãos e vizinhos.

Hoje em dia, sabemos: os primeiros a entrar na luta contra os fascistas eram as tropas de fronteira. Jovens nascidos por volta de 1921 e 1922 ou um pouco mais velhos do que isso. A maioria deles não voltava. Aproximadamente 5% dos homens dessa idade sobreviviam. Era um golpe duro para mães, esposas, filhos e noivas.

Meu pai e alguns dos mecânicos voltaram a ser empregados por causa da safra que se iniciaria. Ele foi chamado em 3 de agosto de 1941. Eu estava lá quando ele foi levado junto com outros convocados. Enquanto alguns iam nas carroças, outros corriam atrás para ter uma última oportunidade de falar com os que partiam, antes de serem postos rumo ao desconhecido. Todos se despediam, pois ninguém sabia se voltaria para casa.

Privolnoye está a vinte quilômetros do centro do distrito. Eles vinham ao meio-dia ao palanque de convocações. Papai me presenteou com um sorvete, o melhor da minha vida. Estava calor nesse dia e o sorvete derreteu. Eu comi uma taça inteira. Papai também me deu uma balalaica. Quando ele voltou do *front*, ela ainda estava ali, e continuou por muitos anos em nossa família.

Foi somente então que as pessoas voltaram realmente a si, após os grandes abalos causados pela Guerra Civil, pela Primeira Guerra Mundial, pela coletivização e pelas repressões. Agora a vida estava melhorando, havia até sapatos para comprarmos, tecido de algodão, sal, mantimentos para casa, arenque, anchovas, fósforos, petróleo, sabão – e mais uma vez a Rússia estava diante de uma grande provação: era uma questão de vida ou morte.

Ainda me lembro da minha desorientação quando nossas tropas precisavam recuar e os fascistas conseguiam avançar. Nós, crianças, não ficávamos menos horrorizados do que os adultos. Para nós, tudo isso era simplesmente uma tragédia. Como isso era possível? No inverno de 1941 para 1942, as tropas alemãs estavam em Moscou, a apenas 27 quilômetros do Kremlin, e em Taganrog, que ficava a cerca de 200 quilômetros de Privolnoye.

Meu pai assinou, por muitos anos, o pequeno jornal do distrito e o *Pravda*,[*] que continuamos a receber. Era comum, principalmente nos outonos e invernos, que as mulheres se reunissem à noite em nossa cabana, e eu lia para elas as notícias do *front*. Elas abriam cartas, enquanto eu ficava sentado no forno e as contemplava. Eu não entendia o que elas queriam provar umas para as outras e o que as cartas "diziam". Tudo era a respeito de seus maridos.

A preocupação a respeito da sobrevivência diária predominava o tempo todo. Todos precisavam comer; todos precisavam de água e de aquecimento; e todos precisavam cuidar de seu gado.

O inverno de 1941 foi severo. Em nossa região, no sul, a primeira neve caiu já em 8 de setembro, algo muito raro. Nevasca e vento continuaram por alguns dias. Todas as cabanas que ficavam contra o vento leste estavam cobertas de neve. Apenas as chaminés eram visíveis. Quando o tempo melhorou, os que conseguiam sair de suas cabanas ajudavam os demais a cavar para remover a neve. Nunca mais vivenciei um inverno como aquele.

---

[*]   Foi por certo tempo o principal jornal da União Soviética. (N.T.)

Por alguns dias não tivemos correios ou qualquer outro tipo de conexão com o mundo exterior. E foi justamente nesse momento que a amarga batalha de vida e morte mais se intensificou diante de Moscou. Mais tarde ficamos sabendo que os alemães haviam sido dizimados. Moscou havia resistido. Um dos jornais presenteava um livrinho anexo que contava os atos heroicos de Soya Kosmodemskaya. O jornal se chamava *Tanja*. Todos estavam horrorizados pela brutalidade dos alemães, e todos chorávamos.

As más notícias não paravam de chegar. A guerra devorava tudo: a vida das pessoas, as cidades, os vilarejos. Grandes territórios do país já haviam sido ocupados pelos fascistas: a Ucrânia, a Bielorrússia, o Báltico, a Moldávia e a Rússia Ocidental.

A neve permaneceu até chegar a primavera, um verdadeiro império nevado. Só para complicar ainda mais a vida de quem vivia ali. Pelo menos em relação à comida, em 1941, ainda tínhamos mantimentos. Mas no que diz respeito ao aquecimento, já não havia mais nada. As pessoas cortavam qualquer arvorezinha velha de jardim. Cuidar do gado estava ficando impossível. Uma dificuldade especial era ter sementes para o gado dos colcozes: o feno estava nos campos, mas os caminhos para o campo estavam cobertos por neve. Tínhamos de transportá-lo sob as terríveis condições desse inverno implacável. E essa responsabilidade era imputada às mulheres mais jovens, entre elas minha mãe.

Um dia, minha mãe e algumas outras mulheres não retornaram do carregamento de feno. Passou um dia, passaram dois dias, e elas não voltavam. Somente no terceiro dia chegou a notícia de que algumas mulheres teriam sido levadas à prisão do distrito. Como se verificou depois, elas cometeram um erro e carregaram os fardos de feno em trenós que pertenciam a uma organização de tratamento de alimentos para gado. A guarda as prendeu. Naquele tempo, as pessoas chegavam a ser julgadas e condenadas por algo assim. A salvação delas foi que todas as "ladras" eram esposas de soldados que estavam no *front*; todas eram mães de crianças e não haviam pegado o feno para seu próprio gado, mas sim para um colcoz; e, principalmente, não havia sido intencional.

É difícil enumerar corretamente todas as cargas de responsabilidade a que as mulheres foram submetidas: o trabalho exaustivo no colcoz, a manutenção da casa, as necessidades mais primárias, as crianças que não tinham nada para comer ou vestir, o medo pelos homens que estavam no *front*.

Papai nos escrevia cartas frequentemente e perguntava sobre tudo. Às vezes, mamãe me ditava as cartas, outras ela mesma escrevia para ele, o que era mais frequente. Acho que ele entendia nossas "mentiras brancas" nas cartas.

Com a ida de papai para o *front*, eu também precisei assumir alguns afazeres em casa. Desde a primavera de 1942 passamos a cultivar uma horta que alimentava nossa família. Bem cedo pela manhã, mamãe arrumava a casa e saía para trabalhar no campo no colcoz; a partir daí tudo ficava sobre os meus ombros. Meu trabalho mais pesado e importante consistia na montagem dos fardos de feno para a vaca e no corte da lenha.

A vida mudou totalmente. Nós, os jovens do tempo de guerra, pulamos nossa infância e precisamos entrar abruptamente na vida adulta. A diversão e as brincadeiras foram deixadas de lado, escolas nem existiam. Cada um ficava sozinho o dia inteiro e precisava se ocupar dos afazeres domésticos. Mas, às vezes... Às vezes, fascinado pela visão de alguma nevasca no inverno ou pelo farfalhar das folhas das árvores no verão, eu mergulhava na imaginação em um mundo longínquo e irreal. Entrava no reino da fantasia...

No verão de 1942 sucederam-se diversas ondas de retiradas de Rostov para a nossa região. A primeira onda continha milhares de fugitivos da Ucrânia. Alguns com uma mochila ou malas, outros com carrinhos de bebê ou de mão. Traziam consigo gado, cavalos e ovelhas.

Vovó Vassilisa e vovô Pantelei empacotaram seus pertences e partiram rumo ao desconhecido. Os reservatórios de petróleo do vilarejo foram abertos e o combustível foi derramado no raso leito do rio Yegorlik, queimando os campos de grãos, tudo isso para que eles não chegassem às mãos do inimigo.

A segunda onda nos alcançou na segunda metade do mês de julho de 1942, após a capitulação de Rostov. A retirada foi desorganizada. Em grupos tanto grandes quanto pequenos vinham soldados tristes e abatidos, cujo luto e vergonha estavam estampados no rosto. Os estrondos de bombas sendo detonadas e dos disparos dos canhões pareciam estar cada vez mais perto. Ao lado de nossos vizinhos, cavamos uma cova à margem do rio, dentro da qual vi pela primeira vez uma *katyusha*:* um zunido horrendo acompanhava o disparo do fogo que subia até os céus...

E de repente tudo ficou quieto novamente – por dois dias inteiros. No dia 3 de agosto de 1942, exatamente um ano após meu pai ter sido convocado para a guerra, começaram a aparecer motocicletas conduzidas por alemães. Dentro de três dias, as tropas alemãs invadiram Privolnoye. Para se protegerem dos bombardeios, eles se camuflavam e derrubavam nossas árvores, que havíamos levado anos para cultivar.

De Rostov, os alemães chegaram à capital de Kabardino-Balkarien Naltchik, sem sequer se depararem com resistência alguma. As tropas soviéticas estavam em dissolução. Mas, além de Naltchik, divisões de emergência estavam entrando em ação e tinham por missão a aplicação do comando n.º 227 de Stálin: "Nenhum passo para trás". Dos soldados em retirada, algumas unidades foram rapidamente formadas e incluídas imediatamente na primeira linha. Com a grande operação na cidade de Ordjonikidze (atualmente Vladikavkas), as tropas alemãs que queriam tomar o controle do combustível em Baku foram paradas e, dessa vez, definitivamente.

Assim que as tropas alemãs prosseguiram para o leste, deixaram uma pequena provisão em Privolnoye, que, mais tarde, foi abatida por uma tropa cujo dialeto ucraniano ficou em minha memória. Agora havia começado a vida sob domínio estrangeiro.

Alguns dias depois, vovó Vassilisa voltou. Ela e vovô quase conseguiram voltar a Stavropol, mas as tropas alemãs ainda estavam lá. Vovô havia con-

---

* Lançador de foguetes, arma de artilharia desenvolvida e utilizada pelo Exército Vermelho durante a 2ª Guerra Mundial. (N. T.)

seguido passar pela linha de frente caminhando por trechos sem estrada, através de gargantas e por campos de milho, mas vovó voltou com seus pertences para casa. Para onde mais?

Os desertores de nosso exército brotavam do chão. A maior parte deles havia colaborado com os alemães, principalmente como membros da polícia secreta. Uma vez, essa polícia veio a nossa casa e conduziu uma busca. Não sei o que estavam procurando. Depois de tanto procurarem, sentaram-se na carroça e ordenaram que vovó os acompanhasse até a delegacia. Ela precisou caminhar pelo povoado inteiro. Todos a encaravam: a mulher do administrador do colcoz! Ela foi interrogada por um longo tempo. Não sei o que queriam descobrir e o que ela poderia ter a dizer. Tudo já estava dito: seu marido era comunista, o administrador do colcoz que estava na evacuação do vilarejo; filho e genro lutavam no *front*.

Quando mamãe voltava do trabalho no serviço alemão, ela contava repetidamente sobre os medos dos moradores do vilarejo:

— Não é mais como era com o Exército Vermelho!

Rumores sobre execução em massa chegavam de cidades vizinhas, boatos sobre carros que matavam as pessoas com gás (logo após a libertação, tudo se explicou). Milhares e milhares de pessoas, em grande parte judeus, foram executadas na cidade de Mineralnye Vody. Em Privolnoye, os boatos a respeito de iminentes acertos de contas com as famílias dos comunistas se acumulavam.

Para nossa família, estava claro que seríamos uns dos primeiros. Mamãe e vovô Andrei me escondiam em uma fazenda atrás do vilarejo, onde vovô trabalhava. A ação punitiva foi declarada em 26 de janeiro de 1943, sendo que em 21 de janeiro nossas tropas haviam libertado Privolnoye.

Guardo esses dias vivos na memória. Podemos dizer que escapamos por muito pouco. E isso graças ao gigantesco serviço prestado pelos mais velhos de nosso povoado, pelo ancião Savatei Saizev ou, carinhosamente, "vovô Savka", como nós o chamávamos. Por muito tempo, ele se recusou veementemente a aceitar a função do "Mais Velho",* mas os habitantes do vilarejo o convenceram, pois ele era, no mínimo, um de nós. Todos nós sabíamos que Saizev tentou de tudo para salvar as pessoas. Mas, quando os alemães foram escorraçados, ele foi condenado a dez anos de confinamento no campo por alta traição. Quantos requerimentos foram feitos pelos companheiros do povoado, requerimentos que declaravam que ele não havia aceitado a função de ancião por vontade própria, que ele havia salvado várias pessoas. De nada ajudou. Vovô Savka morreu como "traidor" na prisão.

Nunca esquecerei como fugíamos de casa no meio da noite, mamãe e eu. Queria me esconder na fazenda onde vovô Andrei trabalhava, alguns quilômetros adiante do nosso povoado. Tinha lama por todo lado. Acontece bastante isso na região de Stavropol, afinal, é no sul da Rússia. A princípio parecia que estávamos no caminho certo, mas depois nos dávamos conta de que havíamos errado. Noite escura como breu, nenhuma luz sequer em lugar algum, nenhum caminho, apenas a escuridão. Andávamos e andávamos, na esperança de esbarrar em alguma coisa, mas mergulhávamos ainda mais na escuridão. De vez em quando víamos alguma iluminaçãozinha naquela noite de inverno, mas era apenas um relâmpago. A escuridão se iluminava por um instante, e víamos a fazenda próxima. E por fim eu me escondia lá por alguns dias.

Os alemães bateram em retirada com pressa. Por medo de serem colocados numa caldeira em Stalingrado, seu comando de unidade mandou retirar as tropas do Cáucaso Norte o mais depressa possível. Como saudávamos animados as unidades do Exército Vermelho! Não precisávamos mais fugir dos aviões *Junkers*, que pelos ares perseguiam os movimentos de nossas tropas...

Mais uma vez o *front* avançava em nossa região, dessa vez rumo a oeste. Novamente precisávamos começar do zero a arrumar o colcoz. Mas

---

* Em territórios ocupados pelas tropas alemãs, os nazistas instituíam um conselho de anciãos presidido pelo "Ancião Mais Velho", que executava as instruções oficiais relativas às minorias perseguidas (listas de nomes para deportação, expropriação de bens, etc.). (N.E.)

como? Tudo estava destruído, não havia máquinas, gado, sementes. A primavera veio. Nós aramos a terra com vacas do nosso próprio gado.

Depois juntamos sementes, cada um dava o que podia, como podia. A safra do ano de 1943 naturalmente foi ruim. Como teria sido diferente? Tudo o que cultivávamos entregávamos para o Estado, para o *front*. No inverno e na primavera de 1944 veio a fome. Minha mãe foi com outros moradores até Kuban. Diziam que lá se podia comprar milho. Tiramos as coisas do papai do baú (dois pares de botas de couro e um paletó que ele sequer havia vestido) para podermos negociar em troca dos cereais. Antes de ir, mamãe me ensinou a racionar o milho que ainda tínhamos em estoque em porções para cada dia. Eu moía os grãos de milho e, com a farinha, cozinhava um purê para mim.

Passou uma semana, passaram duas semanas, e mamãe não voltava. Só depois de mais alguns dias ela reapareceu, e trazia consigo um saco de milho. Foi a nossa salvação. Além disso, nossa vaca pariu, o que significava que teríamos não apenas milho, mas também leite. Era o suficiente. Outras famílias mal tinham o que comer e estavam famintos. Era comum os nossos amiguinhos, filhos dos vizinhos, se achegarem à nossa porta e ficarem em silêncio ali. Mamãe até se queixava um pouco, mas depois amolecia e acabava lhes dando algo para comer.

Como um presente de Deus, para a nossa felicidade, choveu na primavera. No campo e na horta, enfim, em toda parte, as plantas começaram a germinar. Novamente, a Mãe Terra foi nossa redenção.

Em abril de 1943 faleceu a mãe de meu pai, vovó Stepanida. Foi uma morte lenta, com dores terríveis e cheia de preocupações a respeito de seu filho. Nenhuma carta havia chegado do *front* ainda, mas literalmente dois dias depois de sua morte surgiu a primeira. Vovó Stepanida dera seis filhos ao vovô. Três deles morreram de fome em 1933. Diferentemente de vovô Andrei, ela era cheia de boa vontade e zelo: tinha compaixão por todas as pessoas, principalmente crianças pequenas. Sua filha mais velha, minha tia Nastia, ficou sozinha com três crianças quando seu marido teve de ir para o *front*. Como vovó se preocupava com esses netos! Todos sobreviveram e já estavam grandes quando o pai retornou do *front*. Vovó Stepanida e eu éramos amigos. Tive muita sorte.

Agora recebíamos cartas de papai só raramente. Tudo o que precisávamos era trocar a informação de que nós estávamos vivos e de que ele estava vivo. Mamãe agradecia a Deus. Nesses dias difíceis e penosos, as pessoas voltaram a pensar em Deus.

No fim do verão de 1944, chegou uma carta misteriosa. Ela continha papéis e fotos de família que papai havia levado consigo quando se fora para o *front*, e dizia apenas que o *starshyina** Serguei Gorbachev tivera uma morte heroica nos Cárpatos.[†]

Quando me tornei presidente da União Soviética, o ministro da Defesa Yasov me presenteou com algo único: ele conseguiu um livro a respeito das divisões das unidades de tropas, dentre as quais a que meu pai havia lutado durante os anos da guerra. Na época, li-o na maior euforia, o que também acontece ainda hoje se o releio. Ficou inequívoco para mim o quão intrincado fora o caminho até a vitória e qual fora o preço pago pelo povo para que chegássemos lá.

A divisão na qual meu pai serviu repartiu-se em três, sendo que uma foi para a grande Batalha de Panzer, no cinturão de Kursk, durante as operações na região de Ostrogojsk e Rossosh; outra foi para as batalhas de Carcóvia; e a outra para a travessia do Dniepre, na área de Pereiaslav-Khmelnytskyi, e para a famosa defesa da cabeça da ponte de Bukrin.

Para a transposição sobre a ponte do Dniepre, papai recebeu a medalha de bravura da qual ele tanto se orgulhava, mesmo depois de tantas outras condecorações, entre elas duas ordens da Estrela Vermelha. Em novembro e dezembro de 1943, sua divisão se repartiu, sendo que uma parte foi para a operação em Kiev; em abril de 1944 outra parte foi para

---

*   Cargo militar suboficial mais alto das tropas soviéticas, correspondente a general.

†   Cadeia de montanhas no extremo oeste da Ucrânia, em sua divisa com Eslováquia, Hungria e Romênia. (N.T.)

Proskurov* e para Chernivtsi; e em julho e agosto do mesmo ano, uma terceira parte foi para Lemberg e Sandomir e para a operação de libertação da cidade de Stanislav.[†] Esta divisão clama ter deixado 461 mortos e cerca de 500 feridos nos Cárpatos. Como papai foi capaz de sobreviver a tamanha carnificina somente para morrer logo depois nos Cárpatos?

Por três dias, a família toda ficou enlutada. De repente, chegou uma carta de papai dizendo que ele estava bem e com saúde.

Ambas as cartas datavam de 27 de agosto de 1944. Será que ele escreveu para nós e logo depois foi morto? Quatro dias depois recebemos ainda outra carta de papai, datada de 31 de agosto. Portanto, papai estava mesmo vivo! Eu lhe escrevi expressando minha indignação sobre a carta que nos contava sobre sua morte. Em sua resposta, ele defendeu os soldados do *front*:

— Não, meu filho, não acuse os soldados; no *front*, as coisas acontecem dentro das possibilidades.

Acreditei na palavra de papai.

Depois do fim da guerra, ele nos contou o que havia ocorrido realmente em agosto de 1944. Nas vésperas de um ataque, os pioneiros receberam a ordem de se dirigirem durante a madrugada até as montanhas Magura para montar lá um posto avançado. A montanha é coberta por floresta, sendo apenas o cume desfolhado, e, assim, oferece uma boa vista rumo ao oeste. Construíram o posto ali. Os espiões seguiram em frente, enquanto papai e seus pioneiros começaram a trabalhar. Ele colocou uma mesa com seus papéis e fotos no batimento de sua trincheira. De repente, ouviu-se um barulho rasteiro e soaram tiros. Os pioneiros embaralhavam-se correndo de um lado para outro. Foi a escuridão que os salvou. Não perderam um homem sequer. Um milagre! Papai brincava:

— Eu nasci de novo!

Foi nesse contexto que ele nos escreveu a carta que dizia "Estou bem e com saúde", sem nenhum outro detalhe.

---

*   Atualmente Khmelnytskyi, na Ucrânia. (N. T.)

†   Atual Ivano-Frankivsk.

Pela manhã, quando o ataque começou, os membros da infantaria descobriram a mesa de papai. Pensaram que ele pudesse ter morrido durante a tempestade na montanha e enviaram parte dos papéis e as fotografias para nossa casa.

De qualquer maneira, a guerra imprimiu sua marca no *starshyna* Gorbachev para toda a vida. Após uma busca aflitiva e perigosa dentro do campo inimigo, através do qual conseguiram sair do território e destruir as linhas de ligação em algumas noites sem dormir, o grupo ganhou uma semana de descanso. Foram colocados alguns quilômetros distantes do *front* e aproveitaram para simplesmente dormir durante os primeiros dias. Ao redor deles havia apenas floresta, silêncio e uma situação completamente tranquila. Os soldados relaxaram um pouco. Porém, justo em cima dessa localidade se iniciou um combate aéreo. Papai e seus pioneiros observavam atentamente para saber como acabaria. Foi quando um avião alemão, fugindo de um de nossos caças, lançou todo o seu arsenal de bombas.

Silvos, uivos, explosões. Todos se jogaram no chão. Uma das bombas caiu não muito longe de papai, e um gigantesco estilhaço de bomba lhe causou um corte na perna. Se fosse alguns milímetros a mais, teria lhe amputado a perna. Mas papai teve sorte mais uma vez, pois o osso não foi atingido.

Isso aconteceu na Checoslováquia, na cidade de Košice. E com isso acabou a vida de *front* para o meu pai. Levaram-no ao hospital em Cracóvia, e logo depois veio o 9 de maio de 1945, o dia da vitória.

Assim como os outros, eu também passei por muitas coisas durante os anos de batalha. Mas quando surge uma conversa a respeito da guerra, meus olhos mergulham imediatamente em uma imagem apavorante. Entre o fim de fevereiro e o início de março de 1943, eu estava procurando troféus de guerra com outras crianças em uma faixa de floresta afastada entre Privolnoye e o vilarejo vizinho próximo a Kuban: Belaya Glina. Deparamos-nos com restos mortais dos membros do Exército Vermelho que haviam lutado sua última batalha ali no verão de 1942. Era algo impossível de se descrever: corpos em decomposição, crânios em capacetes metálicos enferrujados e mãos pálidas que saíam das túnicas esfarrapadas. Ao lado deles havia uma pequena metralhadora, granadas e munição. Estavam ali, sem serem apropriadamente enterrados, jogados à água suja das trincheiras e das crateras feitas por bombas, e nos encaravam com suas enormes e negras órbitas vazias...

Os soldados anônimos eram enterrados em uma vala comum. Mas nós nunca os consideramos como pessoas estranhas ou não pertencentes ao nosso círculo. No centro de Privolnoye, hoje em dia, existe um pequeno obelisco. Nele estão os nomes daqueles que nunca retornaram da guerra. Entre eles alguns Gorbachev.

Quando a guerra acabou, eu tinha catorze anos. Até hoje vejo o vilarejo abandonado que deixei após a guerra. Em vez de casas, buracos; em toda parte sinais do abandono, da pobreza. Minha geração é a geração das crianças da guerra. Somos crianças queimadas, a guerra também deixou sua marca em nosso caráter e em todo o nosso modo de ver o mundo.

Tudo o que passamos em nossa infância durante a guerra é a explicação de por qual motivo nós, crianças de guerra, queremos mudar o jeito de viver por completo. Nós, jovens, em cujos ombros estava a responsabilidade pela nossa própria sobrevivência e de toda a nossa família, nos tornamos adultos de um dia para o outro. O colapso da vida, até mesmo do mundo, que víamos e do qual participávamos, nos catapultou da infância diretamente para a vida adulta. Voltamos a nos alegrar com a vida, como fazem as crianças; voltamos a jogar os jogos de adolescentes, mas mesmo assim, de alguma maneira, já olhávamos para tudo isso, em parte, com um olhar maduro.

Anos de escola e pós-guerra

Voltei a ter aulas na escola em 1944, após dois anos de interrupção. Não tinha a menor vontade de aprender coisa alguma. Depois de tudo que eu havia vivido, aquilo me parecia uma ocupação que não era possível levar a sério. Além disso, mal tinha uma roupa adequada para poder ir à escola.

Papai mandou uma carta para mamãe dizendo: "Venda tudo, compre roupas para ele, sapatos, livros; Mikhail precisa necessariamente ir à escola."

Mas já no primeiro dia eu nem fiquei até o fim da aula. Falei para mamãe:

— Não vou mais para a escola.

Ela saiu e só voltou para casa à noite, com uma pilha de livros. E, depois de começar a ler, eu lia até chegar a noite. Pela manhã, me levantava e ia para a escola.

Sempre me emociono ao me lembrar da escola naqueles anos, dos professores e dos alunos. Arranjaram um jeito de sediar a escola em diversos prédios que haviam sido construídos para finalidades totalmente diferentes. Ela possuía uma quantidade risível de livros didáticos, alguns mapas, outros materiais didáticos e com muito custo alguns poucos gizes quebrados. E isso era tudo. O resto tinha de ser produzido à mão pelos próprios professores e alunos. Simplesmente não havia cadernos. Eu me contentava com os livros de mecânica do papai. Até a tinta nós mesmos fazíamos. A escola tinha de se virar para obter lenha, então mantinham cavalos e uma carroça. Ainda me lembro do esforço da escola para não deixar os cavalos morrerem de fome durante o inverno. Estavam tão exaustos e esgotados que mal conseguiam parar sobre as próprias patas. Tirávamos feno eu nem sei de onde para que comessem! E isso não era tão fácil, afinal o vilarejo inteiro tinha a mesma preocupação: salvar suas próprias cabeças de gado. Mas não quero falar daqueles estábulos do gado do colcoz, dos quais saía um cadáver por dia.

Outra lembrança: depois do fim da guerra, no verão de 1945, ao se restabelecer, papai fez uma viagem a trabalho próximo de nossa casa e pediu dois dias de permissão para visitar a família. Recebeu a permissão e nós nos encontramos.

Eu estava sentado no quintal montando alguma coisa. Alguém gritou:

— Misha, seu pai vem vindo!

Foi tão inesperado que eu fiquei desorientado. Mas finalmente corri na direção dele.

Apenas alguns passos me separavam de papai e nós nos olhamos. Ele estava bem mudado, usando uniforme com condecorações e ordens, e eu, por minha vez, tinha crescido. Mas o que papai mais notou foi o quanto eu estava magro. Foi quando ouvi suas palavras, tão amargas que eu nunca poderei esquecê-las:

— E foi para isso que lutamos?!

Nossa escola do povoado tinha oito salas de aula. Levou ainda alguns anos até construírem em Privolnoye uma escola moderna de ensino secundário. Naquela época ainda era necessário ir até a capital da província para frequentar a nona ou a décima série. Assim como as demais crianças do meu povoado, eu também morava de aluguel e aproximadamente uma vez por semana fazia a compra de comida, para aprender a ser um homem independente. Ninguém acompanhava meus avanços escolares. Já me consideravam velho o suficiente para cuidar sozinho das minhas tarefas de escola, sem ninguém me cobrar por isso. Só teve uma única vez em todos aqueles anos que eu consegui, com muito esforço, atrair a atenção de meu pai para comparecer à reunião de pais na escola.

Desenvolvi um gosto apaixonado pelo aprendizado. Tinha uma curiosidade insaciável e queria me aprofundar em todos os assuntos. Gostava de matemática e física. Também história e literatura me atraíam de maneira especial.

Os jornalistas gostam de me alfinetar com a seguinte pergunta:

— Quem mais o influenciou?

Já respondi a isso de maneiras diferentes. Certa vez, respondi de modo mais espontâneo:

— A literatura russa.

Hoje estou convencido de que essa é a resposta certa.

Ainda novo, em nossa biblioteca do povoado de Privolnoye, tomei emprestado um volume de Belinskii. Fiquei entusiasmado e o reli mais vezes. Quando fui fazer faculdade em Moscou, ganhei esse mesmo livro de presente, pois fui o primeiro de todo o meu vilarejo a ser aceito na Universidade Estatal de Moscou.

No mais, claro que eu, igual a qualquer outro russo, também queria ler Púchkin, Lermontov, Gógol e, mais tarde, Tolstói, Dostoiévski, Turgueniév... Na juventude era um fã de Turgueniév e tinha em altíssima consideração seu sublime Romantismo. Daí chegou a época do entusiasmo por Maiakóvski e Iessiênin. Ainda hoje em dia me espanta como esses jovens escritores puderam ser tão visionários.

Do lado paterno

Mas a realidade não deixa de cobrar de cada pessoa seu tributo, inclusive de mim. Em 1945, papai foi dispensado do exército e voltou para seu trabalho como mecânico de ceifadeira-debulhadora. A partir de 1946, trabalhei como seu ajudante em todos os verões. A escola de Privolnoye ficava a dois quilômetros de nossa cabana. Depois da aula, eu ia correndo até o vovô Pantelei, que morava no centro do vilarejo, me trocava com as roupas de trabalho e corria para a estação de máquinas e tratores para ajudar papai nos reparos das ceifadeiras. À noite, voltávamos juntos para casa. Posso perceber agora o quanto isso mexe comigo, quando ponho em palavras escritas...

Chegou a época da colheita de cereais. Do fim de junho até o fim de agosto tive de trabalhar no campo. Mesmo se a colheita fosse interrompida por causa da chuva, permanecíamos no campo, fazíamos manutenção nas máquinas e esperávamos o tempo melhorar. Nesses dias "calmos", papai e eu travávamos várias conversas sobre Deus e sobre o mundo, sobre o trabalho, sobre a vida. Nosso comportamento não era apenas o de pai e filho, mas também o de duas pessoas que têm uma tarefa em comum, que trabalham juntas. Papai me tratava com todo o respeito, éramos realmente amigos.

Papai era considerado o melhor mecânico de ceifadeiras e me ensinou tudo o que sabia. Após dois ou três anos, eu já dominava a mecânica de uma ceifadeira sozinho. Eu ficava orgulhoso de identificar uma falha apenas pelo barulho do motor. E não menos orgulhoso eu ficava de conseguir subir na máquina ceifadeira a partir de qualquer uma de suas partes, inclusive a partir do aparelho de corte e de onde o carretel gira. Quando dizem que o trabalho com uma ceifadeira é difícil, isso é um eufemismo. Eis o que era difícil: catorze ou até mesmo vinte horas por dia até o esgotamento total.

O trabalho dos camponeses no colcoz era realmente duro. E não ganhávamos nada com ele. A salvação eram as pequenas fazendas privadas. Nelas era permitido plantar, mas nem tudo pertencia a nós. Cada propriedade era onerada o máximo possível com tributos e impostos do Estado. Anos mais tarde, quando dava palestras sobre política agrária, evitava a todo custo as avaliações rigorosas e formulações, pois sabia muito bem como eram a vida e o trabalho de um camponês.

Nossa família teve mais sorte do que outras: os mecânicos ganhavam dinheiro e produtos da terra. Mesmo assim, esse salário era deplorável, tanto que precisávamos vender aquilo que produzíamos em nossa propriedade para podermos comprar o imprescindível em roupas ou coisas para casa. E para comprar essas coisas tínhamos de ir até o mercado de Rostov, Stalingrado ou Shakhty. Em suma: não era suficiente.

Nesse contexto me vem à lembrança o quanto mamãe estava sempre por perto, sempre nos apoiando. Eu a amava. E também papai a amou até sua morte. Ela era uma mulher encantadora, extremamente forte e prestativa. Papai tinha orgulho dela, perdoava-lhe seu jeito apressado e a ajudava em tudo. Essas coisas estimulavam a mim e a meu irmão, Alexander. De todas as suas manias, havia apenas uma que eu achava ruim: quando ela se queixava com meu pai sobre eu estar sobrecarregado. Quando me lembro de nossa família, graças à qual eu ainda estou vivo, só lamento não ter feito mais por eles, especialmente por meu irmão. Por conselho meu, ele completou a Escola Superior Militar em Leningrado, chegando a trabalhar no Departamento de Comunicações das tropas de mísseis nos arredores de Moscou e, por fim, nas tropas aeronáuticas. Ele foi um bom homem.

A muito, muito custo se ganhava o pão de cada dia naqueles anos. Em 1946 tivemos uma colheita ruim. Inesperadamente houve uma seca nas regiões de plantação de sementes. Já 1947 foi um ano melhor para nosso país. Colhemos 65,9 toneladas de sementes. Porém, na terra de Stavropol, especificamente, tivemos outra colheita ruim. Nem sei como sobrevivemos ao inverno. Nossa grande esperança se voltou para a colheita de 1948. Mas, no início da primavera, por volta de abril, tivemos uma tempestade de areia, efeito colateral da seca.

— Outra catástrofe — disse papai —, já pelo terceiro ano seguido após a guerra.

Felizmente, porém, veio uma chuva quentinha alguns dias mais tarde. Choveu por um, dois, três dias. E a vegetação começou a crescer.

A colheita de 1948 foi a primeira colheita decente no território de Stavropol em muito tempo. Em nosso colcoz colhemos 2,2 toneladas por hectare. Para aquela época – sobretudo após as colheitas malsucedidas dos anos anteriores – foi um resultado sem comparações. Desde 1947 estava em vigor o seguinte decreto da presidência do Alto-comando Soviético da URSS: quem colher mil toneladas de cereais com uma ceifadeira receberá o título de "Herói do Trabalho Socialista"; quem colher oitocentas receberá a Ordem de Lênin. Papai e eu colhemos 888,8 toneladas. Papai ganhou a Ordem de Lênin e eu, a Ordem do Estandarte Vermelho. Eu só tinha dezessete anos, por isso essa ordem me é a mais cara de todas ainda hoje em dia. A notícia sobre a condecoração chegou no outono. Fizeram uma comemoração na escola. Era a primeira vez que eu vivenciava algo assim e, embora tivesse ficado bastante embaraçado, fiquei também naturalmente muito feliz. Foi a primeira vez que tive de falar em público.

O ano de 1948 não foi bom para a minha família, mas podemos dizer que pelo menos foi um ano de bons resultados.

Todo mundo sabe que o mais difícil na vida é quando se precisa lutar contra incertezas, quando não se pode suprir as necessidades básicas, quando os caminhos são cheios de obstáculos e quando a gente sempre precisa começar as coisas a partir do zero. Eu vivenciei tudo isso. Mas não me

Família Gorbachev com os filhos Mikhail e Alexander, 1950.

importo de ter empregado uma considerável parte da minha energia da juventude para superar as "circunstâncias desfavoráveis". As dificuldades dos primeiros anos da minha vida independente e do cotidiano cheio de coisas para fazer me deixaram imune. Dificuldades desse tipo levam as pessoas à prova de sua resistência. Isso faz com que mostremos nossa verdadeira essência, não apenas nos dias de vitória e sucesso mas também nos dias de provação.

Naqueles tempos havia de tudo: alegria, preocupação e esperança. Os eternos altos e baixos da vida. Quem conhece a nossa história hoje precisa compreender cada período, cada fato em seu próprio contexto, do contrário não dá para entender nada – nem os acontecimentos nem as pessoas daquela época.

Ao olhar para o meu passado, fica claro para mim o quanto meu pai e meu avô Pantelei – com suas vidas, suas ações, sua atitude para com o trabalho, para com a família e para com o país, bem como seu senso de cumprimento do dever, tornaram-se modelos para mim. Em meu pai, um homem simples do vilarejo, escondiam-se tanta inteligência e curiosidade, razão e humanidade. Tudo isso o diferenciava do restante dos camaradas do vilarejo. As pessoas o cumprimentavam com respeito e confiança. Na minha juventude, eu não apenas estimava meu pai como filho, mas também era muito ligado a ele. Quanto mais velho eu ficava, mais me entusiasmava com ele. Admirava seu inesgotável interesse pela vida. Ele ficava tocado pelos problemas de seu país, e também dos demais Estados.

Posteriormente, ele fez amizade logo de cara com Raíssa. Gostava de se encontrar com ela. Interessava-se principalmente pela ocupação de Raíssa com a filosofia. Tenho a impressão de que a própria palavra "filosofia" por si já causava um efeito mágico nele. Papai e mamãe ficaram felizes com o nascimento de sua neta Irina, que depois costumava passar os verões com eles. Ela amava passear pelos campos com o avô na carroça de duas rodas, de fazer feno e de pernoitar na estepe.

A notícia da doença repentina de meu pai chegou até mim em 1976, em Moscou, onde eu me encontrava por ocasião do 25º Aniversário do Partido Comunista. Imediatamente, Raíssa e eu pegamos um voo para Stavropol, onde faríamos uma conexão para chegar a Privolnoye. Papai estava inconsciente no hospital do vilarejo e não tivemos chance de conversar para nos despedirmos. Sua mão conseguia segurar a minha, mas não tinha mais nada que ele fosse capaz de fazer. Faleceu de um derrame cerebral. No dia do Exército Soviético, em 23 de fevereiro de 1976, o enterramos. A terra de Privolnoye, onde ele nasceu, onde ele arou, semeou e colheu, a terra que ele protegeu sem poupar sua própria vida, o acolheu...

Por toda sua vida, meu pai cuidou de seus familiares e deixou este mundo sem impor as dificuldades de sua doença a ninguém. É pena que ele tenha vivido tão pouco. Em 1995 sepultamos minha mãe, Maria Panteleiêvna, ao lado dele. Cada vez que vou a Privolnoye, antes de qualquer coisa, visito o cemitério.

Tenho na memória uma conversa com minha mãe de muito antes de sua morte. Estávamos papeando num banco em frente à casa, lugar preferido dela. De repente, do nada, tocada por algum tipo de sentimento, ela disse:

— Quando eu morrer, enterre-me ao lado de seu pai.

Eu indaguei:

— De onde você tirou isso? O que seria de nós?

— Já é tempo, Misha — respondeu, sorrindo. — Já faz muitos anos que não vejo seu pai mesmo...

Tudo isso aconteceu, conforme mencionei, há bastante tempo. Nos dois últimos anos, ela ficava doente com frequência. Achávamos que precisava de um bom tratamento, e a convencemos a morar conosco. Ela veio então para o Hospital do Kremlin. Nós a visitávamos regularmente, juntos ou individualmente.

Na última visita, eu fui sozinho. Conversamos por um bom tempo. Só fui embora tarde da noite. Voltei para casa com bom humor e comentei que mamãe se sentia melhor. No dia seguinte, às quatro horas da madrugada, ela morreu. Os médicos perguntaram a ela no último instante:

— O que devemos dizer ao Mikhail Sergueievitch?

Ela apenas respondeu:

— Ele já sabe tudo.

CAPÍTULO 2

Alma *mater*

Muitos acontecimentos da minha vida estão intimamente ligados à Universidade de Moscou. Estou totalmente convencido de que, sem ela, teria percorrido outras vias. Sem o conhecimento que adquiri lá, sem a vivência na capital com sua enorme riqueza cultural e intelectual, mal teria conseguido discernir qual caminho iria querer trilhar.

Em 1950 concluí os estudos secundários com uma medalha de prata. Eu estava com dezenove anos, ou seja, bem na idade da convocação para o exército, e eu precisava tomar uma decisão. Ainda me lembro de uma conversa que tive com meu pai quando me formei:

— O que você gostaria de fazer? Gostaria de estudar ou prefere voltar a trabalhar comigo?

— Gostaria de estudar...

Mal podia esperar para continuar minha formação acadêmica. Muitos companheiros da mesma idade compartilhavam deste sentimento. Entre os que se formaram das duas classes que havia na minha escola secundária, praticamente todos seguiram para escolas de ensino superior. Afinal, era uma época em que nosso país se reconstruía e havia escassez de engenheiros, agrônomos, médicos e professores. Classes inteiras do secundário iam já fechadas para o ensino superior. E eu queria ir para a Universidade de Moscou.

Como já mencionei, gostava de física, matemática, história e literatura. Candidatei-me à Universidade Técnica, ao Instituto de Estudos Energéticos e ao Instituto de Estudos da Siderurgia. Havia uma proximidade entre essas áreas técnicas e minha experiência. Além dessas, depois de uma longa reflexão, também me candidatei à Faculdade de Direito da Universidade Estatal de Moscou, e submeti a documentação à comissão de admissão. Aguardei. Passados já vários dias, nenhuma resposta.

Assim sendo, continuei trabalhando na colheita com a máquina ceifadeira-debulhadora. Mas, quando a espera começou a me angustiar, com o consentimento de meu pai, fui ao correio e enviei um telegrama à Faculdade de Direito da Universidade Estatal de Moscou, contendo o envelope de resposta pago. E ela veio imediatamente:

— O senhor está matriculado e possui direito a um dormitório em nossa moradia estudantil.

Isso significava que eu havia obtido a categoria mais alta, e sem entrevista, só com o resultado dos exames. Estava claro que muitos fatores haviam contribuído para essa admissão: minha origem como "trabalhador e agricultor", a experiência profissional, o fato de que eu acabara de me candidatar ao partido e, naturalmente, também a alta colocação das notas. Isso sem mencionar que eu também já participava ativamente da vida social: como secretário da liga juvenil comunista na escola e como membro do comitê da liga juvenil comunista. Seja como for, eu era um candidato ideal para a "otimização" da montagem social da classe estudantil. As coisas eram assim naquele tempo.

Fiquei imensamente feliz. O mais árduo trabalho braçal na ceifadeira não me cansava. Só conseguia pensar em uma coisa: "Sou um aluno da Universidade de Moscou".

A viagem até Moscou foi um evento para mim. Foi minha primeira viagem de trem, eu tinha dezenove anos. Antes disso, jamais havia sequer saído das terras de Stavropol. E tudo começou com uma aventura. Para chegar à estação Tichoretzk, meu pai e eu fomos pegando carona com os carros. Depois ele me colocou dentro do trem e me deixou ali assim que encontrei um lugar para me sentar. Ambos estávamos tão agitados que meu pai até se esqueceu de me entregar o bilhete do trem ao se despedir.

Com isso, fiquei sem nenhum bilhete e, obviamente, não demorou até passar o fiscal. Não sei o que teria me acontecido se não fosse pelo fato de o vagão inteiro se levantar e passar um sermão no fiscal: "O pai dele, um soldado todo condecorado, o deixou no vagão, e você está fazendo o quê?!". O fiscal acabou deixando para lá, mas exigiu que, na próxima estação, eu comprasse um bilhete com destino a Moscou. Essas eram despesas com as quais eu não contava. Mas o que eu deveria fazer? Assim começaram minhas viagens de ida e volta entre Privolnoye e Moscou.

Foi a primeira vez que me encontrei em um espaço tão apertado com outras pessoas. Vagão adentro havia muitos pedintes, entre eles inválidos de guerra. As pessoas eram condescendentes com eles. A cada vez que algum dos fiscais do trem quisesse "impor ordem", os demais passageiros se opunham veementemente em favor deles. Era bem na época do fim da guerra, apenas alguns anos depois.

Nas diversas viagens de e para Moscou, eu fazia paradas em Rostov, Carcóvia, Voronej, Oriol e Kursk. Ruínas em toda parte, vestígios da assoladora destruição da guerra. Algumas vezes, o trajeto para Moscou passava por Stalingrado. Eu organizava a viagem de maneira a chegar bem cedo a Stalingrado e partir só no fim da tarde ou à noite para Moscou. Passeava pela cidade, visitava a colina Mamáiev-Kurgán, percorria os locais das duras batalhas. Alguns anos depois da guerra, o lugar ainda estava literalmente repleto de estilhaços metálicos. Levei alguns deles comigo e os pendurei bem alto. Outro ponto para ser visto nessa cidade destroçada, mas não vencida, era o grande cinema "Sieg". Quando dava tempo, assistia a um filme lá.

Mas, voltando à minha primeira viagem à capital... Nas paradas do percurso entravam moradores dos pequenos vilarejos e ofereciam copos com nata, picles em conserva e batatas cozidas fumegantes. Eu não precisava de nada daquilo. Mamãe havia me guarnecido com provisões de comida. Mas quem bebia um, dois, três copos de vodca durante a refeição comprava picles e chucrute.

Tudo isso permaneceu vivo em minha memória. E me emociona quando conto sobre isso. Aquilo que a gente vivencia pela primeira vez fica gravado para sempre na lembrança, principalmente se for algo significativo.

Ao chegar ao destino, deixei minhas malas no depósito de bagagens da estação Kazan, tomei a direção da universidade pela rua Mokhovaya e fiquei deslumbrado com Moscou. Pessoas na rua me explicaram como chegar à universidade. A primeira experiência no metrô foi interessante e estranha, pois não sabia como entrar na escada rolante sem cair. Hoje dou risada, pois já faz tempo que as pessoas usam a escada rolante automaticamente, sem nem olhar. E não apenas em Moscou, mas também pelo mundo todo. Diferentemente daquela época...

Antes do início da aula fui convidado para ir à reitoria da Faculdade de Direito, provavelmente para que me conhecessem. Fui bem recebido e me esclareceram tudo. Analisei o plano de estudos e editais do primeiro semestre, além de fazer anotações. Quando resolvi ir para a moradia estudantil na rua Strominka, alguns jornalistas me abordaram e pediram que os acompanhasse por um momento. Chegamos à praça Manege, onde já estava um grupo de alunos de primeiro semestre de outras faculdades. Eles nos fotografaram diante da praça e também em frente ao Kremlin. A foto apareceu no jornal *Komsomolskaya Pravda* de primeiro de setembro. Guardei um exemplar comigo como lembrança do início da minha nova vida.

A grande novidade era a vida na capital: na verdade foi um choque para mim. Vim do interior, onde não havia eletricidade, rádio ou mesmo telefone, onde as noites de verão de repente se transformam em dias, onde as grandes estrelas parecem lanternas penduradas no céu. E na primavera e no verão, o ar é repleto dos perfumes das flores, das árvores e jardins. E de repente: o chiado dos trilhos dos bondes, os estrondos dos vagões do metrô, as noites iluminadas pela eletricidade e a descomunal multidão de pessoas. No começo foi difícil me acostumar com essa agitação de Moscou. Enquanto ponho tudo isso no papel, penso comigo: "É verdade, mas nem se compara com a agitação dos dias de hoje nas ruas entupidas de carros e de multidões de pessoas".

Há quem tenha a impressão de que antigamente o ser humano tinha algum valor, ao passo que hoje em dia ele só passa por transtornos na cidade a todo momento. Gostaria de fugir, e o faz. As pessoas fogem da cidade grande, voltando para as cidadezinhas do interior de onde vieram. Esse processo já começou faz tempo em grandes cidades do mundo, a população de muitas metrópoles vem diminuindo. Mas não em toda parte. A Cidade do México continua crescendo. Nela e em seus arredores já reside um terço da população do país. E quando viajamos com o trem-bala Hikari-Shinkansen da cidade de Tóquio até Quioto, temos a impressão de nem termos saído de Tóquio, já que cada trecho do trajeto é habitado.

Para começar, precisava encontrar o caminho do lar estudantil para a estação Socolhniki e, de lá, para a estação Okhotny Ryad. Daí passei a explorar Moscou junto com meus colegas. A atmosfera na universidade era, sobretudo dentro das turmas, muito agradável, extremamente amigável.

Tudo era novo para mim: a Praça Vermelha, o Kremlin, o Teatro Bolshoi, minha primeira ópera e o primeiro balé, a Galeria Tretyakov, o Museu Púchkin de Artes Plásticas, o primeiro passeio de barco pelo rio Moscova, uma excursão pelos arredores moscovitas, o primeiro desfile de outubro*... E a cada vez, sentia a mesma indescritível sensação, como se eu reconhecesse cada um desses pontos.

Apesar de tantos lugares bonitos, minha lembrança se volta para a horrível moradia estudantil no bairro de Socolhniki. Todos os dias pegávamos o metrô, o bonde e andávamos mais sete quilômetros a pé até chegar a nossa *alma mater*. A despeito disso, em cinco anos de faculdade, não chegamos a conhecer nem metade de Moscou. Consigo enxergar diante dos meus olhos até hoje: todas aquelas ruas e becos ao redor da universidade, todas aquelas ilhas de um arquipélago de estudantes nas proximidades da moradia estudantil, o cinema "Hammer" na rua Russakovskaia e o clube Russakov, o incomparável colorido da antiga praça Preobrajesnky (da

---

*   Em referência ao desfile do Dia da Vitória. (N. T)

qual pouca coisa sobrou hoje em dia), os banhos turcos na rua Bukhvostovskaya e o parque Socolhniki. Não esquecendo do parque Górki, outrora o lugar preferido dos moscovitas.

Ainda sei o quanto envergonhava Raíssa, a qual conhecia não fazia muito tempo... No parque havia diversos aparelhos, entre os quais dinamômetros. Posso dizer que era forte, e queria exibir isso para minha namorada. Tudo corria bem, mas de repente algo deu errado. O aparelho foi construído de maneira que o golpe precisava ser dado com o pé – assim como se faz com alguns tipos de bombas de ar para encher pneus. Utilizavam-se também as mãos, mas não para pressionar para baixo, como em uma bomba, e sim para cima: o ponteiro se moveu e mostrou a medição da força. Pensei que mostraria para Raíssa minhas possibilidades. Mas... Um infortúnio aconteceu: minha cruz não me ajudou e não consegui. Raíssa gargalhava, mas não achei graça. Com muito esforço, conseguimos chegar ao metrô.

No quarto ano, nós nos mudamos para o prédio novo da Universidade de Moscou, próximo da colina Lênin (ou colina Sperling), e lá também moramos no lar estudantil, juntos, em um contêiner. A consequência disso é que chegávamos a ficar uma a duas semanas sem ir até a cidade e permanecíamos em nosso "nobre ninho", que é como chamávamos o novo complexo universitário. Na rua Strominska viviam, no primeiro ano, vinte alunos no mesmo cômodo, já no segundo ano eram onze e no terceiro, seis.

Aqui tínhamos também um refeitório com um bufê, onde por alguns copeques podíamos ter um copo de chá e quanto pão quiséssemos. Havia pratos com pães sobre a mesa. Tinham um cheiro ainda mais gostoso com mostarda ou sal. Havia também um salão de cabeleireiros e uma lavanderia, embora precisasse frequentemente lavar as roupas à mão, pois não tinha dinheiro. Havia até uma policlínica da própria universidade. Isso era novidade para mim, pois em meu vilarejo só havia um posto com uma enfermeira. Tínhamos até uma biblioteca com grandes salões de leitura e um clube com todos os possíveis círculos artísticos e divisões esportivas. Era um mundo todo especial, uma irmandade estudantil com suas próprias regras e leis não escritas.

Quando era aluno da Universidade de Moscou, 1951.

Levávamos uma vida humilde. A bolsa de estudos para os cursos nas humanidades alcançava 22 rublos. Por certo tempo, recebi essa quantia para custear minhas necessidades de estudos e, no trabalho social, recebia uma bolsa a mais de 58 rublos – chamava-se "Bolsa Kalinin". No fim do mês havia o suficiente apenas para pão seco ou engrossávamos o feijão que comprávamos na loja. E mesmo assim guardávamos o último rublo para o cinema, e não para comida.

Desde o começo fiquei animado com os estudos na universidade. Isso tomava todo meu tempo, eu estudava com enorme interesse. Meus amigos de Moscou às vezes caçoavam de mim: muito daquilo que para mim era novidade, eles já conheciam desde os bancos da escola. Mas não me importava que precisasse aprender tanta coisa. Os moscovitas tinham medo de que percebessem que eles não sabiam algo. No terceiro ano, tive a oportunidade de ter debates com os alunos mais talentosos do meu ano.

As aulas eram dadas por excelentes professores, em geral autores de livros sobre jurisprudência e outros assuntos. O professor que mais me impressionou foi o que deu aula sobre Direito Penal. Era um palestrante maravilhoso. Nós o amávamos desde o primeiro ano. Às vezes, até matávamos outras aulas para assistir à dele, escondido. Esse nosso professor tinha apenas um problema: sua voz não aguentava, secava durante a aula, uma doença decorrente da profissão. Por esse motivo, sempre havia em sua mesa uma jarra bojuda com um copo polido, a típica louça daqueles tempos para reuniões, aulas, assembleias, etc. Em duas horas, a jarra já estava pela metade.

Um dia aconteceu um caso... A aula havia começado. Após algum tempo, a porta abre-se fazendo um barulho baixo, mas rangendo, e uma mulher põe uma jarra e um copo na mesa para o professor. Ela estava atrasada. Estávamos no quarto ano, nos sentíamos como os senhores da faculdade e éramos atrevidos. Naturalmente, o auditório se inquietou com a presença da mulher com a jarra. O professor percebeu isso e disse, compreensivo:

— Caros colegas! A melhor aula, a melhor palestra não poderia vir sem bolhas!

Tivemos de aprender latim durante um ano e meio. A aula era dada pelo professor Saketti. E com uma paixão! A cada aula, ele queria discorrer mais, conforme o tempo acabava. Ele se contorcia e sofria quando não entendíamos algo ou fazíamos perguntas. Porém, terminava em êxtase quando lia para nós o famoso discurso de Cícero.

Gostávamos muito de Saketti, como pessoa e professor. Em seus aniversários, sempre queríamos lhe dar uma lembrança. Alguém certa vez disse:

— Vocês viram qual é o tipo de pasta que ele tem?!

E na verdade era uma pasta enorme, de couro, velha, ensebada e já sem seu formato original. Nós nos reunimos e compramos uma pasta grande e bonita. Ele desabou em lágrimas.

Terminei a faculdade com distinção e recebi o diploma vermelho.[*] Porém, tenho duas notas 2 em meu histórico escolar, uma delas em Latim. Quando o professor Saketti viu que eu só tinha "muito bom" e em Latim apenas um "bom", reagiu da seguinte forma:

— Companheiro Gorbachev! Como isso nos aconteceu?

— Não sei. A culpa é sua.

Ambos rimos cordialmente.

Então, meu histórico escolar, anexo ao meu diploma, foi uma lembrança do professor Saketti.

O que houve de mais especial em nossa faculdade de Direito? Ela possibilitou conhecimentos amplos e extremamente abrangentes. Em primeiro lugar, devo citar o ciclo de ciências históricas: História e Teoria do Estado e do Direito; História das Teorias Políticas, História da Diplomacia; Economia Política – quase que comparada à matéria da faculdade de Economia –, História da Filosofia, Materialismo Dialético e Histórico; Lógica;

---

[*] Honraria de mérito concedida apenas aos melhores alunos da Universidade de Moscou. (N.T.)

Latim e Alemão. E finalmente toda uma série de disciplinas jurídicas: Direito Criminal e Civil, Criminalística, Medicina do Direito e Psiquiatria do
Direito; Processo Criminal e Civil, Direito Administrativo, Financeiro, Direito dos Colcozes e Direito da Família, Contabilidade. E, claro, Direito
Internacional Estatal e Privado, Estado e Direito de Terras Burguesas, etc.

O programa de estudo partia da ideia de que a apropriação das disciplinas jurídicas exige um conhecimento básico dos modernos processos
socioeconômicos e políticos e, por isso, deve compreender o domínio das
bases de outras ciências sociais.

A meu ver, a universidade era um templo do saber, um centro para as
mentes que produziam nosso orgulho nacional, uma fonte de energia renovada, despertar e busca. Ali era possível perceber a influência da secular
cultura russa, as tradições democráticas da escola superior russa haviam
permanecido, apesar de tudo. Muitos cientistas famosos e membros da
academia consideravam uma honra poder lecionar e ter aulas na Universidade de Moscou. Muitos deles dispensaram convites para lecionar em
outras universidades, muitos até eram autores de dúzias de livros didáticos.
Suas aulas nos abriam um novo mundo, todas as áreas do conhecimento
humano que nos eram desconhecidas até então, e nos apresentavam à lógica do pensamento científico. Mesmo nos anos mais sombrios e dentro
dos muros na rua Mokhovaya era possível sentir o pulsar da vida social.
Apesar de terem sido recalcados, o espírito da busca pela verdade e uma
saudável mentalidade crítica perseveraram.

Naturalmente também não se pode enfeitar com palavras bonitas a
situação da universidade naquela época. Os primeiros três anos do meu
curso coincidiram com os anos do "stalinismo tardio" e com uma nova onda
de repressão, uma campanha aberta contra o "cosmopolitismo dos antipa-
triotas" e a "adulação" do Ocidente, com o famoso "juramento médico".*

---

*   Processo penal contra um grupo de famosos médicos soviéticos que trabalhavam no
hospital do Kremlin e que foram condenados em 1952. A acusação era a seguinte: conexão
com o serviço secreto norte-americano, formação de um "juramento sionista" e assassinato

A atmosfera era extremamente ideologizada. Como em qualquer outro lugar, ali a sociedade também era dominada pelos esquemas sacrossantos do livro *Breve Curso da História do Partido Comunista da* URSS *(Bolchevique)*[*] de Stálin, que era considerado o ápice do pensamento científico. A direção da faculdade e os órgãos do partido pretendiam já nas primeiras semanas de aula forjar as jovens mentes, incutir nelas uma porção de dogmas de ferro e desviá-las da tentação do pensar autônomo, do querer analisar ou comparar. A coação ideológica agia de uma ou de outra maneira, inclusive em aulas, seminários e conversas de rua em encontros estudantis.

Em uma das reuniões do partido, fiz uma observação crítica sobre um professor por causa de seus métodos de análise de problemas. Valeri Shapko, meu companheiro de moradia estudantil, que já havia sido um soldado no *front* e era o aluno mais velho do nosso ano da faculdade (hoje um saudoso professor e autor de muitos trabalhos), disse:

— É melhor guardar esse tipo de observação para depois das provas.

Ri de sua postura calculista. E então vieram as provas. Sentia-me seguro, porém a certa altura me referi a um livro cujo título não citei corretamente. O corretor da prova fez uma cara de espanto. Corrigi-me imediatamente, mas já era tarde demais. Com um sorriso entredentes, o professor fez uma anotação e não deu mais ouvidos ao que eu dizia. Quando terminei, ele disse, sem esconder sua satisfação com aquilo:

— Bem, Gorbachev, é um redondo "dois"...

E aplicou a nota sem hesitação.

Apesar de ter tirado a nota "muito bom" nas outras provas, não as fiz de novo. Isso ocasionaria a perda da minha bolsa. Um golpe considerável em minha consciência e ainda mais em minha carteira.

---

de líderes soviéticos. A notícia sobre a desmascaração dos "parasitas médicos" foi publicada no *Pravda*, em janeiro de 1953. O processo foi instaurado no início de março de 1953 e os acusados foram libertados no começo de abril. (N.E.)

[*] Livro elaborado pela Comissão do Comitê Central do Partido Comunista da URSS em 1938. (N.T.)

Parece-me que naquele dia se colocava uma vigilância especial sobre a universidade, tanto sobre professores quanto sobre alunos. Sabia-se abertamente que havia um sistema de controle onipresente. O menor desvio da diretriz geral ou qualquer tentativa de questionar alguma coisa era submetido, no mínimo, a uma reprimenda do Komsomol* ou da assembleia do partido.

Também chegavam a nós algumas notícias sobre as novas ondas de expurgo entre os professores universitários. O nível de absurdo das acusações saltava aos olhos a ponto de forçarem os professores mais influentes a se retirar. Foi assim, por exemplo, que acusaram de "cosmopolita antipatriota" o professor S. W. Yushkov, um grande letrado que havia dedicado toda sua vida ao estudo da Rússia de Kiev.†

Durante a assembleia do conselho científico na qual Yushkov foi interrogado, ele se dirigiu à tribuna e, em vez de expor argumentos para sua defesa, apenas disse a frase:

— Olhem para mim!

Ficou em pé em frente ao público em sua bata com cordão de amarrar, com um chapéu de palha esfarrapado na mão, aparentemente a corporificação ideal de um distinto membro da inteligência russa. No salão ressoaram risadas. Em vez de uma investigação de vagas acusações pseudocientíficas, o bom senso da acalorada assembleia fez apenas uma observação simples:

— Devemos estar malucos de achar que ele é um cosmopolita.

A acusação contra Yushkov foi imediatamente arquivada.

Amávamos as aulas de Yushkov. Eram menos aulas e mais "conversas em sala de aula", relatos animados sobre os velhos tempos da vida de nossos antepassados. Ele era um exímio conhecedor de sua disciplina. Mas nós algumas vezes fazíamos "joguinhos ideológicos" com ele, com perguntas como:

---

* Liga Comunista Juvenil, abreviada como Komsomol, organização juvenil do Partido Comunista. (N.T.)

† Reino de Kiev: Estado medieval precursor dos atuais países Rússia, Ucrânia e Bielorrússia, com centro em Kiev.

— Prezado senhor professor, por que em suas aulas o senhor evita indicar os textos clássicos do marxismo-leninismo?

Então, inflamado, ele abria sua enorme e volumosa pasta, retirava dela um de seus livros, colocava seus óculos e procurava citações dos tais textos.

Não seria verdadeiro afirmar que a doutrinação ideológica massiva à qual os alunos da universidade eram submetidos não tenha nos afetado. Éramos crias de nosso tempo. Enquanto uma parte dos professores, conforme me parece atualmente, obedeciam às "regras do jogo" apenas *pro forma*, nós, alunos, acreditávamos piamente em muita coisa, franca e sinceramente. O sistema educacional fazia todo o possível para evitar o pensamento crítico. Mas, apesar desse sistema, a massa de conhecimento acumulado até o terceiro ano nos levava a um ponto em que já havíamos conseguido ter uma reflexão verdadeira a respeito de tudo o que havíamos aprendido e de tudo aquilo de que havíamos nos apropriado.

O desejo de liberdade se manifestou na Faculdade de Direito em uma encenação feita em 1949 de um processo contra Ostap Bender.* Naquela época foram liberados os livros *Doze Cadeiras* e *O Bezerro de ouro*, que durante muito tempo tinham sido proibidos. Tudo corria conforme as regras de um processo penal de verdade. Havia um tribunal, um promotor do Estado, um defensor e o réu Ostap Bender propriamente dito. Levando em consideração os lados opostos e a avaliação das circunstâncias e do estilo de vida de Ostap Bender, o tribunal o inocentou. Assim foi dado crédito à declaração de Ostap Bender de que ele "respeita o código penal". Nem preciso dizer que a peça terminou com a expulsão da universidade de todos os participantes do "julgamento".

A guerra contra o cosmopolitismo servia a Stálin e a seus colaboradores para reforçar o controle sobre a sociedade. Tratava-se de uma nova onda

---

* Personagem ficcional dos romances de Ilf e Petrov, *Doze Cadeiras* e *O Bezerro de Ouro*. Bender, um vigarista em busca de riqueza, é a protagonista de ambos, romances satíricos surgidos nos anos 1920 e que pertencem às obras mais lidas e citadas da literatura russa. Os autores criticam a sociedade soviética.

de reações ideológicas. Com isso, o processo de aquisição de conhecimento na Universidade de Moscou, famosa por suas tradições, não permaneceu sem efeito sobre nossas jovens mentes. Realmente não percebíamos como estávamos nos modificando por causa desse novo saber do mundo. Nossa mentalidade nas disciplinas de ciências sociais e, em especial, no estudo do *Breve Curso da História do Partido Comunista da URSS (Bolchevique)* era uma coisa do Estado e do partido. Mas também estudávamos profundamente a obra de Lênin. Isso nos permitiu conhecer a visão de Lênin. A partir daí, também acabamos conhecendo as visões dos oponentes de Lênin, os quais ele cita em suas obras, assim como faz normalmente um pesquisador.

Lênin era um marxista fanático e ainda mais fanático a respeito do "golpe russo". O "leninismo" é como uma correção do marxismo original, pois o primeiro Marx e seus movimentos de pesquisa antropológica foram esquecidos.

Ainda me lembro da professora Maria Petrovna Kazatshok, que deu um semestre sobre o *Breve Curso*. Durante todo o tempo, ela tentou nos dissuadir da exatidão do "marxismo-leninismo" oficial e nos convencer da interpretação stalinista, assim como procurou destruir qualquer questionamento sobre qualquer das fases da história do Partido Comunista.

Por causa da minha origem interiorana, tinha dificuldade para entender muitas das descrições sobre política agrária que constavam nos livros. A situação dos agricultores se comparava à de escravos naquela época. Eles ainda não tinham documento de identidade e não podiam se locomover livremente pelo país. E eis como a política fiscal era: simplesmente uma barbárie. Tanto fazia se as pessoas possuíam animais ou não, cada fazenda precisava entregar ao Estado vinte quilos de carne e 120 litros de leite. E as leis totalmente absurdas que foram aprovadas por iniciativa do Ministério das Finanças: obrigação de pagamento de imposto por unidade de árvore frutífera. O ministro mal sabia ou nem queria saber que as árvores não dão fruto todo ano. Finalmente, tudo isso levou os fazendeiros a cortarem suas árvores frutíferas.

O regime stalinista tratava os fazendeiros como propriedades. Não é sem motivo que os moradores dos vilarejos duvidavam mais da justiça dessa ordem do que os moradores das cidades. Para mim, conceitos como "coletivização" e "sistema de colcozes", em comparação às cidades, não eram teoria, mas realidade. Sabia por experiência própria quanta injustiça existia tanto na coletivização como no sistema de colcozes. Tudo isso perturbava a nós, jovens, pois tínhamos experiências pessoais e opiniões parecidas.

A história a seguir não tem nada de exagero. Ela me foi relatada por Leonid Nikolaievitch Efremov, primeiro secretário do comitê regional do partido em Stavropol, que antes havia trabalhado com Kruschev como candidato à presidência do comitê central do Partido Comunista. No 19º Congresso do Partido Comunista da URSS em 1952 – ele participou como delegado e também esteve presente na reunião do comitê central após o evento do congresso – foi eleita a direção do partido. Stálin encenou uma farsa durante o plenário: disse que estava velho demais e que se retiraria. Conforme Yefremov se lembra, Stálin olhou atentamente ao redor de si dentro do salão, observando como seria a reação das pessoas e quem reagiria. A reação foi imediata. Rapidamente vários membros (um deles era Malenkov) correram até a tribuna e pediram a Stálin para dar continuidade a sua atividade como líder do Estado.

— O povo não entenderia algo diferente.

O líder fez um gesto com a mão:

— Está bem, vocês me convenceram.

E, então (também conforme o planejado), Stálin passou uma decompostura nos presentes, um após o outro, principalmente Molotov e Mikoyan. A este último, ele acusou de dar muita proteção aos fazendeiros e o chamou de o "novo Frumkin". Frumkin era um velho membro do partido, um cientista que havia protestado contra a política agrária de Lênin.

— Nós demos terras aos fazendeiros para uso vitalício. O fazendeiro é nosso eterno devedor.

A política agrária inteira era basicamente isso.

Como já mencionei, na minha época de faculdade acontecia o famigerado "juramento médico", um produto da imaginação dos órgãos de segurança. Reforçava a propaganda antiocidental, os ataques antissemitas desenfreados e as acusações de traições cometidas por judeus. Isso era injusto, cruel e provocava protestos.

Resumindo: a realidade do dia a dia mesclava-se à vida universitária e endireitava nosso entendimento das aulas a respeito do "sistema mais justo", da "camaradagem inabalável do povo" e de nosso "respeitável e amado partido". Um episódio do inverno de 1952 para 1953 ficou especialmente guardado na minha memória.

Meu amigo judeu Volodia Liberman, ex-soldado do *front*, atrasou-se para o início da aula. Apareceu umas duas horas depois. Nunca o havia visto num estado tão abatido e aflito. Parecia totalmente transtornado.

— O que houve? — perguntei.

Ele não conseguiu segurar as lágrimas. Ocorreu que uma multidão barulhenta o havia atacado com insultos e xingamentos e o havia jogado para fora do bonde. Fiquei abalado.

O lento processo intelectual de maturação e nosso esforço de entender o que vinha acontecendo ao nosso redor causaram protestos contra a escolástica e a literalidade do ensino, que às vezes beirava a repetição do discurso ideológico. Havia algo ruim em tudo isso que atacava a dignidade humana.

Ainda me lembro de não ter sobrado nada a um dos professores além de ler para nós página por página do escrito de Stálin intitulado *Problemas Econômicos do Socialismo na* URSS, no outono de 1952. Não aguentei e enviei ao professor um bilhetinho no qual dizia que já estávamos familiarizados com o conteúdo daquela obra e que a leitura mecânica do texto durante a aula era uma falta de respeito com o público.

A reação foi imediata. O mestre, com seu orgulho ferido, disse que, se alguns alunos que estavam se formando eram assim tão ousados que tinham medo de assinar seus nomes abertamente, então eles deviam "já estar condicionados a todo o conjunto de princípios e consequências contidos na obra do camarada Stálin".

Levantei-me e disse que era o autor do bilhete. Deu uma confusão... A informação sobre esse caso foi repassada para o Komsomol e para os órgãos do partido e chegou até o comitê do partido em Moscou. Na época, eu era secretário adjunto para questões ideológicas do Komsomol da faculdade (o secretário era Boris Spiridonov, mais tarde secretário do comitê do partido da Universidade de Moscou). No fim, não deu em nada. Evidentemente, minha "origem de trabalhador e agricultor" havia ajudado de novo.

Muitos anos depois, nos difíceis dias de dezembro de 1991, encontrei-me com o escritor Belyaév, então aluno da Universidade de Moscou. Chegamos a conversar sobre aquele episódio, e ele me disse que o nome Gorbachev daquela época poderia quase ser equivalente, na língua moderna, a "dissidente". Na verdade, eu não era isso, apenas um nível maior de atitude crítica crescia em mim quando aconteciam aquelas coisas. Conhecia a vida real e sabia um pouco do jogo nos anos de domínio de Stálin. E teoricamente isso não era assim apenas comigo, mas com muitos. Não éramos dissidentes no sentido ocidental da palavra. Éramos "revisionistas", simpatizantes de uma renovação do "real" socialismo.

Por acaso li, em março de 1953, a carta do membro da academia Sakharov a respeito da morte de Stálin. Aqui vão alguns trechos da carta: "Estou sob o pesar da morte de um grande homem – e reflito sobre sua humanidade...". Naquela época ainda dava para entender. Porém, como podemos entender os homens que vivenciaram tudo isso, conhecem tudo isso e, mesmo assim, continuam procurando respostas para as próprias perguntas em Stálin e andam com um retrato dele pelas ruas?!

À época, certo grupo de alunos da faculdade de Direito resolveu ir até o salão nobre para se despedir de Stálin. Andávamos um pouco, parávamos e ficávamos por horas no mesmo lugar. Demos a volta na praça Trubnaya, tomada por um terrível pânico em massa, que custou a vida de alguns dos homens do cortejo funeral. Uma noite inteira para avançarmos quarteirão por quarteirão – até finalmente alcançarmos o caixão.

Já havia visto Stálin, na maioria das vezes de longe, em paradas comemorativas. Agora, aqui no salão nobre, observei-o pela primeira vez de perto – morto.

— O que será de nós?

Ouvi esta frase de meu colega de faculdade e amigo Zdeněk Mlynář.*

— Misha, o que vai ser de nós agora?!

Estas foram exatamente suas palavras. E com certeza isso não fora apenas efeito de seu estado emocional, mas o entendimento de que Stálin era a corporificação de todo o sistema.

Para mim, os anos de faculdade foram não apenas extremamente interessantes, mas também bastante estressantes. Para ser franco, não me faltava ambição, nunca. Tudo o que era novo, eu registrava rapidamente, mas para apreender os conhecimentos é necessário trabalhar uma paleta muito mais ampla de leituras adicionais. A propósito, isso era a parte mais especial da universidade, em oposição a muitas outras faculdades de âmbito mais técnico.

Sou um homem sociável. Tanto com os meus colegas quanto com vários outros alunos da faculdade, eu tinha um comportamento de camaradagem, conforme exigiam minhas obrigações como membro do Komsomol. Desenvolveu-se um círculo de amigos relativamente próximos. A esse círculo pertenciam: Yura Topilin, Valeri Shapko, Volodia Liberman, Zdeněk Mlynář, Rudolf Koltshanov, Lênia Taraverdyev, Natasha Borovkova, Nádia Mikhalyeva e Lya Alexandrova. Com esses e outros amigos, que aqui não posso mencionar, entrei em um gigantesco mundo novo e antes desconhecido para mim.

---

*   Zdeněk Mlynář era nesta época aluno da Checoslováquia. Em 1968, ele foi um dos cabeças da "Primavera de Praga" e, por causa disso, viveu muitos anos no exílio.

Trabalho nas eleições em Moscou

Já desde o primeiro semestre fui incumbido com tarefas sociais. Uma das primeiras foi o trabalho como dirigente adjunto do centro para questões de moradia de Krasnopresnensky, um bairro de Moscou. Nosso trabalho se passava nas ruas mais antigas de Moscou: rua Bolshaya Grusinskaya e rua Malaya Grusinskaya. Isso possibilitava um contato extremamente interessante e enriquecedor com a cidade e com seus habitantes. Nosso país se preparava para as eleições para o Soviete Supremo da urss. Embora eu tenha vivenciado algumas lutas em prol das eleições, sobretudo na época da *perestroika*, quando eu tinha a liderança do partido, ainda assim aquelas eleições e meu trabalho naquele centro têm um lugar privilegiado em minha memória.

Lembro-me da conversa com os eleitores que eu convidava para irem ao local de agitação e de votação, e das respostas as suas perguntas sem muito sentido. Às vezes, tinha de anotar as perguntas e compreendê-las melhor, para então poder dar alguma resposta.

As ruas Bolshaya Grusinskaya e Malaya Grusinskaya daquela época eram bem diferentes do que são hoje. Agora são ruas com casas modernas e uma boa infraestrutura: lojas, instituições culturais, cafés, restaurantes e tantos outros lugares de que os habitantes precisam para viver. Naquela época, essas ruas tinham casas cujas paredes eram de um material que mal se podia identificar. A parede da frente, com janela, até tinha uma aparência de certo modo decente, mas a parede interna era composta de tábuas brutas e mal alinhadas umas em relação às outras. E cada cômodo entre essas paredes estava cheio de detritos. Com os anos, as paredes ruíam e ameaçavam desmoronar. Não se tratava mais de estética, mas sim da necessidade de se manter o interior da casa aquecido. As rachaduras eram escoradas e tapadas com qualquer coisa. O maior problema era o teto que, em grande parte, precisava ser reformado.

Quase sempre havia problemas com a água e com o aquecimento. A preocupação ficava a cargo das administrações prediais comunais, organizações extremamente pobres. Apesar de tudo isso havia alguns problemas que conseguíamos resolver, mas as casas se encontravam em um estado miserável. Todas as conversas com os eleitores nessas casas acabavam do mesmo jeito:

— Diga às autoridades que os artesãos trabalham demasiadamente, que faz anos que esperamos soluções para os problemas. Estas não são casas, e sim pocilgas. Se nossos pedidos não forem atendidos, não iremos votar.

Só então reconheci como era a vida real dos moscovitas e as condições nas quais viviam. Uma impressão devastadora! Naturalmente visitei diversos bairros de Moscou e muitas casas durante o período da faculdade.

Na rua Górki morava a família de Viktor Blinov, um amigo do meu Komsomol cujo pai trabalhava como chefe de departamento na fábrica de automóveis Likhachova. Concederam a sua família um apartamento no centro de Moscou, em um prédio novo. Era um apartamento maravilhoso. Fui convidado para ir ao apartamento por ocasião da festa de casamento de Viktor. Nas redondezas de Blinov morava a extraordinária atriz Vera Marezkaya. Era uma evidência inequívoca de que aquela era uma casa especial.

Diversas outras vezes visitei as famílias dos colegas da faculdade – um universo moscovita totalmente diferente e com condições de vida totalmente diferentes.

Alguns anos mais tarde voltei ao congresso do Komsomol em Moscou. Assim que encontrei algum tempo livre, dirigi até a rua Strominka, onde ficava a moradia estudantil. Comovido, passei pelos locais dos feitos de nossos heróis da juventude. Depois visitei as ruas onde tirava minhas "sonecas": rua Bolshaya Grusinskaya e rua Malaya Grusinskaya. Já não as reconheci – as ruas tinham sido em grande parte reconstruídas.

Nós – a turma daquele ano na faculdade – temos a tradição de nos reencontrar uma vez a cada cinco anos em Moscou. A maioria de nós é moscovita, mas também há alguns que trabalham no interior. Notei como meus amigos de faculdade mudaram. E apenas alguns não sofreram com a passagem do tempo: pareciam mais jovens e cheios de energia. Minha reação era de alegria e tristeza nesses encontros. Impressionava-me principalmente quando nosso colega mais velho, ex-soldado do *front*, Valeri Shapko, contava sobre os acontecimentos dos cinco anos anteriores.

Um de nossos últimos tradicionais reencontros foi em 2007, quando a maioria dos meus colegas já havia alcançado a idade de 75 anos. As notícias trazidas pelo nosso colega mais velho foram desanimadoras: quase 40% já haviam falecido. Combinamos de nos encontrar mais frequentemente, o que aconteceu em 2010...

Komsomol

Minha participação na luta pelas eleições dos anos 1950 e 1951 não passou despercebida por meus amigos da faculdade, e tornei-me secretário do Komsomol do primeiro ano da faculdade de Direito. Essa faculdade era menor do que as demais. Mas o Komsomol era forte, tinha 2.500 membros. Nos anos posteriores da faculdade fui apontado como secretário adjunto da administração universitária para questões de ideologia. Lembro-me pouco deste trabalho. O estudo era o foco de atenção. A reitoria pressionava a ação do Komsomol para produzir resultados positivos no estudo universitário. A missão do Komsomol era manter os estudantes motivados. Ainda estávamos na era de Stálin. Isso tinha impactos sobre a Universidade de Moscou, principalmente sobre sua parte mais dinâmica.

O mais importante em um Komsomol eram os grupos. E não só naquilo que tivesse a ver com os estudos, mas também em relação às atividades de tempo livre: visitas a museus, cinema, teatro, passeios em áreas verdes, tudo isso era coisa dos grupos do Komsomol. Nesse sentido, o Komsomol desempenhava um papel muito importante. Ele possuía uma força social viva. O Komsomol da universidade dominava o pedaço. Muita coisa acontecia na universidade. Às vezes chegavam a ocorrer conflitos.

Nessa perspectiva, é digno de nota um caso que quero contar aqui. Com a mudança dos alunos das faculdades das Ciências Naturais e alunos dos últimos semestres das Humanidades para a moradia estudantil em

Leninbergen, as condições de moradia melhoraram muito em comparação ao que eram na rua Strominka. Porém, cometeram um erro grosseiro que acabou levando a um conflito com a reitoria. Estava na cara que a reitoria se preocupava se estávamos seguindo os bons costumes. As alunas foram levadas para uma zona ("zona", que nome era esse!), enquanto os alunos, para outra. Tratava-se de zoneamentos, pois em cada zona só podia entrar quem ali morava. Ir de uma zona para a outra era um grande problema Hoje em dia é mais fácil viajar ao exterior do que naquela época conseguir entrar em outra zona de moradia.

Raíssa e eu havíamos nos casado pouco antes da mudança da rua Strominka para Leninbergen. Raíssa foi colocada na zona G e eu, na W, que ficava na fileira de prédios defronte. E embora fôssemos casados e nossa união estivesse dentro da lei, mesmo assim eu só podia ficar no dormitório dela até as 23 horas. Se eu ultrapassasse em cinco ou dez minutos, o telefone já tocava com alguém dizendo:

— A senhora tem uma pessoa estranha em seu dormitório. Isso é uma contravenção às regras.

Todas as nossas tentativas de contornar essa situação foram sem sucesso. E isso valia para todas as outras pessoas.

Devo dizer que gostávamos muito do reitor da Universidade, Ivan Petrovsky, membro da academia, que havia sido o sucessor de Nesmeyanov depois que este foi eleito presidente da Academia. Petrovsky era um grande cientista, matemático e um ser humano muito atencioso e cordial. Mesmo assim, esse homem de bom coração era dependente de alguns sovietes e normas, que nos impuseram aquelas condições retrógradas.

A separação por gênero teve vigência até a conferência dos delegados do Komsomol na universidade, em dezembro de 1953. Foi a conferência mais bizarra de todos os tempos. Os membros da reitoria, os reitores e os curadores da comarca e da cidade foram atacados pelos estudantes com acusações de hipocrisia e descaso. Durante a conferência surgiu a revista *Stachel*, que apresentou a discussão e a vida do Komsomol sob um aspecto cômico. No primeiro intervalo, os delegados foram cobertos com uma quantidade indescritível de panfletos.

Ainda me lembro de que havia pendurado em um dos salões no átrio um rolo de papel aberto no qual o reitor pisoteava uma certidão de casamento. A conferência criticava a gestão em todos os aspectos e exigia mudanças imediatas. A reação não demorou muito. Durante a folga no feriado de Natal, os alunos foram redistribuídos em lares estudantis conforme a faculdade que cursavam. Começava uma vida normal...

O bairro de Leninbergen é um local maravilhoso de Moscou. Não me sinto em condições de julgar, mas me parece que, assim como outros prédios erguidos por ordem de Stálin, o da Universidade de Moscou é bastante expressivo até hoje. A propósito, no que diz respeito ao prédio da universidade, nosso "prédio do comunismo" foi construído por detentos de *gulags*.

Em 1952 entrei para o partido. Mas eu tinha um problema: o que deveria preencher no questionário de adesão a respeito do meu avô, vítima de repressão? Embora o avô Pantelei não tivesse sofrido nenhum processo, ficou retido por catorze meses. Também o avô Andrei havia sido mandado para a Sibéria sem sofrer processo. Na minha candidatura junto ao partido, isso acabou não fazendo diferença alguma, meus conterrâneos sabiam tudo sobre mim. Escrevi ao meu pai. No fim das contas, ele também havia sido obrigado a responder a essa pergunta quando entrou para o partido. Quando chegou o verão, ele disse:

— Não escrevi nada sobre o que aconteceu. Não existia esse tipo de coisa no *front*, quando se é aceito no partido pouco antes de uma batalha. As pessoas arriscavam suas vidas. E isso era tudo.

Mas eu, seu filho, precisei explicar direitinho a história dos meus antepassados no comitê do partido e, posteriormente, no comitê da comarca de Moscou do Partido Comunista.

Raíssa

A Universidade de Moscou não era apenas um centro de pessoas com diferentes experiências de vida, nacionalidades e maneiras de pensar. Ali os destinos das pessoas se cruzavam mesmo que por um momento, e não raro por longos anos. E havia um centro onde esses cruzamentos aconteciam de maneira mais frequente: nosso clube de alunos na rua Strominka.

O edifíciozinho modesto, outrora um quartel de soldados, era para nós um ponto de encontro de pura cultura. Famosos cantores e atores apareciam por lá: Lemeshev, Koslovsky, Obushova, Yanshin, Mareskaya, Mordvinov, Plyat e outros. A *crème de la crème* da vida teatral moscovita. Os atores consideravam suas entradas em cena como o cumprimento de um dever honrado de proporcionar à juventude o sentimento pelo belo. Uma tradição artística maravilhosa que revisitava a era pré-revolucão e que, nos dias de hoje, infelizmente ficou perdida no tempo. E para nós, os alunos das "diversas cidades e vilarejos", esses encontros realmente nos aproximavam da arte.

Como já mencionei, dentro do clube havia vários círculos, começando com o de economia doméstica, em que se podia aprender a fazer ovos mexidos e a como ajustar um velho vestido ou calças velhas, até um círculo de danças de salão, que, naqueles anos, eram massivamente apoiadas. De vez em quando aconteciam noites de baile no clube. Raramente eu participava, em vez disso preferia ler. Mas meus amigos estavam sempre lá e depois conversavam entusiasmados sobre as qualidades de suas parceiras de dança.

Em uma noite no outono de 1951, estava sentado em meu dormitório e me preparava para um seminário. De repente, meus amigos Yura Topilin e Volodia Liberman vieram correndo e me arrastaram para o clube com eles.

— Pare de estudar um pouco! Você imagina que tipo de garotas tem lá no clube?

— Como se houvesse poucas garotas no mundo! Quero ler um pouco mais!

— Você vai preferir vir conosco!

— Está bem, já vou.

Refleti, levantei-me e fui até o clube. Ainda não estava claro que eu me encontraria com o meu destino. Vi meus colegas e fui até eles. Estavam debatendo sobre algo e riam com garotas. O motivo para tanta alegria era Yura Topilin, um rapaz de dois metros de altura. Eles estavam discutindo sobre quem seria o par de quem na próxima dança. A parceira que Yura queria era uma aluna que eu estava vendo pela primeira vez. Meus amigos riram dele:

— Não vai dar. Que tipo de par vocês dois formariam?!

De fato a moça ruiva, elegante e pequena era o total oposto do meu amigo. Outros a convidaram. E de repente essa aluna disse de maneira simples e calma:

— Eu vou com Yura. Somos colegas, trabalhamos juntos no comitê estudantil da moradia. Vou dançar com ele. Temos assunto para conversar.

Eu fiquei ali, observei e esperei até que a dança terminasse. Quando houve oportunidade, fui apresentado a Raíssa Titarenko. Naquele tempo, no nosso primeiro encontro, ela não demonstrou qualquer interesse por mim. Eu, ao contrário, procurei esconder o quanto ela havia me impressionado. Não tivemos a chance de ficar a sós para conversar. Seguiu-se uma última dança e logo a noite acabou.

Alguns dias depois, Yura Topilin convidou Raíssa e outras garotas da faculdade de filosofia para virem ao nosso dormitório. Tomamos chá e jogamos conversa fora. Raíssa nem me olhava. Logo ela sugeriu que deveriam ir embora. E então começou, do nada, uma conversa absurda. As moças queriam saber a idade de cada um de nós e quem havia estado em qual destacamento no *front* de guerra. Era fato que muitos de meus colegas de quarto haviam lutado no *front*. Mas também perguntaram para mim.

— E você?

— Eu não fui para o *front*.

— Por quê?

— Quando a guerra terminou, eu ainda tinha catorze anos.

Foi quando Raíssa disse:

— Não tinha me dado conta de que você só tem vinte anos.

Tive uma reação idiota. Peguei meu documento de identidade e lhe mostrei. Mais tarde me arrependi e fiquei envergonhado. Naquele momento, tudo o que pude dizer foi:

— Não vou perguntar sobre a sua idade, isso não se pergunta.

— O que você quer dizer com isso?

— Acredito que somos companheiros da mesma faixa etária.

— Não. Você é mais velho – era a resposta.

Era oficial, e nós nos sentamos.

Foi assim que terminou o segundo encontro, após o qual tive a sensação de que estava perdendo a cabeça. Queria ver Raíssa e ser visto por ela. Isso chegou a acontecer, pois no lar estudantil sempre havia eventos e as pessoas também se encontravam normalmente durante o dia no átrio, no refeitório, e principalmente na biblioteca. Mas mesmo lá nós apenas nos dávamos bom-dia. E nada mais. Raíssa mantinha a distância.

Ela tinha simplesmente me enfeitiçado. Até mesmo quando usava um vestido simplezinho, isso tinha um efeito enorme sobre mim. De repente, ela aparecia com um chapéu com véu. De onde ela vinha? Estava na cara que ela entendia o valor da maneira como impactava as pessoas. Teve uma vez que a vi com alguém que mais parecia uma vara usando óculos. Ele lhe havia comprado bombons. Eu os cumprimentei. Ela respondeu. Nosso encontro se baseou apenas nisso. Perguntei ao Yura quem era o rapaz com quem eu havia visto Raíssa. Algum tempo depois ele me explicou que era um aluno de Física chamado Anatol Sarezky. E complementou:

— Sabe, Mikhail, sinto desapontá-lo, mas segundo as informações que recebi eles têm inúmeros planos para o futuro.

"Então cheguei tarde demais", pensei comigo.

Cerca de dois meses depois fui a um concerto em nosso clube. O salão estava explodindo de tão cheio. Caminhei pelo corredor em direção ao palco, mas não encontrei lugar livre. De repente apareceu uma moça de vestido com bolinhas pretas em pé diante de mim – Raíssa. Perguntou:

— Você está procurando lugar?

— Sim.

— Pode ficar com o meu, vou embora.

Não sei o que deu em mim, mas algum tipo de impulso interno me fez dizer:

— Eu a acompanho.

Ela não recusou. Senti que algo não lhe ia bem, então indaguei:

— Por que você quer ir embora?

— De alguma maneira não estou mais com vontade de ficar.

Seu estado de espírito estava bem triste. Quando deixamos o local, falei:

— Vamos passear um pouco.

— Tudo bem.

— Mas antes devemos nos agasalhar bem.

Dez minutos depois voltamos a nos encontrar. Caminhamos por duas horas: do rio Yauza até a estação de metrô Socolhniki, foi nosso primeiro passeio juntos. Estava frio, mas nosso humor melhorou. Falamos sobre as oportunidades de estudos. Às onze horas precisávamos voltar para a rua Strominka.

Nossos dormitórios ficavam em andares diferentes, mas não eram longe um do outro. Levei Raíssa até a porta e disse:

— Foi um lindo passeio. Gostei muito.

— Sim, sim.

— E o que você tem planejado para amanhã à noite?

— Não sei.

— Quer ir ao cinema? Sua aula termina no mesmo horário que a nossa.

— Combinado.

— Venho buscá-la às cinco.

— Ótimo.

No dia seguinte fomos ao cinema. Tomamos um sorvete e conversamos sobre trivialidades, amenidades. Pareceu-me que, em situações assim, trivialidades têm um enorme significado. Ao conhecer alguém pela primeira vez, em vez de lhe mostrar seu documento de identidade, é melhor conversar sobre trivialidades.

Assim tiveram início nossos passeios quase diários. E certa noite Raíssa me convidou para ir a seu dormitório, onde suas conhecidas estavam fazendo uma pequena reunião. As moças eram agressivas e prontas a atacar verbalmente. Uma voz interna me disse: "Fique de boca fechada". Respondi a perguntas, mas não perguntei nada.

Raíssa ficava diferente entre elas. Não era uma grande beleza, mas muito amável e simpática: um rosto iluminado e olhos bem abertos, uma figura esguia e elegante (no início da faculdade, ela praticava ginástica na universidade, até acontecer um acidente em que caiu dos anéis) e uma voz encantadora que ainda ressoa em meus ouvidos.

Além dela e de Nina Lyakisheva, no dormitório de Raíssa moravam Lya Rusinova e outra Nina, ambas namoradas dos alunos de filosofia Yuri Levada e Merab Mamardashvili. Yuri Levada tornou-se professor, criador e dirigente de um centro de sociologia que atualmente leva seu nome. Ele faleceu recentemente.

Merab Mamardashvili era um georgiano alto e belo. Já naquela época diziam que ele era motivo para grandes expectativas. Com os anos, Merab tomou uma destacada posição entre os filósofos da URSS. Pena que tenha morrido tão cedo. Depois chegaram a me perguntar sobre Mamardshvili, mas nossos encontros haviam sido tão breves quanto os que tive com Yuri Levada. Pessoalmente, tenho pouco a contar sobre eles. No início dos anos 1990, durante os tempestuosos eventos na Geórgia, Mamardshvili, disse as palavras que ficaram famosas não apenas na Geórgia, mas em toda a União Soviética:

— Quando meu povo ficar a favor de Zviad Gamsakhurdia,* ficarei contra meu povo.

---

*   Cientista e escritor separatista que se tornou o primeiro presidente eleito na Geórgia após sua separação da ex-União Soviética. (N.T.)

Mas tudo isso aconteceu bem mais tarde, enquanto fomos casando com todas as moças daquele dormitório. Porém, somente Raíssa e eu nos mantivemos fiéis à nossa promessa até o fim. Primeiro, Nina e Mamardashvili se separaram, depois Levada e Lya. Depois da morte de Raíssa, recebi uma extensa carta escrita à mão por Nina, esposa de Mamardshivili. Guardo a carta como lembrança de nossa juventude na faculdade. Recentemente ela foi publicada no livro sobre Raíssa, intitulado *Esboços de um retrato*.

Nossas faculdades, a de direito e a de filosofia, ficavam uma ao lado da outra na rua Mokhovaya, de maneira que Raíssa e eu frequentemente nos encontrávamos após a aula sob o portal no pátio e, dali, passeávamos por Moscou. Gostávamos muito disso. No início caminhávamos lado a lado, depois nos dávamos as mãos. Não era apenas um costume, mas através desse toque desenvolvemos ainda mais a ligação entre nós.

Tudo corria maravilhosamente. Meus camaradas de faculdade brincavam:

— Para nós, Mikhail é um caso perdido.

Mas Yura Topilin e Volodia Liberman também ficaram amigos de Raíssa. Ficavam orgulhosos por sua participação no surgimento do nosso sentimento mútuo.

Em um dia de inverno, algo inesperado aconteceu. Como sempre, encontramo-nos após a aula no pátio da Universidade de Moscou, na rua Mokhovaya, e decidimos andar a pé pela rua Strominka. Raíssa ficou calada por quase todo o percurso e respondia distraída às minhas perguntas. Percebi que havia algo em sua voz, e lhe perguntei sem rodeios. A resposta foi:

— Não podemos mais nos encontrar. Foi bom para mim todo o tempo. Sou-lhe grata. Mas já tive de terminar um relacionamento uma vez com um homem no qual eu acreditava, e não aguentaria passar por isso de novo. O melhor a fazer é terminar nosso relacionamento agora, antes que seja tarde demais...

Andamos por um bom tempo silentes. Quando nos aproximávamos da rua Strominka, disse a Raíssa que não poderia atender a seu pedido, que isso seria uma catástrofe para mim. Foi uma declaração de amor.

Entramos no lar estudantil, acompanhei Raíssa até seu dormitório. Quando nos despedimos, disse que a esperaria dentro de dois dias no mesmo lugar no pátio da universidade.

— Não devemos nos encontrar.

— Eu espero lá.

Dois dias depois nos encontramos – e nunca mais nos separamos.

Pouco tempo mais tarde, ela me explicou sua história:

— Namorei bastante tempo com Anatol Sarezky. Queríamos nos casar. Os pais dele viviam na Lituânia ou Letônia, seu pai era diretor da companhia de trem do Báltico, um "general" dos trens. Sua mãe era uma dama imponente e impressionante, com grandes pretensões. Ela procurava uma candidata para casar com seu filho. Chegou de viagem em um vagão só para ela. Eu havia sido convidada para esse encontro. Não consegui agradá-la. Anatol não pôde contrariá-la, e tudo terminou em separação. Foi muito triste e me machucou muito. Tive a impressão de que minha vida tinha acabado. Mas uma amiga opinou: "O que você ia querer começar com um homem como esse?".

Doutorandos, físicos e matemáticos sabiam sobre o término do namoro entre Raíssa e Anatol. E faziam fila para cortejá-la. E daí aconteceu nosso encontro e todas as consequências que já contei. Estávamos decididos. Não era fácil para Raíssa se sociabilizar, mas era uma amiga leal. Foi uma amiga leal e minha amada esposa.

No verão passamos uma noite inteira juntos no pátio da universidade, até a manhã seguinte. Naquela noite, nós prometemos que ficaríamos juntos para sempre.

Nas férias de verão, fui até Privolnoye e informei meus pais sobre o iminente casamento. Eles não conheciam Raíssa e não a tinham visto ainda, mas não foram contra. Antes eu havia escrito uma carta ao diretor da estação de máquinas e tratores para pedir permissão para trabalhar como auxiliar de ceifadeira como antigamente. Expliquei que aconteceriam grandes mudanças em minha vida e que precisaria de dinheiro. Recebi a permissão. Nessas mesmas férias, Raíssa foi para o Bascortostão,* mas não contou nada a seus pais.

Dessa maneira contávamos apenas conosco e tomamos a decisão mais importante para nós. Voltei para Moscou trazendo dinheiro. Cheguei muito mais cedo do que de costume para poder ir buscar Raíssa. Meu Deus, como ficamos felizes de nos vermos na estação de trem de Kasansky. Começavam os dias maravilhosos de grande alegria, dias que não voltam mais... O vestido de casamento teve de ser costurado, para mim nós pedimos pela primeira vez na vida um terno de tecido azul-marinho com o divertido nome de "trabalhador de choque".† Antes do matrimônio fizemos uma foto em um ateliê de arte próximo da estação de metrô Kirovskaya. Essas são as melhores fotos de nosso álbum.

Casamento de estudantes

O casamento deveria acontecer em um feriado de novembro. Fizemos o registro civil para sobrar tempo. Estávamos indo para a praça Preobrajesnky, atravessando pela ponte Yauza. Logo depois da ponte estava o cartório de registro civil de Socolhniki. Perguntei a Raíssa:

— Devemos mesmo entrar?

Ela disse "sim".

Entramos, nos informamos sobre quais papéis eram necessários para o matrimônio e solicitamos o número. Junto de nossos melhores amigos, pois, em 25 de setembro, atravessamos a soleira da porta dessa respeitável instituição, na qual recebemos, sob o número RW 047489, a certidão de que o cidadão Gorbachev, Mikhail Sergueievitch, nascido em 1931, e a cidadã

---

* A República do Bascortostão é uma divisão federal da Federação Russa. (N.T.)

† Em russo *udarniki*; trata-se dos trabalhadores que aderiam à campanha de extraprodutividade iniciada com o recorde do trabalhador de minas de carvão Alexey Stakhanov, em 31 de agosto de 1935. (N.T.)

Titarenko, Raíssa Maximovna, nascida em 1932, eram doravante unidos em matrimônio, o que foi sacramentado com as respectivas assinaturas e um carimbo. Tudo isso era muito prosaico. Não como é comum hoje nos palácios de casamentos. Mas não houve um ano sequer em que não comemorássemos essa data. Não fazia diferença onde nos encontrássemos, em casa, no trem, em férias, até no avião. Na maioria das vezes festejamos apenas nós dois. Gostávamos assim. Nós nos sentíamos melhor assim.

Uma vez esse dia especial caiu durante as nossas férias em Kislovodsk. Era nosso vigésimo aniversário de casamento, em 1973. Pedi uma mesa para nós dois em um restaurante nas montanhas. Um lugar estupendo. O restaurante estava lotado de turistas. Música, dança, um brinde após o outro! Por minha solicitação, nos trouxeram uma garrafa de espumante, uma garrafa de vodca Stolitchnaya e entradas típicas do Cáucaso. Estávamos de tão bom humor que eu nem percebi o tempo passar. E nesse humor bebemos tudo: Raíssa, um copo de espumante, e eu, o resto. Nunca voltamos a fazer isso.

No início dos anos 1990, quando fui destituído, decidimos que, apesar de tudo, iríamos passar o nosso dia de comemoração no restaurante da Ópera de Moscou. Raíssa queria tomar um bom conhaque. O conhaque trazido era gostoso e pedimos um segundo copo. A música continuava e nos tocou. Mas ao que parece, tomamos um conhaque bem caro: um Luís XIII, o que acabou tornando nossa noite bem cara. Com muita dificuldade juntei o dinheiro necessário, enfim, tudo que tinha comigo, quase passei vergonha.

A crônica de nossa família guarda a lembrança de um sonho que Raíssa teve em um dos primeiros dias de nossa vida juntos. Estamos no fundo de um poço profundo e escuro; apenas muito no topo havia alguma iluminação. Tentamos escalar a parede do poço ajudando um ao outro. Nossas mãos estão feridas e sangrando. As dores são insuportáveis. Raíssa despenca, mas eu a apanho. Conseguimos sair desse buraco escuro já completamente esgotados. Diante de nós está uma trilha reta, limpa e clara. Ao horizonte brilha o sol enorme e ofuscante, que faz o caminho desvanecer e desaparecer. Vamos em direção ao sol. De repente umas sombras pretas horríveis prostam-se aos nossos pés, vindas de ambas as laterais da trilha. O que é isso? A floresta retumba:

— Inimigos, inimigos, inimigos.

Sentimos o coração apertado. Pegamos a mão um do outro e continuamos caminhando, para o horizonte, para o sol.

Nosso casamento civil aconteceu em 25 de setembro de 1953. Mas só nos tornamos marido e mulher quando nos mudamos para o lar estudantil de Leninbergen, no início de outubro. Naqueles dias, os alunos estavam a caminho da colheita de batatas no círculo Mojaisk. Quando retornei, Raíssa reservou em seu dormitório uma noite apenas para nós dois, uma noite que significou tudo para nós e foi uma promessa para sempre.

Nossa festa de casamento foi no dia 7 de novembro, no refeitório do lar estudantil da rua Strominka. Convidamos nossos camaradas da faculdade e amigos próximos. A comida estava de acordo com a comemoração tradicional: salada, arenque, batatas cozidas e vodca Stolitchnaya – era o principal. E ainda havia carne, acho que *bouletten;*[*] para isso o dinheiro foi suficiente. O vestido de Raíssa tinha sido feito de *chiffon* leve. Ficou lindo nela. Quando já estava vestida, ficou bastante tempo diante do espelho. Eu lhe perguntei:

— Você gostou?

— Estou feliz da vida!

Ela adorava vestidos bonitos. Era algo admirável nessa mulher. Era oriunda de uma família simples e havia vindo da província mais distante para a universidade. E mesmo assim ela já se destacava em relação às outras moças e chamava a atenção. Sempre me vem à mente uma comparação que não acho exagerada: ela era uma verdadeira princesa. Eu adorava que ela quisesse ficar bonita. Nossos rendimentos mal davam para o básico. Apesar disso, sempre que possível saíamos e comprávamos algo novo para

---

[*]   Bolinhos de carne. (N.T.)

Raíssa: uma saia, uma jaqueta ou tecido para um casaco. Lembro-me de um casaco feito sob medida, de tecido verde-claro com o colarinho de peles. Ela o usava mesmo depois de oito anos.

Tudo lhe caía bem. Ela se cuidava muito. Se passasse um pouco do peso, fazia regime. Se algo a irritava, ela tratava da questão sem demora. Já em relação ao valor que dava para maquiagem, eu não posso defender. E agora talvez eu surpreenda: antes dos trinta, Raíssa não usava nem batom. Mas suas bochechas estavam sempre rosadas. Claramente por conta dos vasos sanguíneos espessos próximos uns dos outros. Um professor certa vez estava atrás de Raíssa na fila sob os famosos arcos do portão da rua Mokhovaya e, vendo-a pegar um copo de suco de tomate, disse:

— Agora dá para ver por que ela tem essas bochechas.

Em todas as situações da vida, estar bem arrumada era para Raíssa uma necessidade. Em todos os anos em que vivemos juntos, nunca a vi desleixada pela manhã. E esse comportamento foi herdado também por Irina e pelas netas. A avó lhes representava um modelo de elegância e memória.

Mas voltemos à noite de nosso casamento. Nós "arrendamos" os sapatos de noiva de Nina, uma amiga de Raíssa. E naturalmente nós bebemos, cantamos, comemos e dançamos. Foram pronunciados muitos votos eternos de felicidade e, finalmente, veio a frase:

— Beijem-se!

Isso foi um problema, pois para Raíssa o beijo era algo extremamente íntimo e que fazíamos somente a sós. Bebemos bastante e pernoitamos na rua Strominka, todos juntos em um quarto. Algo em torno de trinta pessoas, rapazes e moças.

Para Raíssa e para mim começara uma época alegre: estávamos nos conhecendo. Esquecemo-nos de tudo e ficamos surpresos quando Raíssa ficou grávida. Queríamos muito uma criança, mas os médicos haviam proibido Raíssa estritamente de engravidar. Um ano antes, ela havia tido uma crise de reumatismo muito grave. Ocorreu que todas as suas articulações incharam, tanto as maiores quanto as menores. Com isso, ela ficava ali deitada, parecendo uma boneca de cera e não podia se mexer. Isso aconteceu quando ainda estávamos na rua Strominka e tive de levá-la com meus amigos do lar estudantil para o hospital em uma maca. Tudo isso, a doença e o tratamento tiveram efeito sobre seu coração. Os médicos disseram:

— Não temos garantias de que ela possa engravidar, e se engravidar, não temos garantias de que não precisaremos escolher salvar a mãe ou o filho.

Não sabíamos o que fazer. Raíssa chorava o tempo todo. Eu disse:

— Podemos ter filhos depois, agora precisamos obedecer as recomendações médicas.

Na maternidade da rua Shabolovka foi provocado um aborto.

Éramos muito inexperientes. Ninguém nunca tinha tido de lidar com esse tipo de coisa: nem a escola, nem a universidade, nem as instituições médicas. Não havia literatura médica sobre esse problema. Posteriormente conversei com os médicos e lhes perguntei:

— O que os senhores recomendariam?

A resposta foi simples:

— Vocês precisam ter cautela.

— Mas qual é a melhor maneira?

— A mais efetiva é a abstenção.

E isso foi tudo o que puderam recomendar.

Foi assim que nossa vida como casal começou: por um lado, brilhante, elegante, alegre; por outro, escondíamos graves dificuldades. Os médicos nos sugeriram uma mudança de clima. A mudança para o sul, para a minha pátria, teve um efeito muito bom sobre a saúde de Raíssa e, em 6 de janeiro de 1957 (véspera de Natal)*, com 25 anos de idade, ela traria ao mundo uma filha: Irina.

Mas antes, em 1954, Raíssa fez as provas finais. As minhas ainda seriam dali a um ano. O mais importante para nós era ficarmos juntos, fosse em

---

* Para os cristãos russos ortodoxos. (N.T.)

Moscou, fosse onde eu viesse a ser alocado após minhas provas. Raíssa foi indicada para fazer o doutorado. Porém, infelizmente, a Faculdade de Filosofia da Universidade de Moscou não oferecia esse nível, de maneira que ela acabou se afiliando à Faculdade de Filosofia do Instituto de Pedagogia. Tínhamos, portanto, apenas um ano juntos, e o que viria depois era algo em que não pensávamos ainda.

Em nossos planos para aquele ano havíamos incluído uma viagem à casa dos meus pais em Privolnoye. Já era o momento de retomar o trabalho "diplomático" do restabelecimento da nossa reputação. Eu havia comentado com meus pais o casamento apenas por cima, vagamente, ao passo que Raíssa nada havia dito a seus pais.

No verão de 1954, nós nos pusemos a caminho de Privolnoye. Não consigo mais me lembrar direito qual foi o caminho que tomamos. Mas o que sei é que iniciamos a viagem de trem e terminamos pegando carona.

Já em Privolnoye, antes mesmo de ir à casa dos meus pais, visitamos minha avó Vassilisa. Jamais passei pela casa dela sem entrar para visitá-la. No último mês de outono de 1953, meu avô Pantelei, pai de minha mãe, tinha falecido. Lembro-me de como se despediram de mim quando fui estudar em Moscou. Fiquei em pé na parte de trás da carreta, olhei ao redor e achei o avô Pantelei: ele estava chorando. E isso não combinava com seu estilo, mais contido. Todos os meus compatriotas moradores de Privolnoye o admiravam e, apesar da chuva gelada que caía no dia do enterro, a maioria do povo foi prestar-lhe a última homenagem.

A avó Vassilisa ficou feliz com a nossa visita. Ela olhou Raíssa enquanto se aproximava, abraçou-a e disse:

— Como você é magrinha! Como você é linda!

Ela gostou de Raíssa logo de cara. Depois sempre a visitávamos quando estávamos em Privolnoye. Raíssa sempre lhe dava algum dinheiro, para que ela pudesse ir à igreja para rezar e acender uma vela. Nas grandes festas religiosas era ela quem vinha nos visitar em Stavropol. Até hoje me lembro de como ela ia andando de casa até a igreja e cumprimentando todas as pessoas com quem cruzava – é assim que se faz em Privolnoye.

Quando estávamos na casa de meus pais, as coisas eram um pouco diferentes. Meu pai gostou imediatamente de Raíssa: aceitou-a como uma filha. Provavelmente porque ele só teve filhos homens e era um homem afetuoso e sereno. Os sentimentos que teve desde o primeiro encontro com Raíssa permaneceram os mesmos até o fim. Já com minha mãe a coisa foi diferente. Não podemos dizer que foi lá uma acolhida muito calorosa. Ela tinha ciúmes de Raíssa: seu filho tinha sido tirado dela. E ela me dizia:

— Que noiva é essa que você trouxe? Em que ela vai poder me ajudar?

Expliquei que ela havia terminado a faculdade e iria lecionar.

— E quem vai os ajudar? Você bem podia ter escolhido uma aqui do povoado, e tudo ficaria bem.

Foi quando me exaltei:

— Sabe, mãe, vou lhe dizer uma coisa que você precisa entender: eu a amo. Ela é minha esposa. E nunca mais gostaria de ouvir esses comentários de você!

Mamãe caiu em prantos. Fiquei com pena. Mas precisava lhe dizer aquilo para esclarecer esse ponto de uma vez por todas. Claro que Raíssa adorou quando se libertou da atitude negativa da sogra. Certa vez mamãe a mandou pegar água no poço para regar o jardim. Papai compreendeu a situação e disse para Raíssa:

— Venha, vamos fazer isso juntos.

Mamãe explodiu e novamente não se segurou. Porém, depois, quando já conhecia Raíssa melhor, conformou-se. Irina veio ao mundo. E minha situação também mudou. Ajudávamos meus pais financeiramente, e mandamos construir uma nova casa para eles.

Naquele tempo, quando percebia o quão indisposta Raíssa se sentia, eu lhe dizia:

— Você não se casou com a minha mãe. Ora, essa questão já foi totalmente resolvida. Por favor, fique calma.

Certa vez, o conflito aconteceu por causa de uma bobagem. Para não brigar com a minha mãe, Raíssa saiu da casa e perambulou por um tempão. Encontrei-a à beira do rio:

— O que aconteceu?

— Nada.

— Então tudo bem, é assim que deve ser.

Um dia estávamos visitando o túmulo de meu avô Pantelei. Fiquei por um bom tempo ao pé do túmulo desse ser humano tão querido e refleti sobre a sina que ele teve.

O que o futuro trará?

Minha faculdade chegava ao fim. No último ano era necessário fazer os estágios no tribunal da comarca de Moskvorezky e no soviete[*] da comarca de Kiyevsky, onde, aliás, coletei uma parte do material que utilizei para escrever meu trabalho de conclusão: "A participação das massas no governo do país a exemplo dos sovietes locais". Também tive ali a oportunidade de comparar meu conhecimento teórico sobre a implantação dos sovietes, de um lado, ao trabalho prático em um soviete local de Moscou, de outro. E foi também aí que pude testar minhas habilidades, enquanto no tribunal da comarca éramos meros observadores.

Entreguei meu trabalho de conclusão dentro do prazo e a defesa perante a banca foi boa. Ganhei a nota "Excelente". Uma parte não pequena do meu texto procurava demonstrar as vantagens da democracia socialista (a exemplo do trabalho feito pelo soviete da comarca de Kiyevsky) em comparação à da burguesia. Mas mesmo assim ainda estava longe de atingir o entendimento sobre o significado dos princípios democráticos fundamentais.

No jornal *Sovetskaya Rossiya*[†] certa vez saiu um artigo afirmando que, em algum de meus discursos no exterior, teria dito que Raíssa e eu já planejávamos em nossa juventude subverter o Partido Comunista a partir de

---

[*]   Orgão deliberativo composto de representantes da classe trabalhadora. (N.E.)

[†]   Rússia Soviética. (N.T.)

dentro. Que erro grosseiro! Isso é mentira, uma das várias deturpações que meus "discípulos" criaram ao longo de todos esses anos.

Naquela época, o quadro preto e branco do mundo amplamente divulgado pela publicidade já tinha suas ranhuras aos olhos dos universitários. Recebi um impulso impressionante nessa direção quando Jawaharlal Nehru* visitou Moscou em junho de 1955. Participei do encontro de Nehru com professores e alunos no auditório principal da universidade em Leninbergen. Aquele homem extraordinário, com sua postura nobre, seus olhos sagazes brilhantes e seu sorriso simpático, que desarmava qualquer um, causou uma impressão muito forte em mim. Ainda trago comigo suas palavras sobre nossa *alma mater* e sua esperança de que a universidade formasse rapazes e moças para que tivessem "um amplo entendimento e um enorme coração" e para que se tornassem "portadores da boa vontade e da paz".

No que diz respeito a tal paz, o visitante indiano apenas enganou-se a respeito da receptividade das civilizações e de seu nível de desenvolvimento para tal, esqueceu-se da necessidade do *know-how* científico e técnico para propiciar o bem-estar de toda a humanidade e para a eliminação de todas as barreiras e obstáculos que se opõem ao crescimento de nossa consciência e espírito.

Para os homens mais inclinados a analisar os acontecimentos da atualidade, do passado e do futuro a partir do ponto de vista de uma sala de aula, aquelas palavras soavam incomuns e, ao mesmo tempo, emocionantes. Muito tempo depois, em dezembro de 1986, quando colaborei com minha assinatura na declaração de Délhi sobre os princípios de um mundo livre de armas nucleares e violência, ao lado da assinatura do neto de Nehru, o primeiro-ministro indiano Rajiv Gandhi, aquelas palavras me vieram à tona na memória.

---

*   Primeiro-ministro da Índia de 1947 até 1964. (N.T.)

Raíssa havia concluído a faculdade um ano antes. Começou sua pós-graduação, fez as respectivas provas e começou a trabalhar em sua dissertação. Almejava uma carreira acadêmica na capital.

Também recebi a proposta de fazer o doutorado no Departamento de Direito Econômico Coletivo, mas em relação a essa opção eu tinha objeções por uma questão de princípios. Já havia formado minha opinião sobre o chamado "direito do colcoz" de maneira bem clara e definida. Mas não me preocupava com o meu futuro. Na posição de secretário do Komsomol, eu era membro da comissão julgadora dos candidatos às vagas da pós-graduação, e por isso sabia que meu destino já estava traçado. Fazia parte de um grupo de doze postulantes (dos quais onze haviam sido soldados no *front* de batalha) que haviam sido enviados para a Procuradoria Pública da URSS.

Havia tido início o restabelecimento das vítimas do stalinismo, e a intenção era nos colocar nos recém-criados departamentos de Procuradoria que precisavam verificar a legitimidade dos procedimentos dos órgãos de segurança do Estado. Eu havia prometido a mim mesmo que em meu próximo trabalho lutaria pela vitória da justiça, e isso combinava totalmente com minhas concepções políticas e éticas.

No dia 30 de junho fiz a primeira prova. Ao retornar à moradia de estudantes, encontrei em minha caixa de correio a carta oficial me convidando para minha próxima posição de trabalho, a Procuradoria Pública da URSS. Com grande euforia fui até lá. Minha expectativa era a de ter uma conversa sobre minhas novas responsabilidades e já imaginava as sugestões que daria. Porém, quando cruzei a soleira do escritório cujo endereço constava na carta, tudo o que recebi foi um tratamento burocrático e seco do funcionário que estava sentado ali:

— O senhor está desqualificado para ser empregado no trabalho da Procuradoria Pública da URSS.

Dava para notar que o governo havia cometido algum erro interno na emissão daquela disposição, segundo a qual a consulta de candidatos advindos de escolas de Direito para esse trabalho estava estritamente proibida pelos órgãos jurídicos centrais. Justificativa: além dos incontáveis fatores que causaram a proliferação das repressões em massa nos anos 1930, havia também o fato de que uma quantidade alta demais de jovens sem experiência profissional ou pessoal é que estava a cargo das decisões a respeito do destino das pessoas. Justamente comigo, eu que me criei em uma família que sofreu as repressões, passaria a me tornar, de maneira paradoxal, uma vítima da "luta pelo restabelecimento da legitimidade socialista".

Foi um golpe para mim. Todos os meus planos se despedaçaram em um minuto. É claro que eu teria procurado uma vaga para mim na universidade e teria ficado em Moscou mesmo. Inclusive meus amigos simulavam diferentes possibilidades. Mas não era o que queria.

Ofertaram-me trabalho na Procuradoria em Tomsk, em Blagoveschensk, na Procuradoria da República do Tajiquistão e, por fim, uma vaga de assistente na procuradoria da cidade de Stupino, bem próxima a Moscou, na qual me ofereceram também moradia. Raíssa e eu não ficávamos quebrando a cabeça por muito tempo a respeito de tantas possibilidades. Por que deveríamos nos mudar para localidades desconhecidas e procurar nossa felicidade em terras estrangeiras? O gelo da Sibéria ou o calor escaldante da Ásia, tudo isso tem também em Stavropol.

Essa solução se impôs. E assim, na carta que dizia "enviar à Procuradoria Pública da União Soviética", as palavras "União" e "Soviética" foram riscadas e substituídas por "Região de Stavropol".

Vamos para casa, no fim das contas, vamos para Stavropol. Antes, porém, queríamos ir visitar os pais de Raíssa. Tínhamos de ir nos "confessar".

Algumas palavras sobre a família de Raíssa. Seu pai se mudou da Ucrânia no fim dos anos 1920 para a região de Altai, para construir a via de ligação entre Altai e a Mongólia, segundo o famoso Tratado de Chuya. Ali ele conheceu a mãe de Raíssa. Casaram-se. Quando Alexandra Petróvna tinha dezenove anos de idade, Raíssa veio ao mundo. Seu pai colocou a recém-nascida sobre a palma de sua mão. A pequenina lhe pareceu frágil e rosada como uma maçã do Éden. Foi por isso que ele a chamou Raya, que tem sua origem na palavra russa *ray*, que significa "Éden". Seu pai amou muito Raíssa até o fim da vida dele.

O pai e a mãe de Raíssa eram originalmente da Ucrânia; seu pai da região de Chernigov, sua mãe da região de Poltava. Ela vinha de uma família abastada de fazendeiros. Durante o processo de coletivização, o pai de Raíssa foi expropriado, e a família se desuniu: uma parte foi para o Cazaquistão, outra para o extremo oeste, a terceira para a região de Altai. Foi a ruína para eles. O avô se tornou um faz-tudo, isto é, ele ia de povoado em povoado e se empregava em qualquer atividade que lhe oferecessem. E então chegou a década de 1930, e ele foi preso sob acusação de trotskismo. Foi julgado por uma *troika** e condenado à morte por fuzilamento. As crianças foram assistir. O filho era o coordenador de um porto fluvial no Cazaquistão; Maria Petrovna, a irmã da mãe de Raíssa, formou-se em Medicina e exercia sua profissão.

O pai de Raíssa, Máximo Andreievitch, trabalhava havia quarenta anos como engenheiro na construção de estradas de ferro: na Sibéria, nos Urais, no Bascortostão e, depois, na Ucrânia, na região de Nerchinsk e na região do rio Don. Ele estava presente na época da eletrificação da ferrovia da região de Kuban, o último posto de trabalho de sua vida. Foi sepultado em Krasnodar. Alexandra Petróvna morreu em Ufa e lá foi enterrada. Ela viveu só uns três, quatro meses a mais que minha mãe.

É espantoso como as pessoas acabam se encontrando na vida. Os pais de Raíssa foram para Privolnoye para conhecer meus pais. Meu pai e o dela simpatizaram de cara. Tinham o mesmo tipo de personalidade e logo ficaram amigos. As mães também se entenderam; tinham muito para falar, já que pertenciam à mesma geração e tinham lembranças que as uniam. O "crime" cometido por Raíssa e por mim caiu em esquecimento. Éramos agora uma grande família. Mas agora nem os pais dela nem os meus estão entre nós. E nem a própria Raíssa.

---

* O termo *troika* se refere a um comitê composto por três membros. Aqui, trata-se especificamente da *troika* da era stalinista, responsável pelo julgamento de presos, em substituição do tradicional sistema legal. (N.T.).

Certa vez, em 1955, Raíssa e eu fomos até o Bascortostão. O irmão dela, Yevgeny, e a irmã, Ludmila, que acabavam de completar o décimo ano na escola, foram nos buscar. Quando voltei para Stavropol, acompanhei Ludmila até Ufa, onde ela estudara medicina. Ela terminou o curso muito bem e trabalhou como médica toda a sua vida.

Máximo Andreievitch era um homem de bom coração, mas minha relação com a mãe de Raíssa era um pouco difícil no início. Numa ocasião, acordei e fui até a cozinha, onde ela estava preparavando a comida e fazendo um pouco de barulho. Eu disse a ela:

— Raíssa está dormindo.

Quando o dia começou, Raíssa e eu fomos passear, e ela disse:

— Reclamaram de você.

— Sobre o quê?

— Mamãe disse que você a repreendeu para que não fizesse barulho na cozinha, para não me acordar.

Raíssa dormia mal. Sofria de insônia. E me disse:

— Sabe o que mamãe me falou? Que judeu você foi arrumar!

Raíssa e eu não interpretamos essas palavras como crítica, mas sim como elogio. É sabido que os homens judeus tratam suas mulheres, em geral, muito atenciosamente.

Assim, acabou sendo rápido meu desenvolvimento para me tornar o amado genro. Ao tomar minha sogra pelo braço por um instante, relembro-a vez após outra sobre como ela me tratava no início. Ambas as mães eram mulheres corpulentas, bonitas e fortes, e sabiam o que queriam.

Yevgeny, irmão de Raíssa, concluiu a escola com distinção e foi enviado à Academia da Marinha em Leningrado. Ele era habilidoso, um rapaz consciencioso, honesto e muito rigoroso contra toda e qualquer injustiça. Esse comportamento o levou à expulsão da Marinha. Foi enviado à frota do norte. Lá ele começou a escrever e chegou a publicar livros. Após sua desmobilização, ele fez faculdade no Instituto de Literatura de Moscou. Escreveu algumas narrativas e dois ou três livros infantis. Além disso, escreveu dois romances: um deles, *O desabamento*, era sobre uma catástrofe

Com Raíssa, sua mãe Alexandra e sua irmã Ludmila, 1955.

em uma mina, sobre a morte dos homens e sobre o fuzilamento dos trabalhadores que protestaram contra o acontecimento; eu li o manuscrito. Depois ele trabalhou bastante em um romance intitulado *Os adoradores do fogo*. Nenhum dos dois chegou a ser publicado, e os manuscritos se perderam. Sua vida sem orientação, o isolamento da família e o precoce consumo de álcool se desdobraram em uma grande tragédia. Raíssa amava seu irmão e fez diversas tentativas de influenciá-lo para que recebesse tratamento. Em vão.

Não tivemos sorte com nossos irmãos. Já contei sobre meu irmão Alexander, um coronel. Ele teve câncer. Os golpes do destino que se abateram sobre meu irmão deixaram profundas cicatrizes em nossa família.

Raíssa ficou durante um mês com seus pais, e eu voltei para Moscou. Passei os últimos dias de julho fazendo preparativos de viagem. Nossos pertences couberam em apenas duas malas. Para os livros, que eram a parte mais pesada, eu comprei uma caixa enorme, a qual preenchi totalmente até a boca, levei-a de táxi até a estação e despachei-a como carga não expressa para Stavropol, pois era mais barato. Queria seguir viagem na noite seguinte.

Voltei à moradia de estudantes em Leninbergen, tomei banho, deitei-me na cama, fechei os olhos e, pela primeira vez, refleti sobre uma questão à qual eu voltei mais de uma vez posteriormente: que significado teve a Universidade de Moscou para a minha vida?

Claro que minha família foi o maior incentivo para o desenvolvimento da minha personalidade. Claro que os professores e a escola me encorajaram. Sou grato aos velhos mecânicos que me trouxeram mais perto do entendimento sobre o sistema de valores de um trabalhador. E, evidentemente, a Universidade de Moscou me possibilitou os conhecimentos fundamentais e a curiosidade mental que desempenharam um papel determinante no caminho da minha vida. Posso afirmar com certeza: o político Gorbachev não existiria sem aqueles cinco anos. O alto nível intelectual exigido na universidade me protegeu do deslumbramento e do excesso de autoconfiança. Isso me ajudou nos dias mais difíceis.

Em Moscou, encontrei Raíssa na universidade. Costumava lhe dizer, em vida, tanto brincando quanto seriamente, que ela teve sorte com o marido dela. Ela contrariava dizendo que não, eu é que tinha sorte por tê-la como esposa. Essa briga nunca terminou. Espero que nos encontremos para brigar de novo. Éramos felizes juntos.

Recentemente me foi colocada uma questão durante um programa de televisão de Vladimir Posner:

— Supondo que fosse possível lhe oferecer a oportunidade de conversar com alguém que já morreu, com quem o senhor iria querer conversar?

— Com Raíssa, lógico! Temos muito assunto para colocar em dia.

CAPÍTULO 3

Retorno a Stavropol

Cheguei à cidade de Stavropol, capital da região, no fim de julho de 1955. Havia sido alocado na Procuradoria Pública da região. Em 5 de agosto, tomei posse do cargo. Éramos um grupo de ex-alunos da Faculdade de Direito. À noite fiz um passeio pela cidade – para conhecê-la e para procurar uma casa nas redondezas. O verde abundante e a típica aparência provinciana da cidade me entusiasmaram. Havia uma ou outra casa de três ou quatro andares isolada, mas a maioria tinha um ou dois andares, com anexos e sótãos de uma arquitetura bizarra, característica das periferias de muitas cidades russas daquela época.

A partir do centro se estendia uma longa alameda arborizada em direção ao oeste, abaixo do portal dos muros da cidade, sob o qual outrora ela terminava – Stavropol originalmente era uma fortaleza. Essa rua se chamava Tiflis... E tinha mais um "ponto turístico" local que se impregnou em minha memória: uma poça gigantesca no Instituto de Pedagogia. Isso estava ligado ao fato de que a cidade alta ficava sobre um planalto. Quando chovia, ou a água se escoava ou se acumulava nas reentrâncias da superfície. Nós nos livramos da poça só quando finalmente um sistema de drenagem para a água da chuva foi instalado, durante meu trabalho como secretário do partido do Comitê de Stavropol. Ao lado do hotel Elbrus, no qual eu morava, ficava o Mercado de Baixo, uma atração por causa de seus lendários baixos preços de frutas e legumes. Por dois copeques, podia-se comprar meio balde de tomates. Mas eu poupava. Até a chegada de Raíssa, tinha de encontrar um lugar para ficarmos e que fosse razoavelmente aceitável.

Comecei logo com a procura, mas minhas pesquisas em diversas casas acabaram sem sucesso após os primeiros três ou quatro dias. Os funcionários da procuradoria me recomendaram procurar por um corretor de imóveis. A procuradoria e a polícia disponibilizavam mais do que uma lista deles. Deram-me o endereço de uma experiente corretora que morava na rua Ipatova, nº 26. Assim que ela me viu, já sabia que eu não vinha pelo anúncio, mas sim para pedir assistência. Ela pegou cinquenta rublos e me deu o endereço de três casas. Uma delas era na rua Kasanskaya. Ela foi nossa moradia pelos anos seguintes.

Nessa casa vivia um simpático casal de professores muito bem-educados, já aposentados, sua filha Lyuba e seu genro Volodya. Posteriormente, chegou também um neto. Eles me alugaram um cômodo grande, de onze metros quadrados – dos quais, um terço foi ocupado por um forno. Através das três pequenas janelas se via um jardim silvestre. Era difícil fechar as janelas, porque a madeira havia empenado. Nossa mobília consistia de uma cama de metal comprida e estreita, cujas molas quase encostavam no chão. Era isso o que tínhamos. Com minhas economias era tudo que dava para ter. Combinei com os senhorios um aluguel no valor de 25 rublos por mês, o que não incluía lenha, carvão e óleo. Usava como mesa e guarda-roupas um engradado normalmente usado para guardar lenha. Eu o havia trazido de Moscou e, embora velho, estava bem conservado. Fiz eu mesmo um cabideiro. E, pouco antes da chegada de Raíssa, comprei duas cadeiras. Com isso, a mobília estava completa.

Nossos senhorios nos ajudavam de todas as maneiras possíveis para que nos sentíssemos bem naquele buraco. Mas era pouco o que podiam fazer. E, embora isso fosse claro para nós, sabíamos como valorizá-los quando nos encontrávamos. Às vezes, nos fins de semana, nós nos sentávamos à mesa deles e levávamos longos papos sobre o passado e sobre o futuro. O chefe da família, Grígori Vassilyevitch, que normalmente não era muito de falar, parecia remoçar após alguns copos de vodca – e sempre dava conselhos para Raíssa observar as coisas de maneira mais realista. O genro Volodya, colaborador do jornal local, e sua esposa Lyuba, professora de Química, ficavam barulhentos. Volodya, quando bêbado, ficava simplesmente insuportável: era tão teimoso que era capaz de ir até as últimas consequências para manter sua opinião. Nossos senhorios se envergonhavam por seu genro, mas nós compreendíamos. Na casa ao lado morava um chefe de regimento, ex-membro do Exército Branco, bastante idoso, de postura militar, tinha um bigode bem aparado e um ar aristocrático. Da cabeça aos pés, um cavalheiro. Era fascinado por Raíssa, pois ela lhe lembrava seus tempos de outrora e suas antigas esperanças.

Chegou nosso primeiro inverno em Stavropol. O quarto ficou frio. E ficou bem difícil viver e pagar nossos senhorios apenas com o meu salário. Poupávamos tudo o que podíamos até o recebimento do salário seguinte, resolvendo apenas as emergências: roupas quentes, sapato e carvão para nosso forno voraz.

O desrepeito com o qual me trataram os funcionários da Procuradoria Pública da União Soviética, a indiferença em relação à situação da minha família e toda aquela história da distribuição dos postos de trabalho, enfim, tudo isso me fez realmente duvidar do exercício da minha profissão. E, depois de sete dias trabalhando em Stavropol, as dúvidas não foram embora, então resolvi virar as costas à Procuradoria.

Entrei em contato com o Comitê Regional do Komsomol e me encontrei com conhecidos de outras épocas para comentar com eles minhas dúvidas. Minha insígnia da Universidade de Moscou e minhas atividades anteriores na vida social dentro da Faculdade de Direito mostraram ainda ter algum valor. Fui convidado para uma conversa com Viktor Mironenko, primeiro-secretário do Comitê Regional do Komsomol. Nós nos conhecemos, conversamos e aceitei a oferta de ir para o Komsomol para trabalhar na posição de coordenador adjunto do Departamento de Divulgação e Propaganda do Comitê Regional.

Para minha satisfação, com essa mudança tudo parecia estar resolvido – mas foi apenas a primeira impressão. Na condição de recém-formado, eu era obrigado a ir para o local que me fosse designado e coordenar o trabalho que fosse necessário desempenhar ali. Por esse motivo, ainda precisava confrontar a Procuradoria da região. Essa situação melhorou só quando Mironenko conversou com o Comitê Regional do Partido sobre a minha mudança. Mas não é que eu quisesse passar por cima do procurador da região, então cheguei a pedir uma reunião com ele. Vassily Nikolayevitch Petukhov tinha grande autoridade e era considerado um homem autônomo e de princípios.

— O senhor tem o direito de decidir se vai permitir que me tragam para cá ou não. Mas estou pedindo que o senhor aceite.

Com essas palavras, concluí minha defesa perante o procurador.

Ainda no mesmo dia, escrevi para Raíssa sobre essa desconfortável reunião. E na carta seguinte, um dia depois, contei:

— Houve mais uma reunião sobre o meu caso, em que tive que ouvir duras palavras, mas recebi a permissão para vir para o Comitê Regional do Komsomol!

Décadas mais tarde, já nos anos 1980, recebi dois livros de autoria de Petukhov com dedicatória personalizada e uma carta, na qual ele dizia:

— Hoje tenho grande satisfação ao pensar que, naquela época, fiz bem em não ser um obstáculo no seu caminho.

No que diz respeito a uma vaga para Raíssa, isso demorou mais, embora existissem em toda a região apenas duas pessoas com diploma universitário em Filosofia. Essa disciplina era ensinada pelos professores de História e, assim, no início Raíssa precisou trabalhar no Departamento de Literatura Estrangeira da biblioteca local.

Parte das minhas responsabilidades eram as viagens regulares às comarcas da região. O deslocamento até essas localidades me tomava muito tempo, a fim de me encontrar com os ativistas do Komsomol de cada cidade. Havia duas opções para a viagem: de carona com algum caminhão de carga ou a pé. Nos povoados não havia hospedarias, quanto mais hotéis. Os membros do Komsomol precisavam dar um jeito de passar a noite na casa das pessoas. E, em relação à comida, era uma catástrofe: mesmo quando tínhamos algum dinheiro, não havia o que se comer em lugar algum.

Dez anos depois do fim da guerra, as pessoas viviam em extrema pobreza. Uma parte dos jovens não estava pronta para lidar com isso, então ia embora: trabalhar na construção de centrais elétricas, empresas, ferrovias, canais. Mas a maioria não conseguia ir. Tinha de perseverar, tinha de se virar com as dificuldades e ter esperança de que acontecessem mudanças.

O primeiro povoado para o qual viajei, em novembro de 1955, foi Gorkaya Balka, na comarca de Voronzovo-Alexandrovsky. Ele se prolongava por vinte quilômetros entre o monte e o rio. Praticamente, não havia casas de pedra ou telhados de telhas ou metal, apenas com cana e barro. Na manhã do segundo dia, um colega do Komsomol que era natural dali me deu carona até uma fazenda de gado. Quando subíamos a colina, deu para ver os casebres e a fumaça que saía de suas chaminés, tudo caótico, como se fosse um monte de dados jogados. Um vento frio, congelante. O silêncio foi quebrado por latidos de cães. Perguntei ao meu colega:

— E onde os jovens se encontram? Nesse vilarejo tem algo como um clube local?

— Não. Tem um casebre que fica vazio. Fazemos nossos encontros lá. Às vezes os jovens se encontram lá também. Mas normalmente os rapazes e moças se encontram nas noites de convívio do povoado – e aguardam pela primavera e pelo verão, quando as festas e comemorações acontecem ao ar livre.

Até a fazenda de gado ainda tinha um bom caminho, mas acabamos chegando na hora: após muitas horas de trabalho no período da manhã, as moças geralmente fazem uma pausa. Apresentei-me, disse quem eu era e por que estava ali:

— Gostaria de ver como vocês vivem e trabalham — acrescentei que aquela era a minha primeira viagem a trabalho após minha graduação na Universidade de Moscou, falando com um tom confidencial, que quebrou o gelo. Uma das moças – claramente a coordenadora não oficial – disse de maneira séria e triste, até mesmo indignada:

— O que há para ver entre nós? Dia após dia, ano após ano, estamos na mesma.

— O que você faz é imprescindível à vida.

— Isso a gente já sabe.

Mas apesar disso, no geral, sua disposição era alegre e bem-humorada. A juventude só conhece uma resposta: tudo é maravilhoso. É uma época ótima para os seres humanos. Só destacou um inconveniente: o que é bom passa rápido.

— Conte de onde o senhor é e como permaneceu em Moscou.

Contei que era da região de Stavropol, do povoado de Privolnoye, ao noroeste, onde frequentei a escola. E contei a elas sobre minha vida e minha faculdade em Moscou. E mesmo assim estava claro que elas queriam saber mais.

— E por que o senhor não quis trabalhar como procurador público?

— Estou satisfeito com a minha formação como advogado, porém durante todo o período da faculdade me ocupei com questões do Komsomol. Não trouxe comigo apenas um diploma, mas também minha esposa. Decidimos nos manter por conta própria e resolver tudo a dois. Vivemos num quartinho, o dinheiro não é suficiente. Minha esposa ainda está sem trabalho.

Elas ficaram espantadas. Como podia ser que uma pessoa formada pela Universidade de Moscou ficasse sem trabalho?

— E o senhor diz que precisamos estudar. Para quê, então?

— Tudo irá mudar, inclusive o modo de vida. Deixamos para trás uma terrível guerra. Muito já mudou. Algumas de vocês têm a mesma idade que eu (na época, eu tinha 24 anos) e ainda podem se lembrar o quão difícil era. Agora já está um pouco mais fácil – embora ainda seja um longo caminho para atingirmos uma vida boa.

Minhas palavras, sobre eu ter vindo com minha esposa, tocavam numa ferida. As moças com quem eu estava conversando eram praticamente todas solteiras. No geral, naquela época, na idade delas já estariam casadas e com filhos. Algo não estava bem com elas. Foi penoso para mim, mas acabei perguntando:

— Vocês todas têm noivo?

A resposta veio em forma de gargalhadas.

— Mas vocês ainda são bem jovens. Jovens como vocês estão bem e saudáveis.

— De onde tiraríamos um noivo? Todos os homens se foram: alguns foram recrutados pelo Exército e os outros foram trabalhar nos grandes projetos de construção no norte e na Sibéria.

Não queria deixar que a conversa terminasse nesse último comentário triste, então na despedida lhes disse que tentaria ajudar. Não sabia se conseguiria, mas faria tudo o que pudesse. A resposta delas me admirou:

— Venha nos visitar de novo.

E isso foi tudo. Estava claro tanto para elas quanto para mim: aquilo era algo que não dava para fazer, que só o tempo consertaria. É preciso aguentar, viver na esperança de que as coisas realmente vão melhorar.

No início de 1956, eu estava no famoso colcoz do "Farol Comunista", na região de Apollonsky, que havia sido fundado no ano de 1921. Por décadas, ele foi liderado por Andrei Vasilyevitch Tchukhno. Todos pediam permissão para ele, tudo dependia de sua autoridade. Muitos jovens e especialistas trabalhavam com ele. A urbanização parecia ir bem. Havia boas vias, uma escola, uma creche, um restaurante para visitantes e uma hospedaria, onde nos alojamos.

Comigo estava um secretário do Comitê do Komsomol, que tinha o inesquecível nome Nikolai Solotopup ("umbigo de ouro"). Conforme sabíamos, ali havia sido implantado um turno aos domingos, durante o qual o estrume deveria ser levado para o campo.

Assim, Nikolai e eu fomos pela manhã para lá e trabalhamos juntos. Conhecemos as pessoas e tínhamos de explicar, claro, quem nós éramos.

— Por que, realmente, os senhores vieram aqui? Para ajudar no nosso turno de domingo é que não foi!

— Realmente não. Viemos para poder contar aos demais como a sua organização Komsomol funciona.

— Nós apoiamos o presidente do colcoz e dividimos entre nós o que sobra. Ele também faz algumas coisas por nós. Temos muitos jovens: nenhum deles vai correndo embora do colcoz; eles se formam aqui, voltam como técnicos e se instalam aqui com a gente. É comum sermos visitados por artistas, o colcoz patrocina um cinema itinerante. Podemos ver filmes de graça, não com tanta frequência, mas mesmo assim...

Quando perguntei o que achavam do Komsomol deles, assomou-se uma tempestade. A indignação se dirigia a Grigori Dobroskokin, o secretário do Komsomol.

— Nosso secretário se envolveu em casos e agora está com vergonha de aparecer perante os nossos jovens. É só isso.

No dia seguinte, nós nos encontramos com Dobroskokin. Quando lhe disse que na véspera havíamos passado pelo turno de domingo e que os membros do Komsomol tinham contado muitas coisas, ele ficou constrangido e não teve como replicar.

— Você tem de ir embora. Que tipo de coordenador de Komsomol é você? Demita-se ou iremos destituí-lo.

— Eu me demito.

Quando expliquei a Tchukhno, em nossa reunião, o motivo da minha ida até lá e quando contei a conversa que havia tido com os membros do Komsomol, ele me pediu:

— Ajude-nos a encontrar um secretário para o Komsomol. Temos muitos jovens, é preciso se entender com eles para conseguir organizá-los. Estou muito interessado que o Komsomol desempenhe um bom trabalho.

E acrescentou, virando-se para Nikolai Solotopup:

— Venha conosco, Nikolai, vamos trabalhar juntos.

Foi assim que aconteceu o trabalho durante alguns dias.

Com tudo isso, acabei voltando para Stavropol não com material sobre uma experiência já adiantada, mas com sugestões de como uma organização do tipo Komsomol poderia ajudar realmente esses famosos colcozes.

Nas minhas primeiras viagens percebi que as minhas opiniões abertas sobre os problemas da juventude não eram bem recebidas pelos bonzos do partido em cada local. Alguns deles faziam "relatórios" para o Comitê Regional do Partido a respeito da minha visita. Cheguei a receber uma intimação para ir ao Comitê Central. Quando descrevi minhas impressões e minhas atividades, os membros do partido me ouviram com atenção e me apoiaram.

As pessoas não querem acreditar

No início de 1956 houve um acontecimento que chocou toda a nação: o 20º Congresso do PCUS e o relatório de Kruschev sobre o culto da personalidade. Livrinhos vermelhos com uma descrição pormenorizada desse relatório foram enviados para todas as filiais do partido, contendo também um material adicional para os funcionários das filiais poderem desenvolver um trabalho de divulgação e convencimento. A reação ao relatório e à resolução do Congresso foi variada.

Eu estava na parte das pessoas que achavam que os resultados do Congresso deveriam ser divulgados. Desde o início, suspeitava que as pessoas da região de Novoalexandrovsky, junto às quais eu fora enviado e que eram então, em sua maioria, cossacos, não iam querer acreditar em tudo aquilo que eu ia lhes contar, embora eu me referisse somente aos fatos e ao relatório de Kruschev. Contei minhas impressões a Nikolai Veretenikov, secretário do partido no Comitê Central. Ele respondeu:

— Mikhail, cá entre nós: nem nós mesmos sabemos o que devemos fazer – as pessoas não querem acreditar.

Havíamos planejado fazer encontros com pequenos grupos na semana em que ficaríamos ali: em oficinas de reparo mecânico, em fazendas e em brigadas. E assim fiz eu. Foi um passo acertado. As pessoas começavam a se interessar, faziam perguntas e ficavam admiradas:

— Desculpe, como é? Mas isso não pode ser verdade!

Em um desses encontros, mencionei:

— Mas vocês sabem tudo. Também aqui na região de vocês muitos inocentes foram perseguidos na década de 1930. Os nomes? Vocês os conhecem! Uma parte deles foram mortos, enquanto outros ficaram em campos por anos e anos.

Uma senhora defendeu Stálin e a perseguição, dizendo:

— Nossas lágrimas devem ser derramadas por aqueles que nos forçaram a vir para os colcozes e que pressionaram o povo. Mas o que isso tem a ver com Stálin?

A informação que corria da periferia de volta para o centro fazia com que a opinião sobre Stálin mudasse. De maneira intuitiva ou objetiva, o comando do partido compreendeu: a crítica a Stálin havia sido uma crítica ao sistema, portanto uma ameaça a sua existência. O mais importante agora era que o povo começava a questionar os governantes:

— E vocês estavam onde naquela época?

Muitos anos mais tarde, ao encontrar Andropov durante suas férias no Cáucaso, chegamos a conversar sobre a Hungria e os acontecimentos de 1956. Ele me contou uma lembrança que tinha de então. Pouco depois do 20º Congresso do Partido, na condição de embaixador da urss, ele foi convidado pelo secretário-geral húngaro, Mátyás Rákosi, surpreendentemente, para caçar. Em uma conversa privada, Rákosi, que falava russo, disse:

— O que vocês fizeram no congresso de vocês foi infeliz. E quem sabe as consequências que isso ainda terá tanto para vocês quanto para nós.

Face aos problemas de compreensão que dominavam a nação, a direção do pcus se acovardou: um artigo do jornal *Pravda*, republicado a partir de um jornal chinês, dizia que Stálin teria "trazido para a realidade a vontade do povo" e que ele teria sido um "eminente batalhador pelo marxismo-leninismo".

Ao fim de junho surgiu a resolução do Comitê Central intitulada *Sobre o sacrifício do culto à personalidade e suas consequências*, na qual a "fidelidade de Stálin ao marxismo e ao leninismo" era confirmada e ressaltada e na qual também o "culto" não teria colocado em risco a "natureza do nosso sistema social".

Hoje frequentemente se ouve, se lê em artigos e em livros sobre os erros de Kruschev. Sim, eles existiram, mas seus méritos são superiores às suas falhas. Ele criou as bases para a luta contra o stalinismo, obstinadamente levou a política para um nível de coexistência pacífica, possibilitou a reabilitação de milhões de inocentes perseguidos e anulou a deportação para a Sibéria de povos inteiros. Isso incluiu os carachais, os cabardinos, os ingúchios, os chechenos, os calmucos e os tártaros da Crimeia.

Eu estava diretamente envolvido com o processo da reorganização em algumas regiões, principalmente, claro, na região de Stavropol. Tratava-se dos carachais. Eles estavam retornando para as regiões onde moravam antes. Isso foi muito difícil, pois já não havia terras disponíveis nem moradia. As providências precisavam ser tomadas de antemão e comunicadas às pessoas. Para poder resolver esse problema, a região de carachais e circassianos foi aumentada. O Estado concedeu algum dinheiro a cada família para que pudessem construir sua casa e comprar itens de necessidade imediata.

Uma tarefa que me tomou um tempo particularmente longo foi a de reconstruir uma organização Komsomol para os calmucos – inicialmente uma terra pertencente à região de Stavropol. Os naturais de Stavropol eram ligados aos calmucos por décadas de convívio. Os calmucos são um povo pacífico e trabalhador, genuinamente habitantes das estepes. Foram reassentados principalmente em povoados que haviam herdado deles o amor pela criação de cavalos, de ovelhas e de gado, especialmente pelo gado calmuco. Na época, eu conhecia muitos jovens. Essas amizades permaneceram, mesmo depois que os calmucos se tornaram uma república independente.

No meio tempo, conheci mais de perto o então presidente dos calmucos, Ilyumjinov, um homem muito dinâmico e interessante. Em nossos encontros, sempre queríamos sentar à beira da prainha do rio Manych para refletir, onde é atualmente uma área de proteção ambiental. Sempre no fim de abril ou no início de maio, eu queria visitar Ilyumjinov na Calmúquia.

É a época do ano em que as estepes da Calmúquia e de Stavropol ficam cobertas por um tapete de tulipas. Por uma extensão de dez a trinta quilômetros se abre para todos os lados um mar de flores. Infelizmente, não cheguei ainda a relatar essa viagem.

Agora Ilyumjinov investe bastante energia e tempo no desenvolvimento global do jogo de xadrez. É uma área em que ele tem muitos méritos. Ele é valorizado pelo que fez pelas pessoas. Pena que não sou um bom jogador de xadrez.

Ouvi pela primeira vez a respeito desse jogo espetacular durante a guerra, quando os Gorbachev, uma família aparentada com a nossa, retornaram. Com eles veio Viktor Myagkich, que ensinou a mim e a outras crianças esse complicado jogo. Antes que pudéssemos memorizar os significados e as possibilidades de cada uma das peças, tivemos de entalhar mais peças e desenhar um tabuleiro. Como só estávamos começando a pegar o gosto pela coisa, ninguém conseguia nos fazer parar de jogar. Jogávamos por horas e por dias. Eu estava alvoroçado com aquilo.

Porém, quando fui para a faculdade e os problemas começaram a se acumular sobre a minha cabeça, desisti do xadrez. E a vida depois disso só veio a complicar-se cada vez mais. Assim, nunca consegui desenvolver minhas habilidades. Quando me encontrei rapidamente com Ilyumjinov, jogamos uma partida de xadrez – e naturalmente eu perdi, embora ele tivesse me deixado sair na frente.

Após intermináveis viagens pelo mundo em sua função como presidente da Federação Internacional de Xadrez, nós nos encontramos rapidamente e falamos do passado. A região de onde se vem é algo que nunca se esquece. E nós combinamos de ir juntos na primavera seguinte para a estepe de Stavropol e Calmúquia.

O 20º Congresso do Partido foi a base para uma mudança de direção nas políticas interna e externa e para uma superação dos fatos históricos, mas esse processo correu de maneira contraditória e dolorosa. Enquanto, sob a iniciativa de Kruschev, a luta contra as consequências do culto à personalidade de uma maneira ou de outra era levada a cabo, Brejnev provocava um tipo de ressurreição desse mesmo culto, e assim teve início a ideologia do neostalinismo. Stálin voltava a ser venerado. E, embora o 20º Congresso do Partido tivesse influenciado a formação da "geração de 1960", que muito colaborou para o desenvolvimento de nossa sociedade, os processos de renovação, democratização e de nova política se arrastavam lentamente, chegando apenas no início dos anos 1970, e de maneira muito tímida. Em meio a essa atmosfera, que regia também a região de Stavropol, foi que eu assumi minhas atividades políticas.

Nos últimos anos, enfatizei de maneira reiterada que a minha carreira política começara, na verdade, em 1948, quando, juntamente com outros jovens de diferentes povoados da comarca de Krasnogvardeyskoye, que também completavam a oitava série, mudei para a escola de ensino médio do centro da comarca. Essa escola se situava no prédio de um antigo ginásio, era grande, tinha mais de mil alunos e tinha uma boa reputação. Nas eleições do Komsomol, tínhamos de eleger um secretário. Cada um dos sete grupos de alunos que haviam se mudado para a escola central devia indicar um candidato. O grupo de Privolnoye indicou a mim.

A eleição determinava que todos os sete deviam fazer uma apresentação. Cada um contava de um jeito: um mais divertido, outro mais sério. Chegou a minha vez. Falei algo de que nem me lembro mais. Queria voltar a me sentar, mas tiraram a minha cadeira – e eu caí com tudo no chão. O salão todo gargalhou. Na votação secreta, fui escolhido como secretário. Assim começou minha atuação social. Desde então, meu conselho é: não entre em pânico caso você tropece ou caia. Levante-se, procure as soluções mais acertadas e siga adiante. A vida se encarregou de endireitar as coisas. Mas esse endireitamento demorou para chegar.

Após o 20º Congresso do Partido, minha vida no povoado de Stavropol mudou muito rapidamente. Em agosto de 1956 fui eleito primeiro-secretário do Comitê Municipal do Komsomol de Stavropol. No ano anterior, Raíssa e eu havíamos conhecido muitos jovens da nossa idade. Mas eu era

Com amigos de infância, por volta de 1949.

um forasteiro no centro daquela região, minha eleição fora uma surpresa até mesmo para mim, o que dizer para os demais.

A grande novidade para Raíssa e para mim foi sua gravidez. Ela significava uma mistura entre uma expectativa feliz e um medo enorme. Tínhamos de decidir imediatamente como proceder. Raíssa estava gostando de Stavropol, então decidimos: ela ia ter o bebê. Agora tínhamos muito mais para planejar.

Nossas condições de moradia eram bem primitivas: precisávamos pegar nossa água do hidrante da rua, partir a lenha, pegar o carvão do porão. Proibi Raíssa de pegar peso, e fazia tudo eu mesmo à noite. A casa em que morávamos não era muito longe do centro. Mesmo assim não era fácil chegar até lá. A casa ficava num declive. Se Raíssa caísse apenas uma vez durante a subida – ou pior, durante a descida –, poderia acontecer o pior. Pensei comigo: "Ainda bem que agora trabalho na cidade e não preciso mais viajar". Claro que o trabalho me tomava bastante tempo; mas, apesar disso, conseguia cuidar de Raíssa muito mais do que antes.

O problema mais abrasador daqueles anos era o desemprego. Os jovens, membros do Komsomol ou não, vinham com seus problemas para o Comitê Municipal. E os comitês do Komsomol acabaram se convertendo em "órgãos de emprego" para a juventude. Após nossos muitos apelos por vagas de trabalho disponíveis, ninguém respondeu. Era comum ouvirmos o seguinte: "Até gostaríamos de ajudar, mas não temos como". Começamos a armazenar informações sobre postos de trabalho. Estava na cara que existiam algumas vagas, as quais eram repassadas somente em troca de propina. Fiquei pensando como poderíamos nos posicionar contra a burocracia econômica e do partido, e levar a sério o Komsomol municipal.

Conseguimos criar um "Departamento da Cavalaria Leve" segundo o modelo dos membros do Komsomol dos primeiros anos soviéticos. Tratava-se da iniciativa social pela qual os jovens controlavam o que acontecia na cidade. Tudo isso, claro, dentro da lei, sem apropriação de funções já não existentes. O jornal *Não passe por cima de nós!* provou-se um meio efetivo. Os esforços da "cavalaria leve" a respeito das queixas relativas às diversas áreas da vida eram registrados através de fotos e notícias. Os exemplares do jornal eram pendurados em um cruzamento no centro da cidade. Ninguém queria vir até o local do nosso jornal. O governo agora se esforçava para fazer "amizade" com o Comitê Municipal do Komsomol.

Mas houve algumas ameaças por parte dos burocratas. Em diversas ocasiões nos foi sugerido que nos ocupássemos com as nossas coisas, aquilo que dissesse respeito ao Komsomol: educação formal, organização do restabelecimento dos jovens (que naquele momento estavam perturbando a ordem das coisas meramente por estarem desocupados). Afirmavam, ainda, que os arruaceiros estavam tomando conta das ruas da cidade, do parque e dos locais públicos, e que o Komsomol estava fazendo vista grossa. Era outra coisa com que precisávamos nos ocupar. Conseguimos criar o Departamento Operacional de Membros do Komsomol (abreviado como

OKA), que devia se empenhar no combate aos arruaceiros. Cedendo às nossas pressões, eles colocaram veículos de vigilância nas fronteiras da cidade. Com certa periodicidade, os veículos eram colocados à disposição do OKA. Agora os membros do Komsomol podiam tomar medidas emergenciais de maneira mais decidida e, o que mais importava, na hora certa. No que diz respeito às medidas de apaziguamento dos arruaceiros, sempre trabalhavam os funcionários do Comitê Municipal do Komsomol juntamente com a polícia. Não era fácil tornar-se um membro do OKA: era necessário ter boas referências. Além disso, a situação ia melhorando.

Era evidente a urgência de se modificar o jeito de trabalhar com os jovens, tanto do ponto de vista do conteúdo como do método. O 20º Congresso do Partido também abordou isso. Concordamos no Comitê Municipal do Komsomol em criar um clube de discussão. Depois, nos anos 1960, em várias cidades surgiram clubes desse tipo e "revistas faladas". Porém, quando quisemos criar um clube assim em Stavropol juntamente com Rudenko, o chefe do Departamento de Pedagogia, isso foi, no mínimo, certa novidade para a nossa região. Não apenas os jovens, mas na verdade toda a cidade reagiu. Bastou colocarmos um cartaz com o tema da discussão: "Vamos conversar sobre o gosto", e a reação veio imediatamente. Os moradores alertas telefonavam para o Comitê Municipal do Partido: "Tem um cartaz bem no centro da cidade... Com certeza isso só pode ser uma provocação!".

A primeira discussão superou todas as expectativas. Foi animada, engajada e, em alguns momentos, sem preocupação com a preservação das cordas vocais. Os encontros no clube aconteciam cada vez com mais frequência. Crescia o interesse pelas nossas discussões. As pessoas vinham, apinhavam-se nos corredores e sentavam-se nos degraus. Tínhamos de arrumar um local mais apropriado: o clube da polícia.

Presidi todas as reuniões. Uma delas ficou-me na memória em particular. Estávamos discutindo cultura. Diferentes aspectos haviam sido levantados. De repente, um jovem rapaz começou a falar sobre a arte no socialismo de maneira espantosamente inflamada. Falou que o próprio homem era a cultura, com todos os seus séculos de história, enquanto nós a reduzíamos a apenas uma coisa: a ideologia. E disse que o fato de quererem incutir em nossas mentes uma ideologia era em si mesmo uma distorção do conceito de cultura.

Era um despropósito. Rudenko e eu estávamos "defendendo o socialismo", estávamos tentando provar que agora o socialismo abrigava todo o reino da herança intelectual da humanidade e que teria mostrado o caminho da cultura para milhões de pessoas. Expusemos uma série de outros argumentos sobre cuja veracidade estávamos realmente convencidos. O salão escutava com grande tensão. Nosso "oponente" não era muito versado em debates abertos, não tinha acesso a muita informação, fosse por sua pouca idade, pelo isolamento de nosso povoado, fosse pelo total controle das coisas pelo partido. Foi com isso que obtivemos "vitória".

O maior medo que eu tinha era o de que nosso clube de debates, no qual tanta coisa acontecia, fechasse. Nosso clube era o ponto de encontro preferido dos jovens críticos da cidade. Debates similares começaram a ser organizados em grupos de estudantes e em fábricas. Ampliamos o círculo dos pontos de debate. Formalmente, o Komsomol não tinha autoridade para fazê-lo, mas seguíamos nosso entendimento de responsabilidade social. Embora o olho do partido vigiasse dia e noite tudo o que se passava entre os jovens e o que os comitês do Komsomol faziam, procurávamos e encontrávamos maneiras de levar a coisa adiante.

Raíssa e eu comemoramos a festa de ano-novo de 1957 em casa. O Comitê Municipal do Komsomol e o Departamento de Formação do Povo combinaram de fazer algumas reuniões sociais, apresentações musicais e festas. Mas estávamos impacientes e preocupados com o nascimento da criança, que era iminente. No dia 5 de janeiro, fizemos uma visita a alguns conhecidos, e as contrações começaram... Trouxe flores para Raíssa após uma estada de alguns dias na maternidade e queria levar ela e nossa filha para casa. Estava feliz: agora éramos uma família. Mas não dá para descrever o quão feliz Raíssa estava! Nossos medos sobre como tudo aconteceria ficaram para trás. Começava uma nova vida, outros tipos de preocupação viriam com ela, e não estávamos preparados para isso.

Pedi à minha mãe que passasse alguns dias conosco. Ainda me lembro do primeiro banho que ela deu em nossa filha. Achamos que a vovó estava sendo um pouco descuidada e então nós dois, principalmente Raíssa, corremos em direção à banheira, embora não quiséssemos de maneira alguma atrapalhar a mulher que era quem sabia como fazê-lo. Após uma semana, mamãe voltou para Privolnoye.

Logo Raíssa teria de voltar a trabalhar. Só com meus vencimentos não dava para viver. Precisávamos encontrar uma babá urgentemente. Com a ajuda de conhecidos, encontramos uma em um povoado fora da cidade. Tudo era terrivelmente difícil para Raíssa. Ela tinha de correr para casa na hora do almoço para amamentar e tirar um pouco mais de leite para deixar para as mamadas da tarde. Comidinha de criança era algo que não podíamos comprar. Fazíamos tudo nós mesmos. Tudo faltava, passamos necessidade.

Meus colegas do Komsomol, que sabiam das nossas dificuldades, empenharam-se veementemente perante as autoridades para que disponibilizassem um quarto para morarmos. Foi assim que logo ganhamos dois pequenos cômodos na chamada "Casa de Moradia e Administração". Ela tinha esse nome porque os dois primeiros andares superiores eram para moradia e havia quartos que, para aquela época, eram muito bons e confortáveis; o térreo tinha a finalidade de abrigar diversos escritórios. Mas, como a cidade dispunha de muito poucas moradias, transformaram o térreo em um enorme apartamento comunitário com nove quartos, uma cozinha e um banheiro, que eram usados por todos os moradores.

Moscovitas, habitantes de outras cidades grandes e tantos outros não sabem como é a vida em um apartamento comunitário, nem de longe. No nosso, moravam: soldadores, um coronel reformado do exército e o mecânico de uma fábrica de roupas, com suas respectivas famílias; num cômodo mais longe, um alcoólatra solteiro com sua mãe; e, em outros cômodos, algumas mulheres solteiras. Cada um com um tipo de vida. Como se vê, um apartamento comunitário é um universo único, onde se pode encontrar de tudo: nervosismo e raiva por causa da proximidade física dos cômodos e da falta do sentimento de lar, mas também ajuda mútua entre as pessoas. O coletivismo soviético em sua expressão pura: as pessoas ficam amigas, brigam, ficam magoadas, reconciliam-se, comemoraram as datas festivas e aniversários todas juntas, encontram-se à noite e jogam dominó.

Moramos ali por três anos. Depois ganhamos um apartamento próprio de 38 metros quadrados e dois cômodos, com uma cozinha de doze metros quadrados com chuveiro, lavabo e corredor. Foi um acontecimento e tanto! Do que mais precisávamos? Estávamos nos sentindo em um conto de fadas. Nossa filhinha crescia. E, como era uma raridade encontrar uma

Raíssa e minha mãe com Irina, 1957.

babá, tínhamos de deixá-la parte do dia na creche e outra parte no jardim da infância.

No mesmo período ocorreram outras mudanças na vida: tornei-me segundo secretário do Comitê Regional do Komsomol, e Raíssa conseguiu uma vaga como professora de Filosofia no Instituto de Medicina. Estávamos constantemente sobrecarregados, o que acabava prejudicando nossa filhinha. Nós a apanhávamos no fim da tarde para irmos para casa. Às vezes, quando acontecia de eu sair tarde do trabalho, encontrava Raíssa em prantos: ela precisava dar aula cedo na manhã seguinte e não conseguia fazer Irina dormir para ela mesma poder ir dormir. Chegou a acontecer de Raíssa precisar ir a um congresso do instituto e Irina ter de ficar esperando no jardim da infância. Quando Raíssa se atrasava, Irina chorava e ficava irritada. Raíssa corria para o jardim da infância e, ao chegar, via o narizinho amassado pressionado contra o vidro da porta e a carinha de choro. Era a gota d'água para Raíssa. Eu procurava aliviar Raíssa de seus afazeres tanto quanto possível. Mas nem sempre dava, pois constantemente precisava viajar a trabalho.

O ano de 1958 foi cheio de acontecimentos. Os habitantes de Stavropol entregaram ao Estado 102 bilhões de puds* de grãos, a maior parte de trigo. A região de Stavropol ganhou a medalha da Ordem de Lênin. Nikita Kruschev em pessoa viajou para realizar a cerimônia da entrega da medalha em outubro. Foi a primeira vez que o vi. Ele causou boa impressão. Senti sua disposição para a mentalidade democrática e sua vontade de ir ao encontro das pessoas. Posteriormente, participei de um congresso do partido e tive a oportunidade de observá-lo mais de perto. Sempre me causou uma impressão extremamente positiva. Muito depois acabei aprendendo mais sobre Kruschev, inclusive seu lado negativo.

O "estilo Kruschev" implantou critérios, e muitos funcionários subalternos o usavam como exemplo a ser seguido. O ponto é que esse estilo de liderança, quando adotado por pessoas sem acesso à educação e cultura,

---

*   *Pud* é uma antiga medida de peso russa equivalente a aproximadamente 16,38 kg. (N.T.)

ganha formas vulgares muito facilmente. A espontaneidade e a popularidade se transformavam rapidamente em grosseria, para não falar das be-
bedeiras e da linguagem chula.

Após o desmantelamento dos "grupos inimigos do partido" em 1958,
Bulganin foi destituído do posto de presidente do Conselho Ministerial e
de membro da liderança do Comitê Central do PCUS, e acabou banido para
a região de Stavropol para ser o presidente do Conselho de Economia do
Povo. Os habitantes de Stavropol o acolheram bem. Pela manhã, quando
ia para o trabalho, era comum algumas centenas de pessoas se aglomerarem
próximo ao edifício do Conselho de Economia do Povo para vê-lo. Essa
situação deixava muito nervoso Lebedev, secretário do Comitê Regional,
que competia para ser o preferido de Kruschev.

Uma vez ele gritou para Bulganin, diante da tribuna da Reunião Regional do Ativismo do Partido:

— Você está querendo ficar íntimo do povo? Você veio aqui para nos
trazer a democracia?

Lebedev o perseguia dentro das regras, não deixava passar o menor
deslize, e acabou destituindo-o do cargo de presidente do Conselho de
Economia do Povo e o enviou para ser diretor em uma pequena fábrica.
Só mesmo a intervenção de Kruschev salvou Bulganin dessa transferência.

Seu afã levou Lebedev à ruína. No fim de 1958, quando a euforia pelo
sucesso da agricultura de Kruschev roubou definitivamente sua razão, ele
disse abertamente que devíamos não apenas alcançar a produção pecuária
per capita dos Estados Unidos, mas também ultrapassá-la. Kruschev deixou
claro que ele podia esperar medidas rápidas e perceptíveis dos líderes do
partido. Mas, como aquela tarefa era totalmente utópica, sua declaração
apenas animou o embuste, sem querer.

Aqueles que queriam obter reconhecimento metiam a mão na massa.
Sob essa pressão, houve uma massiva compra de gado das criações individuais dos fazendeiros e uma revenda nas regiões vizinhas. Nessa transação,
destacou-se especialmente o secretário Larionov, de Ryazan. Em 1959, a
região de Ryazan ultrapassou a meta de produção de carne em três vezes

e meia, e a região de Stavropol, duas vezes e meia. Mas a que preço! Rebanhos inteiros de ovelhas, cavalos e até bois de carga foram abatidos. A economia individual doméstica dos fazendeiros foi completamente dizimada.

A imprensa fez grande estardalhaço sobre os "artilheiros do campeonato" e convocou todos os outros a seguirem o exemplo. Larionov ganhou o título de "Herói do Trabalho Socialista". A fraude foi descoberta logo depois. Larionov se deu um tiro, Lebedev foi destituído de seu cargo de secretário do Comitê Regional de Stavropol, em 1960, e foi obrigado a aposentar-se quando ainda tinha apenas 52 anos de idade. Um resumo chocante: naqueles pouco mais de três anos, Lebedev recebeu a medalha da Ordem de Lênin três vezes e acabou destituído de seu cargo oficial por faltas graves. No que diz respeito à "Campanha da Carne", ela foi um golpe tão grande sobre o nosso país que não tínhamos conseguido nos restabelecer até os tempos mais recentes.

Em favor de Lebedev veio Belyaév, ex-membro do Comitê Central do PCUS e primeiro-secretário do Comitê Central do Partido Comunista do Cazaquistão. Ele chegou após os dramáticos acontecimentos de Termitau,[*] onde tinham se enfrentado os trabalhadores insatisfeitos em protesto, de um lado, e as tropas e tanques, de outro. Belyaév também foi banido para a nossa região. Ele parecia totalmente perturbado e desgastado, sendo que meio ano depois ele deixou Stavropol. No lugar do primeiro-secretário do Comitê Regional do Partido entrou Fyodor Davidovitch Kulakov, ex-ministro da Produção de Grãos da Federação Russa.

Como muitos outros, eu compartilhava das expectativas criadas em nossa sociedade após o 20º Congresso do PCUS, e as via como uma nova chance de vida para meus companheiros e para mim. Mas, em vez disso, tive de reconhecer que essas mudanças se depararam com grandes dificuldades, que eram inconsequentes e impulsivas.

---

[*]   Cidade no Cazaquistão, onde ocorreu um importante conflito entre trabalhadores e exército em 1959, com muitas mortes. (N.T.)

Com a chegada de Fyodor Kulakov, a situação de Stavropol melhorou. Até para mim parecia haver mudanças.

Kiev e Moscou

No ano de 1961 tivemos ainda de resolver uma dolorosa questão em nossa família. Raíssa foi enviada para um curso de atualização de professores de Ciências Sociais em Kiev. Sua situação até ali havia se estabilizado. Ela vinha trabalhando na cadeira de marxismo-leninismo do Instituto de Agricultura e tinha boa reputação como professora. Mas chegou a hora de continuar o desenvolvimento da profissão. Os outros professores já haviam feito cursos em Kiev. Nossa filha estava com quatro anos de idade. Raíssa não queria deixá-la para trás, mas todas as explicações e argumentos eram em vão. Ela precisava ir. Levamos nossa filha para ficar alguns meses com a avó Maria, em Privolnoye.

Em Kiev, Raíssa me pedia o tempo todo que eu visitasse nossa filha o mais frequentemente possível. Mas nem sempre dava certo. Quando fui até meus pais, Irina já tinha pegado catapora. Os eczemas cobriram todo o seu rosto. Fiquei conturbado. Não contei nada disso para Raíssa em carta, embora devesse ter contado. Se bem que, um pouco depois, quando voltei a Privolnoye, pude me certificar de que tudo já estava bem novamente.

Anos mais tarde, descobrimos que naquele longo tempo em que Irina ficara com a avó e o avô em Privolnoye, eles a batizaram em segredo. Por que em segredo? Porque comunistas eram proibidos de participar de rituais religiosos, como batizado ou casamento, assim como de participar de cerimônia de nascimento ou enterro. Era motivo suficiente para a expulsão do partido. Mas o povo não se preocupava com essas coisas e mantinha suas tradições.

Naquele mesmo ano ocorreu o 22º Congresso do Partido. Pela primeira vez em minha vida, fora escolhido delegado do congresso. Solicitei a Kulakov permissão para ir dois dias antes, para dar tempo de me encontrar com minha esposa em Kiev, que não via fazia meses. Ele permitiu. Dirigi pela primeira vez até Kiev. Era meio de outubro, os dias quentes do outono "dourado".

Após minha chegada, procurei primeiramente por um hotel e, depois, por Raíssa. Ela estava dando aula, embora soubesse da minha chegada. Nós nos encontramos. Eu havia planejado passarmos três dias juntos no hotel. Mas errei nas contas! O governo soviético era poderoso! Ele controlava a tudo e todos, de jardins da infância a hotéis, e representantes e membros do Comitê Central. Como Raíssa já estava registrada como visitante na cidade de Kiev, não lhe permitiram ficar no hotel comigo. Protestei, falei quem eu era, que estava ali como representante para participar do Congresso do Partido e, que no meio tempo, queria visitar minha esposa que estava ali fazendo um curso de pós-graduação. Não sei, talvez quisessem uma propina. Hoje tenho certeza de que era isso. Mas naquela época não tive a ideia. Consegui resolver a questão ao ligar para Yuriy Yelchenko, primeiro-secretário do Comitê Central do Komsomol.

Raíssa veio para o quarto onde eu estava, e passamos três dias felizes. Tivemos a impressão de que não vivíamos mais a vida em sua totalidade. Namoramos no Boulevard Khreshchatyk, caminhamos até o Monte Vladimir, fomos até o Deniepre e visitamos a casa em que a universidade havia acomodado Raíssa. Obviamente, naquele tempo conversávamos muito sobre Irina. Eu precisava contar a Raíssa que Irina tivera catapora, mas que agora já estava saudável de novo. Minha esposa primeiro ficou ofendida, mas eu a convenci de que tinha razão em não contar e, ao dizer isso, dei-lhe um abraço apertado. Este era, na verdade, meu principal argumento, e com as mulheres isso funciona melhor do que os argumentos propriamente ditos.

Raíssa me contou sobre o seu curso:

— Tem muita coisa acontecendo por aqui... Muitos não estão aqui pela primeira vez. Eles já se conhecem e esperam pela próxima viagem para fazer outro curso de atualização. Seis meses de "vida livre", sem crianças e cônjuges.

Por fim, fui até Moscou para o 22º Congresso do PCUS. O ponto central na ordem do dia era a crítica ao culto à personalidade. O Congresso

Raíssa e Irina, 1961.

deveria aprovar os passos dados por Kruschev durante o 20º Congresso e, assim, estabelecer a diretriz desse congresso, mas havia algo incomodando a todos. Novamente ressoavam os hinos em homenagem ao líder, principalmente durante o debate do novo programa do partido.

Algumas pessoas da região e também pessoas conhecidas do partido literalmente competiam para elevar Kruschev aos céus. Akhundov, secretário-geral do Comitê Central do PCUS do Azerbaijão, comparou o relatório de Kruschev ao som de uma "poderosa sinfonia". Rashidov, secretário--geral do Comitê Central do PCUS do Uzbequistão, chamou Kruschev de "um eminente leninista, um grandioso conhecedor dos profundos processos vitais e apaixonado defensor da liberdade". E o que fazíamos nós, os delegados? Ovacionávamos, embora alguns de nós não se sentissem bem com isso.

A memória humana tem seus caprichos, principalmente quando manipulada pelas mídias de massa. Todos se lembram da "Ação do Milho"* ou de como Kruschev jogou† um sapato durante uma Assembleia Geral da ONU. E mais comumente ainda as pessoas se lembram do conflito de Kruschev com os artistas de sua academia.‡ Mas a História nunca irá esquecer o desmascaramento que Kruschev fez do "culto à personalidade de Stálin". Claro que o problema do totalitarismo não pode ser analisado de maneira descontextualizada de suas circunstâncias e que o mau caráter do ditador não pode ser analisado de maneira reducionista, assim como Kruschev fazia; dessa maneira, embora eficaz, tudo fica muito fácil de conseguir. As verdadeiras raízes desse fenômeno não foram descobertas naquele processo.

Para a História e para a alta política, contudo, as consequências da manipulação política de Kruschev tiveram um enorme significado. A crítica contra Stálin, que era a corporificação do regime, mostrava não apenas as reais condições em que se encontrava nossa sociedade como um todo e

---

*   Após visita a fazendas no estado norte-americano do Iowa, Kruschev impôs aos fazendeiros nos fins dos anos 1950 uma ampla campanha para o cultivo do milho.

†   O episódio se deu em 12 de outubro de 1960, durante a reunião da 15ª Assembleia Geral da ONU, que tinha como tema principal a insurreição da Hungria. Através desse gesto, Kruschev expressou seu desagrado com o palestrante.

‡   No dia 1º de dezembro de 1962, Kruschev visitou uma exposição de arte abstrata na academia e lançou-se furioso sobre os participantes.

o caráter perverso da batalha política que era travada dentro dela, mas também expunha as falhas de todo um sistema de leis. Essa crítica levou ao descrédito o caráter totalitário do sistema soviético, incitou expectativas de reformas e incentivou novos desenvolvimentos na política e na economia, assim como na vida intelectual. Esse foi o verdadeiro mérito de Kruschev e daqueles que o apoiavam. Ele não quis se aprofundar na análise das origens do totalitarismo, nem teria podido fazê-lo, já que isso teria exigido o sacrifício de dogmas que eram sua crença.

Se ao menos Kruschev tivesse escolhido seguir adiante, conforme minhas observações, se as circunstâncias sob as quais ele precisava agir fossem outras. Tendo em consideração todas as contradições de seu jeito de ser, Kruschev me parece ter sido um ator que levava sua atuação às últimas consequências. Naturalmente, ele não colocou o papel de liderança do partido em questão, ele o queria modernizar, enfraquecer seu monopólio sobre tudo e todos. Mas nesse respeito ele se chocou com um obstáculo muito forte, que o acabou direcionando para sua derrota. Pergunto-me se, nos anos da *perestroika*, nós havíamos aprendido a partir de todas as experiências de Kruschev.

Foi mais do que fácil encontrar os argumentos para sustentar a "Revolução do Palácio",[*] de 1964. Mas por trás das palavras "para o bem do povo" se escondia principalmente o desejo dos "generais" e "oficiais" do partido de tomarem o poder. O Comitê Central do PCUS, que havia sido apoiado por Kruschev em 1957 na batalha contra os "grupos inimigos do partido", também o apoiou em outubro de 1964.

A peculiaridade da era de Kruschev consiste no fato de que ele queria fazer o sistema funcionar, finalidade para a qual ele recorria a seus próprios métodos. O problema é que o sistema não adotou tais renovações; ao contrário, rejeitou-as. Voltarei depois a esse ponto, quando estiver no meu tempo como secretário-geral. Mesmo assim, foi com Kruschev que ocorreu

---

[*]   Nos estudos sobre História da União Soviética no Brasil, mais conhecida como "Revolução Democrática de 1964". (N.T.)

o primeiro passo para o desmantelamento do regime totalitário. Foi a primeira tentativa de levar nossa sociedade para uma democracia.

Kruschev não conseguiu salvar nem o novo programa do partido, o programa para a construção do comunismo. Algo que estava no centro das discussões do 22º Congresso do Partido. Naturalmente, esse programa correspondia às necessidades e aos anseios da população, ao seu interesse pela garantia da paz. Mas já naquela época muitas pessoas desconfiavam, inclusive eu, de que naquele "projeto" existia um otimismo objetivo e uma abordagem leviana sobre como resolver problemas sociais complexos.

Aqui o leitor se perguntará: "Mas e o senhor, sr. Gorbachev, também concordou com o programa?". Sim, concordei. Só existe uma resposta para essa pergunta. Se apenas um terço ou até a metade do programa tivesse sido realizado, teria sido um grande progresso para a resolução de graves problemas.

Durante o Congresso do Partido, recebi duas cartas de Raíssa. Ela perguntava: "O que vocês decidiram aí? A população está enfurecida. E tem uma novidade que vai lhe interessar: após a decisão do partido de remover o corpo de Stálin do mausoléu, seu busto também foi removido da praça da Universidade de Shevchenko e, em seu lugar sobre o pedestal, foi erguido o busto de Taras Shevchenko.* E, dois dias depois, alguém escreveu no pedestal:

Ei, pessoal,
O que vocês foram fazer!
No traseiro de um georgiano†
foram me colocar!"

Não eram apenas as estruturas de propaganda do PCUS que funcionavam bem. Imediatamente após o congresso começaram as piadas sobre

---

*   Artista ucraniano do século XIX. (N.T.)
†   Em referência ao fato de Stálin ter nascido na Geórgia, e em referência a uma certa discriminação então existente entre russos e georgianos, além do sentimento mais evidente que era o de rejeição ao próprio Stálin. (N.T.)

esse programa da construção do comunismo na União Soviética – ainda me lembro de duas delas. Ambas se baseiam nas explicações das decisões feitas no congresso, em especial aquela que tem o conteúdo do programa. Havia muitas pessoas que queriam ir às palestras do programa.

A primeira piada era assim: uma *babushka* aplaude após a conferência do programa. Então, pergunta aos palestrantes:

— Filhinhos, será que entendi direito? Então quer dizer que eu posso sair da nossa cidade de carro ou avião de graça?

— Sim.

— Ah, que ótimo!

— Como assim?

— Ora, está claro: assim vou poder entrar num avião e viajar até algum lugar onde eu realmente possa comprar manteiga, carne e outros mantimentos.

Na segunda piada, o protagonista é um vovô:

— Obrigado por essa apresentação. Talvez nós já estejamos vivenciando o comunismo. Tenho uma pergunta. No fim de sua apresentação, o senhor disse: o vermelho do comunismo já está raiando no horizonte das nossas manhãs. O senhor poderia me dizer o que é um horizonte?

O palestrante responde:

— É a linha onde o céu e a terra se encontram um com o outro – e devo acrescentar que, quando você se aproxima dessa linha, ela tem a característica de se distanciar.

O vovô:

— Ah, sim, então entendi tudo!!!

Fyodor Kulakov

Kulakov trabalhou apenas por quatro anos na região de Stavropol. Quando foi eleito primeiro-secretário do Comitê Regional do Partido de Stavropol, ele tinha 42 anos de idade. Tenho boas lembranças dele. Ele trouxe um ar diferente para o trabalho dos oficiais do partido envolvidos na administração econômica. Trabalhava bastante e era competente. Em frente aos seus colaboradores, sempre pareceu ser exigente, mas também generoso. Do ponto de vista do seu proceder, era um homem que gostava de destacar o lado positivo e se envolvia nos problemas dos outros. Em caso de negligência no trabalho, era capaz de repreender com firmeza, chamando o colaborador à sua responsabilidade.

Eu mesmo passei por isso certa vez quando ele, durante uma reunião do Ativismo Regional do Partido, passou um sermão em mim e em um colega meu diante de oitocentas pessoas sobre a direção da administração territorial dos colcozes e sovcozes das três comarcas ao redor de Stavropol. Tratava-se de uma região grande, complexa e em desenvolvimento, pois ficava nas proximidades de Stavropol. Além disso, a indústria começava a se mudar para lá, e muita gente ia para lá trabalhar, motivo pelo qual era perceptível a grande quantidade de pessoas na lavoura, principalmente jovens.

A crítica foi injusta. Não pude me expressar e, claro, fiquei nervoso. Tchatchin, um antigo colega, ex-membro dos Blusas Azuis[*] e renomado agrônomo, com quem voltamos, após esse infeliz momento no ativismo do partido, percebeu que eu estava absorto em pensamentos. Como isso não era típico da minha personalidade, ele voltou-se para mim e disse:

— Vejo que você está indisposto.

— Sim, é que não entendo o motivo para essas ofensas.

Minha carreira dependia em grande medida de Kulakov. Acredito que as broncas simplesmente faziam parte de seus planos: açoitar-me publicamente deveria valer de lição para mim e para os demais. Se algum dos outros

---

[*] Grupo teatral proletário de agitação; gênero de apresentação teatral feita por leigos muito difundido na União Soviética nos anos 1920 e 1930. O repertório dos Blusas Azuis consistia de montagens literárias, revisões, cenas, números de coral e de dança que tematizavam a vida e o trabalho da sociedade, assim como acontecimentos internacionais.

candidatos dizia opiniões de maneira direta ao secretário, então... Tchatchin, que era um homem muito experiente, 24 anos mais velho que eu, dizia:

— Deixe isso para lá! Se você ganhasse a chance de se expressar abertamente, certamente você arrumaria uma briga com o secretário do Comitê Regional do Partido. E como terminaria?! Kulakov conhece a sua impulsividade, e já sabe como lidar com ela ao não deixar você se pronunciar. Você entende, Mikhail, que dentro do partido não pode acontecer de o primeiro-secretário do Comitê Regional estar errado e você, um jovem, estar certo? Mesmo que você tenha doutorado e seja candidato para o Comitê Regional do Partido. Esse é o tipo de coisa que eu nunca vi acontecer na vida. E isso é assim mesmo. Acalme-se.

Mas eu não aguentei:

— Escute aqui, seu blusa azul. Está na cara que você se esqueceu da sua juventude e agora está todo convencido de si mesmo.

E apesar disso Kulakov foi paciente com seus colaboradores, apoiou os que tinham iniciativa e ajudou a desenvolver os jovens trabalhadores. Digo isso, pois trabalhei com ele durante dois anos no cargo de coordenador do Departamento de Órgãos do Partido do Comitê Regional de Agricultura e tive bastante contato com ele. Comumente, ele me atribuía tarefas que iam bem além das minhas obrigações, como acompanhá-lo em suas viagens pela região. Foi uma boa escola para mim, sem sermões ou acusações.

Logo ele encontrou um denominador comum na maneira de falar com pessoas simples, especialistas, chefes, e gravou uma coisa em sua cabeça. O que contava não era apenas o fato de ele ser um famoso agrônomo: mais importante que isso era seu caráter.

Ele tinha fraquezas que todos perdoavam. Em minha visão, às vezes, ele usava um tom familiar demais com os chefes do quadro de funcionários e adorava festejar na companhia de pessoas de confiança. De vez em quando, isso acabava em uma verdadeira bebedeira. Mas a chefia podia fazer qualquer coisa. O primeiro-secretário do Comitê Regional do Partido era um rei e um deus. Era mais do que um governante das eras passadas, muito mais. As únicas pessoas com quem ele precisava se dar bem eram o secretário-geral e os membros dos departamentos políticos. Os primeiros-secretários dos comitês regionais nomeavam os primeiros-secretários dos comitês de área, e estes formavam seu poderio domiciliar, com cujo apoio podiam contar em toda empreitada, lícita ou ilícita. Não consigo me lembrar de um único caso em que as recomendações dos departamentos políticos não tivessem sido levadas em conta em sua totalidade pelos comitês regionais. A não ser por um caso no Partido Comunista Bielorrusso. Nesse caso, a recomendação do departamento político do Comitê Central do PCUS para os postos de secretários do Comitê Central do Partido Comunista da Bielorrússia não foi aceita. Mas apenas uma organização partidária com a influência preexistente de guerrilheiros podia se dar a esse luxo.

Uma parte considerável do tempo dos trabalhadores responsáveis do Comitê Regional ia para viagens pelo interior de cada região. A tarefa principal era a de submeter sob controle total absolutamente qualquer coisa que acontecesse nas organizações partidárias, na economia e nas esferas social e cultural. Não acredito que isso fosse sem sentido. Manter sob controle representava colocar cada coisa do jeito certo para que o sistema funcionasse. E isso significava que os problemas precisavam ser resolvidos rapidamente, as faltas precisavam ser vistas e a política local e as decisões pessoais precisavam ser corrigidas.

Naturalmente existe outro método não menos convincente e efetivo: confiar nas pessoas, apoiá-las, não as tirar de onde estão e não as alijar do processo de trabalho. Pela minha experiência – ainda falarei disso –, esse método leva, com efeito, a melhores resultados e, inclusive, não só de maneira prática, mas também naquilo que diz respeito à atmosfera em que um estilo de liderança assim vigora. As pessoas trabalham não por medo, mas por alguma responsabilidade. Claro que se precisa ter em conta que, em caso de dúvida, esse estilo exige senso de compromisso e honestidade na tomada de decisão sobre determinadas questões, principalmente questões pessoais. É o tipo de estilo que eu prefiro. E foi o que usei em meu próprio trabalho para o partido.

Fyodor Kulakov pertencia ao grande grupo de secretários dos comitês de região e de área que haviam sido convidados secretamente para o Comitê Central. Eles se hospedaram próximo ao Kremlin quando aconteceu a reunião da liderança do Comitê Central, a fim de debater sobre Kruschev, e aconselharam a sessão plenária a destituí-lo do cargo de secretário-geral e aposentá-lo.

Após a transferência de Kulakov, em dezembro de 1964, para o Comitê Central do PCUS, deixamos de precisar manter nossa tão boa relação. Só teve mais um caso envolvendo Kulakov e minha família sobre o qual gostaria de contar. Pois esse caso também é sobre as fraquezas humanas, tão difundidas entre os colaboradores do governo. Eu estava, como já mencionei, constantemente em viagens. Às vezes, elas duravam uma semana, outras vezes, durante grandes campanhas na agricultura, até duas semanas. Após uma dessas viagens, voltei para casa e fui imediatamente tomar uma ducha. Tirei uma folga e não voltei ao trabalho. Queria organizar minhas impressões sobre a viagem, descansar, enfim, dormir.

Raíssa me interrogou sobre como tinha ido a viagem. Ela me ouviu com atenção e então disse:

— Aqui em casa também tem novidade.

— Como assim "aqui em casa"?

— Comigo.

— Que novidade?

Era verão, e ela estava em férias.

— Alguns dias atrás, Kulakov me telefonou.

— E sobre o que vocês falaram?

— Ele queria se encontrar comigo.

— Como é?

— Sim. Eu disse a ele: "O senhor sabe de meu relacionamento com Mikhail", ao que ele respondeu: "Sim, você pode seguir adiante com ele". Acrescentei: "Esse tipo de coisa não é com a gente", e desliguei.

— Que conversa interessante. Acho que vou perguntar a ele o que significou.

— De jeito nenhum. Já respondi para ele conforme acabo de lhe contar, então não é segredo para você.

Mesmo assim, depois, em um encontro, perguntei a Kulakov durante uma conversa:

— O senhor teve um breve telefonema com Raíssa?

Ele hesitou, mas acabou se esquivando:

— Estava procurando por você. Pensei que você já tivesse retornado e queria perguntar sobre as impressões da viagem.

É a primeira vez que estou contando sobre esse episódio. Ele ficou em segredo por muito tempo, mas Fyodor Kulakov já não vive mais.

Leonid Efremov

Com a ida de Kulakov para o Comitê Central, veio à tona a pergunta sobre quem viria a ser o novo primeiro-secretário do Comitê Regional de Agricultura do Partido. E Leonid Efremov nos foi enviado para ocupar o cargo. A plenária o elegeu. Efremov era homem muito conhecido tanto no partido quanto em nosso país. Tinha anos de experiência como segundo-secretário e presidente do Comitê Executivo de Área de Kuybyshev (atualmente, Samara), como primeiro-secretário do Comitê de Área de Kursk e Górki (atualmente. Níjni Novgorod). Em 1962, ele se tornou primeiro presidente adjunto do Departamento do Comitê Central do PCUS da Federação Russa. No topo desse departamento estava o próprio Kruschev, mas o trabalho propriamente dito era feito pelos adjuntos Efremov e Kirilenko. Eles tinham o mesmo nível hierárquico e pertenciam à liderança do Comitê Central do PCUS.

Nos preparativos para a "Revolução do Palácio", em 1964, Efremov não recebeu atribuição. Posteriormente, ele me contou que era porque, naquela ocasião, estava em uma viagem a trabalho em Ulan-Ude. Não haviam contado a ele sobre a plenária do Comitê Central e, quando ficou sabendo, já estava no aeroporto, onde lhe disseram que o avião não estava totalmente pronto e que a decolagem atrasaria. Esse atraso foi sem dúvida alguma planejado: Efremov era um apaixonado defensor de Kruschev. Pouco antes desses acontecimentos, Kruschev havia feito uma viagem através da Rússia na qual Efremov o havia acompanhado. Fizeram até um documentário sobre essa viagem, no qual Efremov está sempre visível atrás de Kruschev. Esse filme ficou gravado na memória de muita gente...

Dizem que, se alguém fizesse uma pergunta qualquer a Efremov, ele imediatamente pegava, em meio às coisas de sua mesa extremamente organizada, as obras de Kruschev, cheias de marcadores de leitura e todo tipo de sublinhado, e começava a citar a partir delas. E a conversa terminava quase sempre assim: "Foi assim que o compaheiro Kruschev se referiu a essa questão. O senhor também pode consultar".

Quando Efremov chegou a Moscou, uniu-se à crítica a Kruschev, como ele mesmo (Efremov) disse, mas pronunciou-se contra sua queda. Esse era bem o motivo pelo qual a liderança do Comitê Central o enviou para Stavropol após a destituição de Kruschev, mas sem destituir Efremov de sua função de candidato junto à liderança do Comitê Central. Em novembro de 1964, a plenária do Comitê Central do PCUS decidiu unir novamente as organizações partidárias locais referentes à indústria e à agricultura. A partir de 1º de dezembro, Efremov chefiou o *bureau* da organização que se encarregou dessa tarefa em Stavropol. Começou um tempo quente. Cada um lutava por um cargo, não se tratava apenas de interesses pessoais ou de um posto de trabalho, mas sim de *status*, de poder. Mas, para onde a coisa toda estava se encaminhando de verdade, isso não interessava a ninguém.

Na qualidade de coordenador do Departamento dos Órgãos Partidários do Comitê Regional do Partido para Agricultura, Efremov me chamou para trabalhar com ele e esperava receber sugestões pessoais em relação ao *bureau* e a toda a máquina do reunificado Comitê Regional do Partido. Ele olhou a lista que lhe entreguei e, ao não encontrar o meu nome, perguntou curioso:

— E você, onde quer trabalhar?

Respondi que queria trabalhar na comarca ou voltar para a cidade.

— Muito bem, vamos ver — disse ele e me enviou com todo o material para Moscou.

Chegando a Moscou, dirigi-me ao Departamento dos Órgãos do Partido do Comitê Central, onde ouvi o seguinte:

— Efremov pediu que você telefonasse para ele antes de iniciarmos as discussões.

Disquei o número.

— Você já se encaixou em algum lugar? — perguntou-me Efremov. — Não? Ótimo. Então já decidimos aqui que você vai ser o secretário do Comitê Municipal do Partido em Stavropol.

— Era exatamente o que eu esperava — respondi.

Após esse telefonema, debati sobre como ficariam as novas ocupações. Mas ao fim da noite, recebi mais um telefonema de Efremov:

— Mikhail Sergueievitch, escute, mais uma vez debatemos tudo por aqui, e acabei decidindo que nós devemos trabalhar juntos.

— Claro, trabalharemos juntos — disse eu, sem entender nada.

— Não, não assim como você está pensando — interrompeu-me Efremov. — Você será o coordenador do Departamento dos Órgãos Partidários do Comitê Regional.

— Por quê?

— Aqui as coisas estão mudando a todo momento, estão me pressionando...

Aí então pude imaginar com detalhes vívidos como as coisas deviam estar andando no Comitê Regional, como os nossos colaboradores deviam estar colocando Efremov contra a parede e o quão inseguro ele devia estar se sentindo com tudo aquilo.

— Leonid Nikolaievitch — disse eu — por favor, mantenha sua primeira decisão.

— Tarde demais! — interrompeu-me Efremov. Está decidido e combinado.

Em 22 de dezembro de 1964 aconteceu a Conferência dos Delegados do Partido da Região. Efremov foi eleito primeiro-secretário do Comitê Regional de Stavropol. O então secretário do Comitê Regional da Indústria, Bosenko, foi eleito segundo-secretário. Fui eleito para o *bureau* e encarregado do posto de coordenador do Departamento dos Órgãos Partidários.

No início do trabalho em conjunto, Efremov e eu nos conhecemos melhor, nos acostumamos um ao outro e ficamos mais próximos. Efremov possuía um amplo horizonte político, era lido, bem-educado e culto. Sem dúvida tinha uma grande personalidade, mas, ao mesmo tempo, era um refinado produto do sistema e um típico pupilo sendo forjado pelo fogo do partido. Nesse sentido, os anos de trabalho com ele foram muito instrutivos para mim. O leitor se perguntará: em qual sentido?

Era difícil para Efremov entender a transferência para a província. Esse era um dos motivos pelos quais ele se esforçava tanto para se familiarizar com os processos internos da região. Ele não escondia que ainda tinha esperanças de que Brejnev o chamaria de volta a Moscou. E por isso, no começo, os acontecimentos da capital lhe interessavam mais do que os problemas de Stavropol.

Antes de apresentar quaisquer questões ou a papelada a Efremov, normalmente eu telefonava para ele. Porém, teve uma vez que entrei em seu escritório sem prévio aviso. Com o queixo apoiado sobre o punho, estava sentado à mesa e olhava em direção ao vazio. Aproximei-me e sentei-me, mas o silêncio continuou. Ele estava tão absorto em seus pensamentos que nem sequer percebeu minha presença.

— Leonid Nikolaievitch, está tudo bem? — perguntei em voz baixa.

Como se estivesse voltando a si, mas ainda em estado reflexivo, ele disse:

— Como isso é possível? Você consegue entender? Eu apoiei Kirilenko, coloquei-me à disposião dele, e ele não disse uma palavra sequer para me apoiar.

— Do que o senhor está falando, Leonid Nikolaievitch? — perguntei sem compreender.

Dessa vez, voltando a si definitivamente, ele sorriu e balançou a cabeça.

— Bem, é isso... De repente, eu preciso pensar na reunião da liderança do Comitê Central em outubro de 1964. As coisas que podem acontecer a uma pessoa!

Dessa maneira dramática e estremecida ganharam forma as inúmeras mudanças na vida do partido e em nosso país após a morte de Stálin.

A eleição de Leonid Brejnev como primeiro-secretário do Comitê Central do PCUS ocorreu de maneira surpreendente. Na época, muitos achavam que era um acordo, e não uma decisão duradoura. Tanto no interior do país como no exterior, as apostas eram em Kossygin ou Suslov. Porém, quando são muitos candidatos, o mais provável é que as pessoas concordem que o ideal é um candidato que faça acordos.

Era essa a situação em outubro de 1964. A decisão não era previsível, então os membros do Comitê Central não tinham favoritos evidentes.

CAPÍTULO 4

Difíceis anos felizes

Os anos de 1955 até 1970 foram incrivelmente difíceis. Em primeiro plano estou me referindo naturalmente a Raíssa e a mim mesmo, ou seja, a toda nossa família. Insisto em que estou falando de anos difíceis, realmente difíceis. Sem exagero, pois foram anos nos quais tomamos a decisão de batalhar pela sobrevivência. E claro que também por nosso lugar dentro da sociedade.

Havia me dedicado à política por sete anos e tinha aprendido bastante com isso. Quem almeja se movimentar nessa área, melhorar, conseguir sucesso, tem o direito de fazer sua carreira na grande política. Nos oito anos finais desse período desempenhei diversas funções no partido. Sem dúvida, uma experiência única, que com efeito determinou o horizonte de minha carreira.

Para Raíssa, esses foram anos especialmente difíceis. No início, ela não encontrava empregos. Graças a sua obstinação e meu apoio, ela acabou conseguindo realizar seu sonho de lecionar na Faculdade de Filosofia. Sua carreira correu com sucesso. Ela terminou o mestrado, escreveu sua dissertação em Filosofia e a defendeu no Instituto de Pedagogia em Moscou. O tema eram as condições e os modos de vida dos fazendeiros soviéticos atuais. Naqueles anos houve um fortalecimento da disciplina de Sociologia russa.

Depois de alguns anos de repressão, ela passou por uma *renaissance* pelas mãos de Gennady Osipov, membro da Academia de Ciências, e Vladimir Yadov, professor do Instituto de Sociologia. Por um pedido de Raíssa e também deles, que endossaram o pedido dela, Osipov assumiu a orientação de sua dissertação, e Raíssa pôde receber seu título de doutorado em 1967. Dois anos mais tarde, foi-lhe conferido o título de docente pela Comissão Superior de Atestação (VAK). Voltarei a falar do trabalho de Raíssa em sua dissertação.

Depois de termos batalhado tanto pelo desenvolvimento de nossas carreiras, ganhamos um apartamento decente para morar. A situação financeira de nossa família estava melhorando. Houve um momento de nossa vida em que Raíssa tinha um salário como docente maior do que o meu. Mas logo depois foi possibilitado meu crescimento para "restabelecer a justiça". Nosso estilo de vida mudou: chegávamos em casa, cuidávamos das roupas, comíamos rapidamente. Um acontecimento radical foi a compra de um aparelho de televisão. Tínhamos nos libertado das garras da pobreza. E nossa filha Ira, o menor e mais importante membro da família, crescia e estava sempre ao nosso redor.

Nós nos divertíamos com nossos amigos. Por trinta anos mantivemos amizade com as famílias Budyka e Varshavsky. Alexander e Lida Budyka, ambos engenheiros, mudaram-se para Stavropol em 1953. Na plenária de Kruschev de setembro, no Comitê Central, foi decidido que 20 mil especialistas industriais deveriam ser enviados para a agricultura. Alexander e Lida eram originalmente da região do rio Don, já Mikhail Varshavsky vinha de Odessa. Passávamos a maior parte do nosso tempo livre juntos e ajudávamos uns aos outros em tudo. Eles eram pessoas agradáveis e talentosos especialistas: médicos e engenheiros.

Alexander Budyka foi o único que chamei para ir a Moscou enquanto estive no Departamento de Agricultura do Comitê Central, onde ele pôde contribuir com seu bom trabalho. E, quando abriu a vaga de candidato para o posto de ministro de Produtos de Grãos, recomendei-o para esse importante cargo. Nossa amizade ainda continuou embora o destino nos tenha separado espacialmente. Naqueles anos éramos muito ocupados. Não gostaria de continuar falando sobre isso. Mas é que, sem ter o quadro

Após a manifestação em 1º de maio de 1964.

completo, fica difícil imaginar como um homem de uma das províncias russas mais remotas acaba assumindo o mais alto cargo estatal. Ainda encontro gente que se espanta com isso.

De especial significado em minha carreira foi o trabalho no centro regional em uma cidade que, até o início dos anos 1970, era subdesenvolvida em todos os aspectos. Isso teve efeito sobre a situação social geral de Stavropol, principalmente no que dizia respeito ao desemprego na faixa etária mais jovem. Eles foram forçados a deixar a cidade. Assumi a coordenação do Centro Regional e do Comitê Municipal do Partido na época do 23º Congresso do Partido, no ano de 1966. Uma das missões estatais que o Congresso do Partido queria ver realizadas era o desenvolvimento das pequenas e médias cidades, nas quais vivia a maioria da população russa.

A situação em todo o país melhorava pouco a pouco. Além disso, Stavropol desfrutava de uma condição geográfica favorável. Os ministérios confiavam no clima sulista e nas ótimas condições da natureza, e então

Com amigos no sopé do monte de Stavropol, nos anos 1960.

nossos clientes vinham até nós. Dava para sentir a mudança acontecendo na cidade. Era necessário um plano de desenvolvimento de pelo menos 25 anos. Ele foi proposto e Moscou o sancionou.

Gostava do posto de secretário do Comitê Municipal, pois tinha relativa autonomia. Com certeza, apenas relativa! A verdadeira autonomia só existia em sonho. Para poder construir um banheiro público no centro da cidade, as autoridades precisavam solicitar em Moscou, no Gosplan, à Comissão de Planejamento do Estado.

Montamos um Departamento de Obras. Precisávamos restruturar e ampliar os Conglomerados da Construção Civil.* Não se tratava apenas de industrializar a construção civil, mas também de melhorar a qualidade das moradias – já era hora. Eram construídas empresas de eletrotécnica ou de eletrônica uma após a outra na cidade, assim como a maior fábrica de fósforo e reagentes químicos e a maior companhia de construção de máquinas da União Soviética.

Nesse contexto, surgiu o problema da falta de formação técnica apropriada de mão de obra para essas empresas. E esse problema também devia ser resolvido. Depois de algum tempo, a cidade parecia mais um canteiro de obras. Por um lado, isso era ótimo; por outro, trazia vários problemas: precisávamos implantar um sistema de encanamento de água potável, tubulações para canalizações e fiação elétrica para trólebus e para ligações de telefonia. Perfuramos a cidade inteira. A paciência dos habitantes de Stavropol estava por um fio. Indignavam-se porque as autoridades municipais estavam fazendo um péssimo trabalho. Mas ao mesmo tempo era uma época ótima, repleta de projetos de construção civil e reformas na vida da cidade em geral. O mais importante na condução desse complexo processo era o mecanismo do partido. O Comitê Central do PCUS mudou-se para uma gigantesca unidade de urbanização. Outras instituições não

---

* Programas habitacionais soviéticos que produziram um imenso volume de novas habitações (cerca de dois milhões). (N.E.)

puderam se dar a esse luxo, somente o poder do partido podia mobilizar as pessoas e supervisionar o trabalho. Exatamente assim era o sistema.

Foram construídas escolas e instituições de ensino para a força de trabalho, assim como foi aberta uma filial do Instituto Politécnico, que, posteriormente, tornou-se uma instituição autônoma. No centro da cidade, os prédios antigos foram arrancados, dando lugar a construções bonitas e modernas: uma biblioteca, um teatro, uma piscina pública e um circo. O Museu de História foi reformado e, no lugar do velho mercado, surgiu um cinema. Foram erguidas feiras cobertas para os colcozes. E assim teve origem uma cidade moderna. Quando vim da universidade para Stavropol, ela tinha 127 mil habitantes, agora eram mais de 350 mil. O número otimizado calculado para a cidade estava dentro de 500 mil.

A vida da minha família também mudou: fomos morar em um apartamento de três quartos e compramos uma mobília moderna e uma geladeira. Tínhamos deixado para trás aquela vida antiga. Irina só nos dava alegria na escola. Ela era muito ávida por saber e lia muito. Nessa época já possuíamos uma considerável biblioteca em casa. No 22º Congresso do Partido, assinei uma História do Mundo em dez volumes, uma edição da Literatura Mundial em doze volumes e uma edição Plekhanov em cinco volumes.

Queríamos aproximar nossa filha da literatura. Raíssa e eu tínhamos a mesma opinião, de que já era hora. Mas só demos risada, pois, quando chegamos a fazer essa abordagem para Irina, vimos que tínhamos chegado tarde. Ela nos ouviu com atenção e então disse:

— Tudo isso aí eu já li.

Irina lia dia e noite – mesmo quando Raíssa e eu já tínhamos ido dormir, ela continuava lendo. Com quinze anos de idade, ela já tinha devorado toda a beletrística de nossa biblioteca.

Nós a deixávamos em paz. Ela via o jeito como levávamos a vida e, talvez, acredito eu, esse era o melhor modelo que podíamos dar.

Apesar de tudo isso, de repente ficou estremecida minha relação com Leonid Efremov, o primeiro-secretário do Comitê Regional. Alguém fez uma intriga, dizendo a ele que eu frequentemente telefonava, sem autorização, para Fyodor Kulakov, secretário do Comitê Central e membro do Politburo. Ele incumbiu um dos secretários do Comitê Regional de apurar do que se tratava esses telefonemas e por que eu não os havia relatado. Precisei explicar a Efremov que eu não tinha nada a relatar. As conversas aconteciam por iniciativa de Kulakov, tinham caráter puramente privado e não diziam respeito aos problemas e questões do trabalho regional do partido nem sequer ao próprio trabalho de Efremov. Essa resposta o deixou ainda mais furioso. Mas era a mais pura verdade.

Durante o período das batalhas pelas eleições de cargos dentro dos órgãos do partido, nossas relações pioraram ainda mais. No escritório do Comitê Regional, manifestei-me criticamente em relação a alguns candidatos para os postos de secretários dos Comitês Regional e Municipal. Minhas observações se baseavam no conhecimento da situação: eu sabia muito bem o que acontecia naquelas organizações. A confusão se agravou. Efremov disse que eu estava sendo muito atrevido. Falou com tom rude, quase gritando, na presença de todos os membros do Politburo. Revidei dizendo que não podia omitir nada daquilo. Se o secretário do Comitê Regional e os membros dos *bureau* não precisavam das minhas observações, então eles não deviam me convidar para as reuniões apenas para me humilhar em público.

Efremov acabou concordando. Estava claro para ele que havia ido longe demais. Tantos anos de trabalho em conjunto e, do nada, nosso relacionamento tinha voltado à estaca zero. Pensei repetidas vezes que eu é que estava no lugar errado, que para trabalhar para o partido eram necessárias outras qualidades. Tudo isso foi na época em que Brejnev estava no poder, e a corja de puxa-sacos havia ganhado dimensões inimagináveis. Não é que eu fosse antidiplomático e inflexível; mas, por causa da minha personalidade ou por ter me sentido ofendido, aquilo foi a gota d'água para mim. Durante toda a minha vida, esforcei-me por não ter de humilhar ninguém, nem mesmo quando tinha de lidar com funcionários pouco competentes.

Refleti sobre essa situação que se apresentava e tomei a decisão de retomar o trabalho da minha dissertação e fazer as provas correspondentes. O caminho da ciência me pareceu promissor. Nele eu podia dedicar minha energia, curiosidade e paixão pela análise e pelo fazer útil a mim mesmo e às coisas. A situação – tanto social quanto material – dos professores diplomados, docentes e professores universitários se diferenciava positivamente naquela época da situação das demais profissões, e eles até mesmo tinham perspectiva. Enquanto isso continuou possível, eles tiveram uma vida mais livre.

Por outro lado, o cargo de primeiro-secretário do Comitê Municipal do Partido de algum centro regional me ofereceria grandes possibilidades de me destacar. Claro que o controle das instâncias superiores do partido sobre o trabalho dos funcionários, sobre o planejamento, sobre a distribuição de fundos e sobre os meios de financiamento centralizados representava uma limitação da liberdade. O sistema se fazia presente em toda parte, em todas as áreas, até mesmo nas coisas mais insignificantes. É verdade. Apesar disso, era possível atingir uma quantidade razoável de pessoas com iniciativa e obstinação.

Meu trabalho no Comitê Municipal do Partido coincidiu com o início da chamada Reforma Kossygin.* Ela me interessou muito, pois pareceu ser a possibilidade de um novo estilo de governo, no qual as coisas não dependeriam de ordens, e sim de incentivos econômicos, e no qual tanto os interesses dos trabalhadores como os das empresas seriam levados em consideração. Abriam-se possibilidades de se obter a vitória dos projetos sociais, principalmente para a construção de moradias. Apesar da organi-

---

*   Alexei Nikolaievitch Kossygin (1904-1980) provocou uma reforma na maneira de conduzir a indústria, segundo a qual os itens de incentivo ao investimento deveriam ser levados para a economia planificada. As propostas da reforma foram aprovadas na plenária do Comitê Central do PCUS em setembro de 1965, mas acabaram não sendo implantadas na prática. (Nota da tradução alemã.)

zação caótica na fase inicial, a reforma encontrou um apoio apaixonado das pessoas.

Organizamos uma plenária extraordinária do Comitê Municipal do Partido, na qual debatemos a utilidade das propostas da reforma para os engenheiros e a força de trabalho técnica especializada. Foi feita uma pesquisa de opinião e foram marcadas muitas reuniões. A plenária conseguiu grande ressonância.

Mais uma coincidência

Meu trabalho como primeiro-secretário no Comitê Municipal do Partido terminou de maneira surpreeendente. Novamente ocorreu uma coincidência. Na mais alta posição da liderança do Partido da região aconteceu um escândalo. Nikolai Lyschin, primeiro-secretário do Comitê Regional dos Carachais-Circassianos (a região autônoma de Carachai-Circássia pertencia à região de Stavropol), havia deixado sua família, fazendo as malas para ir morar com outra mulher do outro lado da cidade. O comportamento do secretário chocou a todos, e a opinião pública considerou uma falta de vergonha. Depois de uma tempestuosa reunião sobre o assunto, o *bureau* do Comitê Regional tomou uma dura decisão: ele foi destituído do cargo.

Lyschin achou que poderia convencer os membros do Comitê Regional sobre a validade de sua atitude, com a justificativa de que sua vida privada estava arruinada. Porém, seus argumentos tiveram o efeito contrário. A decisão sobre sua destituição do cargo foi unânime.

Na época havia uma piadinha que se contava nas rodas de amigos: no *bureau* de um Comitê Regional do Partido em Leningrado se discutia o comportamento de um comunista que queria deixar sua esposa. Justificativa: ele não a ama mais. Disseram para ele de maneira inequívoca: "Se você fizer isso, não pertencerá mais aos membros do partido e deverá ir embora". Apesar disso, ele insiste: "Mas eu não a amo mais. Por favor, entendam isso!". Um dos membros do Comitê Regional indigna-se: "Por que você continua repetindo e repetindo: 'eu não a amo, eu não a amo'? Você acha que com a gente é diferente?! Mesmo assim, aqui permanecemos!".

Para o cargo de Lyschin foi apontado Fyodor Burmistrov, que, até então, atuava como segundo-secretário do Comitê Regional. Era necessário apenas encontrar um sucessor para ele. E bem no meio do verão! Eu já tinha comprado passagens para Raíssa e eu irmos até Sóchi de férias, o que estava marcado para acontecer dali a poucos dias, porém Efremov me reteve. Motivo: uma mudança na liderança. Esperei por um, dois, três dias. Então decidi conversar com Efremov e reclamei:

— Minhas passagens vão expirar, o senhor precisa me deixar viajar!

E acabei sendo bem direto com ele:

— Já me entendi com o seu candidato de que tanto faz quem será. Permita-me iniciar minhas férias amanhã.

— Já, já você terá suas férias.

Alguns anos depois descobri que Efremov queria trazer outro candidato. Mas no Comitê Central do Partido opinavam o seguinte: Gorbachev é quem deverá assumir como segundo-secretário do Comitê Regional, pois ele certamente se esforçará para se tornar primeiro-secretário no futuro e, com isso, posteriormente tornar-se membro do Comitê Central do PCUS e ordenado pelo Soviete Supremo da URSS, e assim por diante.

Em 5 de agosto de 1968 fui eleito segundo-secretário do Comitê Regional do Partido. Efremov fez um "inflamado discurso" em meu apoio: o Comitê Central queria uma mistura entre os funcionários mais experientes e os mais jovens.

Minhas férias já eram. Efremov me encarregou do trabalho e saiu de férias, e ficamos em contato regular por telefone. Em 21 de agosto, as tropas do Pacto de Varsóvia entraram na Checoslováquia. Chegou do Comitê Central do Partido um livrinho vermelho no qual se explicavam os acontecimentos. Segundo essa explicação, nossos opositores políticos ocidentais procuraram um elo fraco entre os países do Pacto de Varsóvia, mas os líderes das nações aliadas se anteciparam a essa ação. Para não precisar conduzir um ataque frontal contra o socialismo, nosso inimigo tentou esgotar todas as possibilidades e causar uma erosão interna nos países socialistas.

Não achei que essa justificativa fosse sem fundamento. Mas uma marcha das tropas invadindo um "país-irmão" aliado acabou causando uma reação dividida em nosso próprio país. Telefonei para Efremov e questionei sobre os próximos passos. Na posição de líder mais experiente, Efremov sugeriu uma convocação urgente do *bureau*, que deveria aprovar uma decisão pelo apoio da linha do Comitê Central do PCUS e sua própria liderança. Concordei, reuni o *bureau* do Comitê Regional do Partido dentro de 24 horas e conduzi a reunião. Concomitantemente, não eram poucos em Stavropol que condenavam a marcha e a consideravam uma intromissão em assuntos internos. E aconteciam manifestações em massa.

Os comitês do partido tomaram medidas imediatas. Já na reunião seguinte do *bureau,* discutimos a atitude de um jornalista e de um professor de Filosofia e os condenamos em vista de seu "erro ideológico". Mas logo acabei refletindo sobre o quão correta era minha avaliação da Primavera de Praga. Em 1969, quando eu mesmo estive na Checoslováquia e vi o emprego das pessoas simples em nome da ação dos cinco países, fiquei coberto de dúvidas. Senti, pela primeira vez, quão magoados ficaram nossos irmãos checos e eslovacos. Assim como outros que conheci, eu mesmo também comecei a enxergar que o espírito das reformas que acordara nos anos 1950 e 1960, e que ainda tinha tanta força e impulso, agora estava para acabar. Brejnev teve de contemporizar os grupos divergentes no Politburo. Ele sabia bem como camuflar sua mentalidade conservadora.

Naquela situação, a recusa das renovações no trabalho dos órgãos locais se fazia cada vez mais visível. Em Stavropol, isso ficou patente no "caso Barakov", coordenador da Administração de Agricultura da região de Georgievski.

Inokenti Barakov era um homem enérgico, independente e um apaixonado adepto do defensor de reformas Lisitchkin, de quem era amigo também. De maneira obstinada, colocou-se em favor das ideias do "afrouxamento" do plano de produção nacional e ampliou os direitos dos colcozes sobre a precificação de seus produtos finais, inclusive o direito ao livre-comércio. Quando Barakov pôs essas ideias em prática, foi advertido pelo *bureau* do Comitê Regional e, na sequência, foi acusado de "erros grosseiros em questões de princípios políticos", sendo destituído de seu cargo. Barakov lutou contra moinhos de vento. Por fim, ele criticou o sistema, e ficou muito difícil para qualquer um ajudá-lo.

Algum tempo depois, o *bureau* do Comitê Regional atacou os tais erros grosseiros no livro de Sadykov, um docente da cadeira de Filosofia do Instituto de Agricultura de Stavropol. O livro era a expressão das esperanças que haviam nutrido as reformas de Krushev e, em parte, também de Kossygin. Sadykov formulou uma série de ideias que só vieram a se propagar com o início da *perestroika*. Mas ainda faltavam 15 anos para isso. Na época, isso foi avaliado como "agitação".

Veio de Moscou o sinal de que devíamos "estrangular" o autor. Aconteceu uma reunião do *bureau* do Comitê Regional em que Sadykov não foi simplesmente criticado, mas também publicamente exposto. Um sermão com tudo o que tinha direito. Eu também o critiquei violentamente. E, embora não tivesse sido expulso do Partido – já que Efremov e eu tínhamos sido contra, assim como outros –, foi-lhe tirada a coordenação da cadeira no instituto, e ele foi embora de Stavropol.

Podia-se observar como o espírito da reforma diminuía. Não apenas no ambiente interno do partido, mas também em toda a sociedade voltava a prevalecer o medo de fazer ou dizer algo indevido.

Certa vez, eu estava em Moscou a trabalho. Alguém me disse em segredo que seria apontado como substituto de Efremov. Quando voltei a Stavropol, perguntei a Leonid Nikolaievitch:

— O senhor vai nos deixar?

Efremov respondeu surpreso:

— De onde você tirou isso?

— Ouvi algo em Moscou.

— Em Moscou as pessoas só falam "algo".

Ele disse isso em um tom melancólico. Pensei que teria sido melhor não tocar na ferida. E, realmente, em Moscou sempre circulavam inúmeros rumores sobre tudo.

Mas passou apenas pouco tempo até que Efremov fosse indicado como substituto na posição de presidente do Comitê para Ciência e Técnica da URSS.

Agora gostaria de contar sobre as pesquisas em Stavropol que a dissertação de Raíssa apresentava. Uma história interessante. Na União Soviética havia uma série de trabalhos sobre família e cotidiano da vida camponesa soviética. Dos 250 milhões de habitantes da URSS, na época viviam mais de 1 milhão no campo. Era extremamente importante e interessante ouvir das próprias pessoas quais eram suas opiniões e como eram suas condições de vida.

Raíssa coletava rico material estatístico e realizava inúmeras entrevistas com moradores dos vilarejos. Posteriormente, ela sempre se lembrava das viagens de carro e motocicleta pelas vilas.

As pesquisas de Raíssa demandaram muitos anos para então tornar-se livro, com o título *O colcoz: escola do comunismo para o mundo agrícola*. Esse livro foi finalmente publicado em Moscou por uma grande editora. Mas naturalmente o conteúdo se baseava no trabalho local. Virava e mexia, Raíssa precisava do meu apoio para essa realização. Esse trabalho lhe acrescentou muitíssimo do ponto de vista pessoal: ela criou um contato direto com a vida daquelas pessoas nos vilarejos.

Em dois locais em que ocorreria urbanização foi feita uma pesquisa sociológica completa: na urbanização cossaca de Grigoripólis e no vilarejo de Otkasnoye – um a leste e a outro a oeste de Stavropol.

Antes da revolução, a urbanização cossaca de Grigoripólis tinha 20 mil habitantes. Após a Guerra Civil Russa, o número de habitantes caiu para quase a metade. Uma parte morreu nas batalhas, outra parte morreu de fome, e uma parte se mudou. Gostaria de relatar agora dois encontros que Raíssa sempre voltava a comentar.

No fim de suas entrevistas, ela visitou uma senhora que vivia só. Seu noivo havia sido morto na guerra, e ela ficou sozinha. Essa mulher recebeu Raíssa de maneira muito amigável. Primeiro cozinhou algo para comerem e depois lhe contou sua vida. Quando Raíssa preencheu o questionário e terminou a entrevista, a mulher lhe explicou:

— Agora eu faço as perguntas.

E assim começou a famosa entrevista que Raíssa relatou em um de seus livros:

— Filhinha, por que você é tão magra?

— É normal...

— E o seu marido, você não gosta dele?

— Gosto!

Ela suspira:

— Ele bebe?

— Não...

— Ele bate em você?

— De onde a senhora tirou isso?! Não, tenho um bom marido.

— Isso é conversa fiada! Eu tenho toda uma vida de experiência e sei: quando está tudo bem em casa, não se fica pulando de casa em casa!

Os papéis se inverteram. A questionadora tornou-se a questionada. E a mulher não acreditou em Raíssa.

Raíssa contava ainda de outra conversa que teve com uma mulher encarregada da ordenha, após a ordenha do fim da tarde. Uma pessoa vívida, sensata e cheia de energia. Raíssa gostou muito dela. Uma verdadeira cossaca! Forte e muito articulada. Com essa entrevista, Raíssa conseguiu chegar ao ponto:

— O que conecta a senhora com a sua família, com o seu marido?

Havia vários atributos: amor, amizade, amor às crianças, etc. Entre todos eles, também atração física. Quando o questionário chegou a esse atributo específico, a mulher perguntou:

— O que é isso?

Raíssa começou a explicar:

— Como está aqui, significa relações íntimas.

Isso claramente dificultou todo o resto.

— Entre homem e mulher também existem relações pessoais. Bem...

Raíssa já queria terminar a conversa.

— Ah, sim, claro. Senão, para que precisamos de um homem?

O material que Raíssa coletou sobre a vida dos camponeses na época anterior à revolução não era menos interessante, principalmente no que dizia respeito às urbanizações cossacas e aos cossacos. Dava para comparar. Sob o domínio do czar, os cossacos tinham grandes privilégios: repartição da terra, cavalos e rebanhos. As crianças das famílias cossacas tinham preferência na seleção para receber educação. Mas os costumes eram muito rígidos: um cossaco não podia se casar com uma mulher de fora. Se um homem desrespeitasse essa proibição, ele era expulso da comunidade dos cossacos.

Nos atos dos registros civis havia algo muito interessante, que dava informações sobre o nível da medicina daquela época. As notas sobre as causas de morte de então eram lacônicas: "falecido pela vontade de Deus", "de tanto tossir" ou "de dor de barriga".

Em um trabalho de antes da revolução a respeito da vida dos camponeses é comum deparar-se com dados a respeito de recorrentes períodos de seca na comarca de Stavropol. Nesse trabalho surgiam relatos de que a cada dois anos a seca dominava. Às vezes, aconteciam também tempestades de areia na região e todas as plantações eram destruídas. Também se relatava que, em determinado período, as sementes de trigo congelavam no inverno ano após ano, que as nevascas cobriam tudo em abril e, na sequência, vinha a seca. Com isso, os camponeses perdiam os locais plantados e se mudavam, muitas vezes para sempre. Em alguns anos, a comarca registrava uma diminuição de 20% da população.

Raíssa juntou tanto material que dava para escrever um doutorado. Mas não dava tempo. O material coletado possibilitou a Raíssa comparar as condições de moradia, de trabalho e de cultura da cidade e do país. Também para mim esse material foi útil.

Trabalhar na dissertação era estressante. Quando ela teve de entregar o relatório de qualificação, última etapa antes da defesa da dissertação propriamente dita, eram necessárias viagens até Moscou para se consultar com o orientador.

Durante as ausências de Raíssa, nós tínhamos nossa própria vida em família. Irina chegava da escola para almoçar, ela tinha dez anos. Dividia minha carga de trabalho de tal maneira que podia ir para casa na hora do almoço. Cozinhávamos juntos. Irina gostava de participar de tudo. Claro que eu lhe dava tarefas. Ela ficava feliz. E aos sábados e domingos íamos assistir a duas, três sessões de cinema seguidas.

A história da dissertação acabou com duas festas. Em uma delas, foram convidados os colegas de departamento de Raíssa para um restaurante ao ar livre; na outra, apenas amigos íntimos. Esta última aconteceu em nossa casa. Raíssa voltou do trabalho e pediu a seus amigos Lida Budyka e Nellya Sokolova que a ajudassem a preparar um jantar. Fizeram *pelmeni*, saladas e todos os tipos de petisco. Compraram a carne e outras coisas em uma loja que felizmente era bem próxima. Tudo o que tinha no estabelecimento acabou indo para a mesa. Às sete horas da noite estava pronto um maravilhoso jantar. E a ocasião merecia: um acontecimento como esse, a conclusão de uma dissertação de mestrado.

Quando conto sobre a abundância de alimentos naqueles anos, também me vêm à memória os anos posteriores. Algum tempo depois, quando era o secretário para questões de agricultura do Comitê Central do PCUS, dentro do Politburo, alguém perguntou o que devíamos fazer em relação à preocupação da população devido à falta de mantimentos. Leonid Brejnev questionou:

— O comércio vai cada vez pior no que diz respeito ao mercado de carnes. Onde elas foram parar?

Ele ficou esperando uma resposta. Expliquei que já havíamos tido problemas nos anos 1960 em relação à estocagem de carne e produtos à base de carne. Havia poucos frigoríficos. Nas cidades, por uma rejeição das pessoas, ninguém comprava os produtos de carne processada. Isso chegou ao ponto de os produtores usarem a criatividade para armazenar aquela carne na região de Elbrus, nas geleiras do norte. Hoje é difícil de acreditar, mas é isso que corresponde aos fatos de então. E isso não se deveu ao fato de que o consumo *per capita* ter aumentado. Não, pois nos anos 1980, o consumo de produtos do setor pecuário *per capita* aumentou de 52 para 54 quilos. Nos anos 1960 eram menos de 50 quilos.

Brejnev perguntou:

— Ah, é? E como isso aconteceu?

Acontece que a demanda era muito maior do que a oferta. Era necessário tomar o controle desse processo!

Bem, voltemos ao nosso memorável jantar. Na mesma casa moravam nossos compatriotas da região de Krasnogvardeyskoye da comarca de Stavropol, os Larionov, com quem havíamos morado em 1957, quando Raíssa deu à luz. Agora morávamos na mesma casa. Eles tinham a nossa idade. Quando os convidei para a festa, nosso grupo já não estava mais sóbrio. Pavel concordou rápido. Mas, quando Maria percebeu que estávamos alegrinhos, bradou logo:

— Mas o que significa isso, Raíssa Maximova? É a primeira vez que a vejo nesse estado. Você é uma mulher formada! Mischa, tenha vergonha, o que você aprontou com a sua mulher?!

— Maria Sergueyevna! A vida é assim quando as pessoas estão celebrando. Beba um copo comigo!

Ela acabou não resistindo à tentação. Mas, no dia seguinte, dizia:

— Jamais estive naquela festa.

No mesmo ano, 1967, terminei meu curso na Faculdade de Agronegócio no Instituto de Agricultura. Iniciei um curso lá em 1961 por causa do pedido e do querido conselho de Kulakov. Na época, o Comitê Regional de Agricultura do Partido iniciava uma enorme campanha de formação continuada dos funcionários que já trabalhavam nas questões do setor agrícola. Nesse contexto, a pós-graduação era muito incentivada. Então também fiz um curso de pós na recém-fundada faculdade. Como o programa nessa faculdade não estava completamente estabelecido ainda, o

primeiro ano tinha uma grade simples: cumpriam-se os programas de Agronomia e Economia juntos. Tínhamos de rachar de estudar! Eu estudava com enorme interesse. O conselho de Kulakov provou-se muito útil. Na época, eu me interessava muito por economia e deixei um pouco de lado meu antigo interesse por filosofia e teoria do Estado e do Direito.

Isso representou mais um passo importante no caminho da minha vida.

Nesse ano tínhamos tanta coisa para fazer que, como já comentei, nem assistíamos à TV, e conscientemente. Naqueles anos, a programação do meu dia era mais ou menos assim: eu me levantava às cinco e estudava para minha pós-graduação de Agricultura; às sete, acordava a família – Raíssa e Irina gostavam de dormir até um pouco mais tarde. Depois do café da manhã, chegava ao trabalho às oito horas. Ao meio-dia, não ia almoçar em casa, às vezes até pulava o almoço. Quando chegava em casa, por volta das nove ou dez da noite, enchia a barriga. Não parava de engordar. Em 1971, quando já era secretário do Comitê Regional do Partido, viajei com Raíssa e outros amigos de férias para a Itália. Minha paixão por espaguete piorou o ganho de peso. Quando retornei, eu me olhei no espelho e fiquei chocado, decidi emagrecer. No primeiro ano, perdi quase dez quilos; no seguinte, sete; e, no terceiro, três: vinte quilos em três anos! Com isso, cheguei ao meu peso normal. Mas isso foi muito tempo depois.

Precisava trabalhar quase todo sábado. Na primavera íamos passear ao ar livre ao pé do monte Strischament ou Nedremannaya, no centro da serra de Stavropol. Quando as condições permitiam, ficávamos mais dias. Em geral, íamos nós três, Raíssa, Irina e eu, mais raramente com amigos. Às vezes, caminhávamos por 20 até 25 quilômetros durante o dia e depois caíamos duros de cansaço na cama no fim do dia.

No alto: Durante os anos 1970.
Abaixo: Raíssa, 1973.

Com Irina, em sua festa de formatura da escola, em 1974.

PARTE II

O caminho para o topo

CAPÍTULO 5

Minha pequena *perestroika*

Na plenária do Comitê Regional de Stavropol de 10 de abril de 1970 fui eleito por unanimidade primeiro-secretário. Tinha 39 anos. Os membros do comitê naturalmente me conheciam bem e celebraram o fato de que, pela primeira vez em tantos anos, esse posto seria ocupado não por um "novato", e sim por alguém do nosso meio, um stavropolita. Minha eleição criou uma situação curiosa: os outros secretários do Comitê Regional eram mais velhos que eu. Alguns deles tinham por certo que seriam escolhidos. Porém, o Comitê Central permitiu apenas uma candidatura.

Aqui gostaria de abrir parênteses para dar alguns esclarecimentos sobre os primeiros-secretários das repúblicas, dos comitês de área e dos comitês regionais do partido. Aqueles secretários haviam sido, na verdade, selecionados já do topo: a partir do secretariado-geral do Comitê Central do PCUS e do Politburo. Eles eram um dos pilares de sustentação do regime. Apesar da fragmentação em filiais e unidades administrativas, todas as instituições estatais e sociais eram ligadas ao sistema através deles. Eles possuíam a maioria dentro do Comitê Central do Partido, influenciaram a escolha do secretário-geral e, graças a esse fato, tinham uma posição priviliegiada. O sistema recrutava os líderes mais ativos e enérgicos em todas as áreas, na indústria e na agricultura, em institutos científicos e pedagógicos, nos mais diferentes grupos e camadas sociais. Mas, se algum desses líderes chegasse a ser indicado a uma nomenclatura, era necessário que ele passasse a se comportar estritamente segundo as regras do jogo.

Todo o poder local se concentrava nas mãos do primeiro-secretário. Toda a máquina do governo da região, até mesmo os órgãos responsáveis pelas eleições, respondiam a ele. Nenhuma ocupação podia ocorrer sem seu consentimento. Todos os funcionários em cargo de liderança eram nomeados pelo comitê de área ou pelo comitê regional. Inclusive, se uma empresa ou instituto respondesse diretamente a um ministério, o ministro em pessoa não podia passar por cima do primeiro-secretário e indicar alguém a sua revelia.

O primeiro-secretário é especial, uma figura-chave do poder. Ele não recebia o cargo nem o empoderamento do povo, muito menos a partir de eleições, e sim de Moscou: do Politburo, do secretariado e do secretário-geral do PCUS pessoalmente. Daí resultava, a vulnerabilidade e a indefinição da situação do primeiro-secretário. Tudo o que ele podia saber é que perderia o cargo e o poder assim que mudassem as opiniões das chamadas instâncias a respeito dele, em especial, se perdesse a confiança do secretário-geral.

A decisão definitiva sobre a candidatura do primeiro-secretário dependia do secretário-geral do Comitê Central do PCUS. No que dizia respeito a mim, tive conversas com Kapitonov, Kulakov, Kirilenko e Suslov. E, por último, uma conversa determinante com o secretário-geral. Somente ele podia dizer as palavras definitivas:

— Nós recomendamos o senhor.

Lembro-me bem do tom de voz confiante naquele primeiro encontro com Brejnev. A reunião durou aproximadamente três horas, e eu gostei. É importante considerar que o Brejnev dos anos 1960 e 1970 era mais forte, bem diferente do Brejnev doente dos últimos anos. Bem no início da conversa, ele me disse que o Comitê Central me recomendaria para o posto de primeiro-secretário do Comitê Regional do Partido:

— Até agora só trabalharam na sua região pessoas que não eram de lá. Está na hora de ser um de vocês a fazê-lo.

Brejnev contou o quão horrorizado ele ficara com a falta d'água quando voltou da 2ª Guerra para Novorossisk, passando pela nossa região:

— Foi a primeira vez que vi como as pessoas faziam para coletar a água da chuva de seus telhados, colocando-a em recipientes; foi em julho ou agosto de 1942. Estava um calor infernal, e as pessoas não tinham nada para beber.

Nesse instante, tive a impetuosidade de dizer:

— No ano passado, nossa colheita foi muito ruim. Numa superfície de 1 milhão de hectares, os grãos apodreceram. Até agora temos conseguido evitar um colapso na pecuária. Peço desculpas por lhe apresentar esse problema, mas precisamos de ajuda agora.

A reação de Brejnev foi interessante. Ele telefonou para Kulakov e disse quase em tom de brincadeira:

— Escute, Fyodor, quem é que fomos apontar para o cargo de primeiro-secretário em Stavropol? Ele nem foi eleito ainda e já está trazendo demandas. Ele quer comida composta para o gado!

Kulakov respondeu no mesmo tom:

— Leonid Ilitch, ainda não é tarde demais para retirar a candidatura dele. Mas infelizmente Gorbachev tem razão, a região está precisando de apoio.

Depois da ordem que foi dada para nos fornecerem ajuda durante o inverno, a muito custo nos mandaram setenta toneladas de composto de grãos.

Assim, no fim de julho de 1955, eu voltava a Stavropol. Em seguida eu seria eleito para o Soviete Supremo e no ano seguinte, no Congresso do Partido, para o Comitê Central. Já em 1970, apenas quinze anos mais tarde, eu chegaria ao mais alto cargo não apenas da região, mas da nação.

Abriam-se enormes possibilidades à minha frente. Trazia uma grande responsabilidade nos ombros. Após uma das primeiras reuniões do *bureau* do Comitê Regional, compartilhei com meus colegas o conteúdo da minha conversa com o secretário-geral. Eu mesmo apresentei duas propostas fundamentais. Em primeiro lugar, cada um teria sua própria área concreta, sendo responsável por ela; decisões operacionais coletivas – com exceção daquelas que devessem seguir a opinião do primeiro-secretário e do *bureau* do Comitê Regional – seriam avaliadas por mim mesmo.

"Não quero ter de incitar os senhores. Aqueles que estão no topo da região e que gozam do privilégio do voto de confiança devem poder agir de maneira livre e correta. Quando houver problemas, nós mesmos trataremos deles. No mais, nós nos encontraremos uma vez por semana para troca de informações", argumentei.

Talvez o impacto desse meu modo de proceder não tenha sido positivo para todos. Mas trouxe bons frutos de imediato. Inclusive posteriormente, na posição de membro do Comitê Central e presidente da União Soviética, sempre foi assim que procedi, isto é, questões que exigiam uma resolução imediata, eram tratadas fora do protocolo. Mas voltarei a isso depois.

Em segundo lugar, sugeri que elaborássemos um plano de desenvolvimento para a agricultura que contemplasse técnicas industriais, especialização e concentração da produção, além de melhoria das condições de vida dos camponeses. Chegava o tempo para as mudanças na situação de vida e de trabalho, as novas gerações haviam crescido.

Primeiramente houve uma discussão, mas depois foi aceita a sugestão do presidente do comitê executivo do Soviete Regional, Nikolai Bosenko, de adiarmos aquele debate. Com isso, teve início um processo de busca comum – junto com os pesquisadores acadêmicos, técnicos e estagiários. O plano de desenvolvimento para a agricultura foi aprovado pela plenária do Comitê Regional do Partido no outono de 1970. Dediquei quase uma década às alterações desse plano, mas também notei, quando fui embora de Stavropol, o quanto ainda ficou por ser feito lá. A principal tarefa era encontrar técnicos que pudessem garantir uma prática estável de agricultura sob as difíceis condições climáticas de nossa região.

Análises do Instituto de Pesquisa de Stavropol mostravam que naquela zona, no decorrer de um século, houvera 75 anos sem produção, entre os quais 52 haviam sido anos de seca. Isso quer dizer que aquela zona não era adequada à agricultura.

Tudo isso me faz lembrar de um caso. Em 1974 estávamos esperançosos de uma boa colheita. Enquanto os grãos amadureciam, Kulakov nos visitou para se encontrar com os eleitores (ele havia se candidatado ali para o Soviete Supremo da União Soviética). Levamo-no às regiões das estepes, onde a maioria dos grãos estava sendo cultivada. Seu círculo de eleitores também ficava naquela zona. Quando ele viu a quantidade de grãos, disse, quase indignado:

— Por que vocês estão escondendo os grãos de mim, meus camaradas?

— Como assim? Claro que nós os mostramos ao senhor, Fyodor Davidovitch! Mas o que será feito desses grãos, isso ainda não sabemos e precisamos esperar. O senhor sabe que em apenas dois dias tudo pode estragar aqui na região de Stavropol.

Mas Kulakov estava convencido de que os grãos estavam maduros para colheita e de que seria necessário enviar para nossa região pelo menos 10 mil caminhões para o carregamento. De volta a Moscou, ele disse:

— Em Stavropol, teremos um excelente ano de colheita de grãos.

Infelizmente, tínhamos de guardar para nós mesmos nossas preocupações. De 29 de junho até 2 de julho, durante quatro dias, choveu sem parar, depois veio uma onda de calor, e ventos secos em seguida. Colhemos apenas 1,5 tonelada por hectare. Esse era justamente o motivo pelo qual o problema das safras estáveis de grãos e composto para gado precisava ser resolvido.

Tudo começou quando convidei Alexeyevsky, ministro para Melhoria do Solo e Recursos Hídricos, e o deixei ciente de nossos planos para a construção e a ampliação de complexos de irrigação e abastecimento de água. Tratava-se da construção de um canal de 480 quilômetros de extensão da região de Kuban até as estepes calmucas, que possibilitaria abastecer uma superfície de 3 milhões de hectares e irrigar uma área de 800 mil hectares.

— Bem — disse Alexeyevsky ao fim da discussão de nossas sugestões —, agora você deve procurar marcar um horário com o secretário-geral. Apoiarei você.

Um incidente veio a calhar (sempre essas coincidências!). Em Baku estava acontecendo o jubileu de cinquenta anos do poder soviético. Líderes de outras repúblicas haviam sido convidados e eu pertencia à delegação da Federação Russa. Até Brejnev veio. Ele era não só amado no Azerbaijão, mas até endeusado. Até hoje consigo ver diante de meus olhos aquela multidão em ondas desfilando pela tribuna naquelas poucas horas.

Encontrava-me com os outros convidados na tribuna que era reservada para o secretário-geral e para a liderança do Azerbaijão. Assim que Brejnev resolveu esticar um pouco as pernas, falei-lhe:

— Posso incomodá-lo, senhor? Preciso de apenas cinco minutos.

— Mas isso não é nada — disse ele, divertindo-se.

— Trata-se de uma sugestão que surgiu em nossos debates a respeito das secas em Stavropol. Nós elaboramos questões e sugestões concretas. O ministério de Alexeyevsky as aprovou.

Recebi a autorização para marcarmos um horário. A reunião aconteceu em dezembro. Brejnev me ouviu atentamente. Analisou todas as contas e esquemas, fez várias perguntas e pediu que deixasse o material com ele, inclusive a tabela chamada "Períodos de seca e resultados das safras nos últimos cem anos". Logo depois disso aconteceu uma reunião do Politburo para a qual eu ainda não fora convidado, em que Brejnev expôs nossas demandas. Pelo que me contaram, ele fez a seguinte observação:

— É necessário apoiar os novos e jovens líderes, eles tratam das questões fundamentais do Estado.

Em 7 de janeiro de 1971, o Comitê Central e o Conselho Ministerial aprovaram a resolução para a construção do grande canal de Stavropol e o complexo de irrigação e abastecimento de água. Enormes recursos foram disponibilizados para esse fim. O Komsomol foi encarregado da coordenação das obras. Milhares de jovens vieram para a região, assim como os meios técnicos para tal projeto. Para a tarefa específica da construção de três túneis, eram necessários especialistas do metrô. Os trabalhos tiveram início rapidamente e, já em 1974, podíamos celebrar os primeiros resultados: em abril, a perfuração do túnel sob o monte Krym-Girey; e, em novembro, a colocação em funcionamento do segundo trecho do grande canal de Stavropol.

Os planos se tornaram realidade. Precisávamos encontrar um nível ótimo de utilização para a obra em nossa região. E os stavropolitas têm muito a agradecer ao Instituto de Pesquisa de Agricultura local e seu coordenador, Nikonov, então presidente da Academia de Ciências Agrônomas. Mas o verdadeiro descobridor da melhor utilização do solo irrigado nas estepes secas foi o presidente do colcoz, Nikolai Tereshchenko.

Sempre que falo o nome dele, sua história toda vem à minha memória. Conheci-o através de um processo contra ele. Ainda na época de Kulakov, o *bureau* de Agricultura do Comitê Regional debateu a expulsão de Tereshchenko do partido por causa da utilização de métodos não permitidos na coordenação do colcoz. Haviam enviado aquele jovem agrônomo para um colcoz retrógrado nas estepes áridas e a primeira coisa que ele fez foi se lançar apaixonadamente na questão da infraestrutura e no problema da geração de renda das safras. Porém, os habitantes do povoado tinham uma fraqueza. Como o colcoz não lhes provia nenhuma renda, o roubo dos bens do colcoz era um problema na ordem do dia. O que mais preocupava Tereshchenko era o furto do composto de alimentação do gado durante a noite. E ele tomou medidas extremas: dirigia pela região portando uma espingarda de pequeno calibre e atirava nas mulas que eram usadas pelos ladrões.

No *bureau* estavam todos inseguros. Achavam que seria necessário ainda mais material antes que fosse possível chegar a uma conclusão definitiva.

— Continue, Mikhail, e vá até o local para obter impressões — instruiu-me Kulakov.

Dirigi por dois dias até chegar a esse colcoz. Os fatos condiziam com os relatos. Quando os roubos atingiram proporções extremas, Tereshchenko realmente assumiu métodos proibidos; ele simplesmente explodiu. Cheguei à conclusão de que seria necessário atenuar a situação para poder apoiar o jovem líder.

— Como é que poderemos apoiá-lo? — perguntou Kulakov, assim que contei tudo ao *bureau* — Existe algo de positivo nesse colcoz?

— Claro que existe, a experiência da irrigação do solo — veio minha resposta de imediato, sem titubear.

Acabamos achando uma solução na qual eu jamais pensaria: a realização imediata de um seminário regional para os coordenadores locais para o intercâmbio de experiências sobre o efetivo emprego de solos irrigados. Estudamos até a experiência feita por Tereshchenko de introduzir pousios,[*] algo que impactou positivamente a estabilidade da economia de grãos e a geração de renda pelas safras.

O método de Tereshchenko era bem simples. Ele transferia o cultivo de grãos do solo irrigado para o solo seco, procedimento pelo qual os grãos eram submetidos a uma melhoria fundamental através do pousio e do uso de adubo orgânico. O solo irrigado que ficava vago passava a ser plantado com o composto para a alimentação do gado.

O método teve sucesso. Mas esse procedimento não atendia as determinações de 1966 do Comitê Central para Agricultura. Precisávamos pesquisar a efetividade do método e comprová-la. E precisávamos colocar todos os métodos da região sob uma lupa.

Enquanto o canal era construído fazíamos experimentos sobre como seria possível utilizar o solo de maneira otimizada nessas condições de irrigação. Eu me armei de todas as análises relevantes e avaliações e me pus a caminho de Moscou para falar com Kulakov. Ele escutou tudo muito atentamente, olhou todos os papéis e disse:

— O que me resta dizer a você? Quando você apresentar isso tudo a Brejnev e ele vier pedir minha opinião, direi que apoio você nessas modificações do sistema agrícola.

Um argumento importante em minha reflexão foi o da grave seca dos anos de 1975 e 1976.

Após a reunião com Kulakov, enviei um relatório a Brejnev na Crimeia, onde ele estava passando suas férias. Passou um dia, passaram dois dias...

---

[*] Áreas que ficam durante certo tempo sem plantio, para recuperação do solo (produz-se em uma parte da terra, enquanto outra parte da terra "descansa" e se recupera, invertendo-se a ordem na próxima semeadura). (N. T.)

No terceiro dia tocou o telefone à noite: uma chamada do Comitê Regional. Um colaborador que estava em plantão dizia:

— Mikhail Sergueievitch, há um importante telegrama codificado aqui para você.

Não era o que eu esperava, e sim o total oposto. Foi apresentado a todos os secretários dos comitês de área e regionais o relatório de um grupo de membros da Academia de Ciências Agrárias, segundo o qual havia condições favoráveis no momento para ampliarmos a superfície da área de cultivo de grãos. A chuva de verão de fato havia trazido tais condições, mas eu havia enviado o relatório a Brejnev justamente para reduzirmos o semeio do inverno e, com isso, implantar terrenos de pousio. Naturalmente, o relatório dos acadêmicos não teria vindo à tona sem Kulakov. Mas isto é a vida.

Mais um dia, mais dois dias passaram. Finalmente veio o telefonema do secretário-geral:

— Mikhail Sergueievitch, li o seu relatório, refleti sobre ele e colhi algumas opiniões. Sabe, isso me fez lembrar do Cazaquistão, onde trabalhei. Terenti Malzev (um renomado agrônomo da região de Kurgan) disse uma vez naquela época que, sem terra de pousio, nada se pode fazer. Então, no seu caso, você tem o meu apoio para aquilo que está propondo.

Nos órgãos centrais, o preconceito contra o pousio era muito arraigado. Imagino que Brejnev teve de pensar duas vezes antes de apoiar os stavropolitas.

Peguei outro voo para Moscou. Juntamente com Karlov, coordenador do Departamento de Agricultura do Comitê Central, e com o Ministério da Agricultura, elaborei o projeto para submeter ao Politburo e ao governo para emissão de uma resolução para a implantação do procedimento do "cultivo seco" na região de Stavropol. A resolução saiu logo depois. Mal a tinta da assinatura da resolução tinha secado e já havia tentativas de boicote. Primeiro se destacaram alguns funcionários do Conselho Ministerial da Rússia; pouco depois veio uma resolução do Politburo, para meu grande espanto, de que todas as áreas de plantio de grãos da região deveriam ser ampliadas. Mas, como eu sabia que o secretário-geral do Comitê Central estava do meu lado, não me deixei intimidar.

No ano seguinte, 1977, a safra foi boa, não menos graças às áreas de pousio e à implantação de novas técnicas de colheita. E em 1978 tivemos uma safra espetacular, com duas toneladas por habitante; os métodos do plantio seco mostravam-se cada vez mais eficazes. Esse sistema é utilizado ainda hoje: recentemente visitei minha pátria e me alegrei ao saber que atualmente são produzidas 7,8 milhões de toneladas de grãos na região e que houve um recorde em 2009, na ordem de 9 milhões de toneladas. Nikolai Tereshchenko foi considerado "herói do trabalho socialista" e eleito no Congresso do Partido do PCUS para o cargo do Comitê Central.

Esses sucessos foram importantes, mas representaram apenas uma parte do nosso complexo programa. Tudo levava à base de alimentação do gado. Por isso, além da produção de grãos feita pelo novo método, ao mesmo tempo também era necessário forçar a construção do canal e implantar a plantação de composto para o gado no solo irrigado. Foi quando o secretário-geral ajudou os stavropolitas mais uma vez. Ele solicitava informações sobre como ia a obra do canal e eu fazia relatórios, explicando que tudo corria conforme o planejado. Mas, certa vez, quando ouviu minha resposta, disse:

— Ouça aqui, Mikhail Sergueievitch, o canal de Stavropol é o maior do mundo?

— Não, claro que não.

— Então o que tanto vocês constroem e constroem, sem ter uma perspectiva de finalização?

Comecei a transpirar, mas decidi tirar proveito da observação do secretário-geral. Primeiramente, contei a Kulakov sobre essa conversa. Sua reação me admirou:

— Não espere ele comentar isso de novo!

Entendi o sentido de sua observação e imediatamente marquei uma reunião com Solomenzev, presidente do Conselho Ministerial da Federação

Russa e do Ministério Soviético Russo de Melhoria do Solo. Prometeram nos apoiar. Estava ainda mais claro que a obra ia bem. No meio de tudo isso, alguém me disse:

— Aconselhe-se com Shibaev (então primeiro-secretário do Comitê da Área de Saratov) sobre como se pode resolver o problema da irrigação. Sua obra está cara demais, cerca de duas vezes e meia a três vezes o que custa em Saratov.

Expliquei a essa pessoa que estávamos conduzindo a obra estritamente segundo o planejado e não nos permitindo nada que fosse supérfluo.

Mas como eram as obras de irrigação de Saratov? Fui procurar me informar, quando era secretário de Agricultura do Comitê Central. Os saratovitas insistiam em uma redução radical das superfícies do solo irrigado, porque ele não produzia nada. Seus métodos eram simples: construíram estações de bombeamento para a retirada da água do Volga e bombeavam-na para o alto, podendo assim regar as plantações e pastagens. Dessa maneira, cresciam também naquele solo vegetais para alimentação do gado, porém no geral era uma bobagem e o solo acabava ficando infrutífero muito rapidamente. Uma parte da terra ficava encharcada, a outra estragava, até que finalmente consideravam tudo perdido. Depois, essa situação exigiu uma carga de trabalho muito maior para se recuperar.

Enfim, de volta à questão de Brejnev: quando a construção do canal vai ficar pronta finalmente? Se nós nos esforçássemos, poderíamos reduzir o prazo para um ano. Do local onde a água do rio Kuban era desviada pelo grande canal de Stavropol em direção às estepes áridas da terra de Stavropol, veio a resposta:

— O Kuban corre contra a própria vontade, para onde os bolcheviques querem. Quando os bolcheviques querem!

Sem aguardar pelo fim da construção do complexo de irrigação sobre a extensão do grande canal, ativamos as partes que já estavam prontas. Dessa maneira, tínhamos uma base segura para podermos alimentar o gado. Foi uma grande vitória.

A terra de Stavropol é famosa pela macia lã de suas ovelhas. Para conseguir mensurar a dimensão dessa indústria comunitária, é necessário saber que 27% de toda a lã da Federação Russa eram provenientes de nossa região. No fim do inverno, quando os rebanhos podem ser soltos nas pastagens, seu número chega a aproximadamente 10 milhões. Não sei por qual motivo, mas Brejnev sabia esses números todos de cor; era comum ele ligar os números às peculiaridades de nossa região. A cada vez que nos reuníamos a sós ou com outros secretários presentes, ele me cobrava: "Como vão as obras do canal?". E a segunda pergunta era sempre: "Como vai indo o 'reino das ovelhas'?". Assim, antes de me tornar secretário-geral, eu tinha um reino para tomar conta.

Em nossa região estavam sendo criadas novas raças para serem levadas para outras regiões. Nossas ovelhas produziam de uma vez e meia até duas vezes a quantidade de lã de ovelhas de outras regiões. Não irei me ater a todos os pormenores, mas conseguimos encontrar soluções. Assim, obtivemos a aceitação da resolução do Comitê Central do PCUS e do Conselho Ministerial da URSS "sobre o desenvolvimento contínuo e a garantia das bases técnicas e materiais para a criação de ovelhas de lã de raça pura na região de Stavropol".

No fim dos anos 1970, centenas de milhares de ovelhas de raça da nossa região já podiam ser comercializadas. Em especial, espécimes de alto valor eram enviados para a Índia, para os países da Europa Central e Oriental, e para países árabes e asiáticos. Isso trouxe grande geração de renda. Mais lã era tosquiada e sua qualidade era perceptivelmente mais alta. Por fim, a criação ovina valia a pena.

Algo de que ainda precisávamos cuidar era a produção de carne. Stavropol figurava como responsável pelo fornecimento de carne para outras regiões. A situação no mercado para produtos animais havia piorado muito. Não só os centros industriais, mas também as regiões de Kuban e do Don, assim como a região de Stavropol, grandes produtoras e fornecedoras de grãos, carne, leite, legumes e frutas para o mercado, passavam por dificuldades. Nossa região precisava entregar 75% da carne produzida; a região de Krasnodar, 80%; e a de Rostov, 56%. As exigências eram tão altas que, para atendê-las, era necessário também criar gado nas fazendas privadas vizinhas. Tudo dependia de controles rígidos e sem falhas. Por conseguinte, o fornecimento de carne para os próprios moradores foi ficando cada vez pior. Por causa disso eram cada vez mais comuns os roubos a pessoas viajando entre cidades e povoados. No Conglomerado Residencial de Química de Nevinnomysk fui acusado de influenciar o Comitê Central a enviar todos para outras regiões e de negligenciar minha responsabilidade para com os habitantes de Stavropol.

A insatisfação dos habitantes da região tomou dimensões graves. Decidi fazer um relatório ao Comitê Central do PCUS para requerer uma reorganização da distribuição dos recursos e mantimentos. Os moradores da região de Kuban fizeram o mesmo. O secretariado do Comitê Central, sob a presidência de Suslov, discutiu ambos os relatórios e chamou o Ministério Soviético da Federação Russa para deliberar sobre a situação. Em conversa, Solomenzev me disse:

— Suas solicitações são justificáveis, mas o governo russo não se vê em uma situação de poder modificar as coisas.

Com isso, o cerco se fechou.

Assim sendo, precisávamos dar um jeito nas coisas nós mesmos. Tivemos a ideia de implantar novas possibilidades na indústria de aves dentro de meio ano a dois anos, nos quais concentramos toda a produção de aves em 28 grandes operações e transferimos uma parte da responsabilidade de fornecimento para a indústria de aves. O que era produzido nas áreas produtoras vizinhas devia ser usado para o consumo local dos habitantes. Meu plano era o de conseguir aprovação para a ampliação das operações produtoras de aves e, assim, a aprovação para a produção de alimentos dos animais viria por si só, pois a indústria de aves era parte das prioridades da Rússia. Uma manobra astuta? Talvez. Mas não tive remorso algum, já que a região de Stavropol entregava ao Estado a maior parte de todos os seus grãos.

Tínhamos o apoio de Nikolai Vasilev, presidente adjunto do governo da Federação Russa. Ele era um defensor apaixonado da industrialização do setor primário. O programa virou realidade dentro de dois anos. O Comitê Regional interrompeu temporariamente a construção de fábricas para aproveitar a mão de obra capacitada para construir as operações produtoras de aves. As cidades da região também auxiliaram na construção das operações. Até minha ida para Moscou, a produção de carne de aves cresceu de 11 mil para 44 mil toneladas, chegando posteriormente a 75 mil toneladas. Ao mesmo tempo, foi implantado o programa de apoio para o pequeno produtor e para fomento das cooperativas. A produção dessas cooperativas veio a calhar para a população nativa. Depois de tudo isso, a situação desanuviou por um bom tempo.

Naqueles anos era necessário acelerar a marcha da industrialização da região. A comarca de Stavropol tornou-se um polo da indústria eletrônica, eletrotécnica e química, centro da produção de cimento e de maquinário. A criação de novas fábricas, assim como a reforma de fábricas existentes, libertou a região da constante falta de energia – mais tarde, essa energia foi distribuída inclusive para as regiões vizinhas. Com isso, a urbanização passou a contar com o fornecimento de gás e com a pavimentação de ruas, que não se viam apenas nas cidades e nos centros, mas também na maior parte dos povoados ligados uns aos outros. A modernização de fábricas da indústria leve e da pesada também foi iniciada nesse período.

Agora que chegavam a Stavropol solicitantes de ministérios e de autoridades para pedir permissão para a construção de novas fábricas ou a desmontagem de antigas, tiramos proveito dessa situação para exigir soluções para os problemas sociais. Precisávamos criar um plano consolidado e, para essa finalidade, incluímos a colaboração de centros acadêmicos da capital. Isso aumentou a renda dos trabalhadores, fortaleceu nossa política regional e ajudou a evitarmos erros.

Também precisávamos nos ocupar da estância termal de Kavkaski Minerali Vody. Dois milhões e meio de turistas com reserva e duas vezes essa quantidade de turistas sem reservas para acomodar e servir não é brincadeira. As estâncias termais não davam conta da enorme demanda no que diz respeito à prestação de serviços; a administração das estâncias precisava ser ampliada e renovada. Com o apoio de Kossygin e Masurov, foi possível tomar decisões fundamentais nessa região, decisões que melhoraram tanto a aparência e a infraestrutura das estâncias que depois houve um verdadeiro *boom* na região. Clínicas de repouso e albergues turísticos brotavam como cogumelos do chão, surgia uma moderna infraestrutura. Teve início a dispendiosa reforma do aeroporto de Minerali Vody. Ele foi transformado em um dos maiores aeroportos do país.

Quando ponho tudo isso no papel, pergunto-me se, para o leitor, não é informação demais: todas as colheitas, secas, irrigações, ruas, estâncias e assim por diante. Os intermináveis planos, elaborações, plenárias e relatórios para o Comitê Central, o elogio do governo e o conflito com os da velha guarda... Já naquela época sempre me vinha o seguinte pensamento: por qual motivo uma boa intenção, que esteja de acordo com o interesse da sociedade, geralmente cai na desconfiança das pessoas ou é muitas vezes derrotada antes de ser colocada em prática? Por que o sistema é tão pouco sensível a mudanças e repele tudo que seja novo?

Outros "pensamentos hereges" também povoaram minha mente, mas não cheguei a lhes dedicar uma reflexão séria. Trabalhei dia e noite com os stavropolitas para colocar meus planos em prática e promover o desenvolvimento da região. O principal era pavimentar o caminho para o futuro. Isso dependia muito das minhas ações, mas todos os meus planos teriam continuado na utopia se não tivesse encontrado parceiros de opinião semelhante à minha.

Meu estilo de liderança consistia em dar a cada colaborador a chance de se desenvolver. Alguns realmente davam asas ao seu potencial, enquanto outros pediam por transferência ou aposentadoria, pois as novas tarefas lhes eram muito para a cabeça. Não ponho minha mão no fogo por cada caso, mas a renovação do quadro de colaboradores contemplou todas as áreas da região e, ao que me parece, ocorreu de maneira dinâmica e sem grandes dificuldades.

Ficou rapidamente claro que não era fácil promover uma mudança pessoal de essência no nível dos primeiros-secretários dos comitês municipais e de comarca do partido. Mas não esperei até as eleições seguintes. E não posso afirmar que esse processo tenha sido simples: no início teve consequências negativas, mas depois valeu muitíssimo a pena. Os secretários dos comitês do partido, juntamente comigo, entregavam-se à difícil busca pelo melhor, alguns deles não eram meros apoios para o meu trabalho, mas pessoas de confiança.

Entre todos os colaboradores do partido, o cargo de primeiro-secretário do comitê municipal e da comarca era o mais difícil e mais carregado de responsabilidades. A pessoa precisava ser um político prático, mestre e organizador, competente acadêmico, tático e, pelo menos nas questões da própria comarca, também um estrategista. Para piorar, somava-se o mais importante, que era o fato de que os portadores desse cargo jamais haviam aprendido a trabalhar com as pessoas do ponto de vista da psicologia da comunicação e da arte. Tudo dependia simplesmente das qualidades pessoais naturais da correspondente personalidade de líder, e de seu entendimento de que o ser humano trabalha muito mais e melhor quando não faz isso de maneira forçada e por obrigação, e sim por interesse e pelo relacionamento com os outros. O secretário de um comitê de comarca precisava ter todo um espectro de qualidades. É muito difícil encontrar pessoas assim.

A "força-tarefa relâmpago"

No PCUS havia alguns "canais de informação especiais", e todos sabiam muito bem que determinados grupos exerciam influência de peso. Havia também certo tipo de "força-tarefa relâmpago", que gozava da confiança especial do secretário-geral. Faziam parte dessa força-tarefa os secretários Kulichenko, de Volgogrado, Shibaev, de Altai, Kovalenko, de Oranienburgo, e Leonov, de Sakhalin. A maioria tinha uma ligação bem próxima com Kulakov. Toda vez que Brejnev precisava de apoio ou se alguma intriga se formava, a "força-tarefa relâmpago" intervinha. Ela dava o tom às discussões nas plenárias e nos congressos do partido e, se emitisse alguma crítica ao governo ou apresentasse alguma proposta, todos já sabiam de onde aquilo vinha e o interesse de quem estava ali expresso.

Meu vizinho Solotuchin, secretário do Comitê Regional de Krasnodar e predecessor de Serguei Medunov, queria me apresentar a tais pessoas, o que aconteceu no Hotel Moskva. Assim que Solotuchin e eu entramos no quarto de luxo, entendi até que nível estava chegando e com quem estava ali para falar. As apresentações começaram como na época de Pedro, o Grande, pois me trouxeram um copo grande cheio de vodca até a boca e me convidaram para me juntar à festinha. Tomei um golezinho do copo e o coloquei de volta sobre a mesa, já causando com isso uma certa desconfiança.

— O que foi? — perguntou Kovalenko perceptivelmente incomodado.

— Tenho meu próprio "sistema" — respondi. — Devagar e sempre.

Todos riram e se tranquilizaram. Mas o meu "sistema" na verdade era bem simples: eu não era amigo do álcool, embora viesse a beber tanto quanto os outros caso acabasse concordando.

A conversa ao redor da mesa retomou seu passo. A primeira pergunta que me fizeram foi:

— Você e Brejnev se dão bem?

Claramente esse era o critério mais importante da confiança no círculo.

— Acho que nos damos bem.

Com isso, deram-me as boas-vindas ao círculo como o mais jovem secretário de um comitê regional do país. A conversa seguiu no tema do governo, mais especificamente em relação a Kossygin e ao Soviete Supremo, ou seja, Podgorny. Estava na cara que a conversa, que havia se interrompido com a minha chegada, seguia adiante. Agora era hora do "enterro" político de Kossygin, e, quando se tratava de Brejnev, adoravam criticar o governo.

Naqueles anos, nós nos confrontávamos constantemente com o sistema de resoluções de uma economia planificada e do Estado burocrático centralizado. Praticamente para cada questão era necessário se pronunciar diante da Comissão de Planejamento Nacional e receber a aprovação de uma dúzia de ministérios e autoridades, assim como de centenas de funcionários públicos. Sempre era necessário ir até Moscou, fazer uma reunião com alguém e fazer pressão, e então acabar concluindo que as coisas eram entravadas por funcionários de diferentes sistemas. Era necessário perseverar para conseguir que um funcionário público moscovita fizesse as coisas de maneira correta. Um país de solicitantes e padrinhos, embora na esfera da economia planificada tudo precisasse correr realmente de maneira racional. Na prática, porém, não era assim. A supercentralização, pela qual tudo tinha de ser decidido no centro desse enorme país, paralisava a sociedade. O menor desvio ou experimentação que ocorresse fora daquele sistema era imediatamente interrompido.

Após a guerra proliferaram cooperativas produtivas que se garantiam, em especial, em locais onde as empresas estatais pouco podiam fazer; por exemplo, em produções de pequena escala, no setor de prestação de serviços e na economia e nos setores municipais. Muitos bens produzidos pelas cooperativas eram até mesmo exportados. Mas o sistema não queria permitir aquela mobilidade, aquela flexibilidade e aquela relativa autonomia econômica e financeira, pois, se permitisse, as resoluções do centro da união não teriam mais efeito sobre as cooperativas.

Quantas pessoas devem ainda trazer na memória o triste experimento do início dos anos 1960, quando, na nova região do Cazaquistão, foi introduzido o pagamento através de um sistema de bônus. Quanto não se dedicaram os jornalistas do *Komsomolskaya Pravda* e parte do público para apoiar a inovação e para defender os iniciadores, dos quais uma parte acabou na cadeia. Por muito tempo ninguém ousou repetir aquele experimento. O mesmo destino esperava pelo experimento do Conglomerado de Química Nevinnomysk. O ministério interrompeu os experimentos da empresa, proibiu seu direito de ampliação e matou a iniciativa ainda em sua gênese.

Eu considerava essa blindagem contra inovações de qualquer natureza um sintoma de uma doença crônica da nossa economia, que devia ser curada. E acima? Acima muitos pensavam exatamente assim, mas não se atreviam a correr riscos. Foi com a reflexão sobre as "malditas dessas questões" que teve início a segunda fase do meu trabalho como primeiro-secretário do

Comitê Regional. No início, acreditei que os funcionários negligentes e incompetentes, as estruturas administrativas incompletas e as lacunas da legislação pudessem ser os culpados por não se chegar aos resultados esperados, apesar da utilização de enormes recursos. Havia mais provas do que necessário nesse sentido. Porém, lentamente foi amadurecendo em minha cabeça a convicção de que aqueles itens não eram tudo, e de que havia causas muito mais profundas para a pouca eficácia de nossas ações.

A maioria das pessoas conseguia enxergar o quanto a situação estava piorando, enquanto a liderança do governo e a propaganda se gabavam de seus feitos. O centro esperava resultados rápidos e arrebatadores das divisões administrativas. Mas é só onde existe demanda que se deve implantar a oferta. No início de cada ano, os comitês de área veiculavam as obrigações dos trabalhos coletivos de sua região para as imprensas centrais. Essas obrigações eram declaradas e esquecidas, tanto no centro quanto nas regiões. Mas a falta de vergonha na cara venceu: aqueles que trabalhavam para valer eram considerados dignos de pena e idiotas...

Havia muitos exemplos de ignorância sempre que a "ideia" vinha de cima. Se você tivesse uma ideia própria, você teria de se arriscar para defendê-la. Mas, respeitando a todas as disposições e instruções vindas de cima, era simplesmente impossível colocar em prática qualquer coisa que fizesse sentido. Não é coincidência o fato de que, naquela época, tivéssemos o ditado: "Iniciativa é crime".

Certa vez, um presidente de colcoz me levou para um longo passeio pelos campos de seu colcoz.

— Você está gostando da obra de irrigação? — perguntou-me quando fiz menção de querer retornar.

— Claro que sim, já tem uma pronta. De onde vocês trouxeram as tubulações?

O presidente emudeceu e, depois, disse relutante:

— Comprei-as no mercado negro...

— Você as afanou?

— Talvez...

Às vezes, os coordenadores se metiam em uma enrascada por usarem métodos assim e depois pediam para serem perdoados. Tudo o que um secretário de comitê de área podia fazer em um caso desses era dizer à administração do Estado:

— Não seja um formalista, dê uma olhada na situação atual.

Um pedido dessa natureza às vezes tinha efeito. Mas não era incomum que personalidades da liderança honestas e hábeis se encontrassem também em situação de transgressão da lei, chegando a se sentar no banco dos réus. Em um sistema em que até o menor detalhe do plano é determinado pelo governo, não há lugar para pessoas com iniciativa e espírito empreendedor. Ao mesmo tempo, a liderança que pouco trabalhava e ficava insatisfeita com a situação procurava ajustar o dilema através de trocas de funcionários ou então de novas estruturas administrativas. Dessa maneira, a estrutura administrativa, que já era dura por si só, ficava ainda mais inflexível.

Quanto mais profundamente mergulhava na realidade, mais refletia e procurava respostas para minhas perguntas e dúvidas.

Como parecia aos outros...

Durante os anos do meu trabalho como secretário do Comitê Regional, meus interesses mudaram muito. Inicialmente preocupava-me com o presente e com os problemas locais, ao passo que posteriormente passei a me preocupar com as questões do país, com as políticas interna e externa. Minha necessidade de me alimentar de informação vasta e confiável, em trocas de ideias com colegas, acadêmicos e artistas crescia mais e mais. Percebia cada situação como uma oportunidade de aprender o que estava acontecendo em outras regiões. Ia a reuniões, seminários, conferências, celebrações e usava até as minhas férias. Que fique claro que só podia ir com a autorização do Comitê Central. Estive em Leningrado, Baku, Tasquente, Alma-Ata, Krasnodar, Rostov, Donezk, Yaroslavel, mas também em outras cidades e regiões da União Soviética. Pude tirar proveito principalmente das experiências que tive na área de planejamento social em Leningrado, organização do trabalho acadêmico em Rybinsk e área de auxílio à agricultura em Donezk.

Em 1975, Raíssa e eu fomos de férias para o Uzbequistão por convite de Sharaf Rashidov. Em Tasquente fomos saudados de maneira tão efusiva que nossa viagem de férias se tornou uma visita oficial. Rashidov combinou um jantar para o dia da nossa chegada, para o qual ele também convidou todos os secretários do Comitê Central e do Politburo da república. Não esperava por isso. Nesse jantar, Rashidov separou lugares para Raíssa e para mim ao lado dele e de sua companheira, e assim apreciamos o deleite de sua hospitalidade. Provamos pela primeira vez os requintados pratos uzbeques, frutas frescas e frutas secas, nozes assadas com sal e o pilafe uzbeque.

O dia seguinte foi inteiramente dedicado a conhecer Tasquente, uma cidade gigantesca, bonita e moderna, que, após o devastador terremoto de 1966, despertou para uma nova vida. Conjuntos arquitetônicos suntuosos e inovadores, fontes e jardins... Mas também notei que havia algo diferente em Tasquente: casas antigas e pobres; estreiteza, a falta de qualquer conforto, degradação, condições anti-higiênicas.

Nossa viagem pela república começou com as cidades de Bukhara e Samarkand. Amigos, entre os quais meu antigo camarada de Komsomol, Kayum Murtazayev, então primeiro-secretário do Comitê de Área de Bukhara, nos mostraram orgulhosos suas obras de arte arquitetônicas antigas. Não se esqueceram de mencionar o antigo Estado autônomo de Bukhara, que tinha um *status* especial entre os czares. Em Samarkand vimos pela primeira vez um verdadeiro bazar oriental: montanhas de melancias e melões, uvas, tomates enormes, damascos desidratados, uvas passas, vários tipos de fruta, legumes e folhas.

Murtazayev ficou feliz com nosso encontro, mas lançava olhares de ódio ao secretário do Comitê Central, que nos acompanhou a pedido de Rashidov. Em determinado momento, sem que ninguém nos observasse, ele desabafou sobre suas preocupações em relação à situação do Uzbequistão: Rashidov seria, em sua opinião, um hipócrita perigoso, com quem era necessário ficar muito atento; seus subordinados e ele próprio não hesitavam em isolar funcionários talentosos e trabalhadores de modo irresponsável...

Realmente Murtazayev, em quem Rashidov via um concorrente, acabou virando uma presa fácil. Foi deslocado para Tasquente, para ocupar a presidência do Comitê de Trabalho e, assim, tirado do caminho. O isolamento foi tão ruim para ele que suas forças foram drenadas, e ele morreu cedo. Muitos anos depois conheci seu filho, Akram Murtazayev, que, juntamente com Dimitri Muratov, fundou a *Novaya Gazeta**. Tal pai, tal filho...

Após Bukhara e Samarkand, fomos para Sarafshan e Navoy, cidades novas em que se encontravam empresas importantes e fábricas de armamentos. Levaram-nos para conhecer os arredores e para nos mostrar o minério do qual vinha o "metal amarelo". Sobrevoamos a costa e depois atravessamos o deserto de Kysylkum ("areia vermelha"). Aqui e ali brotavam pequeninos oásis verdes, um rebanho de ovelhas próximo a um poço artesiano, moradias primitivas.

Durante essa viagem também visitei algumas casas uzbeques. Os habitantes viviam na pobreza, em grandes famílias. Em geral, construíam duas casas, uma ao lado da outra, com telhado de ardósia, papelão ou barro. Por uma espécie de varanda, essas duas casas eram interligadas no meio; em uma viviam os mais velhos, e na outra os mais jovens. Muitas das casas eram bem altas, até mesmo colocadas sobre pilastras, para que o ar pudesse circular durante o calor. Dessa viagem ficaram mais na minha memória as conversas com as pessoas simples que nem sequer entendiam por que tinham de fornecer algodão para toda a União Soviética, apesar de receberem mantimentos insuficientes. "Se nós cobrirmos todo o nosso solo com plantações de algodão, alguém precisa pensar em nós, nas outras coisas de que precisamos."

---

*   O nome *Novaya Gazeta* (em português, "Novo Jornal") é sinônimo de jornalismo investigativo. Surgiu em 1999 a partir de um dos primeiros jornais diários independentes da Rússia, fundado pelo redator-chefe, Dimitri Muratov, e colegas do então recente jornal soviético.

Ainda no Comitê Municipal de Stavropol, o destino me fez conhecer Degtyaryov, secretário do Comitê de Área de Donezk. Ele era uma personalidade marcante na cena política daquele tempo, não ficava para trás de Shtcherbizky tanto em competência como em visão de futuro, e foi por muito tempo membro do Politburo do Comitê Central do Partido Comunista da Ucrânia. Mas era um homem de confiança de Shelest, cuja queda levou abaixo também sua carreira. Primeiro, ele foi transferido, depois forçado à aposentadoria.

Cada reunião entre nós virava uma longa e franca conversa, falávamos de todos os assuntos. Os problemas que tocavam a mim também o incomodavam. Dava quase para sentir o quanto de energia a sociedade vinha perdendo. Era necessário agir, mas nossas mãos estavam atadas por dogmas retrógrados e instruções.

— Sabe — disse Degtyaryov —, todos sabem que infrinjo algumas regulações que considero idiotas, do contrário vai tudo por água abaixo.

Não se podia censurá-lo por pensar assim. Donezk tem o tamanho de um país: 5 milhões de habitantes, 23 milhões de toneladas de ferro, mais de 100 milhões de toneladas de carvão, maquinário significativo, agricultura e pecuária desenvolvidas. Atolados de problema até o pescoço: moradia, mantimentos, ecologia, destino dos idosos, péssimos alojamentos de mineração. Além disso, também havia a impossibilidade de utilizar parte da produção dessa enorme região para consumo próprio.

Durante uma plenária do Comitê Central, em um dos intervalos Degtyaryov me convidou para caminhar pelo Kremlin. Íamos pulando de galho em galho no que diz respeito aos temas que íamos debatendo, até que ele me perguntou:

— Escute, Mikhail, para que temos, de verdade, tudo isso, esses sovietes, os comitês executivos, as incontáveis autoridades da união e das repúblicas? O Comitê Central e os comitês de cada república e de cada região do partido acabam decidindo tudo. Deveríamos transferir todo o poder para eles e abolir todas as demais instituições.

Durante as férias com Yuri Andropov, em 1976.

Eu compartilhava de sua indignação em relação ao gigante sistema administrativo: novas instituições brotavam como cogumelos depois da chuva; para tomar a decisão mais simples, era necessário ralar muito. Por outro lado, as ideias de Degtyaryov me pareciam muito radicais.

— E como seria possível justificar — questionei eu — que esse poder todo transferido para o Comitê Central e para os comitês regionais não vinha diretamente do povo? Seria usurpação do poder, ditadura do partido. Se os sovietes fossem abolidos, então os órgãos do partido precisariam ser eleitos pelo povo. Como seria isso?

Andropov, Kossygin, Kulakov

Conheci Andropov quando era segundo-secretário do Comitê Regional. Os acontecimentos de 1968 não lhe haviam permitido tirar férias na época a que estava acostumado, o que fez com que ele fosse para a região de Sheles-

O entusiasta da fotografia Andropov – membro do Politburo, presidente da KGB e general do Exército – tira uma foto de Raíssa e Mikhail Gorbachev, na região de Stavropol, em 1976.

novodsk, em abril de 1969. Como Andropov tinha sido prudente em recusar uma visita de cortesia do primeiro-secretário, Efremov enviou-me.

O chefe da KGB havia se hospedado no hotel Eichenhain, em uma suíte de luxo com três quartos. Compareci no horário marcado, mas imediatamente me pediram que aguardasse. Passaram-se quarenta minutos. Finalmente, ele veio, cumprimentou-me cordialmente e desculpou-se dizendo que teria tido uma "importante conversa com Moscou".

— Posso compartilhar uma importante novidade com o senhor. A plenária do Comitê Central do Partido Comunista da Checoslováquia elegeu Gustav Husak primeiro-secretário.

Na opinião de Andropov, isso era um indício de que a situação na Checoslováquia havia se estabilizado.

Posteriormente, nos encontrávamos com mais frequência. Saímos em férias juntos por duas vezes: ele na vivenda do Hotel Pedras Vermelhas, e eu no próprio hotel. Juntamente com nossas famílias fazíamos caminhadas nas redondezas de Kislovodsk e íamos de carro até as montanhas. Às vezes, ficávamos até tarde da noite, sentávamo-nos em volta de uma fogueira e fazíamos *chachlik*. Andropov, assim como eu, não gostava muito de festa. Tudo que ele precisava era a mavarilhosa noite do sul, quietude, fogueira e uma boa conversa.

Os oficiais guarda-costas trouxeram um gravador. Só mais tarde fui saber que Andropov amava música de maneira excepcional. Em suas férias, ele gostava de ouvir os bardos dos anos 1960, principalmente Vysosky e Visbor. Gostava de canções e, além disso, assim como sua esposa, Tatiana Filipovna, ele não cantava mal. Certa vez, ele me sugeriu que apostássemos em qual de nós conhecia mais canções cossacas. Fui tão leviano em consentir que acabei perdendo de lavada. Andropov tinha crescido entre os cossacos de Terek.

Ficamos próximos? Acredito que sim. Digo isso consciente de certa dúvida, pois mais tarde fui concluir que os sentimentos simples de um ser humano eram algo quase impossível de se encontrar entre os que ocupavam o poder. Mas, apesar de ele ser reservado, eu podia sentir a boa vontade de Andropov, mesmo quando se zangava comigo ou me criticava. A situação em que o país se encontrava e o perigo que ameaçava a sociedade eram mais bem avaliados por ele do que por muitos funcionários da liderança. Porém, assim como a maioria, ele também era da opinião de que bastaria dar um empurrãozinho no quadro de funcionários e ter mais disciplina para que tudo ficasse em ordem. Em conflitos ideológicos, Andropov reagia de maneira agressiva. Os problemas econômicos, por outro lado, ele tratava com bastante calma. O fato de que uma reforma após a outra acabavam em nada não o incomodava.

Meu relacionamento com Kossygin já era diferente. Com certeza, ele era um grande político e um ser humano interessante, e eu admirava sua

Com Andropov na região de Stavropol, nos anos 1970.

capacidade de memória. A quantidade de números e fatos relevantes na cabeça dele correspondia realmente à situação em nosso país e no mundo. Quando nos visitou em Stavropol, ele se reuniu com os coordenadores dos colcozes e sovcozes e demonstrou intenso interesse pela vida da região. Tive a sensação de que ele queria entender por qual motivo o setor agrário tinha constantes problemas. Ele não suportava quando a liderança da região lhe puxava o saco, não gostava de complicações burocráticas, não tinha um fraco por festinhas e conversinhas vazias à mesa. Apreciava reuniões com pessoas, trabalho com documentos, leituras e passeios...

Kossygin estava sempre trajado de maneira modesta e despretensiosa, sua ascese lembrava Suslov. Durante as férias, nunca se acomodava na vivenda, e sim na parte mais acessível do Hotel Pedras Vermelhas. Isso combinava, aparentemente, com sua modéstia, mas só presumidamente. As pessoas que lhe prestavam serviços e ele próprio ocupavam quase um andar inteiro. Kossygin não proibia contato com outros hóspedes; na verdade, ficava bem à vontade com isso.

De fato, quando eu estava a sós com Kossygin, ele se fechava mais do que Andropov; mesmo durante a mais aberta conversa, ele mantinha certa distância. Tais cautela e reserva são compreensíveis. Ele havia permanecido na cúpula da liderança por muito tempo e trabalhado com Wosnesensky e Kusnezov, que posteriormente foram executados. Kossygin era, aliás, o único daquele grupo que havia sobrevivido.

Sobre o tempo de Stálin, ele não se dava a conversas. Apesar disso, travamos um diálogo uma vez:

— A vida era realmente dura. Sobretudo do ponto de vista moral, ou melhor, do ponto de vista psicológico. A verdade é que estávamos sendo constantemente vigiados, independentemente de onde eu estivesse — disse ele, amargurado —, eu não estava sozinho em lugar algum.

Isso foi dito por um homem que, apesar de tudo, havia pertencido à mais alta liderança política abaixo de Stálin.

Na primeira reunião prolongou-se uma discussão entre nós, que retomamos durante todo o ano seguinte, com várias interrupções. Tratava-se de um tema frequentemente proposto por mim, melhorar o funcionamento da economia através de incentivos ao trabalho.

— Sou membro do Comitê Central, deputado do Soviete Supremo e tenho uma grande responsabilidade. Porém, não tenho nem o direito nem os recursos para tomar a mais simples decisão que seja. A principal fatia dos impostos das empresas e da população vai para o centro. Nos limites do meu orçamento para salários, não posso mudar o pessoal novamente, só para poder empregar uns poucos colaboradores mais competentes por um salário maior. Em vez disso, tenho quinze pessoas que ganham mal, com as quais é impossível montar um time bom. Para isso, Moscou dá um limite muito pequeno. O resultado é que a aparelhagem administrativa fica cada vez mais incompetente.

Falei tudo isso prestes a explodir.

Kossygin ouviu tudo atenta e silenciosamente, sorrindo às vezes por causa da minha agitação, mas não demonstrou interesse especial por esse tema. Ele tinha um jeito bem dele de ficar quieto. Eu podia ver que compartilhava da minha opinião e, embora não me aprovasse, eu lhe era grato por me entender.

Quando começamos a introduzir o conceito de solo irrigado, fomos visitados por coreanos que nos sugeriram cultivar cebolas ali. Contratualmente, isso queria dizer: cada colcoz ou sovcoz receberia 45 toneladas de cebola por hectare, e o restante da safra iria para a brigada. Os coreanos montaram eles mesmos e com recém-chegados essas tais brigadas. Ficavam durante uma estação inteira do ano em acampamentos no campo e trabalhavam dia e noite, debaixo de sol ou chuva. Seu salário era bem alto. Seduzidos por essas características, alguns dos nossos stavropolitas tentavam entrar para trabalhar nas tais brigadas, mas não aguentavam mais do que duas semanas e fugiam. Porém, logo a Procuradoria da União Soviética e a Comissão do Controle do Partido do Comitê Central intervieram: alegou-se que aquilo era ganância, uma infração aos princípios do socialismo. Alguns de nossos funcionários foram presos e condenados. Os coreanos foram escorraçados, todas as relações, cortadas, e as cebolas passaram a ser cultivadas sem auxílio estrangeiro.

Logo depois desse caso, Kossygin tirou férias conosco. Ele pousou de manhã, e ao meio-dia chegamos a Kislovodsk. Sugeri que tomássemos café da manhã. Nós nos sentamos à mesa, havia legumes e alho fresco picado.

— Como foi mesmo a "história da cebola"? — perguntou Kossygin, de repente.

— Bem — disse eu de maneira bem humorada —, agora está tudo em ordem novamente.

— Como assim em ordem?

— Quando os coreanos estavam lá, Stavropol não apenas conseguiu cobrir sua demanda por cebola como também passou a fornecer de quinze a vinte toneladas para outras regiões. Agora nos libertamos dos coreanos e conseguimos impor ordem. Apesar disso, ainda precisamos trazer cebola do Uzbequistão, pois a nossa própria não basta.

Kossygin mastigou com deleite sua cebolinha e não fez mais perguntas. Seriam supérfluas. Ele sabia que não se pode resolver problemas através de proibições. Entendia que eu não sentia saudade da maluca "metodologia de produção coreana", mas já pensava em como poderia encontrar maneiras de dar incentivos efetivos, mas civilizados para o trabalho.

Às vezes nossas conversas tinham efeitos até práticos. Por exemplo, ele quis conhecer o Conglomerado Químico de Nevinnomysk; fomos até lá, inspecionamos tudo e nos sentamos com alguns especialistas. Os de Nevinnomysk pressionavam constantemente o presidente da Regulação da União, em especial por causa da recusa ao experimento de seus colegas em Shtchokino pelo ministro da Indústria Química. No caminho de volta, comentei outros campos de atuação da economia popular.

— Temos uma situação crítica na área da saúde. Por causa dos salários risíveis determinados pelas lideranças superiores, as policlínicas e os hospitais têm falta de médicos, enfermeiros e auxiliares de enfermagem. Ninguém se preocupa com os doentes. O problema requer uma solução urgente, e não existe nenhuma. Dê aos coordenadores dos hospitais o direito

O presidente do Conselho Ministerial da URSS, Alexei Kossygin, em Stavropol, nos anos 1970.

de administrar os salários dos colaboradores dentro de um limite orçamentário deles, e assim esse problema se resolve. Trinta por cento dos recursos não irão se esgotar, pois as pessoas se negam a trabalhar por salários tão baixos. Alguns dos médicos dirigentes dos hospitais infringem a regulação por própria conta e, com isso, já conseguiram resolver o problema...

Alguns meses mais tarde, quando estava em Moscou, precisei ver Kossygin.

— Sabe — disse ele, sorrindo —, há pouco estavam sentados aqui no meu escritório dois médicos moscovitas, um homem e uma mulher, ambos dirigentes de grandes hospitais. Perguntei a eles: "Seu ministro quer aumentar o salário do pessoal médio dos hospitais em cerca de dez a vinte rublos, mas também há outra variante: o médico-chefe poderia decidir sobre os salários de seu pessoal dentro de um determinado limite orçamentário. Qual variante vocês preferem?" A médica decidiu-se imediatamente pela segunda proposta, assim como o homem, embora após uma pequena reflexão. Comprovou-se que o problema da falta de pessoal cresceu 25% a cada ano e que o orçamento não foi comprometido. Já conversei com o secretário do Comitê Municipal de Moscou, Grishin, e tentaremos colocar em prática essa variante.

Notei o quanto ele se alegrou com essa vitória, mesmo que fosse uma coisa local. Não seria possível ainda uma transformação mais geral. E isso dentro do âmbito da saúde. O que se poderia esperar de uma indústria química intimamente ligada ao todo poderoso complexo industrial bélico? Como se explica a impotência da regulação da União? Claramente, o medo de uma reação em cadeia lhe atava as mãos. Pois era justamente disso que o sistema tinha medo.

Outra conversa também ficou na minha memória. Tratava-se do tema da produtividade laboral. Relatei o que me chamara a atenção em minha visita a empresas na França:

— Numa subdivisão comparável a uma nossa trabalham muito menos técnicos.

— Isso não depende de nossos trabalhadores — respondeu Kossygin —, os quais são só um pouco piores do que os trabalhadores no exterior. Perdemos muito através da péssima organização dos meios de transporte para o trabalho, dos locais de trabalho e da cultura generalizada de produção. O trabalho, tanto dos técnicos quanto dos engenheiros, deve ser automatizado. Para isso seriam necessárias muitas mudanças. Esse é o ponto!

Nesse momento, eu lhe fiz a pergunta determinante:

— Por que o senhor cedeu e permitiu que levassem a reforma para o túmulo?

Ele silenciou e, então, fez a seguinte pergunta:

— Por que o senhor, na posição de membro do Comitê Central, não defendeu a reforma na plenária?

— ?

Com isso, a conversa terminou. Mas ainda voltei a pensar nesse tema, que não me deixou em paz com minha consciência. Por isso, concordei com Kulakov quando ele sugeriu, no outono de 1977, após uma discussão de cinco horas, que eu fizesse um relatório sobre os problemas da economia agrária. Escolhi o problema mais importante para o Politburo: as dependências econômicas entre a agricultura e outros ramos da economia, questões fiscais.

Estava claro mesmo para alguém que não entendesse nada de economia: quando os preços entre os produtores não está equilibrado, a parte desfavorecida ameaça abrir falência. Os preços de venda estavam tão baixos que, com o crescimento da produção, só aumentavam as perdas dos colcozes e sovcozes.

Na minha época, tentou-se por duas vezes corrigir esse estado de coisas; em 1953, após a morte de Stálin, e em 1965, pouco depois da queda de Krushev. Assim que os colcozes e sovcozes receberam mais autonomia e os preços de venda se aproximaram dos verdadeiros custos de produção, a produção agrícola aumentou. Mas, tanto em um caso quanto no outro, os impulsos eram de muito curta duração. Apenas um, dois, três, no melhor dos casos quatro anos se passaram, e o equilíbrio dos preços já tinha sido destruído, os camponeses vendiam seus recursos praticamente de graça e pagavam preços horríveis pela produção vinda da indústria. A economia dos colcozes e sovcozes ia por água abaixo.

Incluí em meu relatório cálculos detalhados. Entre eles constava que os preços dos combustíveis na década de 1968 a 1977 havia aumentado 84%, e o preço de semeadoras e tratores havia subido de uma vez e meia a duas vezes – em alguma situações, tinham ficado até quatro vezes mais caros –, enquanto os preços de venda para os produtos agrícolas não havia mudado nada. Em decorrência disso – apesar do crescimento das safras e da redução da força de trabalho e de utilização de combustível –, as despesas para o cultivo de grãos e criação de animais havia aumentado muito, e a maioria das empresas não conseguia ser rentável ou, ao contrário, acumulava prejuízos. E, apesar de toda essa situação, medidas mais enérgicas não eram tomadas; em vez disso, oferecia-se um seguro-desemprego para evitar o êxodo rural. Isso acabou com o resto da gestão financeira saudável nos povoados e sepultou qualquer tipo de incentivo ao trabalho. O objetivo desse meu relatório era expor que a equivocada avaliação dos povoados como "colônias internas" precisava ser deixada de lado, para assim evitarmos consequências catastróficas para todo o país.

Kulakov enviou meu relatório, com o meu consentimento, aos membros da comissão que prepararia a plenária para assuntos de agricultura no ano de 1978. A reação de Kossygin foi significativa:

— Isso é uma bomba!

Minha entrada na reunião da plenária estava em consonância com meu relatório. Alguns de meus colegas me alertaram antes para que não me expusesse e não tentasse fazer as coisas estritamente do meu jeito. Não dei ouvidos. Era da opinião de que era necessário ocorrer um diálogo franco e de princípios. Mas minhas expectativas não foram satisfeitas e minha intenção original foi totalmente minada. As resoluções da plenária limitaram-se aos manifestos de sempre, para produção de máquinas agrícolas, enquanto o aspecto econômico permaneceu totalmente fora da discussão. Muito barulho para nada.

Em 4 de julho de 1978 terminou a plenária. Logo depois, em 5 de julho, os Kulakov celebravam seu quadragésimo aniversário de casamento em sua *datcha* em meio ao verde. Raíssa e eu fomos convidados. Tudo estava como sempre naquela noite. Conforme a tradição da cerimônia, cada um dos presentes ofereceu um brinde aos anfitriões; em geral, o anfitrião homem termina o último brinde com a categórica instrução de que todos virem o copo num gole só. A saúde de Kulakov não aguentou essa vida desregrada e o peso que vinha com ela (ele havia passado por uma cirurgia para retirar uma parte do estômago em 1968).

Duas semanas depois, ele faleceu inesperadamente: parada cardíaca. Contaram-me que teria havido uma enorme desavença em família na véspera. Ele passou a noite sozinho. Sua morte foi percebida só na manhã seguinte.

Kulakov morreu quando tinha acabado de completar 60 anos de idade. Foi uma grande perda. Ainda mais estranha foi a decisão de Brejnev e de outros membros do Politburo de não interromperem suas férias para darem o último adeus ao colega. Foi quando percebi pela primeira vez o quão inacreditavelmente distantes estavam aqueles homens que o destino levou para a cúpula da liderança.

Criminalidade

Nos anos de minha atividade como secretário do Comitê Regional, meu círculo de conhecidos se expandiu enormemente. O maior ganho daqueles anos foram as relações compreensivas e amigáveis com tantas pessoas. Sem dúvida houve também alguns casos em que o relacionamento se rompeu por um ou outro motivo, às vezes por questões de princípios, como no caso do ministro de Assuntos Internos, Shtcholokov.

Em 1973 houve sérios problemas de criminalidade em Stavropol. Ao considerar as estatísticas, tudo estava misturado: no que diz respeito aos registros policiais dos crimes cometidos, a região ocupava a 11ª colocação entre 72 regiões. Nos meses de outono, ocorriam assassinatos brutais e casos de estupro em Stavropol. A situação era alarmante. As pessoas estavam em pânico e, com razão, perguntavam: "Existe algum poder estatal aqui na nossa região?". As análises da situação e os apelos aos órgãos de segurança não davam em nada. No Comitê Regional procurei a ajuda de juristas aposentados, pessoas autônomas confiáveis ao meu redor, e pedi a eles para refletirem sobre o que estava acontecendo. O trabalho deles trouxe resultados rápidos: foram descobertas violações extremamente grosseiras às leis, cometidas pelos órgãos regionais de assuntos internos. Tudo veio à luz: fraudes, encobrimento de delitos e abuso de autoridade. Os revisores dos casos descobriram mais de 2.500 crimes não registrados. A estatística falsificada da criminalidade tinha sido engavetada pelo chefe do Ministério do Interior – até a impunidade chegar a um rápido crescimento da criminalidade.

Para entender isso, é preciso saber o seguinte. Shtcholokov havia restruturado o sistema interno de segurança com o apoio direto de Brejnev. Aumentou o gasto com pessoal e seus salários. Isso repercutiu naquela situação. Mas o ambicioso ministro queria demonstrar seu sucesso o mais rápido possível na luta contra a criminalidade. Porém, como isso não pôde ser comprovado na prática, Shtcholokov "corrigiu" as estatísticas da criminalidade, usando o pretexto da insignificância dos crimes para mentir e acobertar as transgressões.

Graças aos resultados de nossa comissão, foram tomadas medidas enérgicas: os três generais na liderança do Ministério do Interior foram destituídos de seus cargos; no Órgão Criminal, departamento de combate aos delitos de propriedade, no Departamento de Investigação e Inquérito e em outras divisões, tudo foi fundamentalmente modificado e arrumado. Tudo veio à luz. O chefe do Departamento de Investigação e Inquérito, que havia cometido graves crimes administrativos, tentou se matar. Em um terço das cidades e regiões, os chefes das polícias foram trocados. Foi uma dura operação de substituição da ordem do direito, em especial nos próprios órgãos de proteção ao direito. Para garantir a ordem pública, as cooperativas de trabalho e o Komsomol foram consultados, e veja só, tudo ficou mais calmo. No que diz respeito ao número dos delitos registrados, a região deslizou da 11ª colocação para a 67ª.

Os stavropolitas exerciam pressão sobre Shtcholokov. Na máquina administrativa do Comitê Central, ele era mal visto, mas não permitia que ninguém dissesse nada a seu respeito. A Procuradoria do Estado da URSS e o Supremo Tribunal lhe significavam quase nada. O ministro ficou nervoso e ansioso. Primeiro, telefonou e, depois, mandou sua brigada do Ministério do Interior com seu suplente, Shumilin, para falar conosco na liderança. Eu conhecia o melhor lado de Shumilin. Mas, por mais inesperado que fosse, suas palavras soaram como chantagem:

— Não pode ser verdade! A ordem reina em toda parte, e aqui com vocês está essa bagunça. Todos estão se perguntando: "Sim, mas onde estava o Comitê Regional?".

Minha resposta foi inequívoca:

— Não acho que irei abdicar de minha posição. Pode dizer isso a Shtcholokov.

Shumilin não gostou nada daquilo, mas não parou de tentar me persuadir. Nesse encontro estava também o vice-procurador da Rússia, Viktor Naydyonov, que me apoiou. Quando o combate à criminalidade teve início na região de Kuban, coordenado por Naydyonov, ele acabou sendo dispensado da procuradoria por pressão dos patrocinadores de Medunov. Quando me tornei secretário-geral, pedi a ele que assumisse o Tribunal Supremo da urss. Ele concordou, mas morreu repentinamente, antes que pudesse assumir o posto.

Pode ser também de interesse: quando a Procuradoria Geral da Rússia (não a da União Soviética) ordenou uma revisão similar em outras regiões, ocorriam ainda graves crimes durante o dia, entre eles assassinatos. As pedras rolaram... O tempo dos números embelezados havia acabado, o "sistema Shtcholokov" sucumbira.

CAPÍTULO 6

Como se vive em outros países

Fiz minhas primeiras viagens ao exterior ainda quando me tornei primeiro-
-secretário do Comitê Regional do Partido: em 1966, para a RDA;[*] em setembro de 1969, para a Bulgária; e, em novembro do mesmo ano, para a
Checoslováquia.

Na Alemanha Oriental estavam experimentando novas metodologias
de planejamento econômico e governo, implantavam um sistema de incentivos e concediam às empresas grande autonomia econômica. Assistimos
durante dois dias a longos seminários sobre esse tema e, no tempo livre,
fomos conhecer a cidade de Berlim.

Mesmo vinte anos após a guerra, senti certa agitação quando cheguei
à cidade. Ao conhecer Berlim, algo revolvia em mim e isso fez acordarem
recordações. Casas e monumentos destruídos, pilhas de escombros sobre
a praça descampada, onde antes ficava a Chancelaria do Reich; o portal de
Brandenburgo e logo atrás o muro, símbolo do mundo dividido pós-guer-
ra. A cidade inteira me pareceu sombria e fria, como eu a via antes. Apesar
de onde estivéssemos – em cidades, em empresas, no campo –, as reuniões
com as pessoas aconteciam em uma boa atmosfera, mesmo quando essas
pessoas eram um pouco frias.

---

[*]   República Democrática da Alemanha, nome oficial da então Alemanha Oriental, pertencente ao bloco socialista durante o período da Cortina de Ferro. (N. T.)

Esqueci-me de muita coisa, mas as impressões mais marcantes estão presentes. Uma delas é a de como nos mostraram os vestígios do drama de Dresden, que, pouco antes do fim da guerra, fora atacada por bombardeios aéreos dos Aliados – e, juntamente com essa tragédia, o milagre da *Madona Sistina* na galeria de pinturas de Dresden.

Na cidade de Cottbus, visitamos em um domingo os sorábios da Lusácia, eslavos que, desde muito tempo, vivem no sul da Saxônia. Ficamos terrivelmente envergonhados. Assim como se faz com qualquer turista, nos colocaram em botes de passeio nos quais as mulheres sorábias remavam, usando seus trajes típicos. Tudo estava lindo. Mas aí aconteceu uma situação chata: nós, que éramos homens encorpados, robustos, descansávamos enquanto as mulheres estavam nos remos. Como era domingo e os canais estavam lotados de botes, nós nos tornamos alvo de gritos irônicos e observações maldosas. Pedimos que nos levassem para a margem o mais rápido possível.

O programa do passeio previa uma excursão até Potsdam. Conhecemos Sanssouci* e fomos ao local da Conferência de Potsdam, onde os dirigentes das nações vencedoras se encontraram em 1945. Mostraram-nos quem se sentou onde e não deixaram de mencionar que um jornalista pegou um pedacinho da madeira da cadeira de Stálin como suvenir e também como Truman reagiu, com as seguintes palavras, quando recebeu o telegrama com a notícia do término da construção da bomba atômica: "A criança chegou com saúde ao mundo".

Quando estivemos na RDA faltavam cinco anos para a troca de Ulbricht por Honecker. Este último já se gabava com grande autoconfiança quando conversou com nossa delegação ao fim de nossa estada.

Durante nossa viagem enviamos um relatório ao Comitê Central no qual dizíamos que a reforma na RDA merecia grande atenção.

---

* Palácio de verão do rei Frederico, o Grande, da Prússia, na cidade de Potsdam. (N. T.)

Visitei a Bulgária no contexto de uma parceria de municípios entre Stavropol e Pazardjik, quando celebravam ali o 25º aniversário do socialismo. Houve muitas reuniões, desfiles em marcha e discursos, uma maré de sensações calorosas e juramentos de amizade eterna. Possibilidades de colaborações também foram prometidas. Ficou bem claro que os búlgaros das planícies dispunham de mais direitos do que nós, já que todos nós, até os menos importantes, precisávamos sempre pedir o consentimento de Moscou antes de fazer qualquer coisa. Dimitri Shulev, que logo deveria entrar no cargo de secretário regional do Partido Comunista Búlgaro e viria nos visitar em Stavropol, admirou-se realmente com a nossa situação. Posteriormente, ele se tornou embaixador búlgaro na URSS, e nos tornamos mais próximos.

Em 1974 estive pela segunda vez na Bulgária, em Sófia, Shipka, Plovdiv e muitas outras cidades e povoados. Visivelmente, o país havia mudado, havia novos bairros nas cidades, casas próprias, empresas, lavanderias e ruas. Além disso, havia vinhas, plantações nas quais se cultivavam legumes através de métodos novos e todo um império de jardins e flores. Podia-se observar como o país havia mudado. Tive a impressão de que os búlgaros fizeram o certo. Na época eu mal suspeitava que o país estava gastando além de suas possibilidades, e logo viria a pagar por isso.

A viagem mais difícil de todas foi para a Checoslováquia, em novembro de 1969. Estavam na minha delegação Ligachev, então primeiro-secretário do Comitê Regional de Tomsk, Pastuchev, secretário do Comitê Central do Komsomol, e Shuravlyov, ministro adjunto da Educação. Devíamos conversar sobre a perspectiva de um movimento jovem na Checoslováquia. Quando chegamos, havia dezessete organizações juvenis, das quais nenhuma era reconhecida pela liderança checoslovaca do Partido Comunista.

Debatemos incontáveis vezes em encontros e imensas discussões em Praga, Brno e Bratislava sobre como as autoridades poderiam ganhar de novo a confiança da juventude. Mas como considerar esse problema sem levar em conta a marcha das tropas em 21 de agosto de 1968? Seria um eufemismo dizer que nos sentimos mal de sermos quem éramos. Sentimos que a ação militar como um todo fora rejeitada e condenada pela população.

Praga inteira ficou paralisada e estarrecida. Os colegas não conseguiam nos dar carona para o trabalho, pois não se sentiam seguros nem por si mesmos de fazer aquele trajeto. Perguntamos por que eles não iam ao encontro do povo – e recebemos a resposta:

— Quando tivermos uma análise da situação, faremos isso.

Eles não sabiam o que dizer ao povo, simplesmente estavam com medo.

Na véspera do dia do estudante estávamos em Brno, onde haviam organizado para nós uma visita em uma grande empresa. Quando passamos pela entrada, ninguém queria falar conosco, os funcionários não responderam às nossas saudações, viravam a cara como maneira de protesto, um enorme desconforto. Boa parte dos membros do Comitê do Partido dessa empresa avaliava as ações soviéticas de maneira totalmente negativa. Ficou claro que, em agosto de 1968, os funcionários da fábrica apoiaram o governo Dubcek e que, para vencer a resistência, foi necessário mandar as tropas em marcha entrarem no terreno da fábrica. Em agosto de 1968, os protestos em massa contra o regime e contra a influência soviética pipocavam em Brno. O clima estava tenso, nossa delegação precisava de guarda-costas 24 horas por dia.

A aparência de Bratislava nos espantou. Quase todas as casas no centro tinham marcas de tiro, os muros eram pixados com palavras antissoviéticas. Nossa delegação foi recebida por Vaclav Slavik, primeiro-secretário do Comitê Central do Partido Comunista Eslovaco. Tudo começou pacificamente, mas quando alguém do nosso lado fez lembrar que Lênin, que era a favor do federalismo do Estado, rejeitou categoricamente esta opção para a formação do partido, o primeiro-secretário levantou e saiu da sala. Na manhã seguinte ninguém da liderança veio, um conhecido do escritório do Comitê Central do Partido Comunista da Checoslováquia nos ajudou. Ao meio-dia estávamos subindo o monte Devin, onde estão enterrados os soldados soviéticos que deram a vida pela libertação da Eslováquia. Fizemos uma reverência e silenciamos. Era um dia quente e ensolarado. Lá embaixo, o Danúbio cintilava, ao longe brilhavam as cúpulas das catedrais de Viena. Deixei Bratislava reflexivo e preocupado.

Nos anos 1970 viajei também para Itália, França, Bélgica e Alemanha Ocidental. Algumas vezes, eu fazia parte de uma delegação oficial, outras era convidado para tirar férias nesses países pelo Partido Comunista de cada lugar. As viagens pessoais de férias eram mais compridas, e tínhamos mais possibilidades de conhecer o país e as pessoas.

Todas essas viagens, fosse qual fosse o motivo, foram para mim muito interessantes, pois recebíamos muito pouca informação do exterior e a pouca que chegava era muito filtrada. A entrega de jornais, revistas, livros e filmes era estritamente controlada, as transmissões de rádio eram cortadas. O turismo no exterior a cada ano se restringia mais aos países da Europa Oriental. Para poder viajar para o Ocidente era necessário passar por um rigoroso controle de confiabilidade ideológica – de maneira que a "cortina de ferro" não fosse apenas uma metáfora. Mas ela foi baixada tanto do lado de lá quanto do nosso lado.

Despedida

Não estou exagerando quando digo que a despedida de Stavropol me foi muito difícil. Sim, eu amava e amo aquela região, as estepes, os desfiladeiros, os bosques de arbustos e, naturalmente, os promontórios e montanhas, para as quais íamos em todas as oportunidades com a família. Sobretudo para os montes de Arkhys e Dombay, Pyatigorsk, Kislovodsk e Shelesnovodsk. Simplesmente fomos cultivados nessa região. Poderiam dizer: mas o que tem de bom nessas estepes secas, cuja superfície tem 44% de solo infértil? Para os camponeses, isso é simplesmente uma catástrofe.

Na primavera, no início do verão e no outono, porém, a estepe oferece um espetáculo inacreditável: cores, cheiros, quietude e infinitude. No fim de maio, a estepe se cobre inteira, desde Salsk, passando pelos calmucos, até a estepe do Volga, com um tapete de tulipas da estepe, que em Stavropol se chamam "florezinhas azuis". E, no inverno, quantas vezes fiquei atolado por essas estepes durante nevascas com o trator nos montes de neve.

Em Stavropol há muitos riachos pequenos, nos quais sempre se encontra um lugar confortável, onde se pode sentar perto da plantação de cana e até mesmo pescar.

Algo muito especial é a praia do rio Manych, com seus afluentes perdidos por entre a areia. Lá a natureza da região é protegida por lei, é o local preferido de descanso das aves migratórias que voltam do Norte.

No verão, Raíssa e eu gostávamos de ir à noite para as regiões de mata que não são tão distantes de Stavropol. Normalmente, em junho, os intermináveis campos de trigo fazem um espetáculo de ondas. Gostávamos de escutar o canto noturno das codornas. E, embora não fosse como um concerto dos sonhos, devo dizer que muitos concertos atuais ficam atrás dos concertos das codornas.

Passei a maior parte de minha vida em uma região de estepes. A cidade de Stavropol fica em um planalto. Seu ponto mais alto é a montanha Strishament, com 831 metros de altura. *Strishament* é também o nome de uma antiga e amarga bebida cossaca, feita a partir de dezessete ervas que crescem nessa montanha.

Sempre trago um pedacinho de Stavropol no coração. Cada um tem sua pátria. Para mim, seja no mapa-múndi, seja no globo terrestre, esse lugar é a minha Privolnoye. Já faz tempo. O casebre nos limites do vilarejo de Privolnoye no qual cresci, e de onde a estepe de Salsk estava apenas quinze passos distante, simplesmente desapareceu sem deixar vestígio.

Quando escrevi minhas primeiras memórias, senti uma grande necessidade de cunhar em palavras as lembranças vivazes do quintal e da casa onde cresci. Quando voltei a Privolnoye, fui até o limite do vilarejo. Agora tudo está ocupado por plantações, cultivam grãos e gramíneas. Nosso antigo casebre e o jardim encantado de minha infância não estão mais lá...

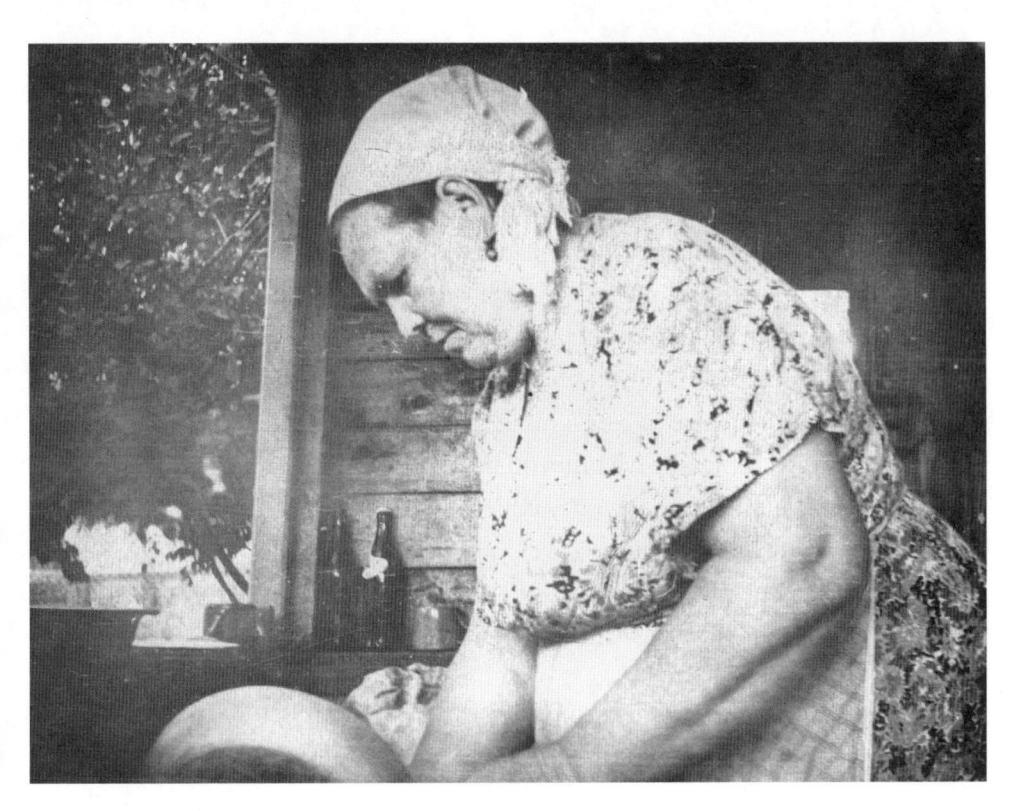
Maria Panteleievna Gorbachova, em Privolnoye, nos anos 1980.

No cemitério do vilarejo estão os túmulos de meus avós, Andrei e Pantelei, de minhas avós, Vassilisa e Stepanida, e de seus filhos e filhas, os túmulos de meu pai e minha mãe.

Minha mãe morreu dezoito anos depois de meu pai. Em Moscou. Tive de prometer a ela que a enterraria ao lado do meu pai. Fiz isso em 1994. Ela morreu durante a Páscoa, na Semana Santa. A missa de morte aconteceu em uma igrejinha de Privolnoye, que os moradores construíram com meu patrocínio.

Quando fui a Privolnoye nos últimos anos, reconheci pouca gente só de olhar para eles, embora tivesse conhecido mães, pais, avôs e avós de todos eles. No meio tempo, novas gerações cresceram. Isso é óbvio. Nunca teria considerado possível que eu ficaria tão velho. E ainda não penso em morrer. Apesar de isso não depender da minha vontade. "Em algum lugar lá em cima" está o meu "calendário de compromissos", e não dá para saber quanto ainda irei viver. Mas acho que cada um deve viver como se hoje fosse o último dia. Por isso, estou com pressa de terminar este livro, embora o traga comigo desde o momento em que Raíssa morreu.

Gosto de me enganar, mas me parece que Irina e seu esposo Anatoli consideraram mais fácil a separação de Stavropol do que nós. Moscou os cativou; nos cochichos entre eles e nos olhares impacientes dava pra ver que seus pensamentos já estavam na cidade grande. Eles terminaram o quarto ano da faculdade no Instituto de Medicina e ficaram muito felizes de poderem continuar os estudos com um diploma do Instituto de Medicina de Moscou. A vida deles está só no começo.

Os anos que passei em Stavropol não devem ser removidos da minha vida. Não só do ponto de vista da agricultura e da indústria, mas também das estâncias termais, da educação, da medicina e da cultura, foi tudo pelo que me esforcei.

A modernização do setor agrário e a camaradagem, assim como a introdução de novos métodos de produção, foram um passo de desenvolvimento violento. Em 1990, já não havia na região praticamente mais nenhuma empresa rentável. Muitos colcozes e sovcozes possuíam de 10 a 15 milhões de rublos em suas contas.

Iniciei minha atividade profissional após a graduação na faculdade, logo após a morte de Stálin, quando meu país passava por profundas transformações. Participei delas. Chamo aqueles anos de "minha pequena *perestroika*". Confiei em minhas forças e senti que podia carregar uma grande responsabilidade. Tudo isso afluiu para minha autoconfiança e agiu sobre minha determinação quando me deram o trabalho de liderança do Comitê Central do Partido Comunista.

No dia da partida, Raíssa e eu queríamos nos despedir de Stavropol. Nós nos sentamos no carro e dirigimos do centro histórico até o novo bairro residencial, onde Stavropol cresceu, invadindo a fronteira com a antiga floresta. Depois fomos até a floresta russa, onde sabíamos caminhar de cor e salteado. Raíssa compartilhava de minha paixão pela natureza. Em momentos difíceis da vida, a natureza sempre me ajudou. Sempre senti que minha impaciência, minha irritação e meu nervosismo se dissipavam totalmente e um equilíbrio de espírito se instalava em mim. A natureza nunca foi para mim um simples ambiente ou um meio de vida – sempre tive uma ligação espiritual inexplicável com ela e posso dizer claramente: não apenas os homens e a sociedade deixaram suas marcas em mim, mas também ela, a natureza.

Quando os participantes do Fórum Mundial de 1992 me pediram para assumir a fundação e a presidência da Cruz Verde Internacional, nem pensei duas vezes – uma força interna me motivou – e aceitei. O Fórum aconteceu no Rio de Janeiro, em paralelo com o encontro entre os chefes de Estado e de governo que haviam se reunido para a Conferência do Meio Ambiente da ONU. Desde 1993, ocupo-me com problemas ecológicos mundiais, e essa atividade não me traz menos alegria do que meus mais altos cargos e responsabilidades. O que pode ser mais importante e melhor do que dedicar-se à proteção da natureza pelo interesse das gerações contemporâneas e futuras?

Expliquei meu credo ecológico no livro *Meu manifesto*. Já foi traduzido em várias línguas. Com os anos, tive de reduzir um pouco minhas responsabilidades junto à Cruz Verde Internacional, mas isso foi mais por necessidade do que por gosto. No estatuto existe um ponto que alicerça minha relação com essa organização. Sou o presidente-fundador vitalício da Cruz Verde Internacional.

CAPÍTULO 7

Luta pela sobrevivência

Volto a falar dos últimos dias da vida de Raíssa e dos sofrimentos que ela teve de suportar. O que mais eu poderia ter feito ou deixado de fazer para impedir essa fatalidade? Eu não sei, eu não sei... Ela morreu dois dias antes do transplante de células-tronco que estava marcado. Raíssa, que havia se dedicado de todo o coração à agonia das pessoas com esse mal, principalmente às crianças com câncer, e que não pôde negar-lhes sua compaixão e sua ajuda, tornou-se ela mesma uma vítima do câncer.

Tudo evoluiu da maneira como começou, em alta velocidade, muito rapidamente. Retornamos da Austrália em maio de 1999. A viagem foi cansativa, mas muito interessante. Estávamos muito satisfeitos por termos conseguido fazê-la. O governo e os ecologistas da Austrália haviam me convidado repetidamente, e recusei diversas vezes. Minha posição e minha opinião vacilaram quando ouvi os resultados de uma pesquisa de opinião entre os cidadãos da Austrália. À pergunta de quem, para eles, seria a personalidade do século xx, cerca de 75% responderam: Gorbachev. Eu fiquei surpreso. No convite seguinte para ir à Austrália, já era como se eu devesse explicações a todo o país, e eu aceitei.

A programação da nossa estadia incluía uma aparição no parlamento, em Sidney, e a visita à maior cidade do oeste da Austrália, chamada Perth. Depois, seguimos para Melbourne, onde houve um monte de reuniões e aparições. Voltamos da viagem com profundas impressões. Certo dia, fomos a um subúrbio de Sidney e entramos nas florestas de eucalipto, naquelas florestas onde vive o famoso e fofo animalzinho, o coala australiano. Gostamos dos coalas sobretudo porque pareciam estar constantemente um pouco embriagados. Isso nos lembrava nossa terra.

O voo de volta foi cansativo e longo, mas tudo terminou bem. Porém, até hoje não me desvencilhei da ideia de que o início dos processos que se desenvolveram em Raíssa se deu naquela época. Ainda no começo do ano, ela havia concluído todos os exames preventivos, não havia nenhum sinal de uma desgraça. Em julho, quando pensávamos sobre as nossas férias iminentes, Raíssa se sentiu mal. Ela se queixou de dores lombares. Supôs-se que era um resfriado ou ciática. Depois iniciamos um exame minucioso para esclarecer os motivos do agravamento de sua condição: as dores aumentaram, ela mal conseguia se movimentar.

A punção da medula espinal mostrou que Raíssa tinha leucemia, e o pior, de um tipo raro, cujo tratamento ainda foi pouco pesquisado. Recorri ao auxílio do presidente Clinton e do chanceler Gerhard Schröder, e no mesmo dia eles a convidaram para realizar o tratamento em seus países. Decidimos ir para a Alemanha, porque ela estava se sentindo mal e um voo longo estava fora de questão. No centro oncológico de Münster, o tratamento de enfermidades cancerígenas se baseia nos resultados das pesquisas mais recentes. Todos acreditávamos que poderíamos salvar Raíssa.

Após repetir o exame de sangue, começou a quimioterapia. Raíssa suportou tudo bravamente. Mas às vezes era demais para ela, e ela se fechava. Nós não a deixávamos sozinha por uma hora sequer. Irina chegava pela manhã e a ajudava. Após o almoço, eu chegava e permanecia até o romper da noite. Durante a noite, nosso amigo Karen Karagesian e um conterrâneo que vivia em Dresden se revezavam com os médicos de plantão, ambos eram fluentes em alemão. Durante dois meses inteiros, os oficiais Valeri Pestov e Oleg Klimov nos acompanharam. Somos muito gratos a todos.

A clínica em Münster é uma clínica especializada, em que pacientes, visitantes e médicos na ala têm de obedecer a determinadas regras. Os medicamentos administrados no tratamento atacam não apenas as células doentes, mas também as saudáveis. O sistema imunológico é destruído. Dessa forma, a pessoa fica praticamente sem defesa, qualquer infecção é fatal para ela. Para resguardar os pacientes, no quarto do hospital deve imperar a esterilidade, todos os parâmetros de circulação do ar devem ser constantemente preenchidos e controlados de maneira integral. Antes de entrarem no quarto do paciente, os visitantes têm de colocar uma máscara cirúrgica esterilizada, desinfetar as mãos e as roupas. Inúmeros aparelhos controlavam não apenas o coração, mas todo o organismo.

Raíssa estava feliz por estarmos junto dela. As dores continuavam. Era difícil para ela até mesmo sustentar seu próprio corpo. Certa vez, ela me pediu que a ajudasse. Quando a apoiei com os braços, ela se sentiu melhor, tranquilizou-se e cochilou. Uma vez, tirei os braços devagar. Raíssa pediu:

— Não vá embora, não me deixe. Continue me amparando.

Eu disse:

— Tenho de me recompor um pouco. As costas não querem mais.

Ela reagiu com um humor triste:

— Gorbachev, Gorbachev, antes você me carregou nas mãos, agora não consegue nem mesmo me amparar.

— É verdade. Mas isso foi há muito tempo. Você era mais leve, e eu era mais forte.

Raíssa era uma leitora voraz e adorava trabalhar em suas palestras. Tudo isso deixou de existir na clínica. Tudo ficou difícil demais para ela. Nos primeiros dias, ela tentou fazer anotações. Elas eram curtas. Mas depois de um, dois dias, ela deixou estar. A doença progredia...

Um grupo de especialistas alemães se reuniu na clínica de Münster para avaliar os primeiros resultados do tratamento e estabelecer os passos seguintes. Discutiram a situação durante três horas. Era um encontro de referências no campo da oncologia. O professor Büchner, médico que tratava Raíssa, queria discutir com os colegas os resultados da primeira etapa do tratamento, isto é, quais as complicações envolvidas e o que se podia fazer adiante. Ele queria estabelecer com eles um planejamento terapêutico. O professor me pediu para participar da conversa, que durou horas.

Quando retornei ao quarto, vi que Raíssa estava muito agitada. Ela já estava esperando e queria ouvir, de qualquer maneira, o que os médicos haviam dito.

— A conversa foi tão longa. Minhas perspectivas são ruins? Você está escondendo alguma coisa de mim? Por acaso eles não sabem o que deve ser feito comigo daqui em diante?

Eu a interrompi e disse:

— Um momento... Mas você disse que se sente melhor.

— Não, diga-me sobre o que vocês conversaram durante três horas.

— Os maiores especialistas estavam lá. Após a conclusão da primeira etapa do tratamento, eles discutiram a possibilidade de um transplante de medula. Chegaram à conclusão de que ele é necessário. Agora é preciso adaptar-se para intensificar suas forças e preparar tudo para isso. Sobretudo, temos de chamar sua irmã urgentemente. Seus parâmetros sanguíneos coincidem em 100%.

— E então por que estamos perdendo tempo?

— Nem tudo é assim tão simples. Primeiro temos de avaliar a sua situação de maneira correta, preparar isso bem e nutri-la. Seu tratamento não transcorreu sem complicações. Mas o mais importante é que você sabe que eles não teriam o transplante em vista se não tivessem esperanças. Você não pode se afligir e perder forças.

Ela se tranquilizou, fechou os olhos e refletiu, provavelmente sobre a nossa conversa. Sentei-me junto à janela, muito tocado, aliás. Depois, Raíssa de repente abriu os olhos, não tocou mais na conversa e disse:

— Venha aqui comigo e me dê a mão — ela segurou minha mão, como sempre fazia, deitou-a sobre seu abdome e já adormeceu. Fiquei sentado em sua cama ainda por muitas horas... Ela dormia.

Na manhã seguinte, como sempre, Irina visitou a mãe e conversou com os médicos. Quando cheguei, Raíssa me pareceu estar tranquila. Mas tão logo estávamos sozinhos, havia lágrimas em seus olhos:

— Quero ir para casa. O que tiver de ser será...

Eu não podia compreender tal reação. Como se toda a dificuldade de sua situação irrompesse dela em algumas palavras.

Ela disse outra vez:

— Ouça, quero ir para casa. Posso repousar em casa, no nosso quarto, em nossa cama. Eu odeio tudo isso aqui!

Sentei-me ao lado dela e peguei sua mão. Ela se calou e não parava de chorar.

— Raietchka, meu amor! Primeiro você tem de ficar saudável. Você sabe o quanto também odeio os hospitais. Mas agora estamos em uma clínica que não podemos trocar por nenhuma outra, muito menos pela nossa casa. Para voltarmos para casa, primeiro temos de levar o tratamento até o fim e fazer o transplante. Lembre-se do que aconteceu comigo há pouco tempo. Mas conseguimos sair daquela situação altamente perigosa.

Um ano antes, havia se manifestado em mim uma alergia que se estendeu por cerca de um ano e três meses. Ela evoluiu rapidamente e me fez ficar coberto da cabeça aos pés com manchas vermelhas. Houve um momento em que eu não queria ficar entre as pessoas. Com ela, vieram muitas complicações desagradáveis. Apenas a ingestão de fortes medicamentos deteve o desenvolvimento da doença, mas não a curou. Depois desapareceu de repente. Eu disse a Raíssa que lhe era grato por ela ter feito de tudo para me ajudar a ficar em pé outra vez.

Ainda agora não me sai da cabeça que não consegui salvá-la. Sinto não só uma dor na alma, mas também vergonha. Como também me envergonho por ter sido rude quando nos desentendíamos. Ela apenas não podia agir de outra forma: seus nervos não suportavam tudo aquilo pelo que tínhamos de passar. Envergonho-me por ter me enfurecido, por tê-la ofendido, repreendido, embora eu visse como era difícil para ela lidar com tudo. Não é sem dor que penso em como ela me perguntava, entre lágrimas: "O que fiz para merecer isso?".

Ela estava abalada com o comportamento de muitas pessoas, em especial da *intelligentsia*. Raramente alguém tinha coragem de reagir abertamente contra a perseguição organizada e impiedosa a que não apenas eu, mas também ela foi exposta. Apenas o diretor de cinema Stanislav Govoruchin, um homem franco, direto, coerente em suas posições, disse em um dos bem frequentados encontros no Centro de Cinema de Moscou: "Sei que o presidente Gorbachev e Raíssa Maximovna estão entre nós. Gostaria de me desculpar, diante de todos e de todo o país, por ter tirado conclusões precipitadas em minhas declarações públicas. Perdoem-me!".

Quando me recordo de Govoruchin, logo me vem à lembrança ainda outro encontro. No mesmo salão, festejavam-se o desempenho e os méritos de Kobson. Ele realmente tinha algo para mostrar. O que me admirou foi o discurso de Luchkov. Ele estava completamente fora de si. Parecia que tinha uma intuição da temperatura no salão, que estava relacionada com a estirpe das pessoas: lá estavam, sem exceção, "cachorros grandes". Luchkov falou de pessoas que conduzem o país ao futuro – e foi aplaudido de pé.

A cerimônia corria já havia cerca de três horas quando de repente ocorreu a Kobson que o presidente Gorbachev e a esposa estavam no salão. De forma atrevida, ele berrou:

— Mikhail Sergueievitch, levante-se, por favor. De que o senhor tem medo?!

Situações como essa me deixam furioso. Levantei-me, fui até o palco e disse, ainda no caminho:

— Em primeiro lugar, não tenho medo de ninguém, quanto a isso não há dúvida. Isso vale tanto para Kobson, como também para o salão. Em segundo lugar, gostaria de dizer uma coisa agora.

Aproximei-me do palco e tomei o microfone de Kobson, que, aliás, não o queria me dar. Ele não era bobo, pressentiu que Gorbachev agora poderia lhe arruinar a noite. Mas é claro que não era isso que eu pretendia. Disse ao microfone:

— Junto-me às felicitações que foram feitas aqui. Gostaria de acrescentar a tudo o que foi dito: felicito-o, Josif, e gostaria de expressar meu grande agradecimento pelo que você fez e ainda fará. Isso é realmente um ato heroico, e todas as pessoas, todo o país sabe valorizá-lo. Mas gostaria de lhe dizer ainda mais uma coisa: lembra-se do filme *Ivan Vasilievitch muda de profissão*? Nesse sentido, gostaria de lhe pedir: não mude de profissão.

(Na época havia rumores em Moscou de que Kobson queria ir para o setor privado.)

Percebia-se que ele ficara nervoso, mas não disse nada.

— Gostaria de falar ainda sobre a sua arte, que consegue unir as pessoas. Luchkov, que discursou aqui, e eu, por exemplo, agora raramente nos encontramos, apenas em eventos oficiais. Mas aqui estamos festejando juntos seus triunfos. Nos últimos tempos, nós nos comunicamos sobre os julgamentos. A prefeitura de Moscou já me acusou três vezes a respeito das minhas declarações críticas, em especial sobre a corrupção em Moscou. Perdi em todos os casos. No último também. Mas isto está claro: não há, de maneira nenhuma, corrupção em Moscou!.

O salão estava em silêncio. Luchkov reagiu de forma irônica às minhas palavras:

— Não precisamos de dinheiro. Em Moscou muitos problemas têm de ser resolvidos.[*]

Josif queria mudar de assunto e dirigiu-se a mim:

— Mikhail Sergueievitch! Gostaria de entregar ao senhor um buquê de flores.

— Eu o darei a Raíssa Maximovna, obrigado.

Não é qualquer um que consegue aguentar o que Raíssa e eu suportamos nos últimos anos. Só não posso me perdoar por uma coisa: por não ter conseguido proteger a minha pessoa mais amada e afastar a desgraça...

Ligação urgente

De repente, Irina liga da clínica de Münster:

---

[*]   Recentemente Luchkov foi demitido. Isso certamente não aconteceu sem motivos sérios.

— A mãe perguntou se você gostaria de chegar mais cedo.

Fiquei preocupado de que porventura tivesse acontecido algo outra vez e ela quisesse dizer a mim primeiro. Sempre foi assim em nossa vida. Guardei minhas coisas rapidamente e fui para a clínica. Tão logo estávamos a sós, Raíssa disse:

— Gostaria que nós nos víssemos e conversássemos com mais frequência.

Aquilo me alarmou. Seu desejo indicava que ela tinha maus pressentimentos.

Então começaram minhas conversas com ela sobre a vida. Relembramos nossos primeiros encontros na universidade e na moradia estudantil na rua Strominka. Relembramos como fomos levados de trem a Moscou: ela partindo de Sterlitamak, eu de Privolnoye. Ela viajou com uma mala de madeira preenchida metade por alimentos, metade por suas "riquezas". A mala era pesada e quase tão grande quanto Raíssa. Meu pai me levou pelo caminho, minha bagagem era muito parecida com a de Raíssa; havia apenas uma pequena diferença: quase toda a mala estava cheia de alimentos.

Relembramos nossas viagens de trem; na época, quase ninguém viajava de avião ainda. Os melhores lugares nos trens eram os dos vagões com lugares marcados, mas na maioria das vezes viajávamos nos mais simples. Nas interminavelmente longas viagens de trem através da Rússia, sempre acontecia algo – inúmeras histórias. Na época éramos, pela primeira vez, parte de um mundo gigantesco, que entrava em movimento.

Certa vez, ela perguntou:

— Você ainda se lembra de como me beijou pela primeira vez?

— Sim, como esquecer? Embora deva dizer que fiz isso com grande atraso. Quem é o culpado por isso?

— Você, claro — disse Raíssa e riu.

Foi assim. Nós sempre íamos ao parque Socolhniki (isso já em 1952) para passear e tomar sorvete. Naquela tarde, de alguma forma, não tínhamos vontade de deixar o parque. O dia estava abafado, disso ainda me lembro bem. De repente, formaram-se nuvens, escureceu. As pessoas correram para a saída do parque. Sugeri:

— Venha, vamos tomar um banho!

— Isso não vai acontecer!

Mas estava abafado, isso foi decisivo. Tiramos as roupas e nadamos. Não se passaram nem dez minutos e desabou uma terrível tempestade, vinham verdadeiras enxurradas do céu. De novo uma tempestade! Como se ela tivesse me perseguido ou acompanhado por toda a vida. Lembro-me do rosto de Raíssa ao piscar dos relâmpagos, de seus olhos amedrontados e questionadores. Abracei-a e a beijei-a desajeitado, mas apaixonado.

Continuando nosso *quiz*, perguntei a Raíssa por que, naquela época, bem no início da nossa relação, ela quis suspender nossos encontros.

— As garotas no meu quarto me infernizavam: "Você mal se separou de Tolia e já se encontra com outro". Lembra de Elvira, a garota do Azerbaijão?

— Claro.

— Ela estava de olho em você. Eu estava no caminho dela.

— Você desistiu?

— Como você vê, não. Estamos juntos.

— E se eu não tivesse insistido e mostrado personalidade?

— Não, eu esperava que você se comportasse assim, como se comportou.

— Isso é lógica feminina.

— Vocês, homens, pensam sempre que tudo corre de acordo com seus narizes.

— Agora pergunto: quando nos tornamos marido e mulher?

— Juridicamente, em 25 de setembro.

— Certo. E de fato?

— Nos montes Lênin.

— Quando?

— Não sei.

— Veja: em 5 de outubro de 1953.

Sim, nossa relação era apaixonada, não queríamos nos separar. Amigos diziam: "Parem de segurar as mãozinhas como loucos". Mas só nos tornamos marido e mulher após o casamento.

O diálogo entre mim e Raíssa não cessou durante toda a vida, não importa onde estivéssemos. E quando fui secretário-geral e presidente, durante as doze a quatorze horas em que trabalhava, eu telefonava duas, três vezes para Raíssa, ou ela me ligava.

Quando estávamos na *datcha*, fazíamos ginástica todas as manhãs. Ela tinha sua programação; e eu, a minha. Ela a cumpria em seu escritório; eu, ao lado. De repente, eu ouvia, pela porta aberta:

— Mi, Mi, venha cá.

— O que foi?

— Gosto muito deste exercício.

E ela fazia o pino de uma forma que sobrecarregava absurdamente o pescoço. Eu pensava se aquilo fazia bem!

— Ouça, você pode quebrar o pescoço.

— Espere que eu ainda vou pegar você também. O médico disse que seus músculos dos ombros devem ser exercitados de forma constante e duradoura.

Depois:

— Me dê a mão.

— Aqui! Por favor.

— Me abrace. Nós ainda temos muito tempo, você não deve se apressar, e eu também não.

Fomos juntos para o chuveiro e depois para o quarto...

Ela gostava de ouvir minha opinião sobre diversos assuntos. Nos anos da *perestroika*, isso aumentou cada vez mais.

Outra lembrança: Raíssa quer comprar algo novo para si e marca a data para provar. Sou o único membro do júri. Ela se veste e mostra para mim. Ela gostava de se apresentar bonita. Sempre apoiei isso, embora só muito mais tarde houvesse as possibilidades para tanto. Se, diante das suas perguntas "E aí? Gostou?", eu demonstrasse a menor dúvida, ela nunca mais voltava a vestir aquela roupa. Mais ainda, ela se desfazia dela.

Raíssa era uma mulher belíssima não apenas aos meus olhos: elegante, encantadora, maravilhosamente feminina. Ela tinha uma nobreza interior, era uma pessoa com um sentimento da dignidade humana altamente desenvolvido. Quem via Raíssa apenas uma vez ou a encontrava apenas uma vez rapidamente podia ter a impressão de que era afetada ou amaneirada. Os conhecidos mais próximos sabiam de seu tato, sua doação e confiabilidade, e tinham nela uma companheira de conversa de igual para igual e interessante.

Raíssa prezava e adorava pessoas com humor. Ela era alguém que tinha compreensão por tudo o que acontece na vida e sabia valorizar a amabilidade no círculo de amigos e, principalmente, no trato com as pessoas. Ela estava sempre aberta a discussões, mas não podia tolerar difamações, isso a afetava de verdade.

Mais uma lembrança. Nossa filha Irina teve problemas de saúde na infância. Com frequência, sua temperatura chegava a 37,8 graus. Todas as nossas tentativas de esclarecer o que era aquilo, em Stavropol e em Moscou, foram em vão. Assim, como muitos outros, levamo-as para o litoral no verão para, como pensávamos, buscar uma melhora através da natação, do sol e da brisa do mar.

Em geral, Raíssa ia com ela para a Crimeia. Certa vez, elas fizeram um passeio até o palácio do cã Girei da Crimeia.* O guia turístico explicou, desde os primórdios em todos os detalhes e lendas, como era naquela época, e assim abriu a cortina por trás da qual a vida transcorria no palácio.

---

*   O Palácio dos Cãs, em Bakhchisarái, é hoje um belo ponto turístico e centro da cultura tártaro-crimeana. Os cãs reinaram ali durante trezentos anos, até que Catarina, a Grande, depôs o último cã. A construção do palácio, que foi projetado por arquitetos italianos, turcos, russos e ucranianos, estendeu-se por quase duzentos anos. O "Chafariz de Lágrimas", no pátio do palácio, alcançou especial notoriedade através do poema "As fontes de Bakhchisarái", de Alexander Púchkin.

Elas foram ao harém. É claro que a curiosidade era grande, especialmente entre as mulheres. Como Raíssa contou, todas ficaram impressionadas com o grande número de esposas do cã. Se por trás disso havia uma crítica aos homens de hoje ou algo do gênero, prefiro não fazer suposições.

Depois do passeio e de terem comido o famoso *chebureki,*[*] elas voltaram para a clínica. De repente, Irina, que tinha dez anos, pergunta:

— Mamãe, por que o cã tinha tantas esposas e papai tem só você?

Primeiro, Raíssa ficou pasma, mas não deixou que notasse e disse:

— Pergunte ao papai mais tarde, quando chegarmos em casa. Ele com certeza poderá dizer se sou sua única mulher e por quê.

A criança não esqueceu a conversa e perguntou logo depois da volta:

— Papai, fizemos um passeio e visitamos o palácio do cã Girei. Ele precisava ter diversas esposas. Por que mamãe é sua única esposa?

Eu estava em uma situação difícil – tinha de responder à criança. Em nossa família, combinamos assim: se você sabe a resposta, tem de dizer a verdade. Se essa verdade está ligada a coisas que uma criança porventura não entende, você deve encontrar expressões que, ainda assim, lhe ofereçam uma informação correta. E, quando Raíssa ou eu não sabíamos a resposta de forma alguma, dizíamos francamente: "Não sabemos. Quando descobrirmos, diremos a você".

Irina fez a pergunta e me olhou cheia de expectativa. Respondi. Creio que aquela foi uma das melhores respostas que eu tive de dar no decorrer da minha vida. Disse:

— Você sabe, coração, que o cã Girei tinha muitas esposas, mas entre elas não havia nenhuma que era filósofa.

Essa resposta cheia de humor entrou para os anais da nossa família.

---

[*] Pastel generosamente recheado, que originalmente provém da cozinha dos tártaros da Crimeia.

O primeiro discurso

Minha eleição para secretário do Comitê Central do PCUS e a mudança de nossa família para Moscou antecederam alguns acontecimentos que jogaram luz sobre a situação no Politburo, sobre a maneira como questões dos quadros eram resolvidas e sobre as intrigas nos mais altos círculos do poder.

Bem no início do meu trabalho como primeiro-secretário do Comitê Regional do Partido aconteceu o seguinte. Fiz uma viagem de trabalho a Moscou, ao Comitê Central. Encontrei Kulakov e conversamos. O tema da conversa ainda não estava claro quando ele me perguntou de repente:

— Você certamente já esteve com o secretário-geral, não é?

— Não — eu disse.

— E por que não?

— Não tenho questões para o secretário-geral, então por que deveria tomar seu tempo?

— Ouça! Não pode ser que o primeiro-secretário do Comitê Regional de Stavropol, que acabou de começar a trabalhar, não tenha questões sobre as quais gostaria de se consultar com o secretário-geral. Além disso, pode ser também que o secretário-geral queira lhe fazer perguntas. Os camaradas da antessala de Brejnev me disseram que você ainda não marcou nenhum compromisso com ele.

— Fyodor Davidovitch, digo ao senhor: não tenho necessidade.

— Pense bem sobre isso mais uma vez!

Aquela foi uma advertência importante. O relacionamento com o secretário-geral foi o fundamento de todos os outros. Brejnev ligava regularmente para os primeiros-secretários, entre eles, para mim também. E, quando se estava no Comitê Central, não era possível evitar o contato com o secretário-geral. Depois daquela advertência, abandonei certa "postura arrogante" em relação ao secretário-geral. Logo a seguir, passamos a ter contatos frequentes: por telefone e em encontros pessoais, quando precisava do apoio do Comitê Central para projetos que empreendemos no território de Stravropol.

No fim de 1977, tive uma conversa bastante longa e tensa com Kulakov. Como outros secretários, fui até ele para discutir problemas correntes. Nesse encontro, Kulakov disse que a situação era crítica na zona exterior à Terra Negra. "São necessários grandes investimentos", disse ele. Estava claro que queria assegurar a compreensão e o apoio dos chefes das regiões e das províncias e que por isso havia aberto o diálogo comigo.

Eu disse que então era necessário encontrar recursos adicionais. Mas não poderíamos explorar nem um pouco a província de Kuban, Rostov ou a Ucrânia. Por mais que isso não fosse suficiente, o retorno do investimento ali seria mais rápido e mais alto.

Kulakov me interrompeu asperamente:

— Você diz coisas com as quais não posso estar de acordo. Nem sempre se pode direcionar investimentos apenas para onde o retorno é alto. Existe, afinal, ainda uma rentabilidade em forma de história. Na zona exterior à Terra Negra foram lançadas as bases do nosso Estado. E simplesmente não se pode aceitar as severas condições sob as quais as pessoas ali têm de viver agora.

Nós concordávamos quanto a essa avaliação. Nossa conversa se direcionou para os problemas econômicos da agricultura.

— Mas não se pode continuar mantendo os preços de venda dos produtos agrícolas nesse nível — disse eu. — Os cereais que compramos no exterior são muitas vezes mais caros do que o que pagamos a nossos camponeses, colcozes e sovcozes. Dessa forma, não há nenhum incentivo para alcançar uma alta produtividade por meio de inovações técnicas e redução do gasto de combustíveis! O que aconteceu depois do nono Plano Quinquenal, um plano bom e bem-sucedido? De repente, os preços dos fertilizantes, combustíveis, materiais para construção e novos aparelhos técnicos foram elevados. Em outras palavras: a agricultura continuou sendo tratada como uma "colônia interna", explorada em nome do desenvolvimento da indústria.

Kulakov se exaltou. Quase me arrependi por ter lhe apresentado aqueles problemas com essa franqueza e urgência.

Nós, membros do Comitê Central, sabíamos que no ano seguinte aconteceria uma assembleia plenária para a agricultura. E achei que nossa conversa viria bem a calhar. No encerramento da nossa discussão, Kulakov disse:

— Se você enxerga tão bem, então me escreva um relatório contendo tudo o que você me disse.

Não sei, talvez ele tenha pensado que recusaria, mas respondi:

— Tudo bem. Começarei imediatamente.

Terminei em 1º de janeiro de 1978 e enviei as 72 páginas do relatório diretamente a Kulakov. Passado algum tempo, Kulakov me telefonou:

— Você se opõe a que eu envie seu relatório aos membros da comissão de preparação da assembleia plenária?

Por essa, eu não esperava. Disse:

— Mas Fyodor Davidovitch, o relatório destinou-se pessoalmente apenas ao senhor. Se o senhor quer um relatório para os membros da comissão, ainda tenho de fazer complementos.

Dizendo sinceramente, no relatório havia atacado os problemas de maneira impulsiva demais; a comissão o teria recebido como arrogante. Readequei o relatório, lapidei a argumentação, reduzi, suprimi imprecisões e irrupções sentimentais subjetivas. Enviei as 54 páginas a Kulakov, que as repassou aos membros da comissão.

O relatório desempenhou um grande papel em minha vida. Estava satisfeito comigo por não ter me apequenado, e sim abordado muitos problemas urgentes no Comitê Central. Chegaram também sugestões de outros colegas. Um considerável apanhado de material veio junto, em cuja base o plenário deveria encontrar grandes decisões. Foi-me perguntado se não queria participar. Isso já era um resultado do meu relatório.

Além disso, deve-se conhecer a curiosa situação que nem eu nem outros conseguiam entender e explicar. Por quase nove anos fui primeiro-secretário do Comitê Regional e membro do Comitê Central. Por diversas vezes, tive o desejo de tomar posição em uma ou outra questão no debate, mas nem uma única vez me foi concedida a palavra. Sem saber exatamente, acredito eu que, com isso, eles queriam me "disciplinar", frear, embora não possa afirmar que tenham me tratado mal. Mas eles já tinham me freado. Não acredito que minhas suspeitas estivessem totalmente erradas.

Os problemas dos quadros na cúpula claramente haviam se agravado. E agora perguntavam-me antes dessa assembleia plenária se eu queria participar. Aquilo foi um alerta. Nunca havia acontecido algo do tipo. Estava claro que havia ocorrido uma decisão prévia. Disse "sim" e acrescentei ainda "com base nos pensamentos e nas ideias que expus em meu relatório". A resposta foi simples: sim, sim, sim. Preparei-me minuciosamente para a assembleia plenária.

Houve uma grande disputa a respeito do conteúdo e das resoluções da assembleia. No salão, sentei-me ao lado do ministro da agricultura da Federação Russa, Leonid Florentiev. Entreguei a ele o texto do meu discurso, e ele disse:

— Achei bom o discurso.

Mas recomendou-me suprimir algumas reflexões importantes na minha visão. Seu argumento:

— Por que você quer agravar a situação?

— Como agravar? Esse não é nenhum discurso vazio, e sim a apresentação de uma tentativa que nos levará muito adiante.

Mesmo assim, o ministro permaneceu com sua opinião:

— Eu o desaconselho.

Quando subi à tribuna e iniciei meu discurso, a princípio tudo correu como de costume: os membros do Comitê Central liam jornais, os membros do Politburo estavam sentados atrás de mim e ouviam. Mas de repente os reunidos ficaram quietos, e às minhas costas começou uma conversa. Ouvi como Brejnev perguntava: "Sobre o que ele está falando mesmo?".

Passou-me pela cabeça o pensamento de que provavelmente Florentiev tinha razão. Continuei mesmo assim. Meu discurso agradou a uns, e outros rejeitaram prontamente minha avaliação.

A plenária terminou. As resoluções ficaram como eu esperava. Focaram um fortalecimento da aparelhagem técnica da agricultura.

De volta ao meu "querido" relatório sobre os problemas da agricultura para a assembleia plenária do Comitê Central em julho de 1978. Só voltei a me lembrar desse relatório, e me informei onde ele estava, quando me tornei secretário-geral. É claro que tinha uma cópia no meu arquivo pessoal. Mas queria saber onde estava o original e o que havia acontecido com ele. Procuramos, mas não dava para encontrá-lo. Por fim, o relatório foi descoberto na filial do arquivo do Comitê Central em Chita. "No exílio siberiano", portanto. Mais tarde o incluí em minhas *Obras Reunidas*.

Busca da noiva

Transcorreram duas semanas. De repente, Kulakov morreu. Dirigi-me ao Comitê Central e exprimi o desejo de participar do sepultamento. Consentiram. Refleti sobre um discurso. Ele foi sepultado na Muralha do Kremlin, a cerimônia se deu diante do mausoléu. Na época era a minha primeira vez no mausoléu e fiz meu primeiro discurso.

Já mencionei anteriormente – pareceu-me estranho que nem Suslov nem os outros membros do Politburo em férias tenham participado do sepultamento de Kulakov. Ainda hoje corre todo tipo de boato de que alguém teria querido se livrar de Kulakov, porque ele almejava o posto de chefe do governo. Nesse ponto havia diversas opiniões, percebi em uma de minhas conversas com Andropov. Quando falei de uma possível ulterior ascensão de Kulakov a um cargo mais alto, ele disse: "Você sabe, Kulakov está onde deveria estar". Ou seja, ele não pensava na possibilidade de sua ascensão, portanto havia resistência de cima.

Após a morte de Kulakov, começou a procura por um substituto para esse posto extremamente importante. A especificidade do secretário da agricultura do Comitê Central consistia em que ele era responsável por muitos departamentos e constantemente mantinha a articulação com todo o país, isto é, com todos os secretários dos comitês centrais dos partidos comunistas das repúblicas, comitês regionais e comitês de província.

Kulakov era uma pessoa de confiança do secretário-geral e um homem confiável para a mudança da política de Brejnev.

No verão, no período de férias, Kirilenko, secretário do Comitê Central e membro do Politburo, visitou o território de Stavropol. Percorremos com ele a região e conversamos sobre muitos temas. Compreendi que ele desejava conhecer menos a região que a mim mesmo, embora nós já tivéssemos nos conhecido antes e mantido o contato. Falando sinceramente, seu estilo de trabalho e sua forma de se relacionar não me agradavam. Por outro lado, não lhe agradou que eu não tenha dissimulado muito isso.

Nesse verão, Andropov me ligou certa vez e perguntou quando e para onde eu queria ir nas férias. Respondi:

— Para Kislovodsk, como sempre, quando a safra de cereais estiver sã e salva.

— Bom. Então também vou nessa época e nos encontramos.

— Bom, ótimo.

Ele nunca havia me ligado antes de suas férias, embora eu fosse buscá-lo todas as vezes. Pois esta era a regra: os chefes locais buscavam o membro do Politburo e o escoltavam até o local de suas férias (os detentores do poder deviam ser dignificados e apoiados!).

Dessa vez, Andropov e eu nos relacionamos com maior frequência que o comum, fizemos passeios e conversamos longamente. Os problemas que abordávamos eram os mais diversos. Pelo modo como ele conduzia a conversa, percebia que estava me testando – embora soubesse tudo sobre mim. Nesse ponto, já estávamos em um bom nível. No fim das nossas férias, ele me telefonou no meio do dia e disse:

— Ouça, Mikhail, Brejnev está indo ao Azerbaijão. Lá haverá uma grande festa. No caminho, os secretários dos comitês de província que estiverem no trajeto o receberão. Provavelmente, você também terá de participar disso.

— Claro. Mas ninguém me disse nada ou telefonou sobre isso.

— Para isso mesmo estou aqui. Vamos juntos nós dois.

Por volta das nove horas da noite chegamos à estação Mineralnye Vody. No sul, o crepúsculo dura muito pouco, e a noite cai muito de repente. Estrelas brilhantes, os montes Laccolith: Smeika, Machuk, Chelesnaia. Silêncio alucinante. Uma noite de início de outono.

Um trem especial chegou. Brejnev e Tchernenko desembarcaram. Em quatro, passeamos de lá para cá pela estação por trinta, quarenta minutos (talvez uma hora) e conversamos. Foi uma conversa totalmente comum. Relatei a Brejnev como estava a colheita (aquele tinha sido um ano muito produtivo) e como andava a construção do canal, pelo qual ele sempre se interessou. Perguntei a ele por que tinha interrompido suas férias, ele deveria descansar por mais tempo. Ele fez que não. Depois, os dois trocaram algumas palavras com Andropov e nos separamos.

Pelo visto aquele foi um encontro completamente corriqueiro. Brejnev se encontrava com todos os secretários. Mas, mais tarde, muitos frisaram: certa vez Brejnev, Andropov, Tchernenko e Gorbachev encontraram-se em uma estação, os quatro últimos secretários-gerais da história da URSS.

Andropov estava satisfeito com o encontro. Nem naquele dia nem mais tarde ele me disse que havia sido uma nova "busca da noiva". Medunov (da região de Krasnodar) e Bondarenko (da Província de Rostov) almejavam o cargo de secretário do Comitê Central para a agricultura. Havia conversas em torno de Fyodor Morgun.

A plenária do Comitê Central se deu um ano depois: em 27 de novembro de 1978, uma segunda-feira. Cheguei antes a Moscou, no sábado. Queria apenas uma coisa: visitar meu amigo Marat Gramov, que havia completado cinquenta anos – um conterrâneo de Stavropol, tornamo-nos amigos desde a época do Komsomol. Ele ocupava o cargo de presidente do Comitê do Estado da URSS para Educação Física e Esporte.

Chamei um carro e cheguei a Marat por volta das doze horas. Mais tarde, disseram que me procuravam. Da Seção Geral do Comitê Central, eles ligaram para a garagem e souberam para onde e para quem haviam me levado. Ligaram para a casa de Gramov e perguntaram de Gorbachev.

O filho de Marat disse que ele não morava lá. Não creio que ele tenha decidido simplesmente não me chamar ao telefone.

Só às seis horas da tarde, os furiosos colaboradores de Tchernenko me acharam, e tive de ir a Staraia Plochtchad. Desculpei-me e disse que estivera na festa de aniversário de um amigo. Tchernenko disse:

— Brejnev o esperou e agora foi embora.

— Deviam ter dito isso a mim antes.

— Devemos fazer algumas instruções ao secretário-geral de como ele deve se comportar?! Brejnev me pediu que lhe dissesse que ele quer indicá-lo amanhã na plenária como candidato ao cargo de secretário do Comitê Central para a Agricultura.

— Não sei se sou o mais indicado para isso. Algum outro não pode fazê-lo?

— Saiba você o que lhe aconselho: sua resposta deve ser simples e clara: obrigado pela confiança e basta. Não se trata de você ser o mais indicado ou não, e sim de que você tem a confiança de Brejnev. Está claro?

— Sim, Konstantin Ustinovitch.

Assim eu soube, portanto, que o secretário-geral do Comitê Central me indicaria à plenária do Comitê Central para esse alto posto. Após a discussão acerca da minha pessoa, os membros do Comitê Central votaram em mim por unanimidade no dia seguinte.

No intervalo, após minha eleição, fui até Leonid Ilitch e lhe agradeci por sua confiança. Ele apenas meneou com a cabeça.

No dia seguinte, fui até ele no Kremlin. Fui recebido imediatamente, mas não senti uma simpatia tão grande em relação a mim. A única coisa que Brejnev disse foi: "Uma lástima por Kulakov, um bom homem".

Na época, pensei que provavelmente havia o dedo de outra pessoa na minha eleição.

Na Plenária, Kossygin veio até mim.

— Meus parabéns! Estou muito feliz que o senhor faça parte de nós agora. — Ele apertou forte minha mão e disse: — Agora você não é mais um arbustinho, e sim uma verdadeira floresta.

(Isso foi uma alusão a uma conversa com ele – voltarei a isso mais tarde.)

Após a plenária do Comitê Central, fui para Staraia Plochtchad. Meu escritório já estava arrumado, a guarda a postos, recebi um carro de serviço. Isso significava que me seria comunicado onde poderia morar a partir de então até que tivesse uma residência a longo prazo. Tudo foi muito rápido, não havia dúvida de que teria de entrar em uma lista de espera para receber uma moradia.

Quando estava em meu escritório, Andropov ligou:

— Você está ocupado?

— Ainda não.

— Você pode vir até aqui? Estou em meu escritório.

Fui até Andropov em Lubianka. No caminho, ele introduziu o assunto:

— Nós dois somos camaradas e espero que mantenhamos nossas relações de camaradagem. Mas gostaria de lhe dizer, Mikhail: Moscou é Moscou. E o mais importante entre nós é Brejnev e seu apoio.

— Disso não há dúvida, sou da mesma opinião.

— Bom. Gostaria apenas de lembrá-lo de que o mais importante para você agora é o apoio de Brejnev em todos os assuntos. A esse respeito, salta-me à vista o sorriso cativante com que Kossygin o congratulou.

Resumindo: Andropov me deu a entender de imediato como tinha de me comportar...

Três dias após minha eleição para secretário do Comitê Central, fui a Stavropol, onde liderei a assembleia plenária do Comitê Regional em que Murachovski foi eleito primeiro-secretário do Comitê Regional. Ele era um bom amigo da época do Komsomol e do trabalho no partido, um homem firme, com profundidade, que havia lutado no Extremo Oriente ao fim da Segunda Guerra Mundial.

Vi como todos os meus amigos e camaradas do trabalho conjunto de longa data no território de Stavropol, os secretários dos comitês regionais e municipais seguiam de perto o novo primeiro-secretário do Comitê Regional. Compreendi: Gorbachev é secretário do Comitê Central, parte da

Com Vsevolod Murachovski e Iuri Andropov no território de Stavropol, nos anos 1970.

direção lá em cima, para eles, Murachovski era agora o homem mais importante. Essa era a lógica...

No que se refere a Murachovski, ele trabalhava então com grande empenho, levava adiante todas as diretivas que tomávamos em conjunto com ele e com outros membros do Comitê Regional. Com o tempo, isso contou enormemente, tanto nas finanças como também nos cereais, na pecuária, na formação, na ciência e na cultura. Murachovski e eu éramos amigos e isso permanece assim até hoje.

CAPÍTULO 8

Novamente em Moscou

Então eu estava de volta a Moscou após uma interrupção de 25 anos. Raíssa e eu morávamos em uma pequena *datcha* nos arredores de Moscou. Havia diversas *datchas* desse tipo: elas serviam temporariamente como moradia para os funcionários dirigentes.

Nossa primeira reação foi: ficamos "à deriva" em uma ilha inabitável após um naufrágio. Mais tarde sempre pensávamos nessa casinha, nesse lugar passageiro de abrigo e na geada moscovita tilintante do inverno de 1978/79, quando o mercúrio do termômetro despencava a quarenta graus negativos. Geadas desse tipo são, mesmo para Moscou, uma raridade.

À noite nos agasalhávamos o máximo possível e, como de costume, saíamos para passear. A geada cortava no rosto, mal conseguíamos respirar. Passeávamos também por isso, porque queríamos discutir nossas primeiras impressões sob quatro olhos. Pensei que eu conhecia os hábitos na "corte dos czares". Mas na capital tive de me conscientizar de que tudo era muito mais difícil do que havia imaginado. Só com o tempo consegui me orientar nos requintes e *nuances* das relações "lá em cima", de forma que meu ânimo não era exatamente esplêndido. Raíssa repetia constantemente a mesma pergunta: "Como devemos fazer para simplesmente sanar tudo isso?".

Para tranquilizá-la, eu disse: "Lembre-se de como foi quando nos mudamos para Stavropol. Apesar de todas as dificuldades e da falta de clareza a respeito de como serão as coisas, não se pode, nem de longe, comparar nossa vida de hoje com a preocupação nos primeiros dez anos em Stavropol".

Ela concordou e disse: "Sim, eu também não gostaria de trocar. Mas nos últimos anos sua situação melhorou, você alcançou muitas coisas – então queria me doutorar pouco a pouco. Não sei se encontro trabalho aqui. Será que este não é exatamente o momento certo para eu entrar no doutorado?".

Respondi sinceramente: "Ainda não refleti sobre isso. Receberemos uma nova residência. Arrumá-la de maneira que fique confortável para a família certamente demandará bastante tempo".

Logo recebemos uma residência na rua Chtchusev, em uma casa que os moscovitas chamavam de "ninho da nobreza". Recebemos também uma nova *datcha*. Deixamos de ser recém-chegados e passamos a ser moradores fixos. A *datcha* ficava na aldeia Sosnovka, na estrada de desvio, não distante da área de proteção Krylatyie Cholmy. Em frente, na outra margem do rio Moscou, ficava Serebriani Bor (Floresta de Pinheiros de Prata). Na época ela era de fato uma floresta. Hoje essa área, pela qual passo todos os dias a caminho do meu trabalho na Fundação Gorbachev, está repleta de arranha-céus. De longe, ela lembra a silhueta de Manhattan.

Nos anos trinta, Sergo Ordchonikidse morou na *datcha* que ocupávamos naquela época; imediatamente antes de nós, Tchernenko a usou. Era uma velha casa de madeira, bastante deteriorada, engenhosa arquitetonicamente e confortável. Sua decadência se fazia notar também pelo forte ranger da escada no segundo piso: tínhamos a impressão de que ela desabaria a qualquer momento.

No final de dezembro, Raíssa foi a Stavropol para trazer a Moscou Irina e Anatoli, assim como tudo o que ela considerava necessário. Aconselhei-a: "Jogue fora o máximo possível ou dê aos vizinhos. Os livros você pode doar para a biblioteca".

E assim ela fez. Entre os móveis que trouxe consigo estavam as duas cadeiras que eu havia comprado em 1955 por ocasião de sua chegada a Stavropol. Elas já eram velhas, mas ainda firmes. Fiquei feliz quando ela as trouxe. "É maravilhoso que você tenha trazido essas cadeiras." Ela trouxe também um pequeno tapete, de cores muito alegres, que sua mãe lhe dera. De lá para cá, as cadeiras foram retiradas, mas o tapete se mantém até hoje.

Raíssa começou a mobiliar a casa e a *datcha* de um jeito moderno. Ela não queria tapetes, chamava-os de "depósitos de pó". Tampouco queria cortinas pesadas ou móveis pesados – tudo o que parecia fora de moda.

No ano-novo, Raíssa e as crianças chegaram a Moscou. Começava o ano de 1979. Celebramos o ano-novo em família. Quando o relógio do Kremlin bateu doze horas, erguemos as taças de vinho, congratulamo-nos pela nova casa e fizemos votos de que tudo já se encaminhasse bem.

Desde os primeiros dias, fui absorvido pelo trabalho e trabalhava de doze a quatorze horas por dia. Irina e Anatoli se matricularam no Segundo Instituto Médico. Durante a entrevista, o pró-reitor, que era responsável pelo plano de ensino, olhou o certificado de Irina no livro de matrículas do Instituto Médico de Stavropol e disse: "A senhora se 'destacou' por toda parte. Conosco a senhora provavelmente não conseguirá".

Irina respondeu: "Veremos".

Ela concluiu o Instituto com o Diploma Vermelho, escreveu sua tese, terminou-a com sucesso e também lecionou nesse Instituto. Irina redigiu um interessante trabalho de pesquisa no campo dos problemas sociais e médicos. O título de sua tese era: "Causas de morte de homens em idade produtiva na cidade de Moscou". O tema foi imediatamente declarado como sigiloso, e mais tarde também a sua tese. Acho que até hoje isso não mudou. Mas tudo isso só aconteceu depois, eu antecipei aqui.

Raíssa se interessava pelo meu trabalho, minha saúde e meu ânimo. Ela se ocupava em organizar nossa vida moscovita e depois visitava os lugares da nossa juventude. Primeiro, ela se encontrou com sua melhor amiga, com quem manteve amizade durante toda a sua vida, Nina Liakicheva. Trata-se daquela Nina, a quem Raíssa emprestou os belos (para aquela época) sapatos brancos para seu casamento. Raíssa foi também à Faculdade de Filosofia e encontrou-se com seus professores. Ela queria muito voltar a trabalhar cientificamente. Ela me dizia: "E se eu fizesse doutorado? Aqui todos me conhecem, e eles conhecem também meus trabalhos sociológicos".

Eu respondi de forma realista: "O tempo dirá".

Ela concordou. Em nossa nova vida, tínhamos realmente de aprender muito, tínhamos de repensar e compreender algumas coisas. E embora meu trabalho deixasse pouco tempo para a família – pois estava ocupado não apenas nos dias úteis, mas também em todos os sábados –, tentávamos nos familiarizar com a vida na capital e estabelecer novos contatos. É claro que queríamos entender a atmosfera em que as famílias dos meus colegas viviam e simplesmente os conhecer. Infelizmente, tudo isso não era assim tão simples: encontros e visitas, mesmo com aqueles que já conhecia havia muito tempo, não eram bem-vistos. Nunca se sabe...

Sabia que Brejnev recebia apenas um círculo muito limitado de pessoas do Politburo: Gromiko e Ustinov, e, mais raramente, Andropov e Kirilenko. Para mim foi completamente inesperado quando Suslov, no início do verão de 1979, convidou toda a nossa família para passar o domingo junto com ele e passear pela área de uma das *datchas* desocupadas de Stálin. Passamos quase o dia inteiro lá: fomos passear, conversamos, tomamos chá. Foi um encontro de conterrâneos de Stavropol – uma deferência do moscovita estabelecido há tempos para com seu jovem colega vindo daquela região.

É interessante como as relações dentro daquele círculo se davam: Brejnev, Kosigin, Suslov, Gromiko e Ustinov tratavam-se por "você", mesmo em reuniões oficiais. Todos os outros tratavam Brejnev e os membros mais antigos do Politburo por "senhores".

Reparei ainda no seguinte: quando era secretário do Comitê Regional e ia até Suslov, tratávamo-nos por "senhores". Quando me tornei secretário do Comitê Central, ele passou a me tratar por "você", enquanto eu, naturalmente, continuei tratando-o por "senhor". O "você" dele significava: você faz parte disso.

Mais uma lembrança desse assunto. Passaram-se alguns anos no país, tornei-me membro do Politburo e passamos a ocupar outra *datcha*, ao lado da de Andropov. Certa vez tomei a iniciativa e o convidei para almoçar. Mas quando penso no resultado daquilo, ainda é desagradável para mim. Liguei para ele e convidei-o com sua esposa: "Hoje faremos, como nos bons e velhos tempos, uma comida de Stavropol".

Com voz equilibrada, tranquila, Andropov respondeu: "Sim, sim. Foram bons tempos. Mas agora, Mikhail, infelizmente tenho de recusar vosso convite".

— Por quê? — perguntei admirado.

— Porque amanhã – amanhã nada, agora mesmo, tão logo tomemos o caminho de sua *datcha* – começará a bisbilhotice e perguntarão: quem, onde, por que, o que eles discutem?

— De jeito nenhum, Iuri Vladimirovich!

— Sim, Mikhail. Basta começarmos e isso já foi informado a Brejnev. Quero apenas te dizer a mais pura verdade.

Desde esse incidente, não tínhamos mais a necessidade de convidar alguém do andar da chefia para estar entre nós ou de ser convidado por eles. Passamos a nos encontrar com nossos velhos amigos, travamos novas relações, convidávamos, visitávamos, só não os colegas do Politburo ou do Secretariado do Comitê Central.

Raíssa teve problemas com o novo sistema de relações. Ela não se deu com a nova vida peculiar das "mulheres do Kremlin". Não havia relações estreitas. O mundo das esposas era a imagem espelhada da hierarquia dos homens dirigentes, acrescentadas algumas *nuances* femininas. Após diversas reuniões das mulheres, Raíssa estava horrorizada com a atmosfera: uma mistura de arrogância, indelicadeza e bajulação.

Isso acarretou curiosos acontecimentos. Em 8 de março de 1979, na Assembleia Internacional de Mulheres, houve, como de costume, uma recepção governamental para os convidados estrangeiros e mulheres russas famosas. Todas as mulheres da cúpula tinham de participar da recepção. Nessa primeira cerimônia oficial, Raíssa chegou mais cedo que as outras e se acomodou onde estava livre, sem saber que ali se devia observar a mais rígida subordinação. Uma das damas principais, a mulher de Kirilenko, ao lado de quem Raíssa se acomodara, interpelou-a e disse a ela, sem embaraços: "Seu lugar é lá, no final...".

Depois disso, Raíssa sempre repetia: "Que tipo de gente é essa?".

Fora do círculo dos "escolhidos", tudo era mais fácil. Irina e Anatoli foram absorvidos pelo novo ambiente estudantil e rapidamente encontraram novos amigos. Raíssa renovou seus contatos com os colegas na Universidade Estatal de Moscou e no Instituto de Filosofia. Ela frequentava conferências, encontrava-se com amigos e começou, com sucesso, a aprender inglês.

Nos primeiros meses de nossa nova vida, em todos os dias livres, sentávamo-nos no carro e percorríamos a cidade. Fizemos os primeiros trajetos aos lugares familiares: as ruas Mochovaia, Krasnije Vorota, Krasnoselskaia e Sokolniki, com sua memorável Torre de Fogo, Clube Rusakov e, naturalmente, rua Strominka... Cruzamos o Rio Iauza e seguimos até a Praça Preobrajenski. No caminho, lançamos um olhar para o prédio onde funcionava o Registro Civil de Sokolniki.

Tudo havia mudado. Já falei das mudanças nas ruas Malaia-Grusinskaia e Bolchaia-Grusinskaia. A Praça Preobrajenski e a paisagem nos Montes Lênin também haviam mudado. Nos nossos anos de juventude, sobre o pano de fundo dos espaços vazios entre as construções vizinhas e pequenos edifícios, a Universidade e a pista de saltos junto ao rio Moscou pareciam solitárias e órfãs. No lugar da antiga aldeia Cheriomuchki, onde, naquela época, moravam os operários da construção e onde íamos buscar as encomendas dos nossos parentes no correio, havia um novo quarteirão de edifícios.

Não estávamos felizes com as mudanças, estávamos melancólicos, aliás, porque as velhas e tortas casas, tudo aquilo que, naquela época, em nosso tempo de estudantes, constituíra nossas vidas não estava mais lá. É claro que a melhora das condições de moradia para as pessoas foi um acerto, mas, de certa forma, sentíamos falta da velha Moscou.

Nas proximidades do velho prédio da Universidade, na rua Mochovaia, estava a famosa Velha Arbat. Com frequência vagávamos demoradamente por aquele beco tortuoso. Agora, situava-se lá a Nova Arbat, com arranha-céus e uma passagem para a avenida Kutusov. De forma certeira, o poeta Vosnesenski chamou o novo complexo de "A dentadura artificial de Moscou".

Percorríamos Moscou a esmo para conhecer melhor a cidade, a atual e a antiga. Com o tempo, nos veio a ideia de apreendermos Moscou por séculos: do século XIV ao XVI, do século XVII ao XVIII e assim por diante. Na maioria das vezes nos acompanhava um dos historiadores moscovitas com os quais Raíssa fizera amizade.

Mais tarde, nossas viagens de exploração se estenderam aos arredores de Moscou. As paisagens às margens do rio Moscou nos causaram a maior impressão. Ouvíramos a respeito de Kolomenskoie, mas o que vimos então nos deixou completamente atraídos por seu encanto: a Igreja da Ascensão de Cristo, que, no alto, na direção do céu, aspira chegar a Deus! Quem dizia isso da igreja era o compositor francês Berlioz.

Mas quanto à forma como passávamos nosso tempo livre, é necessário dizer, em primeiro lugar, que finalmente pudemos nos entregar ao máximo a nossa velha paixão pelo teatro. Já antes, em curtas visitas a Moscou, havíamos assistido a todas as peças interessantes. Ficaram na minha memória especialmente *Dez dias que abalaram o mundo*[*] e *Antimundos*[†], do Teatro Taganka; e fomos completamente arrebatados pelo balé *Spartacus*,[‡] no Teatro Bolshoi.

Depois de já estarmos ambientados em Moscou, tornamo-nos fãs apaixonados do teatro.

No topo: Leonid Brejnev

As maiores surpresas me aguardavam no Comitê Central. Meu local fixo de trabalho era o Secretariado do Comitê Central do PCUS. As seções acon-

---

[*]   *Ten days that shook the world* é um romance do jornalista norte-americano e socialista convicto John Reed sobre a Revolução de Outubro de 1917. O livro foi publicado em 1919 com um prefácio de Lênin. Mais tarde, foi censurado por Stálin.

[†]   Poema de Andrei Vosnesenski.

[‡]   Baseado na música do compositor armênio Aram Chatchaturian (1903-1978).

teciam semanalmente; fazia parte das funções também controlar se as resoluções eram implementadas, assim como a escolha e distribuição dos quadros e a nomenclatura. Essa era uma ferramenta eficaz. Enquanto o Politburo determinava a política e aprovava as resoluções que haviam sido preparadas pelas repartições do Comitê Central, pelo governo e por determinados departamentos, o Secretariado era um rigoroso mecanismo de controle sobre tudo e todos, sem esquecer, sobretudo, o que dizia respeito à ideologia.

No primeiro momento, minha colaboração enérgica no Secretariado do Comitê Central e na discussão nas seções junto a meus colegas mais próximos encontrou uma ressonância não exatamente positiva. Quase todos me olhavam de soslaio. Alguns me viam como "carreirista". Mas eu vinha de uma grande organização partidária, em que a efetividade de todas as decisões, sem exceção, tinha de se comprovar na realidade.

Tentava não me deixar afundar na rotina da subordinação. Defendia-me daquilo. Isso soa simples, mas manter essa linha era tudo, menos fácil. Mais tarde, na época da *perestroika*, tive de ser forçado a defender medidas necessárias e questionar por que um ou outro documento importante foi desviado. E no passado tive de exonerar pessoas de mérito, porque não tinham mais a capacidade de se ajustar à nova situação. Mas isso ainda estava muito distante.

Nas seções do Secretariado, com frequência me sentia acanhado e incomodado. De longe, como primeiro secretário do Comitê Regional de Stavropol, eu tivera mais liberdade do que ali, na cúpula do poder.

Havia trabalho por quase nove anos como primeiro secretário do Comitê Regional de Stavropol – no foco da política. E se, nos primeiros anos de minha carreira partidária, às vezes surgiu o pensamento de que seria melhor retornar ao trabalho científico, o trabalho como primeiro secretário do Comitê Regional me convenceu, de forma definitiva, de que eu havia agido corretamente. A política prevalecera sobre todas as minhas preferências e desejos. Sacrifiquei a ela os melhores anos de minha vida. Fui tomando gosto. Esse mundo me fisgou totalmente, mas nunca fui um escravo da política.

De volta ao Secretariado. Quando me tornei membro, Suslov o dirigia. Essa era sua prerrogativa. Apenas em sua ausência, quando ele se encontrava em viagem de serviço ou em férias, Kirilenko assumia a direção. Suslov estava à altura desse trabalho cheio de responsabilidade. Tinha uma enorme experiência. Tendo chegado ao Secretariado do Comitê Central sob Stálin com 44 anos, permaneceu durante sua vida inteira em posição de liderança. Cuidava de questões da ideologia e da política internacional e era um homem muito modesto e sem egoísmo, que tinha um curioso estilo de se vestir. Chamavam-no de "o homem com galochas de borracha". Quando chegava ao Comitê Central, no andar em que ficava seu escritório, descalçava suas galochas no elevador.

Outro atributo de sua vestimenta que todos conheciam era sua longa e cinza capa de chuva. Em 1978, por ocasião do vigésimo aniversário do beneficiamento de terras virgens, houve, no Cazaquistão, um encontro ao qual compareceram os primeiros secretários das províncias que haviam entrado para o programa de beneficiamento de terras virgens (eram não apenas o Cazaquistão e a Sibéria, mas também Rostov, Stavropol e outros distritos). Por causa de um encontro com o presidente francês Pompidou em Pitsunda, Brejnev só chegou tarde da noite ao Cazaquistão. A direção do Cazaquistão e os primeiros secretários dos Comitês Regionais e de Província foram buscá-lo na estação de Tselinogrado. Nós, caucasianos do norte, estávamos no final da fila de espera. Brejnev cumprimentou a todos e apertou-lhes as mãos. Nós também viemos na sequência.

— Como passaram o tempo? — perguntou Brejnev.

— Bem, assistimos a um filme feito pelos cazaques.

— Qual?

— Um novo documentário. Ele mostra muitos encontros do senhor com beneficiadores de terras virgens. Lá eles vestem uma capa de chuva cinza.

— Como Suslov?

Todos os secretários confirmaram com a cabeça.

Brejnev, a propósito, tinha grande respeito por Suslov e confiava cegamente nele. Na preparação das comunicações de Brejnev para assembleias plenárias e grandes conferências, as minutas eram enviadas a todos os membros do Politburo e secretários do Comitê Central para que pudessem apor notas e demandas. A ordem de Brejnev para lidar com essas propostas era curta e grossa: "As notas de Suslov devem ser integralmente levadas em conta, cem por cento. As notas dos outros camaradas devem ser discutidas".

Quando vim para Moscou, o rearranjo de forças dentro dos mais altos órgãos partidários estava concluído. A chegada de Brejnev ao poder, em outubro de 1964, havia sido o resultado de um compromisso entre as diversas frações que Kruschev derrubara. Brejnev não era nenhuma figura eminente, logo, todos acharam que conseguiriam manipulá-lo. Mas essa conta não fechou. Com grande habilidade tática, ele soubera estabilizar sua posição e fizera-se incriticável. Com a destituição de Podgorni e Kosigin, Brejnev era praticamente soberano.

É uma ironia do destino: quanto mais Brejnev fortalecia seu "poder pessoal", mais ele perdia sua capacidade de trabalho, de modo que seu poder real era mínimo. Podíamos assistir como ele mudou. Antes era não apenas mais enérgico como também mais democrático, não receava relações humanas normais, era convidado para discussões, sim, havia até mesmo discussões nas seções do Politburo e do Secretariado.

A partir de meados dos anos 1970, Brejnev teria de, realmente, renunciar ao seu posto em razão de sua condição de saúde. Isso teria sido mais humano para ele mesmo e seguramente teria servido aos interesses do Estado. Gromiko contou que Brejnev havia considerado diversas vezes a renúncia. Mas não havia entre os outros nenhuma personalidade evidente para a direção. Então, permaneceu em seu posto.

A sustentação do instável equilíbrio serviria também às regras da subordinação, dolorosamente seguidas. Todos os membros do Politburo e do Secretariado tinham de conhecer seu lugar e não podiam sair da linha. Essa subordinação às vezes era totalmente absurda. Ela se manifestava também na disposição dos assentos no salão de seções do Politburo. Isso é sério.

Era de se supor que ali se reuniam colegas, concorrentes. Para que o circo? Mas não, cada um tinha de ocupar um lugar totalmente determina-

Os participantes do 20º aniversário do beneficiamento de terras virgens no Cazaquistão: C. R. Rachidov, M. S. Gorbachev, V. V. Chtcherbizki, A. A. Gretchko, L. I. Brejnev, P. M. Macherov, V. V. Grichin e D. A. Kunaiev (1974).

do à mesa. Leonid Brejnev, à cabeceira; à direita dele, Suslov; à esquerda, o presidente do Conselho Ministerial Kosigin, e Tichonov após a morte dele. Ao lado de Suslov, Kirilenko; depois, Pelche, Solomenzev, Ponomariov e Demitchev. No outro lado, vizinho a Kosigin, Grichin; depois, Gromiko, Andropov, Ustinov, Tchernenko e, finalmente, Gorbachev. Havia momentos em que era difícil para Brejnev participar do trabalho do Politburo. No início, isso me admirou, até mesmo chocou. Mas a experiência de como meus colegas se comportavam me indicou o caminho.

Para variar, gostaria de contar uma anedota sobre Brejnev:

Certa vez, Leonid Brejnev convidou sua mãe para lhe mostrar como ele morava. Primeiro, levou-a à sua residência moscovita, na avenida Kutusov; depois trouxe-a à sua *datcha* na colônia Saretchie, junto ao Ring, onde morava na maior parte do tempo. E depois para Savidovo, em sua casa de campo, onde gostava de passar seu tempo livre; ele ia para lá com frequência para caçar. E, para fechar com chave de ouro, foi de férias com toda a família para a Crimeia, para a residência do secretário-geral no sul. Ele perguntou à mãe sua impressão sobre tudo o que ela havia visto.

"Sim, Lionja, realmente gostei muito. Mas uma pergunta: o que você vai fazer com toda essa riqueza quando os comunistas voltarem ao poder?!"

No começo, o mais importante para mim era me ambientar o mais depressa possível no setor agrário para obter um panorama das possibilidades de solução das tarefas e problemas da política agrária que se apresentavam. Um esquisitice depois da outra. Por exemplo, a URSS e a Comunidade Econômica Europeia produziam na época a mesma quantidade de grãos, embora na URSS fossem utilizadas para forragem de 100 a 120 milhões de toneladas de grãos, enquanto na CEE, apenas 74 toneladas serviam a esse fim. Em produtos de origem animal, a CEE produzia muito mais que nosso país. Veio à tona todo um complexo de problemas, que exigia de nós uma mudança dos métodos da pecuária, pois nós, nem de longe, podíamos adotar tudo o que vinha das nações ocidentais.

Falando francamente, quanto mais a fundo analisava a situação, maior era a minha preocupação com nosso setor agrário, mais dúvidas quanto à nossa política econômica me vinham à mente. Encontrei uma série de resoluções impensadas, cuja implementação havia provocado danos e deteriorado amplamente a natureza de nosso país. Como consequência da construção das grandes usinas elétricas, das quais nos orgulhávamos, mais de 14 milhões de hectares das melhores campinas, centenas de aldeias, casas, igrejas e túmulos foram inundados. Muitas indústrias, construídas em diferentes épocas, direcionavam esgoto não tratado aos rios, o que levou a sua contaminação. Isso significava perda de reservas de água doce e grande perda na população de peixes. O desmatamento desordenado, caótico das florestas e outras ações irrefletidas haviam provocado sérios problemas ecológicos.

O sistema de planos, que se baseava na propriedade estatal, aparentemente abrira gigantescas possibilidades de investir os fatores naturais, visando a mudanças sociais e a uma solução racional dos problemas-chave da economia popular. Mas, na prática, tudo parecia diferente: grandes dificuldades surgiram da hipercentralizada estrutura do gigantesco país. De acordo com as leis do sistema burocrático, todos os atores tentaram, em primeiro lugar, extrair algum proveito para si próprios. Muito foi malgasto, roubado, fluiu para bolsos desconhecidos (e conhecidos!).

Deparei-me com todos esses problemas desde o início. Em comparação com os anteriores, o ano de 1979 foi menos lucrativo. E quando analisei a situação, cheguei à conclusão de que o plano elaborado anteriormente para os fornecimentos era irreal e que a diferença tinha de ser compensada por meio da compra de grãos no exterior. Elaborei um prognóstico e o remeti aos membros do Politburo.

Esse relatório foi o motivo de meu primeiro confronto com Kosigin. Isso se deu em uma situação incomum. Toda a cúpula havia se reunido na Crimeia para entregar aos cosmonautas Liachov e Riumin, que haviam completado o voo espacial mais longo daquela época, de 175 dias, suas condecorações. À entrada do Salão de Catarina, a conversa chegou a todo o possível. Brejnev, como sempre, interessava-se pela colheita. Eu disse que tínhamos de enviar ao Cazaquistão mais carros para o transporte de grãos. Mas, de repente, Kosigin se intrometeu e disse diretamente para mim, de forma áspera: "Sempre essa pedinchice, você tem de conseguir isso pelas próprias forças".

Aquilo me desferiu um golpe. Brejnev o interrompeu e disse, de forma consideravelmente apaziguadora: "Ouça, você não tem ideia do que significa colheita. Isso tem de ser pego pela mão".

Kosigin continuou, ainda mais melindrado: "Nós, membros do Politburo, recebemos aqui um relatório do Departamento de Agricultura do Comitê Central – com a assinatura de Gorbachev. Seu departamento e ele se deixam atrelar a interesses patrióticos locais, mas não temos divisas para comprar grãos. Não há sentido em bancarmos os liberais, temos de permanecer estritamente na meta e promover o cumprimento do plano estabelecido para os fornecimentos".

Aquelas eram acusações sérias, e elas me afetavam. Disse que se isso fosse interpretado como uma deficiência de minha parte, então o presidente do governo deveria incumbir seu aparato de tirar uma carta da manga quanto aos grãos e concluir a ação de entrega.

Fez-se um silêncio sepulcral... Um dos indicadores de lugar nos ajudou: "Leonid Ilitch", disse ele, "está tudo pronto, o senhor deve ir".

Em fila indiana, entramos no Salão de Catarina atrás de Brejnev. Após a atribuição das condecorações aos cosmonautas, fui para meu escritório. Estava mal-humorado. Não apenas porque havia entrado em conflito com Kosigin, a quem admirava muito. Em momentos como esse, sempre procuro me manter frio e checar sobriamente se cometi um erro. Quinze minutos depois, Brejnev ligou: "Você está aborrecido?", perguntou ele, provavelmente para me animar e tranquilizar.

"Sim", respondi. "Não posso deixar, sem resposta de minha parte, que eu seja repreendido por uma posição avessa ao Estado."

"Você se comportou de forma correta, não se chateie. Temos mesmo de impelir o governo a cuidar mais da agricultura." Com isso, a conversa estava terminada.

Duas horas depois, o telefone tocou novamente. Kosigin. Como se nada tivesse acontecido, ele se dirigiu a mim em um tom normal: "Gostaria de continuar a conversa iniciada".

"Alexei Nikolaievitch", respondi igualmente sem repreensão, "talvez o senhor realmente tome em suas mãos a iniciativa nesta fase final. Para mim, esta é a primeira campanha desse tipo, ainda mais em um ano tão difícil".

Mas, de repente, ouvi de Kosigin: "Li mais uma vez seu relatório e estou de acordo. Apresente o relatório ao Politburo".

Ele disse de forma totalmente imparcial, sem repreensão, mas também sem pedido de desculpa. Pois bem, pensei...

O incidente com Kosigin teve consequências completamente inesperadas para mim. Uma parte da direção o tomou como evidência de minha postura intransigente em relação a Kosigin pessoalmente. Tive de pensar nisso, como Suslov me disse um dia: "Tivemos uma conversa. A assembleia plenária está próxima. Há planos para fortalecer sua posição. Por isso, foi proposto mandá-lo ao Politburo como membro. Manifestei-me contrariamente e gostaria que você soubesse. Proporemos você como candidato do Politburo. Isso é melhor. Você tem em torno de si secretários que já trabalham nesse lugar há cinco, dez, quinze anos. Para que criar tensões desnecessárias?".

Ele tinha razão.

CAPÍTULO 9

O setor agrário – um poço sem fundo?

Após o término de minhas obrigações no setor agrário, em dezembro de 1979, fui a Pitsunda para pequenas férias de inverno. Elas sempre caíam na época em que os membros da direção já haviam retornado de suas férias no mar, no verão e no outono, para Moscou. Lá encontrei Eduard Chevardnadse, primeiro-secretário do Comitê Central do Partido Comunista da Geórgia. Depois de um jantar, caminhamos demoradamente ao longo da praia e falamos sobre nossa vida e a situação atual, sobre nossos assuntos de partido e Estado. Já nos conhecíamos havia muito tempo, ainda do Komsomol, mas não éramos amigos próximos. Porém naquela noite surgiu uma nova compreensão e uma amigável simpatia entre nós. Em determinado momento, Chevardnadse disse, de forma aberta e preocupada:

— Tudo está se decompondo, de cima a baixo.

— Concordo contigo — respondi. Esse foi um momento de sinceridade de nossa relação.

Cedo, pela manhã do dia seguinte, soubemos que nossas tropas haviam invadido o Afeganistão. Uma situação curiosa: havia anos, Chevardnadse já era candidato do Politburo, eu havia acabado de me tornar; mas a resolução sobre invadir o Afeganistão não havia sido combinada nem com ele nem comigo, não haviam ainda nem mesmo nos informado sobre isso. Soubemos dessa ação grandiosa, de consequências extremas para nosso país e para as relações internacionais, pelos meios de comunicação.

Chevardnadse voou imediatamente até Tbilisi, enquanto eu – sim, não escondo isso – fiquei o dia todo pensando em como haviam passado por cima de nós. Raíssa compreendeu a situação, ficou calada e procurava não me tranquilizar nem fazer perguntas...

O mundo estava em rebuliço. Os EUA e outras nações tomaram uma série de medidas contra a URSS. Os americanos suspenderam até mesmo o fornecimento de grãos, que haviam garantido por contrato. Com esse embargo, perdemos 17 milhões de toneladas de grãos. Tive de me apressar e retornar a Moscou.

Brejnev chamou Gromiko, Ustinov e a mim. Pela primeira vez, eu estava naquele círculo exclusivo. Primeiro, Gromiko e Ustinov apresentaram, de maneira pormenorizada, sua avaliação muito otimista da situação no Afeganistão. Eu, ao contrário, tive de relatar a excepcionalmente preocupante situação alimentar. Todos estavam aflitos. Fui incumbido de elaborar propostas concretas sobre qual seria o custo para garantir o mínimo à sobrevivência e quais diretivas deviam ser promulgadas para isso pelo Ministério do Exterior e pelo comércio exterior. Pela primeira vez, ocupava-me da elaboração de um programa que nos faria independentes da importação de grãos. Ainda não o chamava de "Programa Alimentar", mas era exatamente disso que se tratava.

Depois dessa conversa, foi preparado no Politburo o texto de um discurso do secretário-geral. As propostas foram aprovadas, e a resolução foi consultar a Comissão Estatal de Planejamento, os ministérios e as instituições científicas para a elaboração do programa.

Com aquele momento começou o intensivo e multifacetado trabalho para compor um programa alimentar. Não foi fácil. Primeiro, os objetivos tiveram de ser estipulados; depois, os caminhos e as possibilidades para a implementação do programa tiveram de ser encontrados. Apesar das discussões duras e das dúvidas que se podiam ouvir de diversos lados, com o tempo tínhamos cada vez mais argumentos que alicerçavam a necessidade do programa.

A análise de quinhentas fazendas experimentais, que haviam se espalhado por todo o país, mas que retratavam em pequena escala tanto a geografia como as zonas naturais e climáticas de todo o país, levou a resultados interessantes. Ela mostrou quais possibilidades tínhamos, desde que os colcozes e sovcozes atingissem o nível de produção dessas fazendas experimentais. Então, não saberíamos para onde mandar toda a produção! A safra de grãos nessa época não ficaria abaixo de 260 milhões de toneladas, isso significa, pelo menos, 50 milhões de toneladas acima do que nos anos lucrativos até então. Assim, não teríamos de comprar grãos no exterior.

Para tanto, tínhamos de resolver, passo a passo, todo um complexo de problemas, para prover as fazendas com as máquinas agrícolas necessárias, fertilizantes, herbicidas, sementes selecionadas, animais de raça e, naturalmente, também criar as condições sociais e culturais necessárias para os aldeões. Depois disso, poderíamos contar com um rápido e grande sucesso.

E mais uma coisa. As fazendas experimentais tinham ampla autonomia na produção e na venda de seus produtos. Mas o grosso considerável das fazendas do país sofria, sobretudo, de falta de condições econômicas, as quais estimulam um modo de trabalho mais efetivo, isto é, podem tornar o trabalho lucrativo. Era urgente o surgimento de uma nova política agrária.

Era urgente romper a visão depreciativa da agricultura. A mentira mais difundida consistia na afirmação de que a agricultura era um ramo da economia sem perspectiva, que gerava prejuízo, que devorava recursos imensuráveis e não rendia quase nada.

Há pouco tempo tive em mãos os materiais de uma avaliação da provável produção de alimentos da Rússia de hoje. A pesquisa chegou ao resultado de que, com a adoção da seleção, de novas tecnologias e de fertilizantes químicos no plantio e na pecuária, poderia ser auferido um lucro que alcançaria em torno de 800 milhões até 1 bilhão de pessoas abastecidas.

Eu insistia na formação de uma equipe sob a direção da Comissão Estatal de Planejamento e sob a colaboração de agrônomos e funcionários do partido. Ela deveria esclarecer a questão fundamental: qual é a quota de participação da agricultura nos proventos nacionais? Havia uma disputa acalorada sobre isso. Mas, por fim, essa comissão chegou ao resultado de que a agricultura rendia uma parte considerável dos proventos nacionais:

cerca de 28%. Produtos agrícolas e mercadorias derivadas de matérias-primas agrícolas representavam mais de dois terços da movimentação de mercadorias no comércio estatal e cooperativo. Todos esses dados foram publicados no periódico *Comunista* (1980, nº 11).

Após a publicação desses dados, nenhum dos meus oponentes comparava mais a agricultura a um "poço sem fundo". Só depois desse passo houve a possibilidade de voltar a colocar a questão dos preços justos para compra de produtos agrícolas. Baibakov, presidente da Comissão Estatal de Planejamento da URSS, envolveu-se na discussão. Ele fazia parte dos tecnocratas do alto escalão, mas tinha um bom tino para o lado humano de uma questão como aquela. Isso possibilitava falar com ele de forma totalmente franca. Ele, por sinal, foi o primeiro que me deu a entender que alguns problemas de nosso país, entre eles o financiamento da agricultura, poderiam ser solucionados se não existissem zonas restritas, às quais o acesso era proibido, ou seja: as despesas com a defesa. As elevações das despesas militares não tinham relação com o crescimento dos proventos nacionais. Mas ninguém havia nem mesmo tentado abordar esse tema.

— Você se atreveria a colocar essa questão? — perguntou-me Baibakov certa vez de forma totalmente direta, quando estávamos a sós depois de uma seção. Estava claro que ele falava de seu sonho mais secreto.

— Não, eu não colocaria — respondi.

— Veja você, eu também não — observou, lamentando.

Aquela era a zona restrita do secretário-geral.

A 26ª Assembleia do Partido, em 1981, deliberou a necessidade de um programa alimentar. Isso tinha um significado fundamental, sobretudo político, pois a questão alimentar havia se agravado perigosamente no interior do país. A fome na União Soviética tinha sido esquecida há muito tempo. Mas nossos problemas alimentares internos foram resolvidos, em considerável medida, através das importações de carne e muitos outros alimentos, especialmente grãos. Isso dava ensejo a grande preocupação, porque estava diretamente ligado à segurança de nosso país.

Após a resolução da Assembleia do Partido sobre o programa alimentar, era preciso começar imediatamente a luta para cumprir essa tarefa extremamente importante. Encontrava-me bastante com cientistas, especialistas do setor agrário, presidentes dos colcozes, diretores dos sovcozes, agrônomos e outros especialistas. Depois de discussões fundamentadas, formou-se o entendimento de que, no centro da atenção do programa alimentar, deveria estar a pessoa que trabalha com a terra e vive na terra – o camponês, portanto. Mais tarde cheguei à convicção mais segura: o que havia acontecido nos anos da coletivização não era, de maneira nenhuma, reparável nos anos seguintes. Uma parte do campesinato, e a mais capaz, havia sido simplesmente exterminada. Chamavam-nos de "culacos", exploradores, e cobriam-nos com os piores xingamentos. Milhões de pessoas foram enxotadas de sua terra. A outros, deslocaram violentamente para os colcozes, enquanto socializaram-se suas reses, seus inventários, tudo de que o camponês vive. As pessoas que haviam recebido do poder soviético seus quinhões de terra logo após a Revolução, e entendiam algo de agricultura, passaram de camponeses pobres a camponeses médios, embora continuassem existindo também fazendas, e de forma alguma tão poucas. A coletivização era necessária acima de tudo para se obter o controle total sobre a agricultura...

Apesar de todas as dificuldades, conseguiu-se estipular a orientação do programa alimentar e garantir seu financiamento. Na cúpula, foram colocadas questões sobre a infraestrutura social das aldeias. Para isso, foram orçados 140 bilhões de rublos. Esse subprograma compreendia a construção de alojamento, vias, escolas, jardins de infância, hospitais, bibliotecas, etc. Às vezes, ele me parecia simplesmente irrealista, e eu pensava que nos excedêramos.

Quanto mais avançávamos com o Programa Alimentar, mais clara ficava a necessidade de montar um complexo agroindustrial. Ele havia sido propositalmente desmantelado antes. Três áreas requeriam atenção: a produção propriamente agrícola nos campos e nas fazendas; a produção industrial, que provia às aldeias os recursos materiais e técnicos; e, finalmente, a indústria transformadora, que convertia as "dádivas da natureza" em alimentos. Na economia de mercado, isso não desempenha papel nenhum: as relações entre os parceiros individuais se moldam de acordo com determinadas regras do jogo e se formam sob a atuação do mercado por si. Sob as condições da economia planificada, por outro lado, em que as três áreas estavam submetidas a diversos ministérios e órgãos e eram cuidadas por diversas repartições no Comitê Central, pelo governo e pela Comissão Estatal de Planejamento, não havia nenhuma relação orgânica entre elas. Isso tornava a condução excepcionalmente difícil. Cada responsável defendia apenas as posições de seu órgão. O resultado era um terrível entrevero, caos total, dilapidação de meios, e tudo isso em nome de uma economia planificada.

Nesses assuntos, quando observo não mais apenas no âmbito de uma região, mas de todo o país, vejo a verdadeira extensão do desajuste, da distorção e das proporções erradas. Dizendo sinceramente, a partir de certo momento peguei medo. Era, de fato, apenas de se admirar que o sistema ainda não tivesse desabado. Provavelmente apenas o Comitê Central do PCUS e o Politburo, e o mecanismo do partido, quando muito, impediram isso. Conseguiria eu mudar alguma coisa?, perguntava-me com uma frequência cada vez maior. Mas era tarde demais para retroceder.

Após longas discussões, concordamos que o complexo agroindustrial deveria englobar as empresas de concepção, fabricação, compra e manutenção de máquinas agrícolas (técnica Selcho), o serviço agroquímico, os Ministérios do Abastecimento, de Beneficiamento do Solo e da Economia de Água. Disso deveria ser formado um complexo de grande potencial, em que estariam concentrados cerca de 38% do fundo-base da produção do país. Segundo estimativas, ele poderia representar 40% dos proventos nacionais.

Na cúpula haveria um Comitê Agroindustrial da União, mas as unidades de província e das regiões desempenhariam os papéis-chave. As unidades territoriais teriam plenos poderes suficientes para não terem de pedir a autorização de Moscou para cada passo. Para a certificação, apreciação adicional e experimentação da reestruturação planejada foram realizados encontros com cientistas, líderes dos colcozes e sovcozes, assim como com secretários dos comitês partidários de diversos níveis. Esses encontros formaram a "base de apoio". A visão da economia doméstica individual dos camponeses também mudou. De "setor privado" prejudicial, ela passou então a ser observada como parte orgânica integrante do complexo agroindustrial, que organizava a produção dos colcozes e sovcozes.

Especialmente valioso era o apoio dos primeiros secretários das províncias e regionais e do Comitê Central das Repúblicas. Seu interesse, que se podia sentir em muitos encontros, corroborava a esperança de um sucesso na assembleia plenária do Comitê Central do PCUS, marcada para maio de 1982.

Troca de poder

Mas, precisamente no ponto alto de meu trabalho no Programa Alimentar, que demandava meu tempo e minhas forças de forma integral, ocorreu uma mudança na alta cúpula do partido. Em 25 de janeiro de 1982, Suslov faleceu. Sua morte exacerbou a disputa subliminar no interior da direção política. Suslov, que nunca almejara o posto de secretário-geral e era absolutamente leal a Brejnev, desempenhara um papel estabilizador e, em certo grau, neutralizara o confronto das diferentes forças e personagens, e isso durante muitos anos. Quando se avalia o papel de Suslov para a história de nosso país, muitos ignoram isso. Aí está em jogo uma noção de Suslov cheia de clichês. É injusto tomá-lo como uma figura sombria e um reacionário por causa de sua crueldade, imputada a ele com razão, nas questões da ideologia.

Então Suslov já não vivia mais. A primeira pergunta foi: quem entra em seu lugar? No fim das contas, tratava-se do sucessor de Brejnev, do "segundo-secretário", que, tradicionalmente, com o tempo ascendia a "primeiro-secretário", gradualmente tomava nas mãos as rédeas do poder ainda no tempo de vida do secretário-geral e assumia a direção. É claro que a resposta a essa pergunta dependia, em muito, do próprio Brejnev. Mas ele já estava em uma situação tal que não conseguia mais compreender os acontecimentos da forma apropriada. A influência de Tchernenko, que nunca saiu do lado de Brejnev, era grande.

Na época, e também agora, fiz novamente a pergunta: como e por que Tchernenko e seu círculo influenciavam tão fortemente o secretário-geral? Tchernenko havia feito mais do que todos os outros pela imagem de Brejnev e trabalhado pela figura de um político destacado, insubstituível. Em torno de Tchernenko reunia-se um grupo de pessoas que, de forma análoga, instruíam os meios de comunicação, as estruturas ideológicas do partido e os comitês partidários. Graças a esses grupinhos, falava-se de "persona-lidade de direção consagrada de forma geral", de "teórico pujante", "des-tacado lutador pela paz e pelo progresso". Sabendo-se que Brejnev, nos últimos tempos, conseguia apenas trabalhar algumas horas por dia ou aparecer para o trabalho, não pode ter sido fácil engendrar a aparência desse trabalho ativo. Mas Tchernenko conseguiu, e Brejnev gostava disso.

Para analisar a relação de forças após a morte de Suslov, ponderemos as chances de alguns membros do Politburo, sobretudo as de Kunajev ou Chtcherbizki. Um dos colaboradores que ajudavam Brejnev contou-me uma vez um episódio ocorrido durante uma recepção de Chtcherbizki por Brejnev. Chtcherbizki, primeiro-secretário do Comitê Central do Partido Comunista da Ucrânia, falou bastante do país, que era uma república real-mente muito significativa e na qual muitas coisas aconteceram. Comovido e satisfeito com o que ouvira, na despedida, Brejnev mostrou sua poltrona e disse: "Volodia, este é o lugar que você ocupará depois de mim".

Isso foi em 1978, Chtcherbizki acabara de se tornar sexagenário. Aqui-lo não foi uma piada ou uma fraqueza momentânea. Brejnev de fato nutria uma velha predileção por Chtcherbizki. Tão logo ele havia chegado ao poder, mandou buscá-lo em Dnipropetrovski, para onde Kruschev o havia expulsado, e conseguiu sua nomeação para presidente do Conselho Minis-terial da Ucrânia e, mais tarde – contra Chelest –, para membro do Politburo.

Chtcherbizki era um grande político, "liderava" sua república com segurança e, o que era o principal, como ele mesmo tratava de expressar, mantinha-se firme "às posições de Bogdan Chmelnizki". Algo assim era altamente valorizado.

A morte de Suslov despertou expectativas e esperanças também em outros membros do Politburo. Exaltado, abismado e perplexo, Andropov me contou ao telefone de uma conversa com Gromiko. Sua ligação foi surpreendente, por se tratar de Andropov. Gromiko e ele eram velhos amigos. Gromiko sondava abertamente o terreno para assumir o posto de Suslov. Como homem experiente em muitas áreas da vida, sobretudo na política externa, naturalmente, ele preenchia mesmo todos os pré-requisitos para isso.

A resposta de Andropov foi evasiva: "Andrei, isso é assunto do secretário-geral".

Parece-me que o próprio Andropov tinha as maiores perspectivas para esse posto. Certa vez, eu disse a ele, em uma conversa, que ele já trabalhava havia muito tempo pela segurança do Estado, que já era tempo de voltar para casa, de onde ele havia partido.

Andropov me contara que, logo após a morte de Suslov, o secretário-geral falou com ele sobre sua mudança para o cargo de secretário do Comitê Central, que deve dirigir o secretariado e cuidar do setor internacional. Mas acrescentou: "Como será a decisão definitiva do secretário-geral, eu não sei".

Naturalmente havia também um terceiro homem que tinha planos nesse sentido: falo de Ustinov. Acredito que Ustinov contava com a possibilidade de uma promoção a esse posto – embora ele provavelmente especulasse mais o cargo de secretário-geral e, nesse caso, favorecesse Andropov.

Quem também contava com perspectivas era Tchernenko. Mas acredito que, já em meados de março, Brejnev havia chegado a uma decisão definitiva. Tenho como base o fato de que ele, ainda naquela época, deu a Andropov a ordem de fazer um discurso na seção solene por ocasião do

112º aniversário de Lênin. Segundo os critérios do "creme da leninologia", isso significava que: Brejnev havia decidido!

O discurso de Andropov foi bom. Pela primeira vez em muitos anos, o tradicional discurso deu um impulso inicial para reflexões a serem levadas a sério sobre a situação real. Nessa ocasião, Andropov disse as famosas palavras: "Conhecemos mal a sociedade em que vivemos".

É completamente possível que, na eleição de Andropov, mais um momento tenha desempenhado um papel que ninguém menciona. Quando Brejnev buscou Andropov para o trabalho partidário, podia tornar Fedortchuk, um homem totalmente dedicado a ele, responsável pela segurança do Estado. Andropov não tinha muita consideração por Fedortchuk e queria ver Tchebrikov nesse posto. Mas, quando Brejnev perguntou-lhe diretamente quem ele queria ter como sucessor, Andropov voltou a dizer: "Isso é assunto do secretário-geral". Depois, quando Brejnev perguntou de Fedortchuk, Andropov não se opôs e apoiou sua candidatura.

"Pão e defesa!"

A questão cardeal dizia respeito ao financiamento e aos recursos para o Programa Alimentar. Isso me dava dores de cabeça. Eu tentava comprometer o mínimo volume possível de meios, pois sem essas informações não podia aparecer na assembleia plenária do Comitê Central. O Ministério das Finanças e a Comissão Estatal de Planejamento evitavam o diálogo sobre esse tema. Pior ainda: Baibakov e Garbusov tiveram um encontro com Tichonov,[*] no qual este dissera, em tom bastante rude: "Não se podem fazer promessas de financiamento e recursos a Gorbachev".

Apesar disso, nos aproximamos cada vez mais de Garbusov e Baibakov na questão. Mas entendi também que tinha de fazer uma contraproposta

---

[*] Presidente do Conselho Ministerial após a morte de Kossygin, em 1980.

se não quisesse que tudo ficasse no ar. Propus o seguinte aos meus parceiros: poder-se-ia aplicar, no desenvolvimento da fabricação de maquinário agrícola, uma parte dos investimentos destinados à agricultura. Mas a questão principal – a elevação dos preços de compra de produtos agrícolas – não se deixava solucionar de jeito nenhum.

Certa vez houve uma conversa que me levou a solicitar uma audiência urgente com Brejnev. Foi assim: eu havia marcado uma reunião sobre as questões não resolvidas do financiamento. Mas Garbusov, o ministro das finanças, não apareceu. Liguei para ele:

— Vassili Fiodorovitch, já estamos todos reunidos, estamos sentados esperando pelo senhor.

— Mikhail Sergueievitch — suplicou o ministro —, não posso ir até os senhores.

— Por quê?

— Isso vai ser a minha morte — disse ele com um suspiro profundo e completamente sério.

— Espere — disse eu abismado. — O que acontece em meu escritório é tão insuportável para o senhor?

— Não se trata disso, Mikhail Sergueievitch — replicou Garbusov —, o senhor me importunará outra vez: "me dê dinheiro, me dê dinheiro". Mas eu não tenho e não sei de onde tirar. Tenho um coração doente, já tive um ataque em vossa antessala, vossos assistentes me recolocaram em pé.

De onde tirar dinheiro? Esse pensamento me perseguia a cada passo. Por fim, cheguei à ideia do crédito não reembolsável. Da relação desigual entre Estado e nação, todos sabiam. Mas o sistema devastador, segundo o qual máquinas, materiais para construção e combustíveis eram mais caros, enquanto grãos e outros produtos agrícolas permaneciam baratos, tinha de ser imperiosamente equilibrado através de mecanismos de compensação. E um desses mecanismos eram os créditos estatais, que os colcozes e sovcozes recebiam pontualmente todos os anos. Ninguém se propunha a reembolsá-los integralmente. Eles simplesmente não tinham essa possibilidade. A lógica era: se vocês mantêm os preços de compra tão baixos que não conseguimos viver e trabalhar normalmente, então dignem-se a nos conceder crédito inclusive no futuro e depois amortizar as dívidas. Nesse caso, não há nada a fazer, afinal, o país tem de ser alimentado de alguma forma.

Minha análise resultou no fato de que o montante dos créditos anuais oscilava entre 15 e 17 bilhões de rublos. No fundo, esse crédito não reembolsável não era nada mais que um financiamento direto dos colcozes e sovcozes. Então por que não podíamos aplicar essas quantias no aumento dos preços de compra? Se esses preços fossem justos, os camponeses cogitariam também sobre uma elevação da produção, sobre os custos reais e como e onde se poderia poupar. Aparentemente, havia encontrado a solução, mas por enquanto não falei com ninguém a respeito, e dei ordem para checar a questão em detalhe.

Ao fim e ao cabo, as paixões haviam se aplacado, as discussões nas comissões chegaram ao fim, os elementos mais importantes do Programa Alimentar haviam sido formulados, elaborados e votados. Como a assembleia plenária do Comitê Central estava à porta, eu precisava de um encontro com Brejnev. Eu achava que o secretário-geral tinha de apresentar o programa.

Encontramo-nos. Disse a ele minha opinião. Brejnev vacilou. Senti que se desenrolava uma luta difícil em seu interior. Já na assembleia do partido, ele só conseguira apresentar seu discurso com um esforço extraordinário. Mas, na seção seguinte do Politburo, ele deu seu consentimento, e assim tive de introduzi-lo no problema.

Duas coisas estavam sempre no coração de Brejnev: o setor agrário e o armamento. Exatamente nessa ordem. Sei também que uma vez a conversa chegou à colheita e à tradicional disponibilização de caminhões do Exército para esse fim. O ministro da Defesa, Ustinov, era um homem inteligente, astuto, muito decidido e pertinaz. E, nesse caso, comportou-se de forma muito construtiva. Disse que compreendia o significado da colheita, e literalmente: "Defesa e pão são as coisas principais e não são separáveis uma da outra". Achei necessário corrigir e observei que tendia mais para a fórmula "pão e defesa". Brejnev me apoiou e disse rindo: "Gorbachev tem toda a razão". Portanto: "Pão e defesa"!

É evidente que houve um momento em que o secretário-geral teve de refletir e ponderar sobre aonde levaria a lógica do aumento do potencial militar e da corrida armamentista com os EUA. Nos últimos planos quinquenais, as despesas militares haviam crescido duas vezes mais rapidamente que nossos proventos nacionais. Aquele monstro devorava tudo o que nós, com trabalho duro e desgaste impiedoso de nosso fatigado aparato de produção, havíamos conquistado, em vez de modernizá-lo urgentemente, especialmente na fabricação de máquinas e nos setores extrativos. Na época, eu já tinha essa opinião.

Com isso, a questão se agravou tanto que não havia possibilidade de analisar o problema. Todos os dados do complexo industrial-militar eram rigorosamente sigilosos. Era preciso apenas soltar uma palavrinha sobre isso e dizer que uma empresa de armamentos não estava trabalhando de forma satisfatória e Ustinov se lançava como uma garça sobre o "crítico bisonho", e ninguém no Politburo se atrevia a contestá-lo. A crise se anuncia. Apenas em novas soluções na política externa e em um diálogo com os americanos reside uma saída. Isso não foi possível. Tudo permanecia preso à rotina da velha política, que cada vez mais caminhava para o precipício.

Decidir-se por reformas (agora compreendo especialmente bem), disso a direção da época não era capaz. Apenas não mexer no sistema, esse era o lema pelo qual o aparato do poder zelava com olhos de águia. Por isso, lançaram-me sobre os chamados "programas de metas", em voga na época, um tipo de salva-vidas para ainda enfrentar pelo menos um único problema.

O país perdeu sua dinâmica de desenvolvimento; a sociedade, a energia social; a política entrou em um beco sem saída. Posso afirmar com absoluta segurança que nem eu nem meus colegas diagnosticamos a situação geral como crise. Mas o sentimento da crise iminente, esse pressentimento crescia.

A máquina ideológica trabalhava a todo o vapor, mas era cada vez mais difícil para ela acabar com os problemas, com a crescente indignação da sociedade, desviar-se dos ataques dos opositores. Nos teatros, encenavam-se as peças *Assim vencemos*, de Chatrov; *O décimo terceiro presidente*, de Abdullin; e *O ninho do tetraz*, de Rosov, nas quais foram tratadas as delicadas questões de nossa situação. Circulava na sociedade um sem-fim de literatura *Samizdat*,* ocorriam exposições não oficiais de artistas. Seu principal objetivo era a crítica da ordem dominante, dos métodos econômicos e até de todo o regime.

Precisamente com essa época coincidiu outra estada de Brejnev no hospital da rua Granovski.† Seu quarto tinha, ao lado de uma sala de tratamento, também uma sala para recepção de visitantes. Ali se achava lugar confortavelmente, podia-se conversar e tomar chá. Lá nos encontrávamos, então, Tchernenko, Tichonov, Andropov e eu.

Brejnev estava contente, recebeu-nos, por assim dizer, com animação, como se quisesse demonstrar que estava bem. Ele, aliás, realmente não dava a impressão de uma doença grave. Nem mesmo vestia roupas de hospital, e sim uma calça da moda e um casaco esportivo marrom com zíper. Somente a quem o conhecia e sabia como ele era dinâmico saltava à vista seu comportamento vagaroso.

Cumprimentamo-nos, sentamos à mesa e falamos de tudo, sobre saúde e os assuntos correntes. Então Brejnev perguntou:

— Como está a assembleia plenária?

Todos se viraram em minha direção:

— Estamos nos preparando e quase prontos. O programa foi elaborado e o pacote de isenções, também. No que se refere aos números previstos: eles são realistas. Apenas o financiamento ainda está por se regular.

Brejnev reagiu de imediato:

---

* Prática comum na URSS e nos países do bloco socialista, que visava a driblar a censura estatal. (N. T.)

† Hoje: Romanov Pereulok.

— É claro que a assembleia plenária tem de ser realizada. Vocês todos só me impeliram e confirmaram como discursante, mas vocês mesmos não chegaram a um acordo sobre o financiamento. Porém, não posso subir à tribuna com as mãos vazias.

— Leonid Ilitch, e como o senhor irá? — alterou-se Tchernenko e levantou-se da mesa num pulo.

— Tudo vai ficar em ordem, já entraremos em acordo de alguma forma — envolveu-se também Tichonov, o que, na verdade, não soava especialmente honesto para ele.

Andropov ficou lá, tranquilamente sentado, não disse nenhuma palavra e apenas observava exatamente o que se passava diante de si. Ele já sabia que, na iminente assembleia plenária, seria eleito secretário do Comitê Central e, com isso, a segunda figura do partido e do Estado. Tichonov também sabia disso, pois, durante a conversa, olhava constantemente na direção de Andropov. Tchernenko adivinhou que não seria o sucessor de Suslov porque Brejnev não fizera nenhum tipo de insinuação nesse sentido. Ele estava sofrendo e nervoso...

Como tínhamos de organizar o trabalho da plenária para facilitar a aparição de Brejnev? Concordamos em distribuir antes o texto do Programa Alimentar e todo o pacote de isenções governamentais aos membros do Comitê Central e convidados. O secretário-geral só teria de apresentar um curto relatório de caráter fundamental. Com essa resolução, separamo-nos.

Tchernenko e eu fomos no mesmo carro da rua Granovski até Staraia Plochtchad. Agradeci a ele por seu apoio. Afundado em pensamentos, ele respondeu:

— O mais importante agora é: aja e não tenha consideração por ninguém.

Sabia que ele não gostava de Tichonov e que fazia alusão a ele.

— Como a posição do secretário-geral está clara — respondi —, quase ninguém pode reverter a situação. Mas o senhor também deveria se preparar, pois seus telefones vão superaquecer.

O momento da conversa decisiva com Tichonov havia chegado. Dificilmente aquilo se tornaria prazeroso, mas, se ele não topasse, o projeto estaria ameaçado.

O encontro aconteceu no Kremlin e durou quatro horas. Cheguei com volumoso material analítico de todo o complexo de questões, os argumentos pareciam "imbatíveis", mas, tão logo a conversa chegou aos 16 bilhões para a elevação dos preços de compra, Tichonov cortou. Tentei amolecê-lo:

— Nikolai Alexandrovitch, mas o senhor é economista.* O senhor sabe melhor que todos que, sem esse montante, todo esse programa se transforma em um pedaço de papel inútil.

— Não, Mikhail Sergueievitch — opôs-se Tichonov —, não tenho esse dinheiro.

Então trouxe a conversa para o crédito não reembolsável.

— Veja este parecer: nos últimos anos, os colcozes e sovcozes receberam anualmente créditos no montante de até 17 bilhões por ano. — Apresentei a ele os cálculos.

— O que isso tem a ver?

— Um crédito não reembolsável não deixa de ser um financiamento, porém da pior forma. As empresas não fazem por merecer essa quantia, mas simplesmente a recebem e não a reembolsam. Dessa maneira, forma-se na aldeia uma psicologia da ganância, da qual o senhor mesmo falou. E, enquanto isso continuar assim, não haverá ordem lá.

Trouxeram chá. A expressão de Tichonov continuava impenetrável; era difícil vislumbrar o que se passava ali. O diálogo voltou ao curso. Todos os meus argumentos econômicos ricocheteavam nele como uma bola e iam se exaurindo aos poucos. Tichonov estava imperturbável e, principalmente, calado. Como poderia discutir com ele desse jeito? Então lembrei-me de nossa visita conjunta ao secretário-geral e passei a uma tática mais dura:

---

* Antes de Tichonov se tornar presidente do Conselho Ministerial, ele foi vice-ministro de Metalurgia e vice-presidente da Comissão Estatal de Planejamento.

— Aqui está o ofício ao Politburo que preparei após a conversa com Leonid Ilitch. Gostaria que nós o assinássemos juntos: o senhor como presidente do governo e eu como aquele a quem incumbiram desse assunto.

Tichonov continuou calado.

— Se o senhor não assinar, assino sozinho e o envio ao Politburo. Assim o *Politbüro* deverá decidir. Deixei Brejnev de sobreaviso de que as questões do financiamento não foram resolvidas, mas Tchernenko e o senhor garantiram ao secretário-geral que tudo seria regularizado.

Tichonov ouviu calado e refletindo sobre alguma coisa. Novamente trouxeram chá, novamente houve uma pausa.

— Estou convencido de que — fui mais longe — o Politburo apoia meus planos. Depois de julgar as conferências que realizei, essa é a opinião que prevalece no partido e no país. Trabalhemos juntos. Não gostaria que nos separássemos assim.

Finalmente veio:

— Dê-me todos os documentos. Vou examiná-los.

Ele pegou o ofício, os pareceres e os cálculos, folheou-os em silêncio e visivelmente tomou a decisão de dizer:

— Levarei tudo isso e verificarei mais uma vez. Mas vamos já suprimir a criação do Comitê Estatal Agroindustrial. Nas regiões, esse comitê pode existir tranquilamente, mas no centro, não. Afinal, não deve ser instalado entre nós algo como um segundo governo, não é?

Então é isso, pensei, quatro horas sentado ali e calar sobre o mais importante, que diz respeito ao presidente do governo, contra a supressão. E então me apoiei na análise econômica, busquei argumentos científicos...

Não muito tempo antes, Karlov, o chefe do setor agrícola do Comitê Central, dissera-me que alguém teria espalhado o boato, nos aparatos do Comitê Central e do Conselho Ministerial, de que Gorbachev queria instalar o Comitê Agroindustrial para si próprio, para ficar com metade da economia popular sob sua alçada. E o ponto alto: por traz disso estariam suas ambições ao posto de presidente do Conselho Ministerial.

Não havia dado importância nenhuma ao boato e desdenhei, a bisbilhotice habitual do aparato, nada de mais. Mas então verificou-se que ele havia provocado seriamente medo em alguém. Como um tipo de contrapeso, em tempo recorde foi criada uma comissão do Conselho Ministerial para a agricultura.

— Não tenho nada contra — respondi firme a Tichonov e risquei do ofício ao Politburo a menção do comitê.

Tichonov respirou aliviado e ficou feliz. Aquele era o nosso acordo.

Todos ficaram chocados. Isso significava: "Gorbachev deu a volta em Tichonov". Ninguém acreditara que ele cederia. Meus opositores estavam simplesmente seguros: "Gorbachev vai dar com os burros n'água com Tichonov". Mas todo aquele falatório não me interessava mais. A longa e desgastante maratona estava encerrada para mim.

Em 24 de maio de 1982, o plenário do Comitê Central aceitou o discurso de Brejnev "Sobre o programa alimentar da URSS até 1990 e as medidas para sua implementação". Tanto o próprio programa como o "pacote" de seis isenções para questões individuais do Complexo Agroindustrial foram aceitos. Agora essas resoluções deviam ser interpostas aos camponeses, ao aparato administrativo e a toda a sociedade. Meu artigo "O programa alimentar e sua implementação" foi publicado no jornal *Comunista*, um outro artigo meu sobre a política agrária do partido apareceu na revista *Os problemas da paz e do socialismo*.

Na Conferência Pan-Russa de agosto, em Charkov, na qual se reuniram os especialistas em agricultura de todo o país, postulei o abandono definitivo de métodos extensivos da agricultura. A caçada ao aumento numérico da reserva pecuária tinha levado à postura de poucos animais produtivos: eles tinham de ser alimentados, mas o rendimento foi miserável. Por outro lado, a seleção, a introdução de uma alimentação cientificamente testada e outros procedimentos de tecnologia intensiva, em uma reserva pecuária diminuta, aliás, elevariam a produção de carne e leite.

Então, o que era tumultuoso nisso? Mas, quando isso lhe foi relatado, Chtcherbizki praguejou: "Mas que propostas atrapalhadas são essas? O se-

Em encontro com trabalhadores em Charkov, Ucrânia, em agosto de 1982.

cretário-geral exige a obtenção e o aumento da reserva pecuária e depois vem um e conclama a exatamente o contrário. Está tudo realmente confuso...".

Muitos na cúpula do partido e da economia pensavam parecido. Seus critérios para o sucesso da agricultura eram simplórios: tamanho das superfícies cultivadas e número de cabeças e caudas nos rebanhos. Eles controlavam essas cifras da forma mais rigorosa e alerta – tanto que, já na fase inicial, ficou evidente como seria difícil a implantação do programa alimentar.

O leitor, especialmente o russo, dirá: "Então o que esse programa trouxe? A situação alimentar permanece como era, sim, e até piorou ainda mais. Por que o autor descreve de forma tão pormenorizada as astúcias e intrigas dos apoiadores e opositores do programa? Não seria mais correto reconhecer: mais uma nova utopia e novas promessas vazias que imediatamente naufragaram?". Gostaria de replicar-lhe com minha opinião.

Em primeiro lugar, queria apresentar o processo de tomada de decisões sob as condições nas quais me encontrava, quando assumi as obrigações de secretário do Comitê Central.

Segundo: a elaboração de um programa com aquele alcance era mais uma tentativa desesperada de pôr em ordem o sistema em uma questão tão vital como o abastecimento alimentar. E de fato deu algum resultado. No 12º Plano Quinquenal (1986-1990), em comparação com o anterior (1981-1985), a produção média de grãos subiu em torno de 26,6 milhões de toneladas; a produção de carne, em torno de 2,5 milhões; e a produção de leite, em mais de 10 milhões. O número de empresas não rentáveis caiu de 25 mil para 4 mil e, com isso, para menos de 10%.

Terceiro: o trabalho de implementação do programa mostrou que a estabilização do mercado de alimentos não era uma questão apenas da agricultura, mas também um resultado da situação financeira geral em nosso país, sobretudo da proporção entre o crescimento dos proventos e as despesas da população. Já contei que, em meu tempo como segundo-secretário do Comitê Regional de Stavropol (1968-69), tive de resolver o seguinte problema: o que fazer com a carne e a manteiga? As pessoas "se negavam" a aceitá-las. Por isso, o consumo anual *per capita* de carne naquela época estava em 42 quilos, e o de leite, quase 100 quilos abaixo do nível de 1990.

Para que uma digressão ao passado? Agora, quando escrevo isto, há plena oferta de alimentos. Mas o consumo propriamente dito caiu consideravelmente em comparação com o ano de 1990. Como pode ser isso? Muito simples: os rendimentos foram devorados pela inflação, as pessoas não conseguem comprar o que querem. Elas podem ver os produtos na gôndola, isso sim. E então as autoridades afirmam que o problema dos alimentos está resolvido, como se importante fosse não o consumo real de gêneros alimentícios, mas sim o que está disponível para venda.

Há pouco li no jornal: de acordo com uma pesquisa com consumidores, apenas 17% da população faz compras em grandes redes de supermercados. A maioria prefere fazer compras em mercadinhos, tendas, e em redes de lojas menores.

Andropov – Tchernenko: cabo de guerra

A chegada de Andropov ao Comitê Central como a segunda figura da direção do partido foi um acontecimento com consequências de longo alcance. Prosseguia o cabo de guerra entre Tchernenko e Andropov, a competição entre ambos pela influência sobre o secretário-geral. Tchernenko tentava isolar Brejnev, afirmava que somente ele poderia compreendê-lo e apoiá-lo moralmente e não hesitava diante de nada para consolidar sua posição pessoal.

Embora Andropov tenha sido alocado no escritório de Suslov após a assembleia plenária, não foi expressamente incumbido de liderar as seções do secretariado. Se isso foi intencional ou não, eu não sei, mas Tchernenko e, às vezes, também Kirilenko aproveitavam essa circunstância e lideravam as seções do secretariado. Isso durou até julho de 1982, quando, de repente, tudo se ajeitou.

Antes do início da seção, normalmente os secretários se reuniam em uma antessala – foi assim também dessa vez. Quando entrei, Andropov já estava lá. Depois de esperar por alguns minutos, de repente, ele se levantou de sua poltrona e disse: "Estão todos presentes? Então comecemos".

Ele foi o primeiro a adentrar o salão de seções e se sentou no lugar do presidente. Quando Tchernenko viu isso, baixou a cabeça, desabou na poltrona posicionada à minha frente na mesa e afundou ali. Aquela foi a "convulsão interior", da forma como se passou diante de nossos olhos, uma cena que lembrava *O inspetor geral*, de Gogol. Andropov liderava o secretariado de forma decidida e segura, de um jeito que se diferenciava muito do jeito enfadonho de Tchernenko, e conferia a todas as seções certo espírito.

À noite, telefonei para Andropov:

— Parabéns, algo importante aconteceu. Já estava admirado que o senhor tivesse ficado tão tenso e reservado diante do secretariado.

— Obrigado, Mikhail — respondeu Andropov. — Tinha todos os motivos para aflição. Brejnev havia me ligado e perguntado: "Para que fui buscá-lo na KGB? Para você ficar sentado aí assistindo? Fui buscá-lo para você liderar o secretariado e cuidar dos quadros. Por que você não faz isso?..." Depois disso, tomei coragem.

Em face da situação do secretário-geral naquele momento, especialmente no que se refere ao seu poder de realização e sua indisposição a discutir com Tchernenko, estou certo de que ele não estava em condições para essa demanda. Como acontece repetidas vezes, claramente alguém ficara ao lado dele fazendo-lhe pressão. Só poderia ter sido Ustinov. Considerando sua influência sobre Brejnev, sua capacidade de pegar o touro pelos chifres e sua velha amizade com Andropov, pode-se dizer isso com segurança considerável. Gostaria de observar que nem Andropov nem Ustinov voltaram a falar comigo sobre esse episódio.

Assim, chegou-se a uma nova "estabilidade". Com muita frequência, as discussões não corriam mais com formalidade, mas iam direto ao assunto. Os despachos que eram aprovados tinham um conteúdo mais concreto. E, no que dizia respeito à responsabilidade pessoal, às vezes Andropov intimidava tanto as pessoas que elas só podiam lamentar por aquele que, apesar da culpa, encontrasse sua ira.

Tinha a sensação de que havia ocorrido uma mudança nele que eu não notara antes. Talvez tivesse um papel nisso a circunstância de que, com o agravamento da doença de Brejnev e o aumento das intrigas, tenha surgido uma situação na qual um vácuo de poder era iminente. Andropov claramente havia decidido tomar atitudes que deveriam elevar a autoridade do poder no centro e mostrar a todos que a direção, apesar da fragilidade de Brejnev, se encontrava em mãos firmes e armada contra eventuais influências. Aquilo valia, sobretudo, para os membros do Politburo.

No mesmo contexto vi a ordem espontânea de Andropov, no verão de 1982, para que eu cuidasse da questão de por que não havia frutas e legumes em Moscou na alta temporada. Havia-se formado um "corpo de bombeiros" para o abastecimento da capital, as organizações comerciais de Moscou se recusavam com a justificativa gasta de que não haveria rede de distribuição para a venda, para receber os produtos. Somente depois da minha pressão sobre as autoridades da capital elas finalmente se encarregaram do assunto. Ainda na noite do mesmo dia, de pronto veio o protesto de Grichin:

— Mas não se pode desconfiar tanto do Comitê Estatal do Partido que deve decidir sobre os pepinos no Politburo, e, além do mais, passar por cima da minha cabeça. Declaro expressamente que isso me desagrada!

Interrompi-o:

— Ouça, Viktor Vasilievitch, acho que o senhor se enganou no tom. O senhor transforma uma questão prática em uma de fé política. A questão é que é alto verão e em Moscou não se consegue encontrar nem legumes nem frutas. Há o suficiente de ambos para isso. Portanto, deixe-nos falar sobre como podemos solucionar esse problema. Tenho agora a incumbência de cuidar disso.

A propósito de Grichin. Ele tinha projeções extremamente exageradas de si e de suas possibilidades. Assim como muitas pessoas de sua estirpe, ele assumia, em relação aos "subalternos", uma postura de "líder" que se dava ares de tanta importância que a solução de quaisquer questões se transformava em puro martírio. Ele se opunha de maneira ferrenha a críticas ou objeções, a menos que elas viessem da parte do secretário-geral. Também nesse caso, ele murmurava que alguém não teria informado corretamente o secretário-geral, seriam apenas intrigas.

Na "história dos pepinos", ele não se furtou, mas se impôs rapidamente. Logo surgiram na cidade milhares de tendas de legumes, e com isso o problema estava resolvido. Pelos corredores moscovitas circulava um sussurrar: Andropov é quem põe ordem a sério.

Mas essa história tinha ainda outra conexão. Na disputa complicada, que se desenrolava nos bastidores, entre os membros do Politburo, Grichin era tratado por alguns como provável "sucessor do trono". Boatos equivalentes haviam penetrado também na imprensa estrangeira, e Andropov naturalmente sabia disso. Em seu pedido de interferir nos assuntos dos legumes da capital, também havia o desejo de exibir a incapacidade do chefe moscovita, que não conseguia lidar sequer com as questões locais.

Mais ou menos na mesma época, Andropov disse, de passagem, em uma de suas conversas:

— Brejnev quer que ponhamos os quadros diante da lupa. Acho que ali há algumas figuras que são muito suspeitas. — Ele olhava atentamente para mim. — O que você acha de Medunov?

— O mesmo que disse ao senhor há um e há dois anos — respondi.

Ao centro chegavam informações de imensos inconvenientes na região de Krasnodar. Na zona termal teriam se formado estruturas mafiosas, que teriam uma relação direta com o aparelho do partido. Lembrei Andropov de minha conversa com Medunov e dos conselhos que havia dado a ele: primeiro, ele devia renegar pessoas que tinham as mãos sujas; segundo, devia vigiar os quadros e controlá-los de forma rígida. Na época, Medunov me escutara só com metade do ouvido. Estava pronto para se orientar pelas palavras de Brejnev ou, em todo caso, de Suslov e Kirilenko; de outra forma, não ouviria nada de ninguém. Achava que eu estava me imiscuindo em assuntos alheios e que engendrava quaisquer tipos de intriga contra ele.

Contei a Andropov sobre essa conversa e acrescentei:

— Iuri Vladimirovitch, o senhor deve relatar a Brejnev. É preciso preparar o caso.

— Entendo — respondeu Andropov. — Esse é um assunto do partido e do Estado que não se pode evitar. Mas pense sobre que proposta se poderia fazer com vistas à transferência de Medunov.

Propus o cargo de vice-ministro para a produção de legumes. A região de Krasnodar era uma das principais fornecedoras de legumes e frutas.

A exoneração de Medunov causou forte impressão no aparato do Comitê Central e em todos os secretários dos comitês de província. Eles sabiam que ele tinha a graça do secretário-geral, tinham-no por incriticável e, de repente... Podia-se ver como a autoridade de Andropov crescia.

Quando se observam as atitudes de Andropov de maneira mais precisa, fica claro que elas tinham meramente um caráter isolado e até mesmo demonstrativo. A atmosfera de estagnação havia se adensado tanto naquele tempo que suas medidas tinham apenas o efeito de um arzinho fresco.

As contradições que se acumularam durante os anos sob Brejnev eram tão profundas que não se podia tirá-las do caminho com medidas isoladas.

Como o secretário-geral não estava mais em condições de tomar a iniciativa, ela também não era reclamada por outros membros do Politburo; com isso, as limitadas possibilidades de Brejnev não davam muito na vista. Assim, por exemplo, não era possível para ele, no que diz respeito à força, fazer viagens através do país como antes. Dessa forma, os outros também reduziram suas viagens aos lugares principais, mesmo quando as circunstâncias o exigiam.

A tropa de Brejnev estava constantemente ocupada também com outra tarefa: o simulacro de uma atividade intensa, criativa e organizacional do secretário-geral. E, como ele próprio não conseguia desenvolver, colocar no papel, nem articular novas ideias, mandatários, auxiliares ou consultores faziam-no em seu nome. Eles escreviam constantemente todo tipo de apresentações e ofícios, enviavam cartas e telegramas. Toda aparição ("histórica", é claro) devia ter uma ampla repercussão. Todas as repartições do Comitê Central estavam pensativas sobre a descoberta de tais "reações", que colocavam em evidência a "ressonância" de todo o povo e de todo o mundo.

Aliás, o conhecimento desse mecanismo às vezes levava também a decisões racionais. Uma vez que faltavam ideias à tropa de Brejnev, por vezes ela aproveitava essa possibilidade quando chegava até ela um ofício que abordava a questão e a solução de um ou outro grande problema por meio do secretário-geral.

Já disse que a "estabilidade" do enfermo secretário-geral estava de acordo com os planos de muitos membros da direção, eles governavam de fato autocraticamente em suas regiões e departamentos. Essa estabilidade também era responsabilidade da tropa de Brejnev, e seu bem-estar estava igualmente relacionado a isso. Todos sabiam que, em caso de uma troca de secretário-geral, viriam mudanças de pessoal.

Nessa situação, cada vez mais remanejavam-se os fios do poder e da direção no aparato burocrático, um deslocamento que teve consequências fatais. Destruiu não apenas os despojos da democracia infrapartidária, mas também abriu a porta a um jogo de intrigas que, às vezes, era decisivo para decisões políticas e, especialmente, de pessoal.

Nessa fase, muito do que era tido como opinião ou posição do secretário-geral não tinha mais nada a ver com ele. Tratava-se apenas das posições de um ou outro grupinho que, naquele momento, conseguira atrelá-lo à frente de sua carroça.

Nos últimos anos de Brejnev, o Politburo estava em uma condição inimaginável. Para não sobrecarregar Brejnev, algumas seções duravam não mais que quinze a vinte minutos. Aliás, perdia-se mais tempo para se reunirem do que na conferência em si. Tchernenko combinou antes conosco que nós, imediatamente após a apresentação de uma ou outra pergunta, sinalizaríamos com a cabeça: "Tudo claro!". Os convidados mal haviam transposto o umbral e já podiam se virar novamente. Com isso, o problema no Politburo estava sanado.

Quando estava em discussão um problema realmente grande do país, toda a esperança se dirigia para o governo. Mas lá também era extremamente raro atacarem a questão, o que se fazia era dizer, de forma lamuriosa: "Os camaradas trabalharam, a troca de opiniões está terminada, os especialistas se manifestaram, há perguntas?". Nenhuma pergunta! Quem se "intrometia", quem se atrevia a fazer uma pergunta recebia o olhar torto de Tchernenko.

Mesmo quando Brejnev estava melhor, só com dificuldade ele conseguia acompanhar a discussão e tirar conclusões. Por isso, nas grandes questões, em geral ele era o primeiro a tomar a palavra e lia de primeira um texto preparado. Era indecente ainda querer discutir algo, e assim se seguia a fórmula: "Aderir à opinião de Leonid Ilitch... Deve ser aceita...". Às vezes, o próprio Brejnev acrescentava que esse ou aquele elemento ficara raso demais no projeto, esse ou aquele ponto deveria ter sido mais fortemente enfatizado. Todos, por unanimidade, concordavam contentes e, com isso, fim de história.

Uma exceção, no que dizia respeito à extensão e à atividade dos debates, eram as seções do Politburo em que eram discutidos o plano anual e o orçamento, pois atingiam os interesses de todos os que eram responsáveis por um setor da economia ou por uma região. Nesses casos, em geral, a seção começava com uma abertura do secretário-geral. Ele lia seu texto de primeira e depois iniciava o debate.

O teor das contribuições dos oradores era sempre o mesmo. Chtcherbizki pleiteava o aumento dos recursos financeiros para a Bacia do Donets, pois: "Do contrário, a metalurgia e as minas de carvão dessa região paralisam não apenas o fornecimento de energia desta república, mas de todo o país". Kunaiev exprimia sua preocupação com a condição da área de terras virgens e com o desenvolvimento do projeto de construção da economia energética em Ekibastus, e pedia um aumento de verbas. Grichin, como sempre, dizia algo de difuso, oportunista, e pedia a mesma coisa, conceder mais dinheiro à capital. O tema de Rachidov também era um que vinha de muito tempo: o desenvolvimento excessivamente unilateral da região asiática, a escassez de empregos, a ampliação de postos de trabalho e o eterno problema da irrigação.

Embora todos esses problemas fossem importantes e complicados, não acontecia, de maneira nenhuma, discussão, troca de opiniões ou conflito. Não consigo me lembrar de um único caso em que um esboço do plano ou do orçamento fosse declinado ou devolvido para revisão complementar. Era puro autoengano.

No final foram formadas duas dúzias de comissões permanentes e vigentes que elaboravam os modelos de resoluções, e o Politburo os ratificava – uma comissão da China, uma da Polônia, uma do Afeganistão, acompanhadas de algumas comissões para outros problemas de política interna e externa. Todas elas, sem exceção, deliberavam no Comitê Central e nunca em outro lugar, de modo que Tchernenko podia monitorá-las. No fundo, essas comissões substituíam tanto o Politburo como o secretariado. Com o tempo, as seções do Politburo foram se tornando, cada vez mais, mera formalidade.

Nessas circunstâncias era a hora para interrompermos muitos processos negativos no país e conseguirmos introduzir uma reforma da sociedade. Nada disso! A oportunidade foi desperdiçada. Em todo o mundo, operavam-se, sob a influência da revolução técnico-científica, transformações incisivas nos campos da produção, da comunicação e do dia a dia, que levaram a mudanças radicais na sociedade. Nos processos dolorosos, os outros países se amoldaram aos desafios da época, enquanto nosso sistema, que pretensamente se apoiava em uma "teoria progressiva", em um plano, uma aproximação sistemática e métodos científicos de direção, fechou-se a todas as novidades e se opôs à tendência geral da civilização.

A morte de Brejnev

Brejnev faleceu de forma surpreendente. Isso pode soar estranho, pois todo o país estava a par de sua condição de saúde pela televisão.

Em 7 de novembro de 1982, aniversário da Revolução de Outubro, na qualidade de secretário-geral do Comitê Central do PCUS, presidente do Soviete Supremo da URSS, comandante supremo e presidente do Conselho de Defesa, ele passou em revista a parada militar. Depois disso, ocorreu uma recepção solene, na qual fez seu discurso de saudação. Tudo corria como sempre.

Em 10 de novembro, recepcionei uma delegação da Eslováquia. Um intenso diálogo estava em curso quando, de repente, recebi a intimação vinda do secretariado: "Andropov chama o senhor com urgência. Ele sabe que o senhor tem de lidar com a delegação, mas pede que se desculpe, faça um intervalo e vá imediatamente até ele".

Quando entrei em seu escritório, Andropov aparentou estar bem calmo. Mas, na verdade, escondia-se por trás daquilo uma monstruosa tensão interior. Com voz serena, ele contou que Viktoria Petrovna, mulher de Brejnev, pedira para informar-lhe da morte de Leonid Ilitch o quanto antes e comunicar-lhe que ele era esperado na *datcha* em Saretchie. Ela não queria ver mais ninguém. Andropov já havia estado lá e falado com os médicos e guarda-costas. A morte ocorrera de manhã cedo.

Ficamos calados por um instante. Depois eu disse:

— Este é um momento de grande responsabilidade. Deve-se tomar uma decisão que, por certo, diz respeito pessoalmente ao senhor em primeiro lugar.

Andropov não respondeu. Nossa relação não me permitia comer pelas bordas, e por isso disse de forma franca:

— O senhor já se reuniu no círculo mais restrito?

Ele confirmou com a cabeça. Sim, eles haviam se reunido e entrado em acordo sobre a candidatura de Andropov. Ele citou Ustinov, Gromiko e Tichonov. Não mencionou Tchernenko, de modo que não posso dizer se ele estava presente nessa conversa.

— Não importa o que acontecerá — eu disse —, o senhor não pode se negar.

Ainda no mesmo dia ocorreu uma seção do Politburo. Foi instalada uma comissão para o sepultamento, sob a direção de Andropov, e votado um respectivo despacho. Uma assembleia extraordinária do Comitê Central teve de ser convocada o quanto antes, e, por proposta de Tichonov, a candidatura de Andropov ao posto de secretário-geral foi aprovada por unanimidade. Na assembleia plenária, Tchernenko teve de apresentar essa proposta em nome do Politburo.

Embora a morte de Brejnev tenha ocorrido de forma repentina, não impressionou a nenhum de nós e não tirou ninguém do equilíbrio. É claro que, naqueles dias, todos pensávamos sobre o futuro, sobre a situação em que se encontrava o país e o que nos aguardava. Posso dizer com certeza: já naquela época predominava a expectativa de grandes mudanças.

Sobre os dezoito anos do governo Brejnev terem sido um período de estagnação, pouco se disse ou se escreveu. Era preciso concretizar e aprofundar bem essa avaliação. Tanto mais que nos últimos tempos foram feitas tentativas, por parte de forças fundamentalistas-conservadoras, de reabilitar a Era Brejnev.

No aspecto político, a Era Brejnev não foi nada além de uma reação conservadora à tentativa de Kruschev de reformar o modelo autoritário do país. A rigor, essa reação começou já sob Kruschev, o que levou à contradição de suas ações dentro do país e na esfera internacional. Embora cedesse à pressão do aparato do partido e do Estado, Kruschev não queria desistir totalmente de seus esforços por reforma. Como já mencionei, mesmo nas mudanças caóticas da condução do partido e da economia, era reconhecível a tendência de enfraquecer o pleno poder da burocracia do partido e do Estado. Esse tipo de personalidade de direção não era conveniente a essa burocracia, então ele foi derrubado.

Brejnev conhecia bem as inclinações da elite partidária e estatal e do complexo industrial-militar, apoiava-se neles e tirava proveito de sua ilimitada lealdade para, no fundo, seguir uma dura linha neostalinista. Sob Brejnev, muito se falou sobre democracia, a aprovação da nova Constituição foi um espetáculo gigantesco. E, ao mesmo tempo, foi conduzida uma luta sem precedentes contra quem pensava diferente: uns foram para a prisão, outros foram trancados em manicômios, outros foram atirados para fora do país. Isso tinha um método comprovado: o medo.

Havia queixas: uma "economia austera", intensificação da produção, aceleração do progresso técnico-científico, ampliação da autonomia das empresas. Mas mesmo a modesta e tímida "reforma de Kossygin", de 1965, esbarrou em resistência sem trégua e foi estrangulada. A Assembleia Plenária para o Progresso Técnico-Científico não aconteceu e foi adiada ano a ano. A economia ia cada vez mais adiante em seu rumo extensivo, não rentável, que levou à bancarrota.

Sob o pretexto de uma poderosa campanha de propaganda pela distensão internacional, mesmo depois de termos nos igualado militarmente aos EUA, ao preço de despesas horrendas, prosseguiu o incremento das armas. A "Primavera de Praga" foi esmagada. Pela primeira vez depois da Segunda Guerra Mundial, as Forças Armadas de nosso país haviam se deixado envolver em uma aventura sem perspectiva no Afeganistão.

Mas o mais importante na Era Brejnev para a história de nosso país é o fato de que a direção ignorou os desafios de seu tempo. Enquanto se apegavam a velhos dogmas e ideias, não se deram conta da chegada de profundas transformações na economia e na tecnologia, nas condições de vida e na atividade das pessoas, países e regiões, e até em toda a comunidade mundial – transformações que significaram o despontar de uma nova civilização. Nosso país entrou em um beco sem saída e foi condenado a um longo atraso e a uma profunda crise social, porque todas essas mudanças foram bloqueadas entre nós.

Com a morte de Brejnev, colocou-se a questão: tudo continuará como está, nossa sociedade continuará morro abaixo ou haverá transformações radicais, sobretudo uma renovação da direção política? Como nosso país era um dos pilares de todo o mundo, essa questão ocupava não apenas nossos cidadãos, mas também a comunidade mundial.

Quando penso nas impressões daqueles dias, duas tendências se distinguem entre os atores principais. Uma era: proclamar Brejnev como o "clássico", uma grande "autoridade", com cuja ajuda se pôde manter a antiga tropa e colocar a nova direção imediatamente em seu devido lugar. A outra: conter-se na avaliação da Era Brejnev e criar uma possibilidade de mudanças.

Como antes, essas tendências não apareciam para discussão pública nem para debates abertos, e sim se expressavam nas *nuances* mais sutis, perceptíveis apenas por ouvidos e olhos experientes.

Em sua configuração pomposa e grandiosa, o funeral organizado por Tchernenko não poderia ter sido mais competente. O discurso de Tchernenko na Assembleia Plenária de 12 de novembro também foi do mesmo calibre. Esmerando-se visivelmente, leu de primeira as patéticas palavras anotadas por seus auxiliares, falando do "mais coerente continuador da causa de Lênin" e teórico inspirado, dotado de todos os talentos e virtudes imagináveis.

A estagnação na política de pessoal – o envelhecimento, que se tornou proverbial, da direção – foi enaltecida como a mais alta realização de Brejnev, que teria criado um coletivo de líderes políticos tão sábio, extremamente competente e coeso. No que dizia respeito à declaração de que Andropov, melhor que todos os outros, apropriou-se do estilo de direção de Brejnev e de seu trato cuidadoso com os quadros, esse elogio foi de indubitável e extremo valor para o referido. E ficou claro que a afirmação expressa por Tchernenko de que Andropov apenas consolidaria categoricamente o companheirismo de Brejnev tinha o tom velado: o comando será assumido por nós, juntos.

A sociedade pressentiu que o país não apenas precisava de mudanças mas que elas eram iminentes. Era evidente que a bajulação estava revestida por esse pano de fundo. Naqueles dias, eu estava ao lado de Andropov e vi que ele não tinha dúvida de que teria de se distanciar de muitos da Era Brejnev. Estava claramente preocupado em como se daria o primeiro passo.

O discurso de Andropov na Assembleia Plenária em que foi eleito secretário-geral foi bastante reservado. Ele não continha nenhuma provocação aberta, foram ditas todas as palavras apropriadas à ocasião da morte de Brejnev, mas também nada além. Depois desse discurso, Tchernenko ficou totalmente abatido, embora Andropov lidasse com ele de forma absolutamente cuidadosa.

De acordo com uma resolução acertada muito tempo antes desses dias, em 15 de novembro aconteceria uma Assembleia Plenária ordinária do Comitê Central, na qual os esboços do plano econômico e do orçamento do ano seguinte estavam na ordem do dia. Andropov sabia que, já nessa ocasião, teria de esboçar, pelo menos em conceitos, seu caminho futuro. A Assembleia Plenária foi adiada em uma semana.

CAPÍTULO 10

450 dias: Andropov como secretário-geral

Somados, Andropov e Tchernenko serviram como secretários-gerais durante 850 dias. Foi uma época dolorosa para o país. Nesses dois anos e quatro meses, concretizou-se o que devia conduzir a uma mudança de geração no topo do poder.

Sem uma apresentação minuciosa do jogo de intrigas de cada época, também não é possível compreender a minha chegada ao poder. Tento reproduzir o que aconteceu naquele tempo, que significado isso teve e o que poderia ter acontecido depois da morte de Andropov e, mais tarde, da de Tchernenko. Afinal, eu estava, sim, profundamente envolvido em todas essas coisas.

Os primeiros dias da chegada de Andropov ao poder como secretário-geral foram muito tensos. Devia-se decidir rápido como lidar com o relatório de Brejnev. Naturalmente foi possível usá-lo, quando muito, como fundamento para as ideias e os propósitos do novo secretário-geral. Mas Andropov temia que fosse pretensioso demais agir como se, após uma curta semana, tudo estivesse claro para ele.

Minha opinião sobre isso era: "Obviamente o senhor não pode elaborar um programa completo em uma semana. Mas estabelecer algumas tônicas, esboçar as principais questões e expressar-se de maneira que fique claro para toda a gente quais soluções suas exposições representam e que têm uma perspectiva, isso tem, sim, de ser exequível". Sei que Andropov se aconselhava com outros também.

A assembleia plenária, que, em razão da morte de Brejnev, fora adiada por uma semana, aconteceu em 22 de novembro. O discurso de Andropov como secretário-geral causou uma boa impressão. Apesar de todos os clichês e estereótipos típicos daquela época, ele continha novos elementos. Mencionou as graves negligências na economia, a insuficiência dos últimos planos quinquenais e a consequente necessidade de reformar a economia, a gestão e o planejamento, ampliar a independência das empresas e instituir incentivos para o trabalho produtivo, a iniciativa e o espírito empreendedor. Aquelas avaliações do secretário-geral encontraram adesão. Suas palavras foram recebidas de maneira especialmente entusiasmada, as exigências deveriam ser elevadas, a disciplina, fortalecida, e a execução das decisões tinha de ser controlada. Era claro que todos estavam muito saturados daquele desleixo geral.

Naturalmente, alguns temas decisivos foram apenas mencionados no discurso, mas até isso foi importante naquele momento. Na elaboração do discurso, todos concordaram em que, por princípio, outro método de condução da economia deveria ser buscado. Qual método, para isso nós ainda não tínhamos resposta. A esse respeito, Andropov mesmo acrescentou que ele não teria receita pronta para todos os acontecimentos da vida. Isso requeria o partido e a sociedade para, por assim dizer, buscarem juntos a solução.

Em conversas, Andropov ressaltara diversas vezes que não pisaria no palco se em seu discurso não se abordasse a responsabilidade dos chefes dos ministérios, cujos negócios estavam especialmente mal. Por isso foram incluídas no texto passagens de forte crítica sobre o sistema de tráfego, a situação da metalurgia e da construção civil, que, saía ano, entrava ano, não satisfaziam as demandas da economia popular. Logo depois, aliás, os chefes desses ministérios, Pavlovski, Kasanez e Novikov, foram destituídos de seus cargos.

Na parte de política externa de seu discurso, Andropov trabalhou fundamentalmente com Arbatov, Bovin e Alexandrov. Sobre os temores, que se tornaram fortes no Ocidente, de que com a morte de Brejnev nossa política externa se deterioraria, Andropov observou sarcasticamente que ainda pouco tempo antes a política de Brejnev era criticada sem piedade. Em todos os anos anteriores, o próprio Andropov colaborara na elaboração dos rumos da política externa, era um adepto da distensão e explicava então que aquilo não era um episódio fortuito na história da humanidade, mas um caminho que estaria ainda totalmente no início.

Sobre a posição da URSS nas discussões do desarmamento, Andropov disse que não via a obrigação de identificar as diferenças, como nossos parceiros de negócios costumavam fazer; mas que negociações seriam um caminho para conjugar os esforços dos diferentes Estados, para se chegar a resultados vantajosos para todos os lados. Refrear a corrida armamentista e paralisar os arsenais certamente não era um assunto a ser demandado de forma unilateral. Andropov se pronunciou também por uma mudança das relações com a China. Isso demandava a superação de velhos preconceitos. Foi aplaudido por essas palavras.

Nos primeiros dias e semanas, todos atentaram para quais ações práticas o secretário-geral executaria. Andropov decidira usar já a sua primeira assembleia plenária para uma mudança do quadro.

Já no verão, quando Brejnev estava em férias, preparei um ofício sobre as questões da política econômica. Propus instalar uma comissão do Politburo para questões de política econômica. Antes de enviá-lo a Brejnev, dei-o a Andropov para ler. Ele acrescentou algumas correções e disse que apoiaria a proposta. Enviei o ofício, mas não passou disso. Logo chegaram a mim boatos de que alguém teria visto na minha proposta novamente a tentativa de usurpar o poder por meio da comissão.

Insinuações e suspeitas semelhantes se tornaram cada vez mais frequentes. Ninguém refletia sobre o assunto, por trás de cada problema farejava-se imediatamente uma vantagem pessoal. Mas tinha de fazer a decisão ser aprovada, então formulei meu ofício pessoal e o apresentei como projeto do secretário-geral. Só depois Brejnev o recebeu para ver. Ele me ligou da Crimeia:

— Tenho aqui o seu ofício. Você tem razão em tudo, apenas sua proposta de solução é ruim: mais uma comissão. Não posso tolerá-la, não passa de baboseira. Já há várias delas, e você ainda quer mais uma. Aqui está a minha proposta: deixe-nos criar um departamento de economia dentro do Comitê Central, e pense em quem escolheremos para isso. Ele deve ser comandado por um homem racional, que cuide exclusivamente disso.

Eu não poderia ter sonhado com um resultado melhor.

Como agora Andropov e eu procurávamos um candidato, defendi que este deveria ser um homem totalmente novo. A escolha recaiu sobre Richkov, o então primeiro-suplente do presidente da comissão estatal de planejamento. Tinha a impressão de que, apesar de sua propensão à abordagem tecnocrática, ele era capaz de pensar em contextos maiores, e de que era aberto a novas ideias. Na assembleia plenária de 22 de novembro, ele foi escolhido como secretário do Comitê Central.

Entre Andropov e Richkov desenvolveu-se uma boa relação. Richkov o idolatrava e reagia a cada conversa com ele de maneira muito emocional. Com sua entrada no Comitê Central, nosso trabalho em conjunto se tornou próximo e contínuo. Andropov, aliás, tinha em alta conta que seus colaboradores não apenas tivessem a mesma forma de pensar, mas que também se entendessem bem entre si.

Andropov promoveu mudanças também nas estruturas ideológicas do Comitê Central. Elas não se ocupavam com nada mais além do louvor de Brejnev, de sua pessoa, seu estilo, sua política. O secretário do Comitê Central para a Ideologia era, desde 1976, Simjanin, para cuja ascensão a esse posto Tchernenko se mobilizara. Eles tocavam a mesma música.

No início pensei que Andropov aspirasse por mudanças mais radicais nesse campo. Ele outrora já dizia sempre que devia haver uma conversa muito séria sobre problemas da ideologia e lembrara do ofício que ele mesmo encaminhara a Brejnev no momento oportuno. Mais tarde, Andropov me enviou esse ofício, e decepcionou-me, para dizer francamente: não continha absolutamente nada de novo. Apenas mudanças do estilo geral da propaganda e uma refutação de velhos estereótipos foram descritas como desejáveis. Sobre a necessidade de uma apreensão teórica da nova realidade, não se falou nada. E não apenas isso. Escrito dentro da KGB, esse ofício estava também inteiramente marcado pelo espírito desse aparato. Acentuou-se, acima de tudo, que ele visava "produzir a ordem" e tomar uma "atitude mais ofensiva" na ideologia.

Aliás, provavelmente por isso não me surpreendeu o fato de que as trocas efetuadas nesse campo tenham sido irrelevantes. Simjanin permaneceu em seu posto, o chefe do Departamento de Propaganda, Tjachelnikov, foi substituído em dezembro de 1982 por Stukalin. É verdade que este era mais firme, mas tão cauteloso que não demonstrou a menor iniciativa própria. Em outras palavras, Andropov queria melhorar o aparato ideológico sem tocar nos princípios básicos sob os quais ele funcionava.

Trapesnikov, o chefe do Departamento de Ciência e Estabelecimentos de Ensino, outro importante departamento, que, da mesma forma, estava sujeito a Simjanin, foi substituído no verão de 1983. Ele somente recebera esse posto em 1965 graças a Brejnev, com quem trabalhara na Moldávia, e só conseguira se manter nesse cargo por todos aqueles anos graças ao apoio do secretário-geral e de Tchernenko, embora ele tenha arruinado substancialmente as relações entre o Comitê Central e a Academia de Ciências. Para a maioria dos cientistas e sobretudo para a *intelligentsia*, ele era uma figura abjeta.

A Academia de Ciências recusara duas vezes sua candidatura a membro correspondente. Só na terceira vez, em 1976, por pressão externa da parte do Comitê Central, ele foi escolhido, mas nas eleições seguintes, nas quais ele queria se tornar membro da Academia de Ciências, fracassou totalmente. Essa derrota foi apenas uma consequência do seu dogmatismo fechado e da intolerância ideológica de cores stalinistas. Quando li seu livro *Sobre as grandes reviravoltas da história*, vi que apenas aqueles contrários a quaisquer transformações ou reformas poderiam ter confiado a condução da ciência a um homem como aquele.

Propus para o seu lugar Vadim Andreievitch Medvedev, a quem eu conhecia desde o começo dos anos 1970. Entre os seus colegas pesquisadores, ele era tido como homem criativo, com visões progressistas. Andropov me incumbiu de falar com ele. Medvedev, que na época era reitor da Academia de Ciências Sociais, não se entusiasmara com a proposta de trabalhar no Comitê Central. O trabalho científico o atraía muito mais que o trabalho no aparato, ele não tinha quase nenhum interesse nisso. Como eu conhecia seu senso de responsabilidade, disse que precisávamos de um chefe do setor de ciências para quem a necessidade de mudanças em nosso país fosse clara. O argumento funcionou, Medvedev se disse pronto para colaborar sob o novo comando.

Depois dessa conversa, houve um encontro com Andropov. Medvedev claramente causou uma boa impressão. Andropov deu seu consentimento e gracejou com uma indireta a Trapesnikov: "Gostaria de aconselhá-lo muito: não tente logo se tornar membro da Academia".

Aliás, aquilo não foi apenas um gracejo. A necessidade dos colaboradores do aparato do partido – inclusive dos colaboradores do Comitê Central – de defender uma tese era grande. Entre eles não eram poucos os que mereciam plenamente uma graduação científica, mas o número daqueles que se afirmavam em razão de seu cargo no serviço sem dúvida prevalecia. Por meio do doutoramento, muitos burocratas asseguravam-se de poder recorrer aos institutos de ciências e aos estabelecimentos de ensino nas dificuldades em seus postos de chefia.

A troca do chefe do Departamento para o Trabalho da Organização e do Partido do Comitê Central, Kapitonov, também estava em discussão. Ele era como uma sombra de Brejnev, toda a política de estagnação na equipe trazia a sua assinatura. Mais de uma vez ele veio até mim, lançou as mãos sobre a cabeça e disse: "Quantas vezes já arrastei comigo o material contra cinco pessoas, elas devem ser trocadas, mas não sei se Brejnev aprova".

Encontrar uma pessoa mais indecisa que ele era difícil. Nas audiências do Politburo e do secretariado, Kapitonov tentava perceber e deslindar todas as *nuances*, de onde quer que o vento soprasse, para agradar a todos os membros do comando no que fosse possível.

Quando a fala se encaminhou para os possíveis candidatos ao secretariado do Comitê Central, eu disse que precisávamos de gente do tipo de Ligatchov. Sua energia e seu elã me agradavam. Quando trabalhava no Comitê Central, tivera contato permanente com Ligatchov, que era secretário do Comitê Regional de Tomsk, e vi sua honrosa tentativa de fazer mais por sua região, especialmente no que se referia à provisão de alimentos. Ligatchov se distinguia entre os secretários dos comitês regionais não apenas por sua força de ação, mas também por seu horizonte e por sua cultura geral.

Expressei minha opinião sobre Ligatchov. Gromiko me apoiou e disse que conhecia Ligatchov de suas viagens ao exterior e que o considerava uma pessoa madura, íntegra e fiel aos princípios.

— Então por que procuramos por um homem do tipo de Ligatchov se temos um Ligatchov? — perguntou Andropov, rindo.

Concordamos sobre ele. Convidei Ligatchov. Como esperado, ele aceitou o convite imediatamente, e alguns dias depois a questão estava decidida. No verão de 1983, ele foi nomeado chefe do departamento e, em 26 de dezembro, na assembleia plenária, foi eleito secretário do Comitê Central.

À mesma altura houve ainda mais uma troca. O chefe do escritório de negócios do Comitê Central, Pavlov, que tinha esse posto desde 1965, foi destituído. Quem conhecia apenas um pouco a vida interna do aparato partidário do PCUS sabia que o detentor desse posto era um dos homens mais influentes, pois em suas mãos concentravam-se todos os privilégios materiais. Investigações de Andropov revelaram diversos casos de mau uso e manipulação no departamento, especialmente muitos relacionados com a construção do Hotel Outubro, na avenida Dimitrov, em Moscou, e do sanatório Juchni, na Crimeia. Muitas irregularidades e falhas foram descobertas também na Editora Pravda, que estava diretamente subordinada a esse departamento.

Foi difícil encontrar um sucessor para Pavlov. Tchernenko queria um homem de sua escolha. Insisti em Krutchina, a quem eu conhecia havia muitos anos. Era um homem honrado, muito competente, enérgico e ao mesmo tempo cauteloso, com grande senso de responsabilidade. Podia-se contar com ele, e eu confiava nele.

A troca no nível do ministério foi uma grande ruptura. Já mencionei que Andropov destituiu três ministros imediatamente após sua eleição. Em nome da "estabilidade da equipe", que prevalecera durante duas décadas, era impossível demitir até mesmo um malandro ou um incompetente para o trabalho. Ainda mais pessoas como Novikov, que, quando as falhas da construção civil foram abordadas, comunicou, de maneira totalmente agradável e confidente, a cada interlocutor: "Você sabia, afinal, que sentei no mesmo banco escolar que Brejnev?!".

Novikov caíra em descrédito quando, no magnífico complexo Atommasch, em Volgodonsk, os prédios desabaram de repente, uma evidência de que houvera escandalosa irresponsabilidade nos cálculos e na construção da obra. No Politburo, onde isso foi discutido, o assunto correu a princípio como de costume: uma comissão deve ser criada para analisar a questão e então decidir.

Andropov interrompeu bruscamente a discussão e explicou que aquilo tudo era pura bobagem, sempre a mesma conversa irresponsável, insustentável. E propôs destituir Novikov imediatamente. Na verdade, mais tarde essa decisão foi um pouco corrigida: Novikov requereu sua aposentadoria. Mas todos levaram a sério a "explosão" de Andropov, uma pessoa delicada no trato.

A demissão do ministro do Interior, Chtcholokov, em dezembro de 1982, deflagrou um verdadeiro choque. Andropov dissera mais de uma vez que o sistema do Ministério do Interior era corrupto, havia sinais de sua ligação com estruturas mafiosas, e nessa situação o ministério não poderia enfrentar a criminalidade crescente. Mas ele não podia tocar em Chtcholokov enquanto Brejnev o defendesse.

Também gerou insatisfação nele o trabalho do novo chefe da KGB, Fedortchuk. Quando perguntei a Andropov, ainda subordinado a Brejnev, como era seu sucessor, ele me respondeu aborrecido: "Você sabe que só falo com ele quando ele me liga. E isso é extremamente raro. Ele deve ter colocado em questão determinadas reestruturações que promovi na KGB. Ele demonstra sua autonomia, embora se oriente bastante pelo comando da Ucrânia. Mas me mantenho fora da situação, isso é assunto do secretário-geral".

Isso estava claro, pois o chefe da KGB tinha uma linha direta com o secretário-geral, e o próprio Brejnev havia escolhido Fedortchuk. Pois Andropov matou dois coelhos com uma cajadada só: Chtcholokov foi destituído e reformado, e, para que Fedortchuk não entrasse em conflito com Chtcherbizki e com a Ucrânia, ele se tornou o novo ministro do Interior. Para o posto de chefe da KGB, veio o antigo representante de Andropov, Tchebrikov, que um ano depois foi escolhido como candidato do Politburo. As mudanças atingiam, como vemos, o último andar.

Em 22 de novembro de 1982, a longa história terminou com a liberação do secretário do Comitê Central, Kirilenko, de suas obrigações como membro do Politburo. Sua saúde ou, dito de forma simples, sua demência alcançara tal nível que não era mais possível escondê-la. Devido a profundas alterações do cérebro, o processo de desintegração de sua personalidade acelerara-se muito. Quando ele, em março de 1981, no 26º Congresso do Partido, tinha de anunciar as propostas para a nova composição do Comitê Central, confundiu-se com os nomes de muitos candidatos, embora tenham sido escritos com letras gigantescas especialmente para ele. O salão reagiu com incompreensão e risadas. Episódios como esse não são esquecidos, causam uma impressão bem maior que todas as avaliações políticas.

Apesar disso, em nome da velha amizade, Brejnev admitiu Kirilenko no novo Politburo. Mas a doença avançou. Diante de nossos olhos, ele perdia o fio da meada e não reconhecia mais as pessoas. Finalmente, Brejnev incumbiu Andropov de falar com ele e arrancar um pedido de demissão.

Mais tarde Andropov me contou dessa conversa. Ele entrou no escritório de Kirilenko e começou, sem querer ofendê-lo, determinado:

— Andrei, você sabe, nós somos todos velhos camaradas. Falo em nome de todos que o estimaram e estimam. Temos a impressão de que a situação da sua saúde afeta perceptivelmente o seu trabalho. Você está gravemente doente e deve ser tratado. Precisamos resolver essa questão.

Kirilenko inquietou-se e chorou. Era muito difícil falar com ele, mas Andropov continuou:

— Entenda, Andrei, precisamos de uma solução fundamental. Você deve se recuperar por um, dois ou quantos meses forem necessários. Tudo permanecerá com você: o carro, a *datcha*, os cuidados médicos, tudo. Falamos como amigos um do outro, mas a iniciativa deve partir de você. Lembra-se de Kossygin? Ele estava em melhor forma que você, mesmo assim ele fez isso....

— Bom, Iuri — disse Kirilenko por fim —, se tem de ser assim... Mas me ajude a redigir o pedido, não consigo sozinho.

Andropov escreveu rapidamente um breve pedido. Kirilenko o copiou de próprio punho com grande dificuldade – e com isso o assunto estava resolvido. Em 22 de novembro, já após a morte de Brejnev, a questão foi decidida na assembleia plenária do Comitê Central.

Nessa assembleia plenária, Alijev foi eleito membro do Politburo. Quando mais tarde perguntei a Andropov por que ele tinha feito aquela escolha, ele respondeu aborrecido e evasivo que Brejnev já teria decidido essa questão de antemão e não quis mudar a decisão.

Alijev foi sem dúvida um grande político: inteligente, com força de vontade e calculista. No começo, quando observei sua atuação no Azerbaijão, fiquei convencido de que era um resoluto opositor da corrupção e da economia informal. Ele deu início, ativamente, à solução de muitas questões do desenvolvimento no Azerbaijão, especialmente na agricultura, e pôs em prática uma série de programas. Tudo isso falava por ele.

Mas quando penetrei fundo nos assuntos azerbaijanos, compreendi que muitas mudanças tinham motivos duvidosos como base. Às vezes, ouve-se que a opinião interna não tem nenhum papel na avaliação da atividade política, que apenas o resultado objetivo é importante. Isso não é verdade, absolutamente. Minha experiência mostra que os motivos, especialmente quando eles não são muito nobres, sempre têm efeitos sobre o resultado. Outro clã, o chamado "Grupo Naquichevano,"[*] substituiu no comando o clã anterior, que invadira como metástase todas as estruturas da direção da república e que fora enxotado por Alijev por causa da corrupção e desorganização do trabalho. Tal como antes, prevaleciam as relações por afinidade, que alcançavam quase até a décima geração. Com esse suporte seguro, assentado no princípio do clã, Alijev não chefiava ou conduzia, mas reinava. Reuniões, manifestações, encontros com a imprensa, com o povo e outros atributos democráticos eram apenas decoração, que não influenciavam minimamente a essência e a forma de seu reinado.

Pois esse homem agora tinha chegado ao Politburo. Naturalmente o motivo não foi a promessa feita por Brejnev. Alijev trabalhara por muito tempo na KGB, e Andropov era para ele não apenas o "chefe", mas também uma reconhecida autoridade. A entrada de Alijev no Politburo fortaleceu a posição de Andropov. Isso era tudo.

Da mesma forma que Andropov conhecia muito bem as fraquezas pessoais de Romanov, sabia que ele era um homem limitado com pretensão de comando e, nas reuniões do Politburo, percebeu que raramente se podia esperar dele um pensamento ou uma proposta racional. Apesar disso, em junho de 1983, ele o chamou de Leningrado a Moscou e recomendou à assembleia plenária que o escolhesse como secretário do Comitê Central.

Àquela altura, os assuntos de defesa do país estavam concentrados, tanto pelo lado do Estado como também pelo lado do partido, nas mãos de Ustinov. Andropov considerava perigosa a concentração de poder em uma esfera tão importante e achou melhor, no interesse da questão e de Ustinov em particular, dividi-lo. Mas a questão precisava tanto ser resolvida que Ustinov também entendeu e aceitou a solução. "Não gostaria que Dmitri ficasse ofendido, ele é não só o meu suporte, mas também meu amigo", disse Andropov.

---

[*] Do Naquichevão, enclave azerbaidjano. (N. T.)

O secretário do Comitê Central para questões da indústria bélica tinha de ser escolhido do quadro de comando. Andropov presumiu que Ustinov não teria nada a objetar contra Romanov. E assim foi.

Houve ainda outras mudanças no Politburo. Em 1983, Vorotnikov veio de Krasnodar para Moscou e substituiu Solomenzev no posto de presidente do Conselho de ministros da Federação Russa. Em junho, na assembleia plenária, ele foi escolhido como candidato do Politburo; em dezembro, ele se tornou membro do Politburo. Depois de sua nomeação a presidente do Comitê para o Controle do Partido pelo Comitê Central, Solomenzev ascendeu igualmente de candidato a membro do Politburo.

Todos esses remanejamentos no topo do poder foram recebidos de formas diferentes. Alguns se alegraram, porque viam nas nomeações e nos remanejamentos um perigo para as iminentes mudanças em nosso país. Outros ficaram desanimados e irritados, porque viram suas carreiras ameaçadas.

Tchernenko estava mal-humorado e não escondeu isso. Formalmente, ele ocupava o posto de "segundo secretário", mas na prática muitas questões decisivas foram resolvidas sem ele. Tichonov, Chtcherbizki e Dolgich estavam nervosos.

Dolgich era o mais marcante representante do nosso "corpo de diretores": um especialista sério, trabalhador e competente. Ele fazia suas coisas com grande empenho. Como secretário do Comitê Central, desde 1972, ele cuidava da indústria de base e gostava de apresentar sua área como a mais importante. Segundo o lema: vocês naturalmente também fazem alguma coisa, mas, sem a indústria de base, nada acontece. Ele brigava com todos os que cuidavam de outros setores, defendia com afinco sua posição, e isso lhe conferia respeito. Mas, às vezes, ele exagerava também, e sua ambição o dominava. Ele estava pronto para se empenhar por tudo o que lhe prometesse reconhecimento político e promoção. Quando, em maio de 1982, foi escolhido candidato ao Politburo, levou essa nomeação com grande orgulho e valeu-se de sua categoria também nas relações cotidianas.

Quando as conversas sobre a formação de um departamento de economia do Comitê Central começaram, ele estava firmemente convencido de que seria o chefe. Pois quem mais? Ele deflagrou uma atividade furiosa, preparava uma apresentação ou um grande artigo para cada assembleia plenária. E, de repente: nada disso, Richkov recebeu o posto. Dolgich sentiu isso como um tapa no rosto, ainda mais porque já trabalhara com Richkov de maneira muito próxima.

As relações de Andropov com Chtcherbizki, que, especialmente nos círculos do partido na Ucrânia, gozava de grande autoridade, tornaram-se difíceis. No aspecto moral, Chtcherbizki era sem dúvida um homem digno. Um tecnocrata para todos os efeitos; consequentemente, ele traçou sua linha pela república: zelou muito pela economia, especialmente pela mineração de carvão e metalurgia, mas não se esqueceu também da aldeia. E o que era o principal: ele tinha colaboradores muito responsáveis.

Chtcherbizki era alérgico a nacionalismo. Poderia resmungar como outros chefes da república, que o centro não daria quaisquer direitos e atribuições ("mesmo para enviar um telegrama a Chivkov, era necessária a autorização do Politburo em Moscou"). Mas, como ele desde o começo condenara as "hesitações e flertes com o nacionalismo" de seu antecessor, Schelest, manteve-se rigoroso nesse ponto. Seu internacionalismo poderia ser louvável se ele não o tivesse exagerado. Assim, meteu-se em uma discussão do romance *A catedral* com o escritor Oles Gontschar. Essa discussão só inflamou os ânimos e tornou impossíveis os contatos com uma parte da *intelligentsia* ucraniana dali em diante.

Com Chtcherbizki, também questões do quadro só podiam ser resolvidas com dificuldade. Uma vez que ele, como já disse, era de fato uma personalidade fascinante, exercia pressão sobre as pessoas ao seu redor. Já externamente, ele parecia uma rocha, que não era tão fácil de remover. Isso aumentou sua importância e angariou respeito. Mas a declaração de Brejnev de que via em Chtcherbizki seu sucessor subiu-lhe à cabeça. Pouco antes da morte de Brejnev, começou a agir de modo frenético, tentava acompanhar todos os acontecimentos que ocorriam no topo, ligava regularmente para o chefe anterior da KGB da Ucrânia, Fedortchuk, e se encontrava com ele.

Depois de Andropov ter se tornado secretário-geral, a relação deles parecia, observando de fora, totalmente normal, mas sentia-se constantemente uma concorrência entre eles e acusações impronunciadas. Nenhum queria se aproximar do outro. Senão, como se deve explicar que Chtcherbizki, durante o período de Andropov como secretário-geral, não tenha transposto uma única vez a soleira de seu escritório? Eu via que tormento os raros telefonemas causavam para ambos.

Com relação a Tichonov, ele então decidira, de maneira injustificada, que Andropov devia sua eleição principalmente a ele. Ele contou com seu apoio total e ilimitado e comportou-se de modo um pouco inflexível, petulante até. Naqueles dias, então, ele disse a Andropov: "Você conhece bem os órgãos da administração, a ideologia e a política externa. A política, assumo eu".

Quando Andropov me incumbiu de elaborar um plano emergencial para Richkov e Dolgich, que atingia a otimização da condução da economia, o projeto e a ampliação da independência das empresas, Tichonov ficou seriamente preocupado de que nossa *troika* pudesse estabelecer contatos com os presidentes adjuntos do conselho de ministros e com as forças especializadas da Comissão de Planejamento do Estado. Isso criou imediatamente uma atmosfera nervosa. Para suavizá-la, Andropov explicou que confiava em Tichonov e que o apoiava. E um pouco mais tarde, ele me disse: "Mikhail, eu te peço, faça de tudo para não estragar isso com Tichonov. Você tem de entender o quão importante isso é para mim agora". Andropov temia evidentemente que Tichonov e Tchernenko pudessem se aliar.

Andropov devia ter a situação sob controle, e o mais importante agora era a relação de forças. Enquanto consultava Alijev, Vorotnikov, Tchebrikov, Richkov e Ligatchov, fortalecia sua posição de forma considerável. Ao mesmo tempo, procurava conter uma escalada da insatisfação pelo lado de Tchernenko, Tichonov, Grichin e Chtcherbizki. Com isso, todos os membros do comando se sentiam ativamente envolvidos em seu rumo político.

Os primeiros meses de trabalho de Andropov como secretário-geral nos colocaram ainda mais próximos um do outro. Sentia que ele confiava em mim. A primeira questão que resolvemos imediatamente após a eleição de Andropov foi espinhosa. Ainda sob Brejnev, o Politburo decidira, em razão da situação deplorável do orçamento, elevar os preços do pão e dos tecidos de algodão. Esse documento fora enviado ao respectivo posto junto com uma carta de remessa, permaneceu lacrado nos cofres dos primeiros-secretários dos comitês da província, da região e dos comitês centrais da república e deveria ter sido aberto às vésperas de 1º de dezembro de 1982. Andropov pediu a Richkov e a mim que ponderássemos tudo mais uma vez e comunicássemos a ele as conclusões. E, para podermos avançar no essencial, solicitamos a análise do orçamento. Mas Andropov apenas riu: "Vocês não querem mais nada, então! Do orçamento, eu não os deixo chegar perto".

Muitos segredos do orçamento foram tão rigorosamente guardados que só vim a saber de alguns deles mais tarde, como secretário-geral e presidente. Do principal segredo, isto é, que nosso orçamento tinha grandes buracos, eu sabia. Ele era constantemente subsidiado às custas dos bancos estatais, ou seja, às custas das poupanças dos cidadãos e do aumento da dívida interna. Oficialmente, dizia-se sempre o contrário, que os rendimentos seriam mais altos que os gastos, que assim o orçamento seria equilibrado.

Richkov e eu chegamos à conclusão de que, sozinha, a elevação do preço do pão e do algodão acrescentaria pouco. No início, Andropov não queria saber de nada disso. Ele acreditava claramente que um passo como esse atestaria a determinação e a coragem do comando, às quais "o povo entenderia e apoiaria".

Mesmo assim, insistimos no fato de que uma elevação de preço como aquela não seria significativa nem por motivos econômicos nem políticos. Após ter ouvido mais uma vez todos os argumentos favoráveis e contrários, o Politburo anulou sua decisão anterior.

A questão seguinte na lista era a compra de cereais no exterior. Como sempre, esbarramos na resistência do governo. Isso era compreensível, já que os meios não eram suficientes e ninguém conhecia outra saída. O secretário-geral tinha de decidir. Andropov propôs ouvir os representantes de ambos os lados antes de decidir sobre a compra.

Quando Andropov tinha de haver-se com tais coisas, às vezes reagia muito melindrado:

— Você com seu programa de alimentos — dizia ele então.

— Não meu, mas nosso. Afinal nós o pusemos em prática juntos — respondi, não menos amargurado que Andropov. — As medidas tomadas ainda não pegaram, ainda é muito cedo!

— Eu entendo — condescendeu ele. — Mas, até vocês modernizarem as empresas e terem adubo e técnica suficientes, leva tanto tempo...

A falta de resultados rápidos fez Andropov dar passos que eu considerava mais que discutíveis. Como, por exemplo, as formas que a luta pelo desenvolvimento da disciplina e da ordem tomaram, quando simplesmente se prendiam pessoas encontradas no metrô, nas lojas, nos salões de cabeleireiro e nas saunas durante o horário de trabalho. Na execução dessa campanha, Andropov não se apoiou em organizações sociais, mas nos órgãos de segurança e nas forças do Ministério do Interior. Para ele, esse era o caminho mais curto. Às vezes, eu dizia a ele que não entendia para que aquilo servia.

"Espere só, quando você chegar à minha idade, você entenderá", foi a resposta.

O tempo passou, muito foi esquecido, ou ainda me lembro daquilo apenas com dificuldade, mas a história com a "luta pela disciplina" permaneceu muito bem na memória.

Em março de 1983, Andropov me ligou e disse que queria indicar meu nome para o Politburo como orador para a sessão solene por ocasião do 113º aniversário de Lênin. No decurso da minha vida, muitas vezes me vali da obra de Lênin, de modo que me pareceu que a preparação da apresentação não me tomaria muito tempo. Mas não conseguia passar o conceito da apresentação para o papel. Então, olhei novamente para a obra de Lênin, sobretudo para a posterior à Revolução de Outubro. Umas reli, outras apenas folheei. Os acontecimentos dos anos pós-revolucionários me prenderam tão fortemente que, às vezes, me perdia em pensamentos, refletindo sobre como eu mesmo teria resolvido os problemas que se colocaram diante de Lênin. Lia verdadeiramente fascinado...

Mas isso teve total proveito. Meditei repetidamente sobre os últimos trabalhos de Lênin, especialmente seus artigos e discursos nos quais, avaliando o lapso temporal do poder soviético, ele explica abertamente que os bolcheviques teriam "cometido um erro"... Na sua opinião, a confissão pública de um erro teria uma função prática importante, para poder corrigir os erros anteriores por meio de uma nova política. Sem uma análise dos erros dos antigos rumos, nenhuma nova política poderia ser elaborada.

Todos nós sentíamos que estávamos no início de uma nova fase (intuitivamente já sabíamos disso havia muito tempo). Através da leitura, entendi o quanto Lênin se incomodou quando teve de reconhecer que não conseguira aquilo pelo que vivera todos os anos passados. Queria entender: o que o inquietava, sobre o que queria alertar com seus últimos trabalhos? Por que foram mantidos sob custódia? Claramente, os funcionários tinham medo de algo. Pois algo ali devia ter.

Em 1985 e mais tarde, revisitei muitas ideias que me vieram na releitura de Lênin. De fato, a apresentação de 1983 perdurou nos âmbitos político e ideológico daquela época. Nela, uma crítica ao velho rumo não estava em debate. Apesar disso, algumas ênfases da apresentação suscitaram uma discussão vivaz na nossa mídia e na mídia de massas estrangeira.

As pessoas que compreendiam a linguagem política daquela época sentiam-se envolvidas por ponderações sobre uma estrutura da produção social que mirava não apenas o incremento da indústria de base, mas também setores altamente desenvolvidos para satisfação direta das demandas da população. A questão de uma política estrutural remetia ao complexo industrial--militar consolidado de forma desmedida, que levou toda a economia à ruína.

Na minha apresentação, abordei também o tema do papel das pessoas na produção moderna. Hoje em dia, o caráter do trabalho colocaria exigências totalmente novas nos níveis cultural e profissional, na capacidade e na disciplina dos trabalhadores, o que chamamos de "fator humano na economia". Isso poderia ter soado banal em uma conferência científica, mas, em um discurso político, esse pensamento tinha outra importância. Pois ainda dominava a velha tradição, segundo a qual o critério para o sucesso eram as toneladas e os quilômetros, e não o homem em si.

No fundo, destinatários contemporâneos concretos estavam de acordo com as palavras de Lênin. Isso valia não só para seu alerta contra a precipitação na resolução de encargos econômicos e sociais, para sua ênfase na contabilidade econômica e no papel dos incentivos materiais e morais para o trabalho, para sua pressão por uma ponderação mais completa das regras econômicas objetivas e para o uso das relações mercadoria-dinheiro, mas também para sua interpretação do centralismo democrático como princípio, que traz consigo o máximo de iniciativa, coragem e independência.

Assim, as palavras de Lênin foram naturalmente acolhidas, sobretudo por aqueles que se interessavam pelo significado dos acontecimentos atuais. À maioria dos contrários preocupava o fato de justo eu ter recebido a incumbência da apresentação. Lembravam-se de que, um ano antes, após um discurso parecido, Andropov se tornara o segundo homem no partido e no Estado, e ele agora havia me incumbido da apresentação. Andropov queria me apoiar e o fez de uma maneira diferente. Dessa vez, escolhera quase o mesmo estratagema de Brejnev para com ele: havia me dado a possibilidade de me apresentar e me expressar. Por um lado, dessa forma, ele queria me apoiar; e, por outro, eu devia ter a oportunidade de expor meus pensamentos e a minha interpretação sobre esse tema.

Viagem ao Canadá

Minha viagem ao Canadá tinha de acontecer em meados de maio de 1983. O ministro da agricultura canadense, Whelan, havia nos visitado em outubro de 1981 e trazido um convite de seu governo. Havíamos acordado a duração de dez dias. Quando o momento da minha viagem se aproximava, Andropov declarou-se decididamente contrário:

— Para o Canadá? Não há tempo agora para viagens ao exterior. Ficamos bem sem o Canadá!

— Tem de haver — tentei convencê-lo. — Em primeiro lugar, trata-se de um convite do governo. Em segundo lugar, tenho de observar a agricultura do Canadá sem falta. Em relação às áreas cultivadas e às condições climáticas, eles são mais próximos de nós que outros países. E, em terceiro lugar, tenho de me recompor da nossa desordem por pelo menos dez dias. Depois disso, voltarei fortalecido.

— Dez dias são demais — opôs-se Andropov. — No máximo, sete.

Em 16 de maio, já estava no Canadá. Nosso embaixador, Alexander Jakovlev, havia preparado a viagem de forma minuciosa. E o lado canadense também tomou a visita como algo especialmente importante, em razão dos contatos limitados que havia entre os nossos países à época. Senti, pelo lado deles, também um pouco de surpresa em relação a mim como o mais jovem membro do Politburo.

A viagem foi muito produtiva. Encontrei-me com o primeiro-ministro, Pierre Trudeau, que, como sempre, vestia um terno azul-escuro, em cujo bolso do peito estava fincada uma rosa, símbolo de sua filiação ao Partido Liberal. No começo, ele se comportou de forma um pouco fria, mas depois entabulamos conversa, de tal modo que o tempo medido pelo protocolo não nos bastava. Desde então, Trudeau e eu temos uma relação amistosa. Mais tarde, os jornais canadenses atreveram-se até mesmo a dar a notícia de que eles teriam sido os verdadeiros "descobridores de Gorbachev".

Mas o que mais me interessou em minha estada de sete dias no Canadá foi a viagem através do país. Nos arredores de Otawa, vistoriamos o centro estatal de pesquisas da pecuária, vimos estufas, fazendas, empresas para manufatura de matéria-prima da agricultura e uma usina de automóveis pesados nas proximidades de Windsor. Depois fomos para Toronto e para a província de Alberta, a maior região pecuarista e cerealista do Canadá. Visitamos os grandes ranchos em Calgary, onde os bovinos ficam do lado de fora, no pasto, o ano inteiro. No encontro com os fazendeiros, queria, sobretudo, descobrir qual era a força motriz para os bons resultados.

Vistoriamos uma grande fazenda em Alberta. Cerca de 2 mil hectares de área útil: um rebanho com uma produção anual de leite de 4.700 quilogramas por vaca; diversas máquinas de agricultura; ferramentas para reparos sob um telhado; um armazém de alumínio para cereais; duas casas, carros. Estava à vista de todos: um fazendeiro abastado. Começamos a conversar.

— Quantos colaboradores o senhor tem? — quis saber.

— Dois, três fixos. Na colheita, mais.

Circulamos e observamos tudo. Só quando tivemos de ir embora, já na soleira, fiz a última e mais importante pergunta:

— Há pouco o ano chegou ao fim. O senhor já sabe quão altas foram as despesas e as receitas? E como está o balanço?

O fazendeiro olhou para o ministro como se quisesse perguntar: posso responder isso ou não? Ele ordenou:

— Diga a verdade.

— Se devo dizer a verdade — respondeu o fazendeiro —, então tenho de confessar: não consigo sem subsídios e créditos.

Minha pergunta, sobre como ele passaria suas férias, surpreendeu-o:

— Que férias? Entre nós fazendeiros há festas, todas as competições possíveis, corridas de cavalos e de bois. Tiramos um, dois dias e vamos para lá com a família; essas são todas as nossas férias. Não se pode deixar a fazenda sozinha. Isso é um tipo de "servidão voluntária".

Fiquei refletindo sobre quantos dos nossos camponeses dos colcozes e mecânicos estariam de fato preparados para algo assim. Como seria possível persuadir as pessoas entre nós a retornarem ao campo e ao mesmo tempo manter as vantagens que uma grande economia coletiva lhes oferecia?

— Subsídios para essas safras e essa produção de leite? Não entendo isso.

— Mikhail — respondeu o ministro —, um setor agrário de nível moderno não pode se manter, em lugar nenhum, sem estímulo estatal. Nós distribuímos dezenas de bilhões em créditos aos camponeses; nos EUA são centenas de bilhões. Exatamente por isso procuramos compensar as despesas por meio da exportação de cereais.

Conclusão: engajamento dos proprietários, mas também suporte estatal!

No terceiro dia da minha viagem ocorreu um incidente curioso. O ministro da Agricultura, Eugene Whelan convidou-me a sua casa para um encontro com fazendeiros amigos – quarenta pessoas. Depois das conversas veio o serviço, com bifes de dimensões gigantescas e, claro, *whisky*. A conversa foi interessante, substancial e agradável. Na manhã do dia seguinte, às sete horas, quando todos nós ainda dormíamos, a Rádio Canadá informou que eu teria tido um ataque cardíaco após o encontro com o ministro canadense e que havia morrido.

A indireta estava clara: Gorbachev não resistira à hospitalidade canadense. Graças aos esforços do ministro e do embaixador soviético Jakovlev, conseguiu-se interromper essa informação às oito horas. Apesar disso, ela se espalhou pelo país. No dia seguinte, os jornalistas me perguntavam o que teria acontecido de fato. Contei como havia sido: um conversa aberta, interessante, uma comida maravilhosa, brindes. Depois disso, todos tinham dormido bem. Como resposta à pergunta sobre esse incidente, citei a famosa sentença de Mark Twain: "Os boatos sobre a minha morte são levemente exagerados". Os canadenses ficaram gratos por não dramatizar esse mal-entendido.

Mas ainda tenho de contar mais uma coisa. Os representantes da Rádio Canadá me pediram para responder a uma, duas perguntas. (Mais tarde revelou-se que se tratava de uma emissora americana.)

Fomos para lá junto com Whelan, e pedi:

— O senhor pode fazer as perguntas, mas temos muito pouco tempo.

— Bem, então faremos apenas uma pergunta. Por ocasião de sua viagem, circulou entre nós a opinião de que Iuri Andropov, o atual secretário-geral do Comitê Central do PCUS, estaria procurando um sucessor. Ele teria enviado o senhor ao Canadá para que conhecesse o mundo e olhasse em volta, para como se vive em outros países. O que o senhor tem a dizer sobre isso?

Minha resposta foi curta:

— Os jornalistas, em busca de acontecimentos sensacionais, frequentemente fazem tais perguntas. No meu caso é tudo totalmente simples e claro. Seu ministro da Agricultura esteve entre nós e viajou pelo nosso país. Viu muita coisa, encontrou-se e conversou muito com nossas pessoas. Como resposta, recebi um convite do governo canadense para visitar seu país. Isso é tudo.

Estava convencido de que, com certeza, Andropov havia sido informado sobre esse incidente. Por isso, quando voltei a Moscou, contei a ele sobre a minha viagem e sobre aquela entrevista. Ele riu e gesticulou negativamente. Para mim estava claro que ele sabia de tudo.

No parlamento canadense, aquilo trouxe uma controvérsia muito forte, na qual um deputado, um antigo promotor público, expressou-se de maneira bem ousada sobre a atividade da nossa embaixada e a denominou um ninho de espionagem. Nesse contexto, chamou os outros a também receberem as palavras do secretário do Comitê Central Gorbachev com cuidado.

Tomei a palavra para responder algo e disse:

— Estou surpreso com as palavras do promotor público. Nossa embaixada trabalha com êxito, e graças à sua atividade logramos intensificar o trabalho conjunto entre os nossos países. Em todo caso, o senhor Trudeau, o primeiro-ministro, também tem esse entendimento. Dizendo francamente, avalio as palavras do promotor público como "espionomania". — Depois acrescentei: — Em nossa história, tivemos notícia de muitos comentários desse tipo. Mas saiba o senhor que, na Ásia Central, há um provérbio: "O cão ladra, o vento sopra, a caravana passa". — Minha resposta ao promotor público foi até aí.

Essa discussão no parlamento canadense (ainda não sei nem mesmo se poderia se chamar aquilo de discussão, aquilo foi, antes de tudo, uma rixa) é um documento da época, quando o conflito e a confrontação dos blocos haviam atingido uma terrível tensão e intensidade.

Após meu retorno, em um encontro com representantes regionais na Academia de Ciências Sociais, foi-me proposto fazer uma conferência sobre "os problemas agudos do desenvolvimento do complexo agroindustrial do nosso país". Não tinha tempo para a preparação dessa difícil conferência e apenas apresentei teses. Antes haviam me pedido para contar da minha viagem ao Canadá. Ela foi para mim um importante ponto de partida para reflexões, e compartilhei alguns dos meus pensamentos com os ouvintes. Tematizei os fracos incentivos econômicos para o aumento da produtividade e para um uso racional dos recursos por nós, a falta de mecanismos econômicos efetivos e a administração descoordenada, dividida por repartições. Enfatizei especialmente o problema do intercâmbio inadequado entre agricultura e indústria, e cheguei à conclusão de que, sem um setor agrário estável e altamente desenvolvido, não poderia haver economia estável em nosso país.

Do Canadá contei pouco. Não queira exasperar as pessoas contra mim. A diferença da história, das condições econômicas, do caráter e dos resultados da produção agrícola entre nós e o Canadá era simplesmente grande demais.

Minha família

Meu trabalho não apenas capturou a mim em seu fascínio, mas também a minha família. Raíssa e as crianças não eram observadores desinteressados da minha busca e das reviravoltas que essa busca implicava. Viam o quão difícil tudo era, apoiavam-me, ajudavam no que podiam e conservavam em nossa "fortaleza" paz, harmonia e compreensão uns para com os outros. É claro que nem tudo se tratava apenas de minha responsabilidade; nossa família tinha também outros problemas e passou por acontecimentos que trouxeram alegria ou atribulação.

O mais bonito foi o nascimento de nossa primeira neta, Xênia, no ano de 1980. Como Raíssa e Irina, ela veio ao mundo em janeiro, dia 21. Uma nova vida começava. Aliás, como se diz tão acertadamente na canção: "Então vêm os netos, e tudo recomeça do princípio".

Raíssa sempre foi instada de maneira enfática a realizar um novo estudo nas aldeias e colônias dos cossacos, nas quais ela havia reunido o

Apresentação da bisneta: Xênia, com sua avó e seus bisavós, em Sosnovka, 1981.

material para uma tese. A ideia era tentadora, mas nossas obrigações moscovitas não permitiam isso.

Não saíamos facilmente de Moscou, e por isso sempre convidávamos minha mãe e os pais de Raíssa para estarem conosco. No começo, vinham sempre e de bom grado, mas os anos cobraram dos senhores, foi ficando cada vez mais difícil para eles viajar a Moscou. Doenças e indisposições acumulavam-se. Tentávamos ajudá-los com a assistência médica, províamos de medicamentos, dinheiro, roupas, alimentos, tudo o que podíamos. Nossas preocupações começavam com as netas e terminavam com os pais. A tudo isso, somou-se ainda a infelicidade com o irmão de Raíssa, Jevgeni, que não conseguia renegar sua velha paixão pelo álcool. Raíssa suportou isso penosamente.

Como já mencionado, Irina e Anatoli tinham concluído o Instituto Médico. Após o exame, Anatoli foi mandado para uma clínica cirúrgica sob

304

a supervisão do membro da academia, Saveljev. O período inicial foi muito difícil para ele, mas com o tempo familiarizou-se e engajou-se também cientificamente no âmbito das pesquisas da cátedra. Enquanto continuava trabalhando na clínica, defendia sua tese.

Em uma palavra: aos poucos nossa família foi sendo absorvida pela vida da capital. Nosso círculo de conhecidos ampliava-se, e nos sentíamos cada vez mais moscovitas.

O fim de Andropov

No verão de 1983 ficou claro que as esperanças de uma época melhor estavam em perigo: de repente, a condição de saúde de Andropov piorou drasticamente. Seus rins não funcionavam direito. Durante algum tempo sabíamos pouco. Mas a doença se agravou, e isso teve efeito sobre sua condição geral e sua aparência: seu rosto se tornou artificialmente pálido; a voz, rouca. Antes, quando Andropov recebia alguém em seu escritório, ia de encontro à pessoa e a cumprimentava. Agora ele não se levantava mais da mesa, só estendia a mão. Estava claro que era cada vez mais difícil para ele se mexer.

Primeiro, ele tinha de fazer diálise uma, depois duas vezes por semana e depois com frequência ainda maior. Não dava mais para esconder. Entre as diálises, ele tinha de ficar com uma fístula arteriovenosa em seus braços, de modo que todos viam seus braços enfaixados na altura do pulso. Levantou-se o boato de que não viveria muito mais. Novamente, todos ficaram animados; para eles, a doença de Andropov era um presente do céu. Primeiro cochichavam pelos cantos, depois nem escondiam mais sua alegria. Esperavam por seu momento. Isso se tornou ainda mais perceptível na preparação da assembleia plenária do Comitê Central de junho de 1983.

A ideia de realizar uma assembleia plenária sobre questões de ideologia foi de Andropov. Estava preocupado com a situação política, dos ideais e dos costumes da sociedade, e esperava que o plenário do Comitê Central modificasse e tornasse mais efetivos os métodos do trabalho ideológico.

Oficialmente, Tchernenko era responsável pela ideologia. Ele tinha de fazer uma apresentação. Como as informações sobre a situação de saúde do secretário-geral não eram mais sigilosas àquela altura, a "irmandade ideológica" de Simjanin, fiel a Tchernenko, tomou coragem, estava mais coesa e autoconfiante, e viu na apresentação algo como um renascimento oficial da Era Brejnev.

O Politburo praticamente não se intrometeu na preparação da apresentação. Quando foi enviada, eu a li, fui até Andropov e disse: "Não podemos admitir isso! Por um quarto de século, não realizamos nenhuma assembleia plenária para a ideologia, e agora esta apresentação!".

O mais absurdo era que o texto inteiro, nas passagens mais adequadas e mais inadequadas, era demonstrativo de citações de Andropov e transbordava de alusões a ele. Assim, seu nome e sua carreira foram relacionados com aquele códex de regras e proibições da época da estagnação, que tinha sido compilado pela brigada de Simjanin. Na minha opinião, aquela apresentação era uma provocação aberta. Disse que, se ele não fosse contra, eu tentaria falar mais uma vez com Tchernenko, mas, independentemente do que resultasse disso, Andropov teria de se apresentar na assembleia plenária.

No encontro com Tchernenko, articulei as minhas considerações sobre a apresentação tão delicadamente quanto possível:

— A apresentação sem dúvida reúne um rico material, mas a leitura deixa a impressão de que ela não tem relação com o que fizemos nos últimos meses. Falta um questionamento sólido e direcionado. Se for possível encurtá-la cerca de um terço e concentrar os pensamentos no essencial, a apresentação só terá a ganhar.

Ufa! Era simplesmente impossível me expressar de maneira mais delicada, e esperava que Tchernenko ao menos me oferecesse participar da redação final. Mas errei feio!

— Obrigado por ter lido — respondeu ele, e me pareceu absolutamente indiferente. — Houve muitas versões desta apresentação, e fiquei com esta. Pensarei sobre seus apontamentos.

Foi isso. Ele não mudou nada – meus conselhos permaneceram ignorados, e me contaram que ele interpretara minha visita como prepotência, como tentativa de instruí-lo. Mais uma vez assegurei a Andropov que só ele poderia salvar a situação com seu discurso.

Quando Tchernenko fazia sua apresentação, eu observava Andropov. Enquanto Tchernenko abria caminho penosamente através do palavrório de Simjanin, o rosto de Andropov se tornava cada vez mais entediado. Ele me chamou para perto e disse:

— Sente-se aqui depois do intervalo, você tem de presidir.

É imprescindível saber o que isso significava na época para entender o golpe que desferiu em Tchernenko dessa forma. Após o intervalo, sentou-se longe e mal podia acompanhar a discussão. Só no dia seguinte, quando foi incumbido de liderar a sessão do plenário, ele lentamente se restabeleceu.

Quando Andropov e eu trocamos, chegamos à conclusão de que a assembleia plenária correra da forma como Tchernenko e companhia a haviam preparado. Em outras palavras: ela foi em vão.

Aquela assembleia plenária foi uma ruptura – depois, as coisas voltaram a ir de mal a pior.

Em setembro, Andropov foi para a Crimeia. Eu tinha contato com ele por telefone regularmente, e, depois de encerrar as conversas, ele se sentia muito melhor.

Quando liguei mais uma vez, recebi a resposta de que Andropov teria ido para as montanhas, para Dubrawa. Isso não me surpreendeu, pois, ainda em Kislovodsk, eu sabia que ele decididamente preferia as montanhas ao mar; ainda mais levando em conta que seus médicos haviam proibido a natação, pois o esforço físico seria grande demais para ele. Duas horas depois, o próprio Andropov ligou:

— Você me procurou?

— Sim, queria informar os acontecimentos ao senhor.

— Vim para Dubrawa por alguns dias. Aqui é bonito, o clima é magnífico.

Pelo seu tom, percebi que estava de excelente humor. Isso não acontecia mais havia muito tempo, claramente o ar da montanha e a natureza do lugar lhe faziam bem. Eu não podia imaginar que essa seria a última vez que ele estaria de tão bom humor.

Dois, três dias mais tarde, soube-se que a condição de saúde de Andropov agravara-se bastante. O que tinha acontecido, como ele tinha se resfriado, todos os detalhes médicos, eu não sabia. Ele foi levado para sua *datcha* na Crimeia e, de lá, para Moscou, de avião, o mais rápido possível, direto para a clínica central. Começava uma época cheia de sofrimento, difícil sob todos os aspectos…

Lamentava por Andropov, sobretudo como pessoa. Ele sofria terrivelmente. Conversávamos ao telefone e, quando os médicos permitiam, eu ia até o hospital. Praticamente todos o visitavam. Uns mais raramente, outros com maior frequência; uns para apoiá-lo, outros para comprovar a situação em que ele se encontrava. Assim correram outubro e novembro. Além do sofrimento que acompanhava a doença, ocorria ainda que Andropov recebia inteiramente a mudança geral da atmosfera no topo, as intrigas e querelas.

Em razão da doença do secretário-geral, as sessões do Politburo e do secretariado eram lideradas por Tchernenko. Apenas algumas vezes ele me incumbia de liderar o secretariado. Tichonov fez uma tentativa de assumir a presidência no Politburo. Mas ele não obteve êxito – principalmente por causa de Andropov, que, apesar de seu péssimo estado de saúde, manteve seu entendimento claro.

Ainda na Crimeia, em uma conversa telefônica, Andropov havia me dito que eu devia incondicionalmente assumir a palavra final após a discussão na próxima assembleia plenária do Comitê Central, em novembro.

— Tem de ser assim? — perguntei, bem ciente de como os colegas no Politburo olhavam enciumados para tais coisas.

— Sim — reforçou ele. — Prepare-se para a palavra final. Falamos sobre isso quando eu voltar.

Refletia sobre o meu discurso, analisava os efeitos políticos e práticos dos nove meses passados, quando Tichonov retornou das férias. Quando soube que eu pretendia falar na assembleia plenária, ligou imediatamente para Andropov e declarou: como Gorbachev tomaria a palavra, ele também tinha de falar.

— O que deveria responder a ele? — contou-me Andropov ao telefone. — Eu disse: "se você quer se apresentar, por favor. Prepare-se e faça um discurso".

Toda a disputa em torno da iminente assembleia plenária tinha um tom ruim, tratava-se da divisão do poder. As conversas que ocorriam no Politburo por esse motivo tinham um sabor desagradável. Era como enterrar uma pessoa viva. Por fim, Andropov explodiu em fúria.

Em um dia de dezembro, eu mal havia transposto a soleira do meu escritório quando Richkov chegou correndo:

— Andropov ligou agora mesmo. Está em uma situação terrível. Ele perguntou: "Então, vocês já deliberaram a escolha de um novo secretário- -geral no Politburo?" Eu respondi: "Como o senhor pode pensar uma coisa dessas? Não se pode falar disso!". Mas ele não queria se acalmar.

Liguei imediatamente para os médicos e combinei uma visita a Andropov para o dia seguinte.

Quando cheguei ao quarto do hospital, ele estava sentado na poltrona e tentou sorrir. Nós nos cumprimentamos e nos abraçamos. A mudança que havia se operado sobre ele desde o último encontro era deprimente. Seu rosto estava descarnado, de cera e cinzento. Seus olhos tinham ficado desbotados, ele mal conseguia erguer os cílios, e também sentar-se era claramente muito difícil para ele. Custou-me um esforço enorme não desviar os olhos e esconder a minha comoção em algum lugar. Esse foi o meu último encontro com Andropov.

Seus colaboradores pessoais visitavam Andropov quase diariamente. Na maior parte das vezes eram Laptev e Volski. Pelo visto, a ideia de elaborar um discurso para Andropov e distribuir o texto entre os membros do Comitê Central partiu deles. Pois assim foi feito. Nesse discurso, Andropov acrescentou de próprio punho: "No interesse do Estado, em razão de minha grave doença, no sentido de um comando contínuo do partido e do país, proponho incumbir Gorbachev com a liderança do secretariado".

O texto foi distribuído aos membros do Comitê Central – mas faltava o acréscimo de próprio punho de Andropov (!).

O plenário ouviu as apresentações de Baibakov e Garbusov, aprovou o plano e o orçamento. Vorotnikov e Solomenzev foram escolhidos membros; Tchebrikov, candidato no Politburo; e Ligachev ascendeu a secretário do Comitê Central. Tichonov e eu nos apresentamos para a discussão. Para aqueles que haviam riscado o acréscimo do discurso do secretário--geral, estava claro que estávamos diante de uma nova eleição para chefe do partido.

A morte de Andropov* foi um duro golpe para mim. No comando do país, não havia pessoa com a qual eu estava ligado de maneira tão próxima. Ele se encontrava comigo sempre com simpatia e confiança, e a mim nunca deu mostras da arrogância de um líder político experiente, que, já havia muito tempo, estava acostumado a jogar com o destino. Não posso dizer que se abria totalmente comigo e que me revelava tudo, mas nunca se esquivava de uma resposta para minhas perguntas.

No Politburo, a reação à morte do secretário-geral foi variada: nos rostos de uns havia tristeza, nos de outros, indisfarçada alegria. Alguns secretários do Comitê Central também estavam felizes e não disfarçavam isso.

Andropov foi, sem dúvida, uma personalidade de talento acima da média e previdente, um autêntico intelectual. Ele se opunha decididamente a tudo o que nos ligava à Era Brejnev, ao favorecimento de pessoas, à luta nos bastidores, à corrupção, ao desleixo moral e ao burocratismo. Com isso, ele correspondia também às expectativas das pessoas. Se é verdade que nosso povo tem uma aversão profunda aos funcionários públicos, uma relação crítica com toda autoridade, então certamente os processos dos últimos anos sob Brejnev acentuaram esses sentimentos. Por isso, a postura rígida, às vezes até demais, de Andropov fora recebida com esperança.

---

*   Andropov morreu em 9 de fevereiro de 1984.

O que ele fez foi valorizado como o início de mudanças mais gerais e profundas. Falava-se do "fenômeno Andropov" em nosso país. Entendia isso assim: com a posse do novo líder surgiram expectativas e esperanças gerais, enquanto tudo o que estava ligado a Brejnev na consciência das pessoas não foi mais aceito, foi rejeitado. Será que Andropov teria seguido adiante e imposto mudanças radicais se seu destino tivesse se desenvolvido de forma diferente? Em algumas coisas, sim; mas mudanças fundamentais do sistema, ele mal introduziria.

Muitas vezes, penso: Andropov sabia como nenhum outro dos crimes de Stálin, mas nunca abordou esse ponto. Ele tinha visto as tentativas de Brejnev de ressuscitar Stálin e o modelo de sua ordem social, mas não fez nem mesmo uma tentativa de se contrapor a ele. E, quanto ao papel de Andropov na desarticulação do levante húngaro, na Primavera de Praga e na guerra com o Afeganistão? E, finalmente, na luta contra "divergentes" e "dissidentes", quando as tentativas de falar sobre liberdade e direitos humanos já eram tidas como crime?

Claramente, o trabalho de muitos anos na KGB, com sua "especificidade", havia agido sobre toda a sua individualidade e suas posições, tinha feito dele uma pessoa desconfiada e concordante com o sistema. Não, Andropov não estava pronto para mudanças radicais, bem como Kruschev. E talvez o destino tenha sido generoso com ele, pois morreu sem ter de se haver com os problemas que forçosamente viriam à tona e que teriam levado à sua decepção e à decepção em relação a ele.

O tempo de Andropov no topo do poder foi curto, mas infundiu esperança nas pessoas. Muitas vezes, eu pensava na noite sulista em Kislovodsk, no céu repleto de estrelas, a fogueira chamejante iluminando, quando Andropov olhava para o fogo com ar absorto, sereno. Da fita soava a animada música preferida de Andropov, uma canção de Iuri Wisbor:

Quem quer isso? Ninguém.
Quem precisa disso? Ninguém.

Tchernenko

À época, eu considerava Ustinov o sucessor mais apropriado para Andropov, embora ele já tivesse 75 anos de idade. Por quê? No meu ponto de vista, ele era o único que poderia dar sequência à linha política de Andropov. Ambos eram amigos próximos, e ele poderia preservar e seguir desenvolvendo as mudanças que Andropov havia implementado. Além disso, Ustinov gozava de grande autoridade no partido e em nosso país. Pressionara-o como podia, pois não via nenhum outro candidato. Uns não podiam mais assumir a função cheia de responsabilidades de um secretário-geral, outros não podiam ainda. Ustinov poderia trabalhar com sucesso por certo tempo e formar uma nova geração no comando. Mais tarde, soube que minha candidatura também fora considerada.

No segundo ou no terceiro dia após o enterro, Raíssa visitou a viúva de Andropov. Doente e agitada, ela se levantou da cama e lastimou em voz alta: "Por que eles elegeram Tchernenko?! Meu marido queria Mikhail Sergueievitch!". Raíssa a acalmou e esforçou-se para desviar desse tema.

Isso condiz com os rumores, mencionados antes, sobre as correções que tiveram de ser feitas, pelo Departamento Geral do Comitê Central, no discurso de Andropov na assembleia plenária em dezembro.

E mais uma coisa. Um de meus colaboradores, o qual muitos anos de trabalho conjunto uniram a mim, contou-me de uma conversa com Kornijenko, o então primeiro representante do ministro do Interior. Em relação a Gromiko, ele contara que, imediatamente após a morte de Andropov, Gromiko, Ustinov, Tichonov e Tchernenko teriam se encontrado em um "círculo restrito", mas não conseguiram entrar em acordo sobre uma candidatura a novo secretário-geral. Ustinov teria explicado que o próprio Politburo deveria fazer a escolha. Ele, pessoalmente, recomendaria Gorbachev. Se realmente foi assim, eu não sei. Há também outras versões.

A conversa em "círculo restrito" aconteceu no escritório de um representante do chefe do Departamento Geral do Comitê Central. Após a conversa, Tchernenko permaneceu no escritório, enquanto Gromiko,

Ustinov e Tichonov foram para o corredor. Lá esperavam por eles seus colaboradores pessoais e guarda-costas, que, em situações como aquela, costumavam explodir de curiosidade. Para sorte deles, Tichonov era mouco e, como todas as pessoas assim, tinha a mania de falar extremamente alto. De acordo com as palavras de testemunhas oculares, ele de repente falou tão alto que todos no corredor se viraram: "Acho que nós fizemos tudo certo. Mikhail ainda é jovem demais. Quem sabe como ele se comportará nesse cargo. Kostja, sim, é do que precisamos".

Repito mais uma vez: qual dessas versões é verdade? Se entraram em acordo sobre Tchernenko em um "círculo restrito" ou não, eu não sei. Mas que Andropov e Ustinov queriam a minha candidatura, o próprio Ustinov me contou mais tarde. Por que então aconteceu diferente, ele não me explicou. E é claro também que nunca perguntei a ele sobre isso.

Em todo caso, a eleição do novo secretário-geral correu de maneira extremamente tranquila, para não dizer banal. O hiperativo Tichonov decidia tudo. Mal Tchernenko havia aberto a sessão do Politburo, Tichonov apresentou um requerimento de trabalho, para se antecipar a possíveis surpresas de Ustinov, e propôs eleger Tchernenko como secretário-geral. Talvez Ustinov contasse com uma recusa do próprio Tchernenko, que sabia de sua condição de saúde e deveria perceber que a condução do país o sobrecarregaria. Mas isso não aconteceu. Manifestações *contra* uma candidatura não pertenciam à tradição desse Politburo. Assim, todos seguiram a proposta de Tichonov e votaram a favor, inclusive eu. Podia-se dizer como justificativa: "O principal é que isso não resultou em cisão".

"Kostja, sim, é do que precisamos", dissera Tichonov. Mas a eleição de Tchernenko foi um choque para a sociedade. Ela se perguntava: por acaso não poderíamos encontrar outro em algum lugar, um mais cheio de vida, mais jovem? Não, outra vez nada...

Após a sessão do Politburo e nos dias seguintes, Ustinov, que costumava estar sempre de bom humor e cheio de alegria de viver, de modo que era difícil tirá-lo do sério, parecia abatido, estava calado e reservado. Depois, na assembleia plenária do Comitê Central, vi os outros rostos: aqueles para os quais já seria tempo de se aposentar e aqueles já aposentados, mas que haviam permanecido no Comitê Central e se recomposto do espanto das novidades de Andropov. Eles tinham recuperado o ânimo e esperavam que sua época voltasse, a tranquila, "estável" Era Brejnev.

Então, quem recebemos como secretário-geral? Não apenas um homem fisicamente fraco, mas um doente grave, praticamente um inválido. Isso não era segredo para ninguém, via-se a olho nu. Não dava para esconder sua fraqueza, a respiração difícil, até a falta de ar (tinha enfisema pulmonar). O médico britânico que acompanhou Margaret Thatcher ao sepultamento de Andropov publicou um prognóstico sobre a expectativa de vida de Tchernenko e se enganou em apenas algumas semanas.

A morte de Andropov e a eleição de Tchernenko para secretário-geral suscitou nova esperança nos opositores das mudanças. Sem dissimular, reforçaram a pressão sobre Tchernenko para acabar com os projetos de Andropov e seu estilo de trabalho.

Os primeiros a sofrerem com isso foram os aliados de Andropov, entre eles, eu. Isso não era surpresa para mim. Já em 1983, quando a condição de saúde de Andropov se agravava rapidamente, fiquei sabendo que certas pessoas procuravam material incriminatório contra mim. Até mesmo os órgãos administrativos participavam dessa "caçada". Mais tarde, quando era secretário-geral, soube disso em todos os detalhes pelo novo ministro do Interior, Alexander Vlasov. Portanto, estava psicologicamente preparado para tais intrigas e sabia que tentariam me eliminar. Isso se mostrou logo na primeira sessão do Politburo, quando se tratou da divisão de responsabilidades no Politburo e no secretariado do Comitê Central.

A liderança geral e a liderança do Politburo foram deixadas aos cuidados do secretário-geral. Fui indicado para a liderança do secretariado. Mas Tichonov pegara gosto por seu papel de líder e declarou rudemente: "Não entendo por que devemos confiar a liderança do secretariado a Gorbachev. Como se sabe, Mikhail Sergueievitch cuida da política agrária. Temo que o secretariado será transformado por ele para a administração de problemas agrários e usado como meio de pressão. Isso leva inevitavelmente a distorções".

Estava sentado ali. Ouvi e fiquei calado.

Ustinov retrucou, Gorbachev já havia, sim, liderado o secretariado e não houvera quaisquer reclamações. Portanto, no primeiro impulso, eles não conseguiram me repelir. Como consequência, Grichin e Gromiko exigiram que a decisão fosse tomada mais tarde, visando, no fundo, proteger Tichonov. Mas o principal obstáculo à figura de Ustinov ainda não tinha sido retirado do caminho. Tchernenko tentava se afirmar, o que era pouco convincente. Eu tinha a sensação de que os papéis nesse espetáculo já estavam determinados de antemão. Sob Tchernenko, até o fim, a liderança do secretariado não chegou a ser oficialmente confiada a mim.

Mas, na verdade, liderei o secretariado tanto antes como depois e mantive o secretário-geral constantemente a par. As sessões aconteciam regularmente, as questões abordadas eram diversas: questões do partido, da economia e da ideologia. Quanto mais efetivamente o secretariado trabalhava, mais as exigências na direção aumentavam e mais insatisfeitos ficavam não apenas Tichonov, mas também o Ministério das Relações Exteriores e os correligionários do secretário-geral.

Tichonov visava consequentemente e com obstinação invejável a um enfraquecimento do secretariado. Tentava conquistar Ligachev, no que certamente não teve grande sucesso. No que diz respeito a Dolgich, Tichonov o atraiu para seu lado com o artifício comprovado: em algum lugar, ele o chamou, em sua presença, de seu futuro sucessor. Dessa forma, Dolgich passava todo o tempo no ambiente do primeiro-ministro em encontros e conversas intermináveis.

Em todo caso, em menos de três meses, o partido e especialmente o Centro Moscou não passavam mais ao largo do secretariado. Uns apareciam nas sessões, outros tinham medo disso. Tichonov se enfurecia, exprimia a sua irritação e tentava colocar o trabalho do secretariado em descrédito. Nessa época difícil, tinha apoio especial em Ustinov. Nossa relação se tornava cada vez mais próxima. É necessário mencionar também o apoio prático e moral de Ligachev. Trabalhei muito e efetivamente também junto de Richkov. Até mesmo com Simjanin chegávamos a uma solução construtiva dos problemas e nos encontrávamos com frequência. Resumindo: sentia-me seguro, via tudo tranquilamente e não me interessava mais por uma bênção oficial do meu papel no secretariado através do Politburo. Seguia o meu princípio, comprovado havia tempos: o tempo é o melhor dos remédios.

Porém, em 30 de abril de 1984, Tchernenko me intimou de repente. Achava que se tratava do iminente 1º de Maio. Mas o diálogo imediatamente tomou um tom exasperado. Tchernenko hesitou e disse que não poderia protelar mais a questão, que o pressionavam e isso levaria a uma cisão, à desunião no trabalho, etc. Perguntei:

— Konstantin Ustinovich, o que o senhor quer dizer?

— A liderança do secretariado.

— Então, não se preocupe em vão. Deixe-nos resolver isso no Politburo, pois é uma questão de confiança. Gostaria de saber, dos meus experientes colegas, quais fraquezas e falhas eles veem em mim. Espero que a minha posição no Politburo não esteja em pauta.

— Não, do que o senhor está falando? — murmurou Tchernenko, embaraçado.

Aí, desabafei:

— Se é assim, então tenho o direito de saber o que os meus opositores querem de mim, quais críticas eles têm a fazer. Temos de avaliar o trabalho do secretariado do Comitê Central. Há pessoas para quem não convém que isso venha acontecendo nos últimos tempos. O senhor, como secretário-geral, deve formar uma opinião a respeito e tomar uma posição. Vejo como se tenta puxar o poder para diferentes direções, o que pode ter consequências perigosas. Por isso, interessei-me por uma solução do problema, e é bem verdade que por uma questão de princípio. A situação é difícil no comando, todos nós precisamos de diálogo aberto. Quando esse tempo chegou, não deveríamos ter nos esquivado.

Tchernenko me pediu mais uma vez para expor meus pensamentos calmamente e fez anotações. Combinamos uma sessão do Politburo para 3 de maio, nos felicitamos pelo feriado, que se aproximava e nos separamos.

Tinha a impressão de que se poderia esperar sabe-se lá o que dessa postura indecisa e inconsistente do secretário-geral.

No fim do dia, Ustinov me telefonou, felicitou-me pelo 1º de Maio e propôs encerrar mais cedo aquele dia. Algumas pessoas no comando – Ustinov, Ligachev, Richkov, eu e alguns outros – trabalhavam todos os dias de doze a catorze horas, até a noite. Agradeci-lhe e contei espontaneamente sobre a conversa com Tchernenko. Ustinov ficou alarmado, pois via uma magnífica intriga por trás daquilo, aprovou minha posição, aconselhou-me a me manter nela sob todas as circunstâncias e a não me preocupar, porque achava que a investida contra mim estava fadada ao fracasso.

Em 3 de maio, nós nos reunimos para a sessão do Politburo e acertamos todos os pontos da ordem do dia. Mas a questão sobre a qual havia conversado com o secretário-geral não veio à mesa. Como se verificou, Ustinov aconselhara Tchernenko a não se deixar levar no cabresto por Tichonov e companhia. Dois, três dias depois, Tchernenko me disse: "Refleti e decidi não abordar o tema. Continue trabalhando como fez até agora".

Mais tarde, por volta de 1989, Tichonov me enviou uma carta com um pedido de desculpas e me ofereceu seus serviços na reforma da economia. Mas naqueles anos, a pressão de Tchernenko sobre mim não arrefecia. Por isso, sempre ficava feliz quando conseguia me apartar de Moscou e sair em viagem.

Em todo o ano de 1984, a atmosfera geral foi marcada por intrigas, desavenças e mexericos. A doença de Tchernenko avançava, a situação no Politburo se complicava, o desentendimento latente crescia. Não gostaria de descrever todas as vicissitudes dessa época – é desnecessário. Afinal, a história da conferência pan-russa científica e prática para problemas ideológicos mostra que formas isso assumiu.

Tchernenko havia levado o tema adiante. Tratava-se de em que se converteriam as deliberações da assembleia plenária para questões ideológicas em junho de 1983. Simjanin pediu que eu fizesse uma apresentação geral, pois, a antiga área de trabalho de Tchernenko, a ideologia, havia sido transmitida a mim. Os materiais para a apresentação, que me foram apre-

sentados pelo respectivo departamento do Comitê Central, decepcionaram-
-me profundamente: "algaravia de Simjanin", esquematismo ideológico,
uma coleção de lugares-comuns, palavrório – como se quisessem me comprometer. Mas, isso só me estimulou.

Formei um grupo composto por Medvedev, Jakovlev (na época, ele
chefiava o Instituto de Economia e Relações Internacionais), Bikkenin e
Boldin. Queria aproveitar a ocasião para superar a, na minha opinião, fra-
cassada assembleia plenária de junho. Na preparação para a assembleia,
nós nos interessamos pelas seguintes questões, importantes, teóricas e
práticas: propriedade, o caráter das relações de produção em nossa sociedade, o papel dos interesses, justiça social, as relações dinheiro-mercadoria,
entre outras. Progredíamos, o material era substancioso e sólido.

É claro que isso não agradava a todos. Simjanin estava insatisfeito e se
zangou. Dei o rascunho a ele. Na minha frente, ele não fez nenhuma crítica, pediu apenas para salientar, de maneira mais plástica, a tese do papel
de liderança do partido na fase atual, mas para Medvedev disse que a apresentação estava um fracasso.

Os participantes da assembleia chegavam a Moscou. Tudo estava
preparado. De repente, literalmente na véspera da abertura, Tchernenko
me ligou às dezesseis horas e exigiu que tudo fosse cancelado. Ele não
via sentido em realizar uma conferência sobre a ideologia naquele momento, pois o Congresso do Partido se aproximava, tinha de ser preparado e era necessário reunir ideias para isso. O tom de Tchernenko de-
nunciava que ele não estava sozinho em seu escritório. A tarefa daqueles
que estavam em sua sala consistia claramente em manter o fraco e titu-
beante chefe na linha.

O recuo inesperado me indignou, protestei, e de forma bem contun-
dente. Talvez tenha me deixado dominar um pouco, mas as artimanhas da
matilha que rodeava o secretário-geral deixavam-me fora de mim. Lembrei-
-lhe que a conferência, para a qual as pessoas de todo o país já haviam
chegado, não fora ideia minha, mas dele, apenas havia executado sua ordem.
Não sabia quem ia querer explicar os motivos do cancelamento. Uma ati-

tude como essa era impossível e significaria um escândalo público. E finalizei com a pergunta:

— Quem está confundindo o senhor?

— Está bem — disse ele —, então a realize mesmo, mas não faça grande alvoroço sobre isso.

A conferência aconteceu e correu com sucesso. Desenvolvi, na minha apresentação, o tema da democratização da sociedade. Em razão da nova abordagem e da discussão criativa, a conferência foi um programa de contraposição à ladainha ideológica habitual dos anos anteriores. O título da apresentação, "A obra viva do povo", já provocava reflexões.

Os participantes da conferência insistiam em que a apresentação deveria ser publicada. Aceitei. Mas o *Pravda* trouxe apenas um pequeno resumo. Para anular o efeito da conferência, no mesmo instante, um artigo de Tchernenko foi redigido e imediatamente impresso na edição de dezembro da revista *O Comunista*.

Em 1984 houve ainda um acontecimento importante. Em 12 de junho, quando encontrava-me na Conferência Econômica dos Estados do CAEM* como membro de uma delegação oficial da URSS, chegou a Moscou a triste notícia da morte do secretário-geral dos comunistas italianos, Enrico Berlinguer. Ele havia morrido de forma totalmente repentina em uma manifestação corriqueira na Itália.

Decidiu-se enviar uma delegação do PCUS para as solenidades do funeral. Boris Ponomariov, o chefe do Departamento Internacional, queria chefiar a delegação, mas, à luz das relações anteriores de Ponomariov com os dirigentes do Partido Comunista Italiano, sua viagem significaria uma afronta. Andrei Alexandrov e Vadim Sagladin escreveram isso abertamente ao Politburo. Após deliberações com os camaradas italianos, ficou decidido enviar-me à Itália. Não havia conhecido Berlinguer pessoalmente, mas

---

*   Conselho para Assistência Econômica Mútua: organização internacional composta pelos Estados do bloco socialista. Foi fundado em 1949 e, com o fim da URSS, dissolvido em 1991. (N. T.)

Com Giancarlo Pajetta e o embaixador russo Lunkov em Roma, em junho de 1984.

podia me lembrar bem de seus discursos nas assembleias do nosso partido. Ele falava com voz harmoniosa, tranquila, sem as grandes emoções tão típicas dos italianos, e nos seus discursos pegava o touro pelos chifres.

Falávamos sobre tudo isso e muitas outras coisas no caminho, quando estava voando para Roma, em 13 de junho, junto de Sagladin e Mironov, o secretário do Comitê Regional de Donetsk. Nossa partida foi tão apressada que o Politburo não havia nos dado nenhuma orientação especial, exceto o desejo de discutir as relações entre nossos partidos.

O que vimos em Roma nos deixou uma impressão profunda, indelével. Toda a Itália estava de luto. Centenas de milhares de pessoas foram ao funeral. Ficamos com Giancarlo Pajetta* no terraço do prédio do Comitê Central e ouvíamos as saudações que os colonos desfilavam à delegação do pcus. Perguntaram-me:

---

* Um dos mais antigos e respeitados líderes do Partido Comunista Italiano (pci).

Com Giancarlo Pajetta, Vadim Sagladin e Gianni Cervetti, em junho de 1984.

— O que o senhor pensa e sente ao ver como os italianos prestam as últimas homenagens a Berlinguer?

Todavia, a resposta não era simples naquela época. Toda a Itália se despedia dele, os chefes de todas as organizações políticas. O presidente italiano, Alessandro Pertini, em nome de toda a nação, curvava-se diante do ataúde do líder de um partido de oposição. Tudo aquilo era expressão de uma atitude estranha para nós, de uma cultura política de outra ordem.

Na noite do mesmo dia, 13 de junho, encontramo-nos com membros dirigentes do Partido Comunista Italiano (PCI) na embaixada soviética. Estavam presentes Bufalini, Chiaromonte, Cossutta, Minucci, Pajetta, Pecchioli, Rubbi e Cervetti. A conversa era aberta, mas andava em círculos. Por fim, não suportei mais aquilo e disse:

— Bem, os senhores já disseram um milhão de vezes que são livres, independentes, que não querem nenhum comando e não reconhecem nenhum centro. Ratificamos 2 milhões de vezes que os senhores são livres, independentes e que não há um centro. E como isso há de prosseguir?

Os amigos italianos me olhavam sem compreender.

— Talvez devêssemos nos encontrar — continuei — para analisarmos juntos a nova situação do mundo, refletir, trocar opiniões?

A conversa atravessou toda a noite e, pela manhã, quando nos separamos, havia sinais de certo entendimento mútuo.

No dia seguinte, 14 de junho, o presidente italiano, Pertini, recebeu-me. Sua postura democrática, sua verdadeira simpatia pelo nosso povo e seu respeito diante dos méritos soviéticos na vitória sobre o fascismo me impressionaram. O próprio Pertini estivera no movimento de resistência. Sua receptividade e a integridade de suas opiniões me sensibilizaram. O presidente se declarou favorável ao trabalho conjunto entre comunistas e socialistas. Foi uma conversa substancial, e quando, ao fim, nos abraçamos amigavelmente, foi de coração.

No mesmo dia voamos de volta para Moscou. Pajetta e Rubbi nos levaram ao aeroporto em Roma. O Comitê Central do pci havia esclarecido abertamente sua posição já na conferência, e, rodeados pelo estrondo das turbinas do avião, atrás das gigantescas janelas de vidro, com um aperto de mãos, combinamos construir relações camaradas entre nossos partidos, trabalhar em conjunto e nos apoiar mutuamente. Podia informar isso ao Politburo no meu relatório de viagem.

O ano terminou para mim com uma visita à Grã-Bretanha, logo após o encerramento da Conferência para a Ideologia em Moscou. Como chefe de uma delegação parlamentar, à qual pertenciam Velichov, Samjatin e Jakovlev, aterrissei em Londres em 15 de dezembro. Delegações desse tipo para a Inglaterra não aconteciam havia quinze anos, as relações entre os nossos países naquele tempo eram muito difíceis, e daí vinha a necessidade de tal visita.

Entre nós, visitas de parlamentares valiam como pura formalidade, motivo pelo qual os funcionários do nosso Ministério do Exterior também não conferiam valor especial a essa viagem. Mas seria diferente. Justo ali, no Parlamento britânico, expressei as observações e os pensamentos sobre política externa e ordem mundial que haviam se desenvolvido comigo no decorrer de muitos anos. O texto desse discurso foi publicado na URSS e no exterior, e gostaria de recordar apenas alguns pontos:

Argumentei que a era nuclear exigia um "novo pensamento político". O risco de guerra era uma realidade, pois a Guerra Fria não cultivava relações normais, mas guardava em si o risco de uma guerra. Em uma guerra nuclear, não podia haver vencedor. Nenhum Estado podia fiar a sua segurança em prejudicar a segurança de outros. A União Soviética estava pronta para limitar e reduzir o armamento, em especial armas nucleares, na mesma medida em que os nossos parceiros de negócios ocidentais.

Essas declarações tiveram um eco extremamente intenso na imprensa mundial. Esta passagem era citada com maior frequência: "Seja lá o que nos separa, vivemos em um planeta. A Europa é a nossa casa comum. Uma casa, não um 'palco de guerra'".

A imprensa relatou com detalhes também o nosso encontro com Margaret Thatcher. Com seu marido Dennis e vários ministros, ela nos esperava no segundo dia em sua quinta, Chequers. Na entrada, os jornalistas nos receberam, e vem daí a famosa foto na qual estamos em quatro e a senhora Thatcher nos mostra educadamente onde e como devemos nos posicionar. O engraçado é que mais tarde muitos interpretaram essa foto de forma totalmente diferente e afirmaram: Margaret Thatcher inspecionava atentamente o traje de Raíssa.

O encontro começou com uma leve refeição. Thatcher e eu sentamos a um lado da mesa, Dennis e Raíssa, à nossa frente. Tudo parecia plenamente decente e de boas maneiras, mas mesmo à mesa não era possível ignorar os tons ácidos. Então, eu disse: "Conheço a senhora como uma pessoa convicta, que tem seus princípios e juízos de valor. Tenho respeito por isso. Mas a senhora tem de saber: ao seu lado, da mesma forma, está uma pessoa. Além disso, posso dizer à senhora: não recebi do Politburo a incumbência de convencê-la a entrar para o Partido Comunista".

Depois dessa introdução, ela riu efusivamente, e o colóquio formal e polido se transformou em uma conversa aberta e interessante. Voltou-se para os mesmos problemas sobre os quais falei aos parlamentares britâni-

Com Dennis Thatcher, Raíssa, Margaret Thatcher, assim como Alexander Jakovlev e o embaixador soviético na Grã-Bretanha, Valeri Popov (segunda fileira), em 16 de dezembro de 1984.

cos no dia seguinte. Após a refeição, passamos a uma conversa oficial. Samjatin e Jakovlev juntaram-se a nós. Primeiro nos detivemos às nossas anotações feitas de antemão, mas depois pus as minhas de lado, e a sra. Thatcher também enfiou sua folha na bolsa. Abri uma grande folha com mil quadradinhos diante da primeira-ministra. Todas as armas nucleares já disponíveis estavam distribuídas de maneira uniforme por esses quadradinhos. Um milésimo bastava para extinguir as bases da vida na Terra.

A reação da senhora Thatcher foi intensa e emocional – e totalmente sincera, como me pareceu. Em todo caso, essa conversa significou uma virada clara, que resultou em um grande diálogo político entre os nossos países sobre os problemas das armas nucleares e da segurança nuclear.

Durante a conversa oficial, três ou quatro ministros cuidavam de Raíssa no *small talk*. Para grande surpresa deles, ela falava sobre a literatura e filosofia inglesas, pelas quais sempre se interessara. A conversa se estendeu por todas as três horas em que estivemos ocupados. No dia seguinte, a imprensa londrina, que publicamente tinha seus prejulgamentos contra a *"lady do Kremlin"*, narrou isso aos seus leitores com simpatia e detalhes.

Minha fala no parlamento britânico em 18 de dezembro foi bem acolhida. Embora no começo tenha me deparado, ali também, com a tentativa de partir para o confronto, logo intervim contra isso e disse: "Se os senhores querem conduzir a conversa nesse sentido, retiro da pasta todos os papéis e documentos trazidos e listo tudo o que foi feito pelo lado britânico contra a União Soviética e contra o estabelecimento de relações normais. A quem isso ajuda?". Por consequência, a conversa tomou um andamento construtivo e plenamente amistoso.

Em seguida houve encontros com ministros, líderes de partido e pessoas da economia. Visitamos as fábricas de Austin-Rover e John Brown, o Centro de Pesquisa Gelotts Hill, a Câmara de Comércio e Indústria, o Museu Britânico e a biblioteca em memória de Karl Marx. Não pude conhecer o túmulo de Marx, que uma parte da nossa delegação visitou.

A imprensa inglesa relatou detalhadamente a nossa visita. Quanto à divulgação doméstica de informações, por indicação superior, tentou-se abafar a nossa estada na Inglaterra. Dobrynin, nosso embaixador nos EUA, contou-me que a imprensa americana demonstrou grande interesse na visita. Por essa razão, ele enviou dois telegramas ao Ministério do Exterior com um *clipping* detalhado. Normalmente, uma informação desse tipo era sempre transmitida aos membros da direção, mas dessa vez isso não aconteceu. Quando Dobrynin veio a Moscou, Gromiko passou-lhe um sermão: "O senhor é um político experiente, comprovado diplomata e homem maduro, e então envia dois telegramas sobre a visita de uma delegação parlamentar! Como se isso tivesse algum significado!".

Em Londres recebi uma triste notícia: Ustinov havia falecido. Interrompi a visita e voei para Moscou. A morte de Ustinov foi uma grande perda, que me atingiu de forma especialmente sensível naquela época tumultuada, no fim de 1984. No fundo, todo esse ano não foi nada além da agonia do regime. Era necessária uma política enérgica, inventiva. Mas a situação da direção era uma debacle.

Em razão da condição de saúde do secretário-geral, houve até mesmo problemas com as sessões diárias do Politburo. Acontecia com frequência de a sessão ser marcada e Tchernenko não poder comparecer. Depois, de quinze a trinta minutos antes do início, chegava uma ligação, eu tinha de assumir a presidência. A reação no Politburo era variada. Uns permaneciam nitidamente tranquilos e simplesmente aceitavam isso; os outros não entendiam, alguns disfarçavam cada vez menos sua irritação.

Ao fim do ano, esse problema havia se acentuado drasticamente. Tchernenko ficou afastado de vez. O Politburo, o mais importante órgão político de direção, tinha de funcionar, mas não havia uma orientação efetiva sobre quem deveria assumir a liderança das seções, se Gorbachev, Tichonov ou quem mais. Estou certo de que alguns colegas, em especial Solomenzev, sugeriram a Tchernenko me encarregar da liderança "provisória". Mas seu séquito o aconselhou a não abrir mão dessa posição. Por isso, eu estava sempre em uma situação difícil. E não era só por minha causa que ela repercutia diretamente no trabalho do Politburo e do aparato do Comitê Central. Em uma situação como essa, apenas os intriguistas se sentem como peixes na água.

Após cuidadosa ponderação, decidi criar algumas regras para mim mesmo. Primeiro: administrar o trabalho com tranquilidade, abordar com clareza os problemas, não fazer concessões ao *entourage*, não importando a altura das condecorações que eles possam ter. Segundo: lealdade ao secretário-geral, escrutínio de questões importantes com ele. Terceiro: exigir unidade no Politburo, para não correr o risco de dissolução do poder cen-

Com Raíssa, no caminho de volta de Londres, em 21 de dezembro de 1984.

tral. Quarto: deixar os secretários dos comitês centrais da república, dos comitês das províncias e dos comitês regionais do partido a par dos acontecimentos. Eles deviam saber da gravidade da situação e ser capazes de avaliá-la corretamente.

Acho que essa linha deu bom resultado. Esforcei-me para regular os assuntos correntes com meus colegas e tomar decisões operacionais e que extrapolavam o operacional. Apesar das dificuldades, a renovação do quadro prosseguiu, duas grandes assembleias plenárias foram realizadas: na primavera, para a reforma escolar, e, em outubro, para um programa de melhoramento do solo a longo prazo, com uma apresentação de Tichonov.

Em seguida, irrompeu ainda um inverno excepcionalmente rigoroso. De diversas partes choviam telegramas para o centro com pedidos de ajuda. Nos Urais, as nevascas foram tamanhas que o trânsito foi paralisado. Não dúzias, não, centenas de trens estavam parados, com todas as cargas, com tudo o que formava a base da produção e do abastecimento da população. Um colapso da economia popular era iminente.

O governo tinha muito trabalho a fazer. Na época, Gejdar Alijev, primeiro representante do presidente do conselho de ministros, ocupava-se de questões operacionais. Ligachev também se intrometia. Isso acontecia por ordem minha, mas também condizia com seu desejo e correspondia ao seu estilo de trabalho. Ele estava insatisfeito com a forma como os problemas eram resolvidos nas repúblicas e no nível local, e queria demonstrar que estava plenamente à altura de tarefas desse tipo. Além disso, era importante mostrar que, nessa situação, surgida com o secretário-geral, o Comitê Central funcionava, e Ligachev e outros cumpriram essa tarefa de forma satisfatória.

Ficou ainda mais difícil quando Tchernenko foi para o hospital. Todos indicavam uma conversa com Tchernenko como alicerce de sua posição, o que naturalmente não era comprovável. Com frequência surgia uma situação em que, numa mesmíssima questão, uns concordavam, outros afirmavam o contrário, e ambos os lados se apoiavam em Tchernenko. Ocorria uma polarização no comando e no aparato. Uns tentavam dificultar o meu trabalho e me fazer perder o fio da meada; outros – e isto acontecia cada vez mais – me apoiavam abertamente.

Tinha de agir taticamente; assim, por exemplo, ocorreu no caso do "eterno" plano de uma assembleia plenária para os problemas do progresso técnico-científico, na qual devia fazer uma apresentação. Para a preparação, um grupo especial foi formado, a coisa progredia bem. Nós nos detivemos em dois preparativos: um do membro da Academia Inosemzev e um do Departamento de Engenharia Mecânica. Além disso, um sem-número de todos os planos possíveis, de dez anos de idade, brotavam no arquivo. Depois da famosa máxima de Brejnev sobre o progresso técnico-científico, o partido preparou uma assembleia plenária do Comitê Central. Eu pensava: quanto tempo perdido! Enquanto isso, outros países percorreram um caminho monstruoso e assim garantiram para si um desenvolvimento dinâmico.

Mas quanto mais a assembleia plenária se aproximava, mais evidente ficava a contrariedade de Tchernenko, Tichonov, Grichin e Gromiko. Todos achavam que, com ela, minha posição se fortaleceria demais. Eram contra a assembleia plenária e não disfarçavam isso de maneira nenhuma. O que fazer? Decidi falar com Tchernenko e até mesmo fazer a proposta de suspender a assembleia plenária. Fui com Ligachev até ele no hospital.

— Konstantin Ustinovich, estamos trabalhando na documentação para o Congresso do Partido. Não é tarde demais para uma assembleia plenária para o progresso técnico-científico?

Sabia a sua opinião, de modo que não era difícil conseguir a sua aprovação.

No dia seguinte ocorreu uma sessão do Politburo. Logo no começo, eu disse, enfático e calmo:

— Ligachev e eu estivemos ontem com Konstantin Ustinovich. Ele está bem. Nós conversamos e o apresentamos aos assuntos correntes.

Seguiu-se uma pausa, durante a qual muitos provavelmente pensavam: *arrã*, Gorbachev e Ligachev estiveram com Tchernenko! Se eles o visitam separados, isso tem algum significado. O que pode acontecer, então, se eles vão juntos até ele? Todos aguçaram os ouvidos.

— Saibam os senhores que deliberei com Konstantin Ustinovich. Concordamos em retirar da ordem do dia a assembleia plenária para o progresso técnico-científico.

Todos apoiaram essa proposta unanimemente, até com alegria. Assim, a ideia de discutir o mais urgente problema estrutural do país em uma assembleia plenária do Comitê Central foi, pela segunda vez, levada para o túmulo. Antecipadamente, posso dizer que, mais tarde, pelo menos houve um tipo de compensação. Em junho de 1985, realizamos, no Comitê Central, uma grande conferência para a questão da aceleração do progresso técnico-científico, na qual fiz a apresentação: "O problema fundamental da política econômica do partido".

Mais uma despedida

O fim se aproximava de forma rápida e inexorável; disso ninguém tinha dúvida. Sustentar a impressão da presença do secretário-geral e presidente da mesa do Soviete Supremo na vida política custava enormes esforços. Olhando para Tchernenko, para quem era penoso não apenas trabalhar, mas também era difícil falar, e até mesmo respirar, sempre me perguntava: o que o impedia de retroceder e cuidar de sua saúde? O que o fazia carregar o fardo da direção, à altura da qual ele não estava? Para responder a essa pergunta, temos de voltar um pouco no tempo.

Naturalmente, uma pessoa que foi despojada do poder – entre nós ninguém nunca renunciou ao poder por vontade própria –, assim como quem foi demitido, se sente, para dizer o mínimo, contrariada. Mas apenas explicar que o homem é fraco não basta; o problema é mais complicado. Mesmo a percepção da sociedade de que pessoas fisicamente incapazes para o trabalho tinham o controle na mão não servia para nada. Nós simplesmente não tínhamos um modo democrático normal para uma troca de poder. O sistema não previa isso, vivia-se segundo suas leis, pelas quais um homem com uma doença terminal ou completamente demente podia estar no topo da pirâmide. Ninguém queria violar essa ordem. E de repente essa prática insuficiente foi escancarada e exibida à sociedade em toda a sua monstruosidade por alguns membros da direção política, em especial, Grichin.

Isso aconteceu em fevereiro de 1985, durante a disputa eleitoral pelo Soviete Supremo da Federação Russa. Seguindo uma tradição de muitos anos, ocorreram encontros dos membros do Politburo com os eleitores de seu círculo eleitoral. Mas eu nunca antes havia vivenciado tal disputa pela sucessão. Todos queriam discursar no final, imediatamente antes do secretário-geral, pois dizia-se que, quanto mais tarde você se encontrasse com os eleitores, mais alto estaria na hierarquia do partido. O penúltimo a ter a vez estaria apenas um passo atrás do secretário-geral, que sempre entrava por último.

As eleições foram marcadas para 24 de fevereiro. Os encontros dos candidatos com os eleitores encaminhavam-se para o fim. Como Tchernenko não estava em condições de aparecer, mas não se podia cancelar o encontro, discutimos como o problema poderia ser resolvido com a mínima perda política. Achava que devíamos preparar um escrito. A Comissão de Eleição deveria organizar um encontro, no qual então esse escrito seria lido. Como se tratava do secretário-geral, representantes do Comitê Central também deviam estar presentes.

De repente, Grichin falou individualmente com Tchernenko. Isso já quebrava o protocolo e era bastante significativo. Para aproveitar o acaso e não desperdiçar essa chance de maneira nenhuma, Grichin encenava um espetáculo político indecoroso. É claro que ele tinha mandantes. Uma parte da direção era muito simpática a ele, sobretudo aqueles que queriam me repelir. Ele contava especialmente com o séquito de Tchernenko, que precisava de uma eleição conveniente para si para poder se manter no poder após a morte de Tchernenko. A essa altura, justamente uma determinada parte, se bem que não grande, da *intelligentsia* também se empenhava fortemente por Grichin.

Como ele entendia que não podia me ignorar, porque eu liderava de fato o Politburo e o secretariado, ele me ligou e disse que, a pedido de Tchernenko, organizaria o encontro e leria o texto de sua mensagem para os eleitores. Não telefonei para Tchernenko, mas me informei com seus colaboradores: a afirmação de Grichin conferia.

Em 22 de fevereiro, Grichin, na qualidade de primeiro-secretário do Comitê Municipal de Moscou, tomou em suas mãos o encontro com os eleitores e leu o texto de Tchernenko. Eu estava sentado à mesa com Ligachev, Gromiko, Simjanin e Kusnezov, e sofria muito por ter de participar dessa farsa. Com sua típica entonação monótona, ele lia e relia o texto e tentava conferir *pathos*, elã e entusiasmo. O conjunto tinha algo de surrealista. Eu não podia evitar aquilo, pois o próprio Tchernenko havia exigido, era o seu último desejo. Mas era apenas o primeiro ato da tragicomédia de

Grichin, dois outros ainda se seguiriam: Tchernenko foi mostrado colocando seu voto na urna e ele mesmo faria a entrega do diploma ao eleito.

Em 24 de fevereiro, a urna foi levada para a sala ao lado do quarto de hospital de Tchernenko, e tudo foi arranjado de tal forma que não deixava margem a suspeitas. Tchernenko foi conduzido à urna em uma situação totalmente desvalida, lastimável, e, na presença de Grichin, Pribytkov (um colaborador) e Prokofiev, o primeiro-secretário do Comitê da Comarca moscovita, Kuibychev, diante das câmeras de televisão, deu o seu voto. Grichin alcançara seu objetivo: havia mostrado na televisão a todo o povo que o secretário-geral estava na melhor forma. Isso foi o ápice do cinismo e da falta de consideração daqueles que se faziam passar por confidentes de Tchernenko, mas que, na realidade, pensavam apenas em suas carreiras.

Mas isso não era tudo. Haviam preparado um texto, que aquele homem fatalmente doente deveria falar na entrega do diploma – mais uma vez para as câmeras de televisão. Ainda tenho a cena diante dos olhos: a figura curvada, as mãos trêmulas, a voz falha, que incitava a disciplina e o trabalho cheio de devoção, e as folhas caindo-lhe das mãos. Soube também que ele próprio caiu, mas foi amparado pelo membro da Academia Tchasev (um excelente cardiologista, que por muitos anos chefiou o IV Departamento de Operações do Ministério da Saúde). Mas é claro que esse incidente não foi mostrado.

Tudo isso, apesar das objeções categóricas de Tchasev, com o consentimento ou segundo o desejo do próprio Tchernenko, que Grichin e outros haviam coagido. Isso foi em 28 de fevereiro – em 10 de março, Tchernenko faleceu.

À noite, havia acabado de chegar do trabalho quando o membro da Academia Tchasev me ligou com a notícia da morte de Tchernenko. Entrei em contato com Tichonov e os outros membros do Politburo e marquei uma reunião às 23 horas. O mais importante agora era um encontro com Gromiko. Achava que devíamos perseguir o mesmo objetivo. Afinal, a responsabilidade que nós, membros do Politburo, tínhamos era enorme.

As eleições para o Soviete Supremo da República Socialista Federativa Soviética Russa (RSFSR): com a neta Xênia, em 24 de fevereiro de 1985.

Gromiko estava em Sheremetievo. Ele acompanhava a conversa no carro. Comuniquei-lhe a morte de Tchernenko, informei-lhe de que uma reunião do Politburo fora marcada às 23 horas e pedi que estivesse lá trinta minutos antes do início.

Encontramo-nos como combinado. A conversa foi rápida. Disse que todos nós contávamos com esse acontecimento. Já que acontecera, tínhamos de encontrar uma solução de longo alcance. Não podíamos cometer nenhum erro:

— As pessoas querem mudanças. O tempo é propício para isso. Não se pode continuar protelando. Não será fácil, mas temos de nos decidir. Acho que, nesta situação, devemos ambos perseguir o mesmo objetivo.

Gromiko disse, calmo e firme:

— Concordo com sua avaliação e aceito sua proposta.

— Pois então estamos de acordo.

Tanto da parte dele como da minha, esse passo não era fácil, e sim um difícil passo um em direção ao outro – embora, tendo-se conhecimento de para onde as coisas caminhariam, já tivessem anteriormente pretendido nos familiarizar. Sim, mais que isso, houve conversas sobre isso tanto com ele como comigo. Nem Gromiko nem eu demos passos demonstrativos, mas sabíamos que tínhamos de trabalhar em conjunto de forma mais próxima.

Dez de março, 23 horas: chegam os membros do Politburo e do secretariado do Comitê Central. Abri a sessão e informei sobre a morte de Tchernenko. Nós nos levantamos e fizemos silêncio. Fala o membro da Academia Tchasev. Relata brevemente a história da doença e as circunstâncias da morte de Tchernenko. Iniciamos as solenidades do funeral e marcamos uma sessão do Politburo e uma assembleia plenária do Comitê Central para o dia seguinte.

Instalamos uma comissão de sepultamento, à qual pertenciam todos os membros do Politburo. Quando o que estava em pauta era o presidente da comissão, houve uma pausa; pois, como regra, quem assume a presidência da comissão de sepultamento de um secretário-geral é o futuro secretário-geral. Então, Grichin disse de repente:

— Por que não definimos já o presidente? Tudo está claro, Mikhail Sergueievitch... (Ele só queria sondar!)

Exortei a não precipitar nada, mas a marcar a assembleia plenária para as dezessete horas e a sessão do Politburo para as catorze horas do dia seguinte. Assim, todos teriam um pouco de tempo, uma noite e metade de um dia, para refletir sobre tudo. O Politburo chegaria a uma decisão e a apresentaria à assembleia plenária.

O período de Tchernenko como secretário-geral durou apenas treze meses. Agora, a questão era designar um novo candidato. Afinal, também tinha de perguntar a mim mesmo como estava para isso. Algumas informações chegavam até mim. Meu nome também era mencionado com frequência cada vez maior entre os aspirantes. Mas pensava até o último momento que, quando a hora chegasse, eu saberia. Em todo caso, eu já levara em consideração essa possibilidade. Na maior parte do tempo, já me ocupara dos acontecimentos do Politburo e do secretariado e havia acumulado uma experiência privilegiada. Nas minhas relações com as pessoas, também muitas coisas haviam ficado claras, e agora me conheciam melhor. Apesar das intrigas dos meus opositores, o próprio tempo havia trabalhado pela minha candidatura de forma objetiva e inequívoca.

Isso não pode continuar assim

Em 11 de março cheguei em casa só às quatro horas da manhã. Raíssa havia esperado por mim. Fomos para o jardim. Desde que viemos morar em Moscou, não tínhamos mais conversas importantes na casa nem na *datcha*, nunca poderíamos saber... Passeávamos de um lado para o outro ao longo da senda no jardim e discutíamos as possíveis perspectivas.

Hoje, reconstruir a nossa conversa em detalhes é difícil para mim. Mas me lembro bem das últimas palavras que disse naquela noite: "Você sabe, eu vim para Moscou na esperança e na crença de que poderia movimentar algo, mas até agora consegui pouco. Se realmente quero mudar algo, tenho de aceitar a sugestão quando ela convém. Veja bem: isso não pode continuar assim".

Pela manhã, Ligachev telefonou e disse que os primeiros-secretários afluíam em turbilhão, eles vinham um após o outro para perguntar quem o Politburo havia definido como novo secretário-geral.

Fui ao Comitê Central, ao Politburo e à assembleia plenária.

Circulavam cada vez mais boatos sobre os acontecimentos da época. Teria ocorrido uma autêntica pancadaria, havido diversas candidaturas para secretário-geral, e o Politburo, saído da assembleia plenária sem ter entrado em acordo por um candidato. Tudo história da carochinha, pura invenção, sem nada de verdade. Aqueles que haviam participado diretamente dos acontecimentos, e uma parte deles ainda tem boa saúde, podem confirmar isso. Naturalmente, em razão da piora feroz da condição de saúde de Tchernenko, o problema do sucessor foi discutido, havia gente que se esforçava por isso e sondava suas chances. Naqueles dias, o aparato do partido no Comitê Central se ocupava apenas desse problema. Não era mais segredo que na direção havia diversos grupos.

Havia também opositores à minha escolha. Pouco antes da morte de Tchernenko, Tchebrikov, o então chefe da KGB, contou-me de um diálogo com Tichonov, que queria convencê-lo a não votar em mim. Tchebrikov percebeu que Tichonov não trouxe nenhum outro nome à conversa. Então, pensou consigo: "Você mesmo bem que almeja esse posto!".

Meus opositores dessa época não podiam desconsiderar os votos da sociedade, a posição dos primeiros-secretários, que já estavam firmemente decididos a não tolerar que o Politburo, mais uma vez, alçasse ao posto mais alto um homem velho, doente ou fraco.

Alguns grupos de primeiros-secretários dos comitês de província me procuraram. Estimularam-me a tomar uma posição firme e a assumir o cargo de secretário-geral. Em conversa com um desses grupos, explicaram-me que eles haviam se organizado e que não estariam mais dispostos a permitir que o Politburo resolvesse tais questões sem levar em conta a opinião dos membros do Comitê Central. Ustinov, com cujo apoio eu poderia contar, não era mais vivo.

Gostaria de salientar que não aceitei ou recusei ninguém claramente, nem Ligachev e Richkov. Por quê? Queria esclarecer tudo nos mínimos detalhes. Sabia, sim, o risco que estava assumindo, qual era a situação do país e como ia a equipe. E, se tivesse triunfado com cerca de 50% mais um voto, se a eleição não tivesse sido a expressão da vontade geral, resolver os problemas pendentes estaria além das minhas forças. Dizendo de forma totalmente direta: se tivesse havido uma discussão no Politburo e no Comitê Central, teria retirado a minha candidatura, pois para mim estava claro que tínhamos diante de nós um longo caminho.

Às catorze horas, ocupei o lugar do presidente – nos últimos tempos, meu lugar habitual –, abri a sessão e disse que devíamos apresentar à assembleia plenária uma proposta de secretário-geral em nome do Politburo. Todos haviam tido muito bem a oportunidade de refletir sobre o assunto. Gromiko levantou-se no mesmo instante e argumentou brevemente pela minha candidatura. Alguns pensamentos se coadunavam com o que ele disse mais tarde na assembleia plenária. Depois, Tichonov tomou a palavra. Ambos apoiavam. Dizia-se que realmente já havíamos trabalhado tanto e tínhamos de dizer isso à assembleia plenária. Na 19ª Conferência do Partido, Ligachev disse: "Na verdade esses foram dias intranquilos. Poderia ter havido também outras decisões. O perigo persiste. Gostaria de dizer que, graças à postura firme dos membros do Politburo, Tchebrikov, Solomenzev, Gromiko e de um grande grupo de primeiros-secretários dos comitês de província, chegou-se, na assembleia plenária de março, à única decisão acertada".

Não sabia o que ele queria dizer com isso. Que eu devia a minha eleição a ele e às pessoas mencionadas por ele e que eles teriam afastado um perigo que ameaçava o país? Para esclarecimento, cito aqui, sem comentários, alguns excertos do protocolo de trabalho da sessão do Politburo:

Gromiko: "Digo publicamente: se nos preocupamos com a candidatura para o posto de secretário-geral do Comitê Central do PCUS, nos lembramos naturalmente de Mikhail Sergueievitch Gorbachev. Quando lançamos um olhar para o futuro – e não gostaria de omitir que, para muitos de nós, custa olhar para lá –, deveríamos observar nitidamente uma determinada perspectiva: não temos o direito de admitir que nossa unidade corra perigo. Não temos o direito de deixar transparecer ao mundo mais essa fissura tão pequena em nossas relações. Gostaria de salientar novamente que Gorbachev dispõe de vasto conhecimento e significativas experiências, mas essas experiências deveriam ser multiplicadas com as nossas experiências. E prometemos oferecer ao novo secretário-geral do Comitê Central do PCUS o maior auxílio e o maior apoio possíveis".

Tichonov: "O que posso dizer sobre Mikhail Sergueievitch? Ele é uma pessoa afável, com quem se pode debater problemas, até mesmo no mais alto nível. Dos secretários do Comitê Central, ele é certamente aquele que melhor entende de economia".

Grichin: "Ontem à noite, quando, ao sabermos da morte de Konstantin Ustinovitch, concordamos em confirmar Mikhail Sergueievitch como presidente da Comissão de Sepultamento, decidimos essa questão, por assim dizer, de antemão. Na minha opinião, ele preenche de forma plena e total os requisitos exigidos do secretário-geral do Comitê Central".

Kunajev: "Gostaria de informar a vocês que tenho uma incumbência para a sessão do Politburo. Seja qual for o rumo que a discussão possa tomar aqui, os comunistas do Cazaquistão votarão pela eleição de Mikhail Sergueievitch Gorbachev para secretário-geral do Comitê Central do PCUS".

Romanov: "Mikhail Sergueievitch é um homem lido, que, por exemplo, se familiarizou muito rápido com muitas questões extremamente complicadas do progresso técnico-científico. Nikolai Alexandrovich Tichonov falou aqui do trabalho de Mikhail Sergueievitch na Comissão para o Aperfeiçoamento do Mecanismo Econômico. Estou convencido de que ele garantirá plenamente a continuidade da direção em nosso partido e conseguirá lidar com as obrigações que lhe serão impostas".

Vorotnikov: "A própria lógica da vida nos levou a essa decisão. Senso de responsabilidade, disposição para ouvir e conhecimento técnico fazem parte das principais qualidades de Gorbachev. Por isso mesmo, ele conquistou alto prestígio na militância do partido. Todos os camaradas (e hoje tive a oportunidade de me encontrar com muitos representantes de organizações partidárias de províncias da Rússia) declaram-se favoráveis a eleger o camarada Mikhail Sergueievitch Gorbachev secretário-geral do Comitê Central do PCUS".

Ponomariov: "Nos últimos tempos, estivemos muito ocupados com a nova versão do programa do partido. Pude me convencer pessoalmente de que Mikhail Sergueievitch domina a fundo a teoria marxista-leninista e sabe lidar com questões programáticas extremamente complicadas".

Tchebrikov: "Naturalmente me consultei com meus colegas de trabalho. Nosso serviço* está constituído de tal forma que se deve conhecer bem não apenas problemas de política externa, mas também os relativos a questões de política interna, sociais. Por isso, os tchekistas† me encarregaram de propor a candidatura do camarada Mikhail Sergueievitch Gorbachev para o posto de secretário-geral do Comitê Central do PCUS".

Dolgich: "Todos concordamos em que ele não apenas pode relembrar grandes experiências como também tem um futuro".

Chevardnadse: "Conheci Mikhail Sergueievitch já antes de seu período como secretário do Comitê Central do PCUS. Digo francamente: hoje todo o nosso país e todo o nosso partido esperam pela escolha dele".

Ligachev: "Grande passionalidade, o anseio pela solução de grandes e pequenas coisas, assim como talento organizacional marcam o trabalho de Mikhail Sergueievitch Gorbachev. E isso, como sabemos, é muito significativo para todo o trabalho organizador do partido. Mikhail Sergueievitch goza da mais alta estima nas organizações do partido, do sindicato e do Komsomol, na militância do nosso partido e até no povo, de maneira geral".

Gorbachev: "Vivenciamos agora uma época muito difícil, uma época de transição. Nossa economia carece de uma dinâmica maior, e nossa democracia, nossa política externa também necessitam dessa dinâmica. Vejo

---

*   Isto é, a KGB.

†   Funcionários da Tcheká – denominação da polícia política da URSS entre 1917 e 1922. (N. T.)

a minha tarefa especialmente em, junto com os senhores, buscar novas soluções, novos caminhos, levar nosso país adiante. Temos de aumentar a velocidade e seguir em frente".

Chtcherbizki não havia participado da sessão. Ele estava como chefe de uma delegação parlamentar na América e retornou apenas pouquíssimo tempo antes da assembleia plenária. Georgi Arbatov, membro da Academia, que o acompanhava, contou mais tarde que Chtcherbizki quis voltar para casa imediatamente e que expressou, decidido, que queria apoiar Gorbachev.

A assembleia plenária aconteceu logo antes. Da troca de opiniões com camaradas, dos quais cada um sondava a situação no Comitê Central, destacava-se: a opinião dos membros do Comitê Central tendia a favor da minha candidatura. Às dezessete horas começaria a sessão. Por recomendação do Politburo, Andrei Gromiko me propôs o posto de secretário-geral do Comitê Central do PCUS. Seu discurso passava a impressão de espontaneidade e, por isso, parecia especialmente sincero; ele continha um forte poder explosivo emocional. Eu estava profundamente comovido: nunca havia ouvido tais palavras, uma avaliação tão alta sobre mim. Algumas passagens de seu discurso:

"O Politburo se manifestou em uníssono por recomendar a eleição de Mikhail Sergueievitch Gorbachev a secretário-geral do Comitê Central do PCUS...

"Ele dispõe de enorme experiência no trabalho do partido, no começo no nível da província, mas depois também aqui no centro, primeiro no Comitê Central, como secretário, e finalmente como membro do Politburo. Como se sabe, ele chefiou o secretariado. Além disso, na ausência de Konstantin Ustinovich Tchernenko, exerceu a presidência do Politburo. Ele correspondeu extraordinariamente às expectativas, sem qualquer exagero...

"Mikhail Sergueievitch dispõe de uma compreensão clara e analítica, e quem o conhece confirmará isso, mesmo se o encontrou apenas uma vez. [...] Em razão de minha experiência de muitos anos, talvez possa julgar melhor que outros camaradas. Ele capta, de forma muito acertada e rápida, o cerne dos processos que se passam em nosso país e no cenário internacional. Eu mesmo sempre me admirei com sua capacidade de captar o cerne dos assuntos de forma veloz e cuidadosa, e de tirar as respectivas conclusões, conclusões corretas, fiéis ao partido.

"Mikhail Sergueievitch é um homem de grande erudição, e precisamente em virtude tanto de sua formação como de sua experiência prática... Ele analisa um problema não apenas de forma exata, mas também generaliza e tira conclusões apropriadas. Para a política, não é necessário apenas dividir as questões em pequenas porções – pois ali estão elas, e nada se move –, mas deve-se também tirar as conclusões necessárias para que essas deduções, por sua vez, fortaleçam a nossa política. Ele demonstrou isso repetidamente nas sessões do Politburo e do secretariado do Comitê Central... O discernimento de Mikhail Sergueievitch distingue-se sempre por sua maturidade e persistência, no melhor sentido da palavra...

"Portanto, a escolha do Politburo é uma boa escolha. Na pessoa de Mikhail Sergueievitch Gorbachev, temos um grande político, uma pessoa distinta, que preencherá dignamente o posto de secretário-geral do Comitê Central do PCUS...".

Depois de Gromiko ter me sugerido à assembleia plenária para o cargo de secretário-geral pelo Politburo, todos estavam ansiosos para o que o novo secretário-geral diria. Naturalmente, havia pensado na minha fala. Intercedi imediatamente pela continuidade de um acelerado desenvolvimento socioeconômico do país e pela otimização de todos os setores da vida da sociedade. Mas esse objetivo só seria alcançado se a economia popular fosse adaptada ao desenvolvimento intensivo e servisse às conquistas do progresso técnico-científico. Como tarefa mais importante, acentuei uma melhoria do sistema econômico e de toda a administração. De mãos dadas a isso, a atenção à política social, ao desenvolvimento da democracia e da consciência social deveria ser fortalecida. Seria preciso dar mais importância à ordem, à disciplina e à legalidade.

No que diz respeito à política externa, eu tinha, então, uma posição clara. Nossa meta era a manutenção da paz. "Queremos a interrupção, e não a continuação da corrida armamentista, e por isso propomos paralisar os arsenais nucleares e parar a futura instalação de mísseis. Queremos uma redução efetiva e abrangente dos arsenais, e não o desenvolvimento de sistemas de armamento cada vez mais novos".

Por fim, expliquei que o PCUS seria a força que uniria a sociedade e que proporcionaria as grandes, urgentes e necessárias mudanças. Estaríamos diante de uma séria encruzilhada, mas a direção estaria otimista.

O leitor poderia perguntar: então o que Gorbachev disse de realmente especial naqueles dias de março? Sim, do ponto de vista atual, tudo isso pode ser classificado como clichês – mas apenas do ponto de vista atual. Uma avaliação totalmente diferente surge quando ponderamos que tudo começou, de fato, com isso.

Esperava que tudo o que propus encontrasse ouvidos abertos. Minha postura diante dos problemas de política interna e todo o discurso contaram com a aprovação da assembleia plenária.

Durante o enterro de Tchernenko, encontrei os principais líderes estrangeiros. Falava com eles na presença do ministro do Exterior. Os encontros eram muito significativos, e foram muitos: com o vice-presidente Bush e o ministro do Exterior, Shultz; o chanceler Kohl; o presidente Mitterrand, e a primeira-ministra Thatcher. Tive uma conversa interessante também com o primeiro-ministro japonês, Nakasone.

Nessa oportunidade, apesar de todas as dificuldades, encontrei-me em separado também com os políticos dirigentes dos Estados do Pacto de Varsóvia. Achava necessário dizer a eles que poderiam partir do pressuposto de que nós respeitaríamos a independência e a autonomia de nossos amigos. A direção de cada um dos partidos seria responsável pela elaboração e a condução de sua política, exclusivamente com relação a seu próprio partido e seu próprio povo. Aliás, manteríamos e seguiríamos desenvolvendo nossas estreitas relações e o trabalho conjunto correspondente às obrigações que havíamos assumido. O pensamento principal era que não interferiríamos em seus assuntos internos. Isso significava uma abjuração da chamada "Doutrina Brejnev".*

Àquela época me parecia, e os acontecimentos posteriores confirmariam, que alguns líderes de Estados socialistas classificavam a minha declaração como as declarações dos antigos secretários-gerais soviéticos: como palavrório. No fundo, eles estavam convencidos de que tudo continuaria como antes. Mas nos mantivemos fiéis a essa minha declaração até o fim, durante todo o trabalho pela democratização das relações internacionais e o término da Guerra Fria, e também depois, quando os acontecimentos se precipitaram nesses países...

Em menos de três anos, morreram três secretários-gerais em sequência e, além disso, ainda alguns importantes membros do Politburo. No fim de 1980, morreu Kossygin; em janeiro de 1982, Suslov; em novembro, Brejnev; em maio de 1983, Pelche; em fevereiro de 1984, Andropov; em dezembro, Ustinov; e, em março de 1985, Tchernenko. Havia algo de simbólico nisso. O próprio sistema agonizava, havia ficado senil e não tinha mais força vital. Para mim estava claro do que eu havia me encarregado.

Fui recebido com festa em casa. Todos estavam alegremente agitados, mas com uma mistura de preocupação. Nas anotações de seu diário, Raíssa registrou como Xênia me dizia: "Vovô, parabéns. Desejo a você saúde, felicidade e que você coma direito o seu mingau".

Sim, pôr a colher no mingau, é isso mesmo o que tenho de fazer!

Na noite anterior, quando dissera a Raíssa que seria considerado para o posto de secretário-geral, ela respondera:

— Eu não sei. Isso é bom ou ruim?

---

* A "Doutrina Brejnev", ou "Doutrina da Soberania Limitada", formulada por políticos ocidentais, é uma caracterização da política externa de Brejnev. Em caso de uma ameaça à integridade da "Comunidade Socialista", a URSS estaria legitimada a interferir nos assuntos internos dos Estados do Pacto de Varsóvia. Esse princípio foi o fundamento ideológico para a invasão da Checoslováquia, em agosto de 1968, pelas tropas do Pacto de Varsóvia, liderada pela URSS.

Então, contei-lhe algo que nunca dissera. Uma vez, Andropov me disse literalmente:

— Não se recolha tanto em suas questões agrárias. Debruce-se sobre todas as questões de política interna e externa. Você deve levar em conta que talvez amanhã já tenha de assumir toda a responsabilidade.

Estava perplexo com a forma aberta e direta como ele disse isso.

Andropov perguntou ainda:

— Entende de que estou falando?

— Entendo muito bem. Mas não sei por que estamos falando disso agora.

— Isso fica entre nós.

— Tudo bem, combinado.

Raíssa me olhava admirada.

A propósito, recentemente, quando um filme sobre o chanceler Kohl foi rodado e conversei com ele, ele me contou algo que era novo para mim. Durante sua visita oficial à URSS, Andropov e ele tiveram uma conversa que o impressionou muito. Kohl perguntara a Andropov:

— O senhor consegue imaginar alguém como seu sucessor, tem alguém em vista?

Pareceu que ele havia colocado essa questão no contexto da condição de saúde de Andropov. Quando ele tomou consciência da sua indelicadeza, acrescentou:

— Quero dizer, estamos todos nas mãos de Deus. Hoje estamos vivos, amanhã...

Andropov disse que apostava no secretário do Comitê Central, Gorbachev.

Os primeiros dias de trabalho como novo secretário-geral começaram. Toda a família estava desde já em uma situação completamente nova. Em primeiro lugar, tínhamos de nos orientar. Durante todos os anos seguintes, teríamos de nos conformar com o fato de que os olhares da sociedade es-

Excursão ao Kremlin: com Raíssa e as netas, Xênia e Anastasia, em 1990.

tariam voltados não apenas para mim, mas também para Raíssa e todos os membros da família.

Até então, Raíssa pensara em sua habilitação como professora, ela havia estabelecido relações com colegas e queria anunciar o tema de seu trabalho de habilitação. Depois de março de 1985, o que estava em discussão era: continuar ou adiar. Ela mesma chegou a uma decisão e me disse:

— Acho que tenho de adiar tudo isso para tempos melhores.

Foi o que fizemos.

CAPÍTULO 11

O secretário-geral e a primeira-dama

Nos primeiros dias após a minha eleição a secretário-geral, Raíssa sempre me perguntava:

— O que devo fazer? Como devo me comportar?

— Não mudamos nada. Nós nos comportamos como antes. Faremos como antes.

Em todo o mundo civilizado, as esposas, como companheiras dos presidentes e primeiros-ministros, assumem diversas funções sociais.

Raíssa queria saber qual era a sua tarefa concreta, agora que a família estava no centro dos acontecimentos do país e do mundo. No entanto, a eterna alegação de que ela disporia as decisões políticas ou exerceria pressão sobre mim é um disparate. Ela ainda não sabia nem mesmo como o Politburo trabalhava e o que ele fazia. Ela se interessava mais pelo que era discutido nos jornais, na televisão, na sociedade.

Como previsto, a apresentação pública da primeira-dama foi recebida de formas variadas na sociedade. Mas quanto a isso nunca tive dúvida. Embora não pudéssemos levar totalmente a sério o conceito de primeira-dama. Quando Raíssa estava entre a vida e a morte, e a família e eu estávamos o tempo todo ao seu lado, de repente, as pessoas compreenderam que sentimentos profundos, sinceros nos uniam. Como escreveu a *Nowaja Gaseta*, de repente, as pessoas viram: "É evidente que eles se amam".

Para mim, Raíssa era a mulher que eu amava. Nós éramos amigos. Apoiávamo-nos em tudo e nos preocupávamos um com o outro.

Em Foros, onde nos internamos e nos isolamos do mundo exterior em 18 de agosto de 1991, surgiram os primeiros sintomas. Lá Raíssa teve uma grave isquemia cerebral ou um miniderrame. Ela não conseguia falar, a mão direita havia ficado paralisada. Lembro-me de seus olhos nesse momento e também agora ainda os vejo diante de mim: neles havia o terror, uma súplica.

Com os médicos, professor Borisov e Pokutni, e com a colaboração de nossa filha Irina e de nosso genro Anatoli, ambos igualmente médicos, a crise pôde ser superada. Contudo, após o retorno a Moscou, Raíssa teve de imediatamente guardar o leito. Depois veio a correria aos médicos. Hemorragia da retina de um, depois também do outro olho, grave redução da visão, depressão, tudo de uma vez. No rigoroso outono de 1991, a desintegração do país, minha renúncia como presidente e a enxurrada de acusações sujas que se derramou sobre a nossa família e, sobretudo, naturalmente, sobre mim impossibilitaram a recuperação de Raíssa. Ela estava sob o efeito desses acontecimentos difíceis.

Que amiga leal ela foi! Em 1996, decidi participar das eleições presidenciais russas. Quase tudo estava contra a minha decisão. Só Raíssa entendia que não faria de tudo pelo poder, mas que queria ter a possibilidade de, durante a luta eleitoral, dizer publicamente tudo o que não pudera dizer às pessoas nos anos anteriores, porque, até Putin chegar ao poder, eu estava totalmente isolado. Em quase todas as minhas aparições em 22 regiões do país, Raíssa estava junto.

Do começo ao fim da disputa eleitoral pela presidência no ano de 1996, a "tropa de Iéltsin" conduziu uma inaudita guerra suja contra mim. Tão logo eu fora registrado como candidato à presidência da Federação Russa pela Comissão de Eleição, Iéltsin emitiu uma norma, que dizia respeito à minha pessoa, a todos os estafes e subestafes. Seguiu-se a ordem: "Neutralizar Gorbachev!". Com exceção de Iuri Nochikov, governador de Irkutsk; Mikhail Kisliuk, governador de Kemerovo; Aman Tuleiev, presidente da Assembleia Legislativa; Ivan Chabunin, chefe da administração da província de Volgogrado; e Oleg Sisuiev, prefeito da cidade de Samara, à minha chegada para os encontros com os eleitores, todos os governadores estavam "muito ocupados" ou ausentes, mas "controlavam" severamente todo o processo para dificultar a minha situação ou me passar a perna, isto é, impedir os encontros com os eleitores.

Em todas as províncias, eu era observado por um grupo do Partido Comunista da Federação Russa. Eles me recebiam à entrada do respectivo edifício em que a reunião havia sido marcada sempre com o mesmo lema: "Judas, seu traidor!". Como regra, a pior, menor ou nenhuma sala era posta à minha disposição. Por exemplo, em Vladimir, onde me foi concedida uma sala na qual não havia espaço nem para um décimo dos reunidos. Sentado no carro em que havia chegado, do átrio do edifício, falei aos eleitores por um microfone.

Anatoli Sobchak, prefeito de São Petersburgo, foi obrigado a se dobrar às exigências ilegais do presidente da Federação Russa. O auditório da universidade de repente foi "fechado para restauração". Por esse motivo, os estudantes se sentaram nas escadas em vários andares e ouviam a minha fala. Meus amigos em São Petersburgo ainda hoje ficam indignados quando os lembro disso. Quando cheguei à Universidade de Novosibirsk para me encontrar com a juventude, e não só com eles, não recebi uma sala grande o suficiente. Chegaram tantos que uma multidão foi se formando, arrebentando portas e janelas. A sala estava abarrotada, mas o encontro aconteceu.

Os estudantes me escutavam com atenção e respondiam com uma estrondosa ovação. Foi assim em Petersburgo, Níjni Novgorod, Irkutsk, Samara, Ecaterimburgo e Ufa. Esses encontros refutaram claramente a fábula da juventude despolitizada. Milhares e milhares de cidadãos queriam saber o que eu pensava das reformas e da situação do país.

O círculo de Iéltsin simplesmente tinha medo desses encontros. Comprovavam isso as repetidas e persistentes exortações dos estafes oficiais e não oficiais do presidente para que eu me apresentasse com ele ou abrisse mão da eleição a seu favor. Como isso não produziu efeito, eles tentaram, com a violação das regras normais de boas maneiras, prejudicar os meus encontros, e não recuavam nem diante das mais grosseiras infrações contra o direito eleitoral, nem diante da criminalidade direta.

O próprio governador Polechaiev, de Omsk, fiel a Iéltsin, havia acabado de sair em viagem. Seu vice, a quem ele, supostamente, incumbira de cuidar de mim, também não estava lá. As pessoas se reuniram em um salão, fui até elas. No caminho, de repente, um homem de dois metros de altura lançou-se sobre mim e me golpeou na cabeça. Mais tarde, revelou-se que ele estivera antes na tropa de paraquedistas e era tido como "não totalmente normal". Quem me salvou foi um guarda-costas, que com sua mão interceptou o golpe, de forma que este atingiu apenas o pescoço e o ombro, e não perdi a consciência.

Apesar disso, realizei o encontro. Contei o que me havia acontecido no corredor. A propósito, o chefe da polícia ficara firmemente sentado em casa esperando por esse atentado. Depois, ele apareceu. Resumindo: um jogo de cartas marcadas. Com efeito, daí em diante, todos permaneceram em serviço – como não é mais de se espantar para covardes e inescrupulosos. Mais tarde, soube que essa ação havia sido tramada pelo partido de Chirinovski. No seu aniversário de cinquenta anos, o presidente da Organização do Partido Democrata Liberal de Omsk, embriagado, disse de repente: "Que 'recepção' preparamos para Gorbachev em Omsk!".

Chirinovski não reagiu, ele estava lá sentado e não deixou transparecer nada, mas cinco minutos depois esse homem foi afastado.

Quando recebi essa informação, requeri à procuradoria-geral uma análise da questão. Infelizmente, recebi apenas uma resposta totalmente "formal". A procuradoria também pertencia aos fiéis servidores do poder, e não da lei.

Queria de qualquer jeito ir para Volgogrado. O escritor Andrei Siniavski, antes perseguido por seus livros "subversivos", e sua mulher, Maria Rosanova, me acompanharam. Eu os prevenira de que as coisas ficariam difíceis, mas eles queriam incondicionalmente ver como as pessoas receberiam Gorbachev.

Recebemos um grande salão. Durante todo o encontro, uma orquestra de sopros ensurdecedora perturbava. Tinha de pensar em todo o possível para estabelecer contato com o público e chegar a um diálogo com ele. Fiz meu pronunciamento e respondi a perguntas. No final, os ouvintes levantaram-se de entusiasmo. Mas, na televisão central, apenas os protestos dos comunistas e a gritaria no salão no começo do encontro foram mostrados. Como disseram meus colaboradores do estafe da eleição, aquilo sem dúvida fora planejado. Andrei Siniavski estava indignado e escreveu um grande artigo sobre isso.

Gostaria de contar um caso em especial. Quando estive em São Petersburgo, os moradores de Ivangorod, que fica na fronteira étnica, dirigiram-se a mim. A cidade se dividiu em duas, uma parte está na província étnica, e a outra, na russa. Disso resultam tantas divergências e irritação. Os representantes da cidade haviam me pedido para visitá-los. Muitos moradores se reuniram. O cinema, com novecentos lugares, estava cheio, e quase tantas pessoas quanto ou até ainda mais estavam ao redor do cinema. Quando cheguei, os eleitores abriram uma ala para me deixar passar até o cinema. Mas pessoas vinham em minha direção com cartazes repugnantes, ofensivos. Na realidade, aquilo era um corredor polonês. Apesar de tudo, cheguei ao salão. As pessoas não estavam apenas sentadas, estavam também ao redor da tribuna.

Tão logo adentrei o salão, ressoaram os mesmos lemas dos cartazes. Isso durou entre cinco e dez minutos. Não conseguia começar a falar. De diversos cantos choviam acusações e ofensas. Por fim, eu disse:

— O que vocês querem? Vocês me convidaram, eu vim. Ou faço meu pronunciamento agora, e vocês me fazem as perguntas depois, ou vamos agora mesmo para as perguntas.

Eles gritavam e continuavam vaiando. Eu os interrompi:

— Vocês querem me crucificar? Então vamos!

De repente, ouviu-se uma voz feminina:

— De onde o senhor tirou essa ideia, Mikhail Sergueievitch?! Nós somos russos!

O ataque arrefecera. Depois da minha fala, vieram as perguntas, tudo correu normalmente.

Aqueles que quiseram prejudicar esse encontro não conseguiram. Quando o público me liberou, as pessoas se levantaram de seus lugares.

Foi quando um grupo de pessoas me cercou – eles, que antes berravam de todos os cantos do salão. Estava comprovado: todos antigos funcionários do partido, sem inclinação para a democracia. Queriam se vingar de seu antigo secretário-geral.

Perguntei a eles:

— O que vocês querem de verdade?

Eles me instaram a me unir a Siuganov.

— Não posso me aliar a ele, pois, por princípio, tenho opinião diferente da dele. O que vocês censuram em mim dirige-se a ele: pois, em 1991, quando discutimos os Pactos de Belaveja* nos Sovietes Supremos da Rússia, da Bielorrússia e da Ucrânia, Siuganov e seus correligionários convenceram os deputados russos a votarem a favor desse acordo. Não quero nada em comum com essa gente. Se os senhores querem votar em Siuganov, fiquem à vontade. Para isso mesmo os senhores receberam direito de escolha através da *perestroika*.

De repente, ouviu-se:

— Siuganov, que tipo de presidente ele será?! (Eu tinha a mesma opinião.)

Um jornal de São Petersburgo publicou um artigo que todos podem ler sobre esse encontro. Nele, dizia-se que o cinema estava superlotado, e que só havia lugar disponível no lustre.

Ainda de São Petersburgo: lá estive em uma fábrica de armas que constrói navios. Foi uma visita interessante – interessante também foi ouvir como as pessoas se adaptaram ao novo tempo. Quando quis ir embora, alguém pediu:

— Mikhail Serguéievitch, aqui é uma jovem correspondente que já esperou metade do dia para que o senhor responda a uma única pergunta.

— Tudo bem, estou pronto.

---

* O Pacto de Belaveja foi assinado em 8 de dezembro de 1991 pelos chefes de Estado e de governo da Federação Russa, da Ucrânia e da Bielorrússia. Com isso, colocou-se o ponto final oficial nos indícios da dissolução da urss. Ao mesmo tempo foi fundada a Comunidade dos Estados Independentes (cei).

A pergunta foi:

— O senhor continua trabalhando para a CIA?

Olhei para ela: um rosto jovem. Alguém a havia colocado diante de mim, ela estava cumprindo uma ordem. Respondi:

— Sim.

— E por quê?

— O pagamento é bom — disse eu e me virei...

Gostaria ainda de contar sobre o encontro na Universidade de Irkutsk. Aconteceu no auditório, para onde foram estudantes, professores e outros eleitores. O salão estava repleto. À minha fala, seguiu-se uma discussão. Houve muitas perguntas. De repente, um homem com uma pasta grande posicionou-se em um ponto bem visível e apresentou-se como docente da cátedra de marxismo-leninismo: em tal ano, o senhor disse isso e aquilo; dois, três anos após, isso e aquilo; depois, o senhor escreveu isso e aquilo.

— É verdade que o senhor disse isso ou o senhor quer, de algum modo, desmentir?

— Não.

— E então o que se deve pensar do senhor?

Seus olhos cintilavam, para ele era um "congresso do Reich particular", ele havia colocado Gorbachev "contra a parede".

— Bom, da minha parte, agora gostaria de fazer uma pergunta ao senhor, na presença de todos os ouvintes. Antes da Revolução de Outubro, Lênin disse que o proletariado chegaria ao poder por meios democráticos e governaria democraticamente. Mas, em seu livro *Estado e revolução*, ele defendeu a instauração da ditadura do proletariado. Em 1921, sob a pressão dos acontecimentos, propôs a Nova Política Econômica (NPE). Ele justificou afirmando que os bolcheviques teriam cometido um erro e tomado um caminho errado; eles teriam de mudar radicalmente sua visão do socialismo. Já, em 1926, a Nova Política Econômica trouxe o país ao nível do melhor ano pré-revolucionário, ao nível do ano de 1913. O senhor certamente está do lado de Lênin, não é?

— Sim, sim.

— Então, por favor, me diga: por que o senhor dá a Lênin o direito de mudar suas posições, objetivos, conclusões e sua política, e não me concede isso?

Os ouvintes aplaudiram. O homem que havia feito as perguntas contornou o patamar e foi embora.

Aproveitei minha viagem eleitoral para esclarecer, a um círculo de pessoas tão grande quanto possível, sobre a *perestroika* e suas conquistas, e alertar de que o caminho de Iéltsin, voltado para o capitalismo predatório, o roubo da propriedade e o colapso do país, era uma aventura baseada em erros, pelos quais teríamos de pagar já agora e ainda por um longo futuro.

Tudo começou no dia do meu pronunciamento de 25 de dezembro de 1991 na televisão, quando anunciei o fim das minhas atividades como presidente. Ainda nem havia terminado o meu pronunciamento e Iéltsin já estava pronto para, ele mesmo, escalar o teto do Kremlin para recolher a bandeira da URSS o mais depressa possível. Imediatamente após a minha aparição na televisão, como combinado antes, devíamos nos encontrar no escritório do presidente do Kremlin. O tempo passava, Iéltsin não aparecia. Liguei para ele. Ele disse que havia violado o nosso trato, pois em meu discurso diferi demais das minhas promessas.

Agora, como Iéltsin não está mais vivo, e também encontro-me em uma fase crítica da minha vida, gostaria de dizer que não havia feito nenhum tipo de promessa a ele e também não quisera fazer. Depois, ele propôs que nós nos reuníssemos em "terreno neutro", em uma das salas do Kremlin, em que, normalmente, os diplomatas de Estados estrangeiros eram recebidos. Tenho de confessar que o mandei "para o inferno". Ao mesmo tempo, mandei que entregassem a ele o ofício com a notificação do presidente da URSS sobre a transmissão dos plenos poderes, e encarreguei o ministro da Defesa, Chapochnikov, de passar imediatamente a "mala atômica" às mãos do novo dono.

Nos encontros daquela época com Iéltsin, havíamos discutido como a transmissão do poder deveria suceder. Concordamos que o aparato do presidente da URSS interromperia seu trabalho em 30 de dezembro. Mas, já nas primeiras horas da manhã de 26 de dezembro, Iéltsin, Silaiev, Burbulis e Chasbulatov invadiram meu escritório e armaram uma farra "pela vitória". Nesse tipo de coisa, o presidente Iéltsin era um grande mestre. Talvez esteja enganado, mas me parece que muitos russos gostavam muito disso. Acho que o mais provável é que eu não esteja enganado.

Em 23 de dezembro 1991, quando assinou a notificação sobre a divisão de espaços para a minha fundação, Iéltsin perguntou:

— Sua fundação desempenhará o papel de algo como um partido de oposição?

Respondi:

— Não. Se você continuar o que começamos juntos e sobre o que chegamos a um acordo nas últimas semanas, até mesmo o apoiarei e defenderei, pois ainda me sinto responsável pela Rússia. Mas, se você conduzir uma política que para mim é inaceitável e que entendo como nociva para o país, naturalmente a criticarei, e pública e diretamente, sem quaisquer ardis e intrigas nos bastidores.

Sublinhei intencionalmente a última parte, pois intrigas eram a ocupação predileta de Iéltsin. Entretanto, todos conhecem as receitas dos livros de Poltoranin e Korchakov, com base nas quais os panfletos caluniosos sobre mim e minha família foram preparados e espalhados pelo país.

Iéltsin desviou-se da conservação da URSS, do rumo das reformas e das mudanças graduais da sociedade e começou a desmantelar as estruturas e mecanismos estatais e sociais. Com isso, ele entregou o despreparado país à concorrência e o colocou de joelhos. Ele queria mostrar que anticomunista convicto ele era. Penso que conseguiu. Mas o que os anos 1990 significaram para nosso país e para a população é conhecido por todos. Infelizmente, ainda hoje muitos na Rússia não veem diferença entre resolução e loucura.

Em março, abril de 1992, critiquei de forma veemente a política conduzida por ele. Ela só encontrava aprovação naqueles que se alegraram com a dissolução da União Soviética e queriam que a Rússia tivesse o mesmo destino. Fui intimado a um processo político diante do Tribunal Constitucional. Minha permissão para viajar ao exterior foi suspensa, o que só foi anulado quando as pessoas na Itália, onde era esperado, protestaram, e também quando o método do novo comando da Rússia foi recriminado em outros países.

Na segunda metade do ano, quando critiquei novamente as atitudes de Iéltsin, ele deu ordem para confiscar a sala em que a minha fundação se encontrava, para impossibilitar seu trabalho. Quando os colaboradores da fundação chegaram ao trabalho pela manhã, o prédio estava cercado por soldados do Omon* com submetralhadoras. Ele não agiu assim com nenhum outro. Na época, o governo da Federação Russa também firmou contrato com uma empresa americana, que, por 5 milhões de dólares, deveria descobrir contas secretas de Gorbachev. Só soube disso mais tarde, quando essa empresa apresentou uma lista com 22 pessoas, todas colaboradores do governo de Gaidar ou pessoas próximas a ele.

Os principais canais de televisão foram proibidos de me conceder a palavra. Por causa de uma entrevista de um minuto e meio comigo, um jornalista foi demitido de seu emprego na televisão. Uma proibição total imperava.

Em uma de minhas viagens a São Petersburgo, Sobtchak me hospedou em uma casa de campo. Como programação constava uma conversa com ele. Mas, como me foi contado mais tarde, chegou uma ligação de Iéltsin:

— Com quem você quer trabalhar, comigo ou com Gorbachev?

Anatoli Sobtchak amarelou, tudo foi reorganizado. Naturalmente, quando viu como Iéltsin era rude com o presidente da URSS, a "nova elite" partiu imediatamente para o ataque.

A propósito, tenho de fazer justiça a Putin, a quem conheci na época. Como primeiro vice-prefeito de São Petersburgo, ele cuidou de mim, foi me buscar e me acompanhou na minha viagem através da cidade, quando

---

* Grupo de operações especiais da polícia. (N. T.)

demonstrou grande delicadeza, verdadeira hospitalidade e apurada compreensão dos problemas comunitários e dos que vão muito além disso.

Do ponto de vista atual...

Quando ditava os capítulos deste livro e cheguei à parte da minha eleição para secretário-geral, meu escrevente exclamou:

— Mikhail Sergueievitch, hoje é 11 de março!

Sim, 11 de março, mas não de 1985, de 2009!

A avaliação dos anos da *perestroika* modificou-se intensamente na nossa sociedade. O número daqueles cuja opinião era a de que a *perestroika* havia sido imprescindível aumentara consideravelmente. Dez anos antes, era apenas uma minoria. Entretanto, o número daqueles que ainda hoje consideram que a *perestroika* não era necessária é bastante alto, cerca de um terço. Se considerarmos que a *perestroika* é abafada ou depreciada nos círculos políticos não apenas sob Iéltsin mas também ainda hoje, enquanto os anos 1990 e os anos sob Pútin, em comparação, são alçados aos céus, o crescente apoio à *perestroika* tem uma importância muito grande no dia do 25º ano de seu início.

Sempre sou questionado: a *perestroika* sofreu uma derrota ou ela venceu? Minha resposta a isso é: a *perestroika* se rompeu, mais exatamente: foi impedida. Mas suas conquistas não são reversíveis. A estratégia da *perestroika* foi substituída por uma estratégia de destruição da União Soviética, da economia e do sistema de assistência social. Tudo isso aconteceu de um golpe, o que freou o desenvolvimento do nosso país por, pelo menos, um ano.

Agora, à distância, como tenho mais informações, enxergo melhor muitas coisas e acontecimentos daquela época, mas por princípio, minha postura não mudou, começaria novamente com a luta pelos mesmos objetivos: "Mais democracia e mais socialismo". Minhas reflexões e discussões com Andropov me levaram à opinião de que "mais democracia" significa também "mais socialismo". Essa fórmula remonta a Lênin, ao último período de sua vida, quando havia ficado claro para ele que o desenvolvimento do país tomara uma direção equivocada.

A essência da *perestroika* consiste na superação do sistema totalitário, na transição para a liberdade e a democracia. Da mesma forma, a *perestroika* pretendia superar o sistema totalitário e a sociedade que padecia de seu mal. Essa é a chave para a compreensão das intenções da *perestroika*. A crença em que, se os soviéticos recebessem a liberdade, afloraria neles a criatividade e a energia construtiva, pré-requisito indispensável para o objetivo de reforma.

"Isso não pode continuar assim!" Essa sentença emergiu do fundo da vida real. A sociedade, com alto nível de formação, sufocava na falta de liberdade. A *perestroika* estava no ar. Foi o tempo em que se consumavam profundas mudanças de estrutura no Ocidente e em que a sociedade ocidental, apesar de todas as dificuldades e problemas, entrava em uma nova época tecnológica e alcançava uma produtividade ainda mais alta.

O sistema totalitário da Era Brejnev havia sido sobre-exigido com os desafios da nova fase de desenvolvimento. Desperdiçamos tempo e perdemos historicamente. O país estava em um nível inferior. A velocidade de desenvolvimento, que no passado possibilitou igualar os países mais desenvolvidos e diminuir a diferença do nível de produção, começou a desacelerar nos anos 1970, até que, como já foi mencionado, havia chegado a zero no ano em que Andropov chegou ao poder.

No que dizia respeito à qualidade, com exceção da indústria bélica e dos recursos energéticos, nossa produção não era competitiva. Além disso, a nação mais rica do mundo não conseguia resolver muitos problemas cotidianos simples dos cidadãos. Muitos alimentos e artigos para mulheres, jovens, crianças e idosos eram produtos escassos. Era preciso despertar a criatividade, o intelecto e o interesse. Essa era a tarefa da *perestroika*, com sua orientação para uma participação direta, livre e garantida democraticamente das pessoas no desenvolvimento social e político.

Queríamos retornar novamente ao que Lênin havia feito após a Revolução. Há agora muitos juízos rigorosos sobre Lênin. Eu, absolutamente, não estou de acordo com eles. Avalio que Lênin associou o comunismo com o progresso intelectual, com a assimilação de toda a ciência conquistada pela humanidade. Apesar de todas as objeções críticas, ele era um grande homem. Assumiu o risco de tomar o poder em um momento em que o país estava no limiar de uma catástrofe. Apesar de sua firmeza e obstinação revolucionária, ele pôde reconhecer erros, refletir sobre o que fizera e tirar conclusões para o futuro. Lênin não tinha receio em jogar fora concepções antiquadas, não importava se elas partiram dele mesmo ou de seus companheiros de luta.

Queríamos voltar ao ponto em que as reflexões de Lênin haviam parado. Até mesmo quando a questão que estava na ordem do dia era a de superar as concepções de momento do socialismo, recorríamos a Lênin. Correto. A *perestroika* começou sob o signo do Lênin tardio, o que, historicamente, sem dúvida era fácil de compreender. A guerra civil e o Comunismo de Guerra haviam levado os bolcheviques à monopolização do poder e a violentas formas de administração. Isso foi também o começo da burocratização do partido e do Estado, a base para o futuro sistema totalitário.

Naturalmente, no início da *perestroika* ainda não conseguíamos ver, entender e pensar em tudo. No princípio dizíamos, inclusive eu: "A *perestroika* é a continuação do Outubro". Agora eu diria: essa afirmação estava certa e errada ao mesmo tempo. No que se refere à analogia entre Outubro e *perestroika*, agora me tornei mais cauteloso. Meu desejo era tornar nossa sociedade livre, humana e democrática. Que ela não se baseasse na força, e sim na eficiência e na consciência das pessoas. Isso as ajudaria a se tornarem cidadãs e não mais admitirem a situação, característica de todo o século xx, na qual o povo deixava variados grupos de "pastores" "percorrerem os pastos".

Eu mesmo, em minha evolução, passei por diferentes estágios: a busca, a formulação de um conceito e de uma respectiva política, a execução dos planos almejados e, depois, as reformas em si, novas descobertas e deduções durante a *perestroika*. Essa experiência me levou à seguinte conclusão: as pessoas conseguem lidar com a liberdade quando tomam o caminho das reformas e do desenvolvimento gradual. O caminho em direção à revolução conduz ao caos, à destruição e, não raro, também a nova sujeição.

Houve um plano para a *perestroika*? Até hoje essa questão é intensamente discutida. Após a assembleia plenária de março de 1985, começamos com medidas concretas, "simples", e assim preparamos gradualmente a sociedade para novas condições libertárias de vida e comando.

Uma análise fundamentada universal da situação da sociedade estava na base dos primeiros planos para a *perestroika*, sobretudo no que dizia respeito à economia. Nas reuniões e discussões, pedimos aos participantes que apresentassem sua visão da situação. Algo extraordinário se revelou, todos estavam verdadeiramente insatisfeitos, até mesmo o pessoal do setor bélico, que, como era notório, se encontrava em uma situação privilegiada. Claramente, a seguinte impressão se impôs: amanhã ou depois de amanhã tudo pode desmoronar. As mudanças estavam atrasadas. A nova direção de março de 1985 tinha de começá-las.

Alguns livros foram publicados, entre eles inclusive a obra *No Politburo do Comitê Central do* PCUS... Ele é composto de transcrições das sessões do Politburo e das conferências do Comitê Central do PCUS daquela época, feitas por Anatoli Tcherniaiev, Vadim Medvedev e Georgi Chachnasarov.* Enquanto isso, a segunda edição desse livro já foi publicada. Ele lança uma luz sobre o modo como o Politburo, o governo e alguns políticos agiam e mostra a real situação e a atmosfera no comando do país, que desde os primeiríssimos dias buscava caminhos para a reforma. Tínhamos de nos libertar dos grilhões de ferro do sistema de comando administrativo. Tínhamos de introduzir medidas que garantissem a afluência de novas energias, e em todos os âmbitos da vida. Havia-se de dar a liberdade às pessoas; por isso, eram necessárias medidas para a transformação política do país.

---

* *No Politburo do Comitê Central do* PCUS... Com notas de Anatoli Tcherniaiev, Vadim Medvedev e Georgi Chachnasarov (1985-1991). 2ª edição revisada e ampliada, Fundação Gorbachev, Moscou, 2008. A primeira edição foi publicada em 2006.

A *perestroika*, especialmente em sua fase inicial, com frequência era comparada com as reformas na China. No que diz respeito à estrutura e seu estágio de desenvolvimento, China e URSS são nações totalmente distintas. O povo chinês alcançou muito quando efetuou as reformas que Deng Xiaoping e seus sucessores haviam elaborado. Mas isso alcançou apenas uma parte da população chinesa. A miséria de centenas de milhões de pessoas é um fato. Hoje, os problemas ecológicos e de fornecimento de energia se colocaram em primeiro plano. Mas naturalmente os problemas da democratização se tornam cada vez mais urgentes para a sociedade.

Fui e sou cada vez mais da opinião de que as reformas, onde chegou o tempo de fazê-las, devem ser conduzidas de acordo com as circunstâncias: na China, da maneira chinesa; na Rússia, da russa; na América Latina, sob a consideração das especificidades desse continente gigantesco. Onde isso não acontece, as reformas são não apenas freadas, mas também há a ameaça de perigos políticos e sociais. Nas condições da URSS, assim acredito eu, mudanças radicais na sociedade só puderam ser introduzidas quando uma nova geração de comando chegou ao topo do poder.

Tenho sempre de pensar em uma conversa com Andropov, ocorrida há muito tempo, quando trabalhava no território stavropolita e ele ainda não era secretário-geral. Disse a ele que tinha a impressão de que o Politburo se interessava pouco por quem um dia sucederia o comando de então.

Andropov replicou um pouco preocupado, mas com um sorriso:

— Pois pelo que nos interessamos, senão pelo país e pelas pessoas?

Para mim, não havia motivo para riso, e disse a ele francamente:

— Senhor, olhe um dia para uma foto da direção nas celebrações do Outubro do último ano. Quando olhamos para ela, ficamos assustados. Todos estão na casa dos setenta ou mais velhos, não há um único rosto jovem. — E meio por brincadeira, meio sério, acrescentei: — Logo todos os senhores morrerão.

— Você quer enterrar a todos nós?

— Não, Iuri Vladimirovitch, não sou eu que quero enterrar o senhor, esse é o curso do mundo. Lembro-me do provérbio de um sábio oriental:

"Os homens nascerão, sofrerão e morrerão". A direção do nosso país deixou para trás duas fases, a terceira não se pode deter. A questão de onde ficam os jovens na direção deve ser levada a sério.

— Você sabe, Mikhail — disse Andropov —, quando jovens profissionalmente ambiciosos, com muito pouca experiência, afluem ao topo e usam os cotovelos para galgar altos postos, isso pode levar a erros na direção. Cavalo velho não desmancha os sulcos do arado.

— Correto, Iuri Vladimirovitch. Mas chega também o tempo em que é preciso um novo sulco, mas o velho cavalo segue teimoso no velho caminho. Nesse ponto, concordo com Lênin, que dissera que precisamos de uma mistura de quadros experientes, fortalecidos e jovens. Os antigos afastam os jovens de aventuras e transmitem sua experiência, os jovens ficam nos calos dos antigos. Essa mistura cria o clima certo e êxitos no trabalho.

Andropov me respondeu rindo:

— Neste caso, também tenho de concordar plenamente com Lênin.

— Iuri Vladimirovitch, diz-se entre nós: sem árvores novas, não há floresta.

Isso ficou gravado em Andropov. Até o fim, ele sempre voltava a repetir.

Imediatamente após a assembleia plenária de março, desenvolvemos um programa concreto para as primeiras medidas, para submetê-lo à assembleia plenária seguinte. Esse programa foi aprovado e aceito pela assembleia plenária de abril. Seguiram-se as minhas reuniões em Moscou e, depois, minhas viagens para Leningrado, Ucrânia, Bielorrússia e as outras repúblicas. Com a viagem para Leningrado, iniciou-se a discussão pública e aberta das questões do passado, do presente e do futuro.

PARTE III

Como era a *perestroika*

CAPÍTULO 12

Tempo de mudanças

Atualmente, a assembleia plenária do Comitê Central do PCUS de abril de 1985 é tida como o início da *perestroika*. Embora a nova direção tenha sido eleita já na assembleia plenária de março de 1985, a concepção da nova política foi exposta oficialmente na assembleia plenária de abril.

Acontecia uma assembleia plenária do Comitê Central depois da outra, houve inúmeras reuniões. Em Moscou, visitei a Indústria Automobilística Lichachev, um bairro residencial, o hospital e salões comerciais. Mas o diálogo mais importante aconteceu na sala de conferências da Indústria Automobilística Lichachev. Na época, pela primeira vez disse em público que nós, desde os anos 1970, ficávamos cada vez mais para trás em relação às nações industrializadas, e que nossa pífia taxa de crescimento prejudicava a economia, o setor social e o armamento.

Nas reuniões, as pessoas falavam abertamente e com grande preocupação. Isso era incomum. Os problemas chegavam até a mesa. A exploração de novos recursos naturais no norte da Sibéria e no oriente distante havia se tornado cada vez mais difícil. Os problemas demográficos haviam se agravado. No que dizia respeito ao progresso técnico-científico, claramente a URSS ficara para trás das nações desenvolvidas.

Essas reuniões encontraram uma intensa ressonância em toda parte. E isso não apenas para prestar respeito ao novo secretário-geral, mas por interesse no assunto. As pessoas expressavam suas reivindicações, pois esperavam o quanto antes por mudanças para melhor.

A viagem para Leningrado foi muito interessante. Os leningradenses foram partidários apaixonados das resoluções do plenário de abril. Os encontros começaram já na Avenida Moscou, onde centenas de pessoas se aglomeravam. Tive de parar, descer do carro e cumprimentar as pessoas. Depois visitei as grandes indústrias: Elektrosila e as usinas Kirov, Svetlana e Bolchevichka. Na exposição *Intensificação-90*, reuni-me com professores e estudantes da Escola Politécnica.

Minha estada em Leningrado terminou com um encontro em Smolny, no mesmo Smolny em que, em 1917, foi proclamado o poder soviético. As pessoas queriam informações em primeira mão sobre as resoluções dos plenários de março e abril, queriam saber o que a nova direção planejava. Depois de prestar meu tributo aos leningradenses por tudo o que essa grande cidade e seus moradores realizaram, abordei francamente muitos problemas do desenvolvimento da cidade, e no fim apelei à disposição para o pensamento colaborativo.

Quando pretendia me acomodar no avião para Moscou, o chefe dos comunistas de Leningrado, Saikov, entregou-me uma fita cassete da minha chegada a Smolny. De volta a Moscou, Raíssa e eu observamos mais uma vez o encontro com distanciamento. Havíamos impressionado.

Enviei imediatamente a fita para Ligachev e lhe pedi que analisasse de que maneira devíamos fazer o relato da viagem a Leningrado. Rapidamente Ligachev retornou a ligação e disse que Simjanin e ele haviam visto o vídeo e achavam que a Televisão Central poderia transmitir tudo, sem cortes.

Penso que a entrada em Smolny foi um marco, em muitos sentidos. Abriu-se um precedente, uma espécie de baliza para encontros parecidos.

Em junho, julho, fui à Ucrânia e à Bielorrússia – novamente encontro e diálogo abertos. Para mim era importante tomar conhecimento da opinião das pessoas nessas repúblicas. Por razões compreensíveis: precisava de seu apoio.

Quando cheguei à Usina Siderúrgica Dnipropetrovsk, dirigi-me aos presentes:

A exposição *Intensificação-85*, em Leningrado, em 16 de maio de 1985.

— Talvez alguém se pergunte se não estamos indo demais. O que vocês acham?

Vozes isoladas:

— Não! Isso é o certo a se fazer!

— São vozes isoladas ou todos têm a mesma opinião?

Gritos unânimes entusiasmados:

— Todos!

No final da viagem à Ucrânia, estava previsto um encontro de funcionários dirigentes da república, das províncias e dos ministérios com cientistas, artistas e estudantes em Kiev. Enquanto eu falava das realizações dos ucranianos e de sua imensa contribuição para nossa questão comum, o salão reagia concordando. Mas queria, já nos primeiros contatos com a Ucrânia, abordar também os momentos negativos. Como lar de Brejnev, a Ucrânia vivera por muitos anos como que descontrolada, "sob a proteção

367

A passagem pelo povo: com os leningradenses, 15 de maio de 1985.

e o abrigo" de Brejnev. Mas, como me parecia, os ouvintes recebiam as minhas palavras com compreensão.

Muitos anos de relações amistosas me ligavam à Bielorrússia. Estimo o povo dessa república de *partisans*. Por isso, não hesitei por muito tempo e fui para Minsk. Os bielorrussos me garantiram seu apoio em todos os encontros. Voltei para Moscou rico de impressões. É preciso observar isso em um cenário em que, nos últimos anos, Brejnev, por motivos de saúde, viajara pouco pelo país – e igualmente pouco viajaram os outros secretários-gerais.

Já havia muito tempo queria ir à Sibéria para formar uma imagem de como as pessoas viviam e trabalhavam lá, e investigar por que a exploração de óleo e gás ia tão mal. Em 4 de setembro, junto com Tchernomirdin, ministro da Indústria de Gás, Dolgich, Iéltsin e Baibakov, cheguei à província de Tiumen. A turnê começou com Nizhnevartovsk, a capital da região petrolífera. Depois, visitei Urengoy, uma jovem cidade vizinha ao círculo polar, onde à época estavam em curso grandes projetos de extração de gás natural. Estive também em Surgut, onde foram construídos uma usina energética e alguns bairros residenciais.

Houve uma discussão extraordinariamente ríspida com os trabalhadores do petróleo e do gás natural. Tanto autoridades como habitantes da região concordavam com as queixas sobre as inaceitáveis condições de vida naquela zona estéril. A infraestrutura ficou muito aquém do desenvolvimento industrial dessa área, para onde milhares de novos colonos afluíam.

Na verdade, tratava-se de um lugar-comum: quando se pretende empreender um grande projeto em regiões novas, inexploradas, deve-se, em primeiro lugar, cuidar da infraestrutura: estradas, moradia, energia, calefação, escolas, hospitais, bibliotecas, um estádio, resumindo, de tudo o que o homem precisa para viver.

A cidade de Urengoy me causou uma impressão especialmente desoladora. Ela ainda estava em construção. Muitos moradores haviam chegado para ver o "chefe". A conversa foi nervosa:

— Por que temos de viver em cabanas ou vagões de trem? Não há o suficiente para todos. Por que aqui no círculo polar não há voos regulares ligando à capital e a outras cidades? Ah, a União Soviética e a Europa precisam apenas do gás, então provavelmente não é importante onde ficamos?!

O que me indignou especialmente foi que os responsáveis no país pelo abastecimento desses pioneiros da Sibéria e do norte sempre forneciam gêneros cujo prazo de validade já havia vencido.

Na leiteria local, as capacidades não eram suficientes, embora levasse apenas um mês para remediar isso. Uma idiotice atrás da outra. Os fabricantes de máquinas entregavam os equipamentos em partes separadas no norte, embora havia muito tempo fosse comum uma montagem industrial e o fornecimento de grandes peças em regiões de difícil acesso da URSS. Em vez disso, oficinas de montagem tinham de ser instaladas no local, o que demandava mão de obra adicional, residências adicionais, etc.

Na sessão de encerramento com os trabalhadores do petróleo em Tiumen, percebi que aquelas pessoas estavam fartas de declarações de intenções gerais. Elas precisavam de ajuda efetiva. Em nome do governo, lutei para que recebessem auxílio imediato.

No voo de retorno, perguntei a Raíssa:

— E então, siberiana? Qual é a sua impressão, como se sente agora?

A resposta foi surpreendente:

— Foi interessante, senti-me relembrando a minha infância: os mesmos vagões de trem, barracas, neve, nevascas e as noites barulhentas, quando toda a família estava reunida. E o que você achou? — Raíssa perguntou sobre a minha impressão.

Depois do que eu tinha visto e ouvido, meus pensamentos foram em uma direção completamente diferente. Apenas disse:

— Primeiro tenho de refletir sobre tudo quando chegar a Moscou.

Sem demora, tomamos decisões para todas as questões prementes. Dutos, cimento, materiais de construção e equipamentos foram enviados para a Sibéria ocidental. Rapidamente, providenciou-se auxílio no que se referia ao comércio; na construção de moradias e no setor de serviços, correções foram feitas. Conseguiu-se deter a queda da extração de petróleo e até mesmo elevar um pouco o rendimento. Infelizmente, debates acalorados logo atropelariam o país, e o começado não foi terminado.

Meu encontro na Indústria Automobilística Lichachev e a vistoria de empresas durante minha viagem a Leningrado, à Ucrânia e à Bielorrússia me convenceram de que a ideia da aceleração do progresso técnico-científico encontrava ouvidos abertos entre engenheiros, trabalhadores e, especialmente, entre os jovens.

Por isso, finalmente aconteceu no Comitê Central uma Conferência Pan-russa para os Problemas da Revolução Técnico-científica. Passaram-se quinze anos desde que Brejnev se pronunciara por uma assembleia plenária especial para as questões do progresso técnico-científico.

A discussão levou ao entendimento de que a principal tarefa consistia em uma modernização de nossa fabricação de máquinas, sobre a base de novas tecnologias. Era difícil levantar os meios para financiamento desse tipo de plano. Mas, finalmente, eles puderam ser encontrados. Os investimentos na fabricação de máquinas cresceram 180%.

Eu depositava especiais esperanças nos programas do progresso técnico-científico no setor de informática e computação, no desenvolvimento de linhas de rotores e de linhas de montagem de rotores, robótica, biotecnologia e genética. Esses programas demandavam uma mudança radical da política de investimentos e ampla cooperação com as empresas das nações socialistas e com firmas ocidentais. Tudo isso foi recebido como uma forte virada, necessária havia anos.

Mas o início do meu trabalho consistia na substituição da equipe no Politburo. Isso já havia começado sob Andropov e prosseguiu após a minha eleição para secretário-geral. Como novidades vieram Richkov, Jakovlev, Medvedev, Chevardnadse, Ligachev, Vorotnikov, Tchebrikov, Rasumovski, Iéltsin e, mais tarde, Nikonov, Dobrynin, Sliunkov, Lukianov, Biriukova, Talisin, Ivachko, Girenko, Falin, Semionova e outros.

O processo de renovação da equipe atingia também os secretários do Comitê Central no nível das repúblicas, comitês regionais e comitês de província. Ministérios e órgãos públicos também haviam sido afetados.

O início

A campanha antiálcool estava entre as primeiras medidas e encontrou uma grande ressonância na sociedade, com consequências de longo alcance. O espanto por eu ter começado o meu trabalho como secretário-geral com essa resolução até hoje não aplacou.

Não respondo a essa questão pela primeira vez; na verdade, conto mais uma vez como foi. Já no tempo em que Brejnev era vivo, o Politburo, sob forte pressão da população, havia tomado uma resolução pela elaboração de um programa antiálcool. Tratava-se de um programa, e não de uma campanha. O trabalho foi continuado sob Andropov. No Politburo e no governo, conferências regulares eram proferidas e instruções eram passadas. O mesmo aconteceu sob Tchernenko.

No início da *perestroika*, o programa estava concluído e foi submetido ao Politburo. Uma discussão em duzentos grandes coletivos do país antecedera a audiência no Politburo. O complexo de propostas elaborado foi abertamente discutido na reunião dos profissionais.

Gostaria de reencontrar esses documentos. Eles devem estar em algum lugar. Lembro-me bem do significado. De algo assim não se esquece. A população, sem exceção, manifestava-se por medidas imediatas e firmes na luta contra o vício em álcool. Com base em sua experiência cheia de sofrimento, as pessoas questionavam com grande estranheza: por que o Estado não faz nada? O alcoolismo e o vício em álcool afetam mesmo tudo: a situação moral da sociedade, a produção, a união das famílias, a educação das crianças, etc.

Não se podia ler esses requerimentos sem exaltação. Em muitas regiões, propôs-se implantar uma proibição do álcool. Nos primeiros anos do poder soviético, a proibição do álcool implantada na Rússia czarista foi "temporariamente" revogada. Precisava-se de dinheiro. Quando Kruschev chegou ao poder, voltou a se esforçar energicamente para exterminar o mal: aumentou os preços do álcool e limitou a venda. Mas, com o tempo, a iniciativa deu em nada.

A situação havia tomado dimensões assustadoras. No início da campanha antiálcool, foram recenseados 5 milhões de alcoólatras em nosso país. O prejuízo anual para a economia popular devido ao vício em álcool girava em torno de 80 a 100 bilhões de rublos. O consumo *per capita*, incluídos os bebês, era de 10,6 litros de puro álcool! (A propósito, em 1914, quando uma proibição alcoólica foi implantada na Rússia, o consumo de vodca ficava em 1,8 litro, e, depois da 2ª Guerra Mundial, somava dois litros.)

Certa vez, Gromiko me contou de uma conversa com Brejnev sobre o tema álcool. Ambos estavam justamente no caminho de volta de Zavidovo, Brejnev estava ao volante. Gromiko queixou-se de que, segundo sua informação, o vício em álcool havia atingido dimensões tão catastróficas que gerava efeitos sobre a vida de toda a sociedade. Ele disse isso como se exortasse a tomada de alguma providência.

Brejnev ficou calado por um bom tempo, depois disse:

— Você sabe, Andrei, um russo sem álcool não dá certo...

Não é fácil inferir os verdadeiros motivos da epidemia do vício em álcool daqueles anos. Muitos motivos concorrem. A tradição, as difíceis condições de vida de milhões de pessoas, a escassez no dia a dia, uma cultura baixa, consequências da guerra, a coativa atmosfera social. O exemplo das autoridades, que não deixavam passar nenhuma oportunidade para o consumo de álcool, também exerceu uma influência negativa. Em consequência disso, desenvolvera-se na sociedade uma tolerância em relação ao vício etílico. Mas Brejnev, que por muito tempo fora contra um programa contra o álcool, por fim, consentiu.

Sempre se perguntava: de quem partira a iniciativa? Más línguas afirmavam que ela teria partido dos membros do Politburo, que já havia bastante tempo tomariam umas a mais. Mas isso são especulações. Dessa vez, a iniciativa viera de baixo. Um número impressionante de cartas chegava aos órgãos do Estado e do partido, vindas principalmente de esposas e mães. Escritores e artistas impunham a questão e exigiam uma proibição ao álcool.

Na discussão no Politburo, a agitação era intensa. A proibição ao álcool foi rejeitada. As medidas compreendiam uma redução continuada da produção de bebidas alcoólicas fortes, em benefício de uma elevação da produção de vinho seco, cerveja, bebidas sem álcool. A renda que se deixaria de gerar através da venda de álcool seria obtida através de outros produtos e muito mais.

No começo, a sociedade aprovou essa resolução; apenas aqueles para quem essa era uma medida inaceitável se opunham. Mas quanto mais a campanha se ampliava, mais dúvidas surgiam, resultando em nervosismo, insatisfação e até mesmo fúria. Por quê? O que havia acontecido?

Na decisão, estavam em jogo realismo e responsabilidade, mas na mudança tudo fora feito às pressas, e o bom propósito transformou-se no seu oposto. A campanha antiálcool mostrou mais uma vez que a crença na autoridade total dos métodos administrativos e da pressão administrativa pode levar ao fracasso toda empreitada de risco.

Sob a pressão superior, lojas, fábricas de vinho e vodca foram fechadas apressadamente, e aqui e ali videiras foram derrubadas. A produção de vinho seco foi reduzida; os caros equipamentos para as cervejarias, adquiridos na Checoslováquia, deterioraram-se. Mas o mais terrível era: a destilação ilegal assumiu um caráter massivo. O açúcar desapareceu do mercado, e, como consequência, a variedade de produtos de confeitaria caiu drasticamente. As pessoas estavam furiosas com a fila de horas e a demora degradante para arranjar uma garrafa para uma ocasião festiva. As autoridades e, acima de tudo, o secretário-geral, que tradicionalmente era responsável por tudo, foram xingadas de forma severa. Assim, ganhei o apelido de "secretário-mineral".

Aqui uma das piadas daquele tempo. As pessoas formam fila por vodca, uma fila com mais de um quilômetro. Os que estão esperando praguejam contra as autoridades públicas, sobretudo contra o secretário-geral. Um zangado "acusador" declara:

— Vou agora mesmo ao Kremlin e o mato.

— Ora, vamos — respondem rindo os que estão na fila.

E ele vai ao Kremlin. Depois de uma hora, ele volta. A fila avançou um pouco, mas ainda falta para chegar ao balcão.

— Ué, você o matou? — perguntaram a ele.

— Não. Lá a fila está ainda maior.

O que dizer mais? Uma piada que para muitos não é especialmente engraçada, mas os russos a adoram.

Naturalmente, todo o Politburo, inclusive eu, tentava manter a situação sob controle, mas ela nos escapou. No entanto, poderíamos ter acabado de uma vez com esse problema.

Todavia, interessante e importante, em especial para os que até agora não conseguem sossegar sobre a "campanha antiálcool de Gorbachev", é o fato de que as providências tomadas levaram a uma diminuição de ferimentos, casos de morte e perda de emprego, e também casos de vandalismo e divórcios relacionados ao vício etílico recuaram. A expectativa de vida e a taxa de nascimentos aumentaram.

O problema do álcool na Rússia é uma questão com a qual é preciso se ocupar todos os dias, e que deve ser vista, cada vez mais, como um problema cultural. Agora a situação se tornou ainda mais perigosa. O consumo *per capita* de álcool se encontra em mais de dezessete litros. Deve-se pensar novamente em como conter esse mal. Naquela época, bem no início da *perestroika*, houve um erro de cálculo na implementação do programa antiálcool.

Mais uma coincidência

Na virada para o ano de 1986, estava ocupado até os cabelos com a preparação do 27º Congresso do Partido. Tinha de esmiuçar, alicerçar sistematicamente o rumo político na direção da *perestroika* e concretizar a direção do trabalho prático. Em um congresso do partido, normalmente, o secretário-geral apresenta um relatório de prestação de contas. Dessa vez, este foi intencionalmente chamado de relatório "político". Isso nos permitiu prescindir da análise do relatório de atividades e nos concentrarmos em questões de natureza estratégica.

Até o fim de dezembro, o grupo de trabalho havia chegado a tal ponto na preparação do material para a apresentação que pude viajar até Pizunda e dar continuidade ao trabalho. Além disso, havia ordenado que se reunissem informações sobre os setores problemáticos dos institutos acadêmicos. Com base em toda essa documentação, queria chegar a uma nova avaliação com os meus colegas e tirar conclusões não apenas sobre os caminhos do desenvolvimento da nossa sociedade, mas também sobre a situação global. A tarefa da política interna deveria ser uma aceleração do desenvolvimento econômico-social do país. Tratava-se de uma otimização do sistema, pois na época ainda acreditávamos em tal possibilidade. Pensávamos: quando se dá um pouco de liberdade à sociedade, ela se revigora. Por outro lado, já víamos também que a política da *perestroika* encontrava obstáculos. Muitos a olhavam como uma das velhas conhecidas campanhas, que logo se dissolveria no ar...

Era importante contrapor esse tipo de dúvida e convencer as pessoas da necessidade do rumo seguido. No meu relatório, conferi um destaque especial ao tema *glasnost**. Para a transformação da sociedade, o papel do partido tinha de ser repensado. Em meados de janeiro, apresentei o projeto do relatório no Politburo. Na discussão, notei como era grande a força dos clichês ideológicos. "Nada de abandonar a doutrina", "nada de dar um passo errado", isso era a única coisa em que os meus amigos pensavam. Esse era o medo que os detinha.

Quando, em 23 de janeiro, apareci na sessão do Politburo, disse:

— Nós nos encontramos em um momento de reviravolta. Nossa linha política parece estar de acordo com isso. O mais importante é não nos equivocarmos nas tendências principais, na direção. Não somos deuses e não temos respostas para todas as questões. Mas nós, no topo, temos mais informações que a sociedade. Entendemos que uma guinada de alcance profundo é necessária – e temos de iniciar o Congresso do Partido com

---

*   Glasnost: "abertura", no sentido de liberdade de expressão e informação.

esse posicionamento... Precisamos da unidade dos que pensam da mesma forma, dos que tomaram a iniciativa e estão prontos para seguir adiante de maneira consequente.

Que coincidências acontecem na vida! Em 25 de fevereiro de 1986, foi aberto o 27º Congresso do Partido – uma data histórica, pois coincidia com o 30º aniversário do 20º Congresso do Partido, que foi marcante para a minha geração.*

Meu relatório político foi recebido com interesse pelos delegados, mas a discussão transcorria na velha rotina: autopromoção, autopromoção, promessas... Também foram entoados hinos de louvor ao secretário-geral, embora se pudesse supor que os tempos para isso haviam passado irrevogavelmente. Isso me aborrecia. Como Kulidchanov e Chevardnadse (homens conhecidos e respeitados, aliás) tocavam no mesmo tom, interferi na discussão e pedi para "reduzirem a comoção" e "pararem de declinar o nome de Mikhail Sergueievitch". Uma bobagem, como poderia parecer, mas ela testemunhava sobre a atmosfera geral do Congresso do Partido: soaram gargalhadas gerais e aplausos estrondosos.

A discussão tomou uma forma mais objetiva. Mas também diferenças de opinião vieram à luz. Uma parte dos delegados, que avaliava a situação como crítica, abordou a responsabilidade da direção anterior do partido. Outros realçaram os salários das gerações anteriores e chamaram a garantir a continuidade da política. Mas não houve uma colisão aberta de posições contrárias.

Imediatamente após o Congresso do Partido, teve-se de verificar como essas resoluções foram postas em prática. A viagem para Kuibyshev (hoje Samara) e Togliatti, no começo de abril, marcou-me especialmente. Nessa região se concentram as indústrias aeronáutica, química, metalúrgica e de

---

*   O 20º Congresso do PCUS, de 14 a 25 de fevereiro de 1956, em Moscou, foi o primeiro congresso soviético após a morte de Stálin. Lá, Nikita Kruschev tornou públicos alguns crimes de Stálin, em especial a "limpeza" dos membros do partido, e os condenou. O Congresso do Partido marcou uma virada na história da União Soviética.

alimentos, agricultura altamente desenvolvida, as famosas Fábricas de Automóveis do Volga (VAZ), a navegação interior e grandes centros científicos. A viagem durou três dias. Senti como se uma máquina do tempo tivesse me transportado para o passado.

Os secretários dos comitês de província e dos comitês municipais mantinham seus subordinados sob os olhos, e prestavam atenção severamente no limite "permitido" no contato com o secretário-geral. Gente que ansiava por me dizer o que estava em seus corações era barrada com um movimento de mão, conversas "desnecessárias" eram impedidas. Meu contato com as pessoas fez os chefes locais perderem o controle de tal maneira que ficavam grosseiros e interferiam. Tive de repreendê-los francamente diversas vezes: "Essa conversa é minha, não sua". E vi como os rostos e pescoços carrancudos dos chefes enrubesciam. Deparei-me com o grande desejo das pessoas por mudanças e a indiferença das autoridades em relação a elas.

Quando retornei a Moscou e encontrei os membros do Politburo e os secretários do Comitê Central, que voltavam de outras regiões, minha inquietação só cresceu ainda mais. Por toda parte, a velha rotina na vida das cidades e empresas até então não dava nenhum sinal de uma reformulação, era o que dizia o juízo geral nesse encontro.

Uma torrente de cartas inundou o Comitê Central (de 3.500 a 4.000 por dia); grande parte, queixas sobre a inércia dos órgãos públicos locais. Meu conterrâneo de Stavropol me informou que, por aqueles dias, havia estado com o diretor dos sovcozes com planos para a melhoria da produção. "Não meta o seu nariz em assuntos alheios", essa foi a resposta com a qual ele foi enxotado do escritório. De Gorki veio uma carta de um antigo colega de estudos moscovita, um doutor em filosofia: "Para sua informação, Mikhail, em Gorki não acontece nada, absolutamente nada".

Em 24 de abril de 1986, prosseguiram no Politburo as discussões sobre os motivos da estagnação da *perestroika*. De acordo com a opinião geral, a causa era o gigantesco aparato do partido e do Estado, que colocou um ferrolho nas reformas e, principalmente, em todas as mudanças. E isso não só por incompreensão... Chamei a atenção dos colegas para uma citação em uma publicação, cujo tema era adequado a nossa conversa: "Kruschev foi arruinado pelo aparato, e o mesmo acontecerá agora". Aquilo foi uma advertência no tempo certo...

Glasnost

As discussões sobre a *glasnost* nos anos da *perestroika* perduram até hoje. A declaração de Soljenítsin me irritou especialmente: "Tudo foi destruído pela *glasnost* de Gorbachev". Ele repetiu isso várias vezes, e não quero ignorar sua opinião. No encontro internacional dos redatores-chefes de jornais em Moscou, posicionei-me sobre isso e disse que, embora estimasse Soljenítsin, não concordava com ele. A *perestroika* teria sido impensável sem a *glasnost*, os processos democráticos não poderiam ter sido postos em prática sem liberdade de opinião e imprensa.

A maioria absoluta das pessoas na União Soviética, na Rússia de hoje e também no Ocidente entende a *glasnost* como condição para a liberdade. Para a direção soviética, ela significava, para começar, dizer ao povo a verdade sobre a situação do país e sobre o mundo. Mas ela era, sobretudo, um instrumento para esclarecer o novo rumo político e o meio mais importante para mover as pessoas no sentido de uma ação ativa, autônoma e consciente para a renovação da sociedade. Como nós havíamos iniciado a *perestroika* como processo de reformulação democrática, os meios para sua execução também tinham de ser democráticos. A *glasnost* foi o meio para incluir as pessoas na política e fazê-las participar da criação de uma nova vida. A *glasnost* é um grande êxito da *perestroika*. Sob a influência e as condições da *glasnost* e da liberdade de opinião, aumentada por meio dela, a sociedade pôde se libertar do medo.

O Politburo nem sempre esteve à altura da *glasnost*. Alguns achavam que ela "incitava o povo à crítica indiscriminada ao partido e à nossa história". Muitas vezes, especialmente fora das sessões oficiais, expressava-se insatisfação com a desenvoltura da imprensa e o modo imprudente dos jornalistas, que também não se intimidavam diante de personalidades conhecidas e de mérito. Manifestavam-se vozes exigindo que se colocasse uma mordaça na imprensa. Dizia-se que ela reivindicava o papel de um juiz, não respeitava nada e arrogava-se um estilo resoluto, sem fornecer uma análise responsável dos acontecimentos e fatos.

Havia nessa crítica um pedacinho de verdade. Como disse Václav Havel, aliás de forma tão acertada: "A liberdade de opinião contém sempre um perigo em si, pois, ao lado da liberdade do bem, há sempre também a liberdade do mal".

A *glasnost* trouxe à tona os problemas ecológicos. Não se pode dizer que até então esse era um tema totalmente proibido. Também sob Stálin escrevia-se sobre a redução das superfícies florestais e o significado das zonas de proteção florestal criadas, nesse contexto, por ordem do "grande timoneiro". Sob Kruschev, houve protestos contra a pantanização e salinização do solo. Sob Brejnev, de tempos em tempos, publicavam-se alertas sobre os problemas ecológicos mais urgentes – o lago Baikal, o mar de Aral, o lago Ladoga, o mar Cáspio e o mar de Azov.

Escritores conhecidos engajaram-se na luta pela proteção da natureza nos mais importantes setores – Valentin Rasputin, no lago Baikal; Sergei Saligin, no rio Volga; Olchas Suleimenov, na área de testes nucleares de Semipalatinsk; Viktor Astafiev, nos lagos e rios da Sibéria; Vasili Belov, nos lagos do norte da Rússia; Ivan Vasiliev, na região entre os rios Oka e Volga (o declínio da aldeia é o declínio do país – assim dizia o *leitmotiv* de seu brilhante artigo). A *glasnost* revelou a psicologia, predominante na sociedade, do trato perdulário com a natureza: para nós, vivos hoje, é suficiente.

O público soube que, em 90% das cidades e, por conseguinte, em praticamente todos os centros industriais da União Soviética, as substâncias poluentes no ar excediam em muito o que a norma permite. Uma onda de indignação atravessou o país quando se soube que dessa forma o patrimônio da população estava em perigo.

O trabalho teve de ser interrompido, e uma parte das 1.300 empresas responsáveis pela poluição foi fechada. Empresas cuja produção era indispensável ao abastecimento foram aconselhadas a tomarem medidas para o cumprimento dos regulamentos ecológicos. Todavia, muitas foram fechadas para sempre.

Havia também exigências excessivas. Alguns fanáticos cobravam a suspensão total da irrigação artificial. Tranquilizei os ânimos: pois, sim, está certo que não poderíamos prever as consequências a longo prazo das intervenções atuais, mas usar a água de forma racional era um pressuposto. Na América, onde o clima era muito mais propício do que entre nós, 25 milhões de hectares foram irrigados artificialmente. Não fazia sentido vociferar contra a irrigação em si, mas os métodos deviam ir para a estação de testes.

A *glasnost* significou a volta de filmes proibidos dos armários de veneno [*Giftschränken*],* a publicação de obras críticas, a permissão de praticamente a totalidade da literatura dos dissidentes e a edição ou reedição da literatura dos emigrantes russos.

As primeiras andorinhas foram *As crianças da Arbat*, de Ribakov, *Vestes brancas*, de Dudinzev, e *Nova nomeação*, de Bek. Todos os três romances foram publicados pela primeira vez em 1986/87, depois de ficarem engavetados inéditos durante vinte anos.

Anatoli Ribakov me escrevera uma carta e depois enviara um manuscrito. No aspecto artístico, não causou grande impressão sobre Raíssa e sobre mim, mas evocava de forma viva a atmosfera do stalinismo. O manuscrito chegou também às mãos da *intelligentsia* moscovita, que cobriu o Comitê Central de cartas, nas quais exaltava o livro como "romance do século". Já estava familiarizado também com a obra anterior de Ribakov e era da opinião de que o romance devia ser publicado. O episódio com o

---

* Expressão usada em alemão para designar coleções de livros proscritos. (N. T.)

romance conseguiu dissipar os receios de parte da direção, que estavam relacionados com as consequências incalculáveis de um desmascaramento do totalitarismo.

Gostaria de abordar especialmente o filme de Abuladse, *O arrependimento*, rodado em 1984 e que desempenhou um papel-chave na cinematografia nacional. O filme foi feito sob o "patrocínio" de Chevardnadse e, em princípio, exibido apenas para um público selecionado. Repercutiu como uma bomba, tanto que no Politburo foi discutido se ele poderia ser distribuído.

Eu era da opinião de que as associações de artistas deveriam decidir. Os produtores de filmes apenas esperaram por isso. Abrira-se um precedente, o dique se rompera e, logo depois, as obras que haviam sido banidas pela censura para os armários de veneno foram retiradas. As editoras também publicaram livros permitidos, novos livros, tanto de escritores soviéticos como os da emigração russa, que não se detiveram ao cânone do realismo socialista e por isso zelaram por restabelecer a grande tradição da literatura russa, baseada em um realismo crítico. Houve edições em massa das obras de Karamsin, Soloviov, Kliutchevski, Kostomarov e outros historiadores. Depois vieram os livros dos russos exilados da época pós--Revolução: Búnin, Merechkovski, Nabokov, Samiatin, Aldanov. E, depois, retornaram ao seu lar russo os grandes filósofos expulsos do país ou proibidos. Aqui, Alexander Jakovlev teve grande mérito. Não posso enumerar todos e menciono apenas aqueles que encontrei tempo para ler: Soloviov, Fiodorov, Berdiaiev e Florenski. Nessa torrente de obras, vê-se o quanto minha geração, à qual só foi oferecida a ideologia oficial, foi privada intelectualmente.

O desastre no reator de Chernobil colocou a *glasnost* à prova. Chernobil nos abriu os olhos: para a utilidade da nossa ciência, como estava a segurança e a competência dos colaboradores das usinas atômicas. Chernobil revelou graves problemas no importante ramo econômico da engenharia mecânica média, que tinha grandes incumbências, inclusive militares – por exemplo, nas armas nucleares. Os colaboradores e chefes desse ramo econômico tiveram grandes méritos; mas isso havia levado a uma falta de autocrítica e de senso de responsabilidade.

Quando, no primeiro dia, recebemos a informação sobre a usina de Chernobil, o Politburo se deparou com uma posição terrivelmente leviana das pessoas responsáveis. Pasmos, os membros do Politburo tomaram conhecimento das avaliações do presidente da Academia de Ciências e do ministro da engenharia mecânica média, que diziam: "Sem pânico, isso já aconteceu também em reatores industriais, mas tudo se arranjou. Para se proteger da radiação, deve-se apenas tomar uns drinques regularmente, comer alguma coisa e tirar uma pestana...". Essa referência, inadequada no mais alto grau, à "própria experiência" é indigna de um cientista e político desse nível.

Ainda não sabíamos o que, afinal, havia acontecido: uma explosão com liberação de material radioativo ou um acidente, um incêndio. A situação era tal que, nos primeiros dois dias, não pudemos sair a público. Mas agíamos com o pressuposto de que algo extremamente grave havia acontecido.

Uma comissão governamental foi formada, à qual pertenciam especialistas em usinas atômicas, radiologistas, médicos e representantes de organizações dedicadas ao controle do meio ambiente. Além disso, foram instaladas uma comissão da Academia de Ciências da URSS e uma da Academia Ucraniana. Mas, mesmo em 27 de abril, a informação da comissão ainda era obscura e nebulosa. Richkov, Ligachev e Chtcherbizki foram enviados para o local do acidente. A dimensão do desastre se tornava cada vez mais explícita. Ficou claro que tínhamos de cuidar, sobretudo, da segurança das pessoas.

Quase 1 milhão de pessoas recebeu auxílio médico, entre elas, 200 mil crianças. Decidiu-se transferir as pessoas da cidade de Pripyat. E, quando um primeiro mapa da contaminação radioativa foi feito, e os cientistas chegaram à conclusão de que no futuro nenhuma pessoa poderia mais viver ali, a evacuação começou, primeiro de uma área de dez quilômetros, depois, de trinta quilômetros. Os habitantes não queriam se mudar, em parte, foi necessário o uso de coerção. Nos primeiros dias de maio, cerca de 135 mil pessoas foram transferidas.

Um dos problemas mais difíceis era o bloco do reator, destruído. Era preciso evitar que o material radioativo penetrasse no solo do rio Dniepre. Para isso, tropas químicas foram mobilizadas, a técnica necessária foi disponibilizada e os trabalhos de desativação foram iniciados. Na fase inicial, a preocupação se concentrou em Kiev e no Dniepre. Mais tarde, revelou-se que a Bielorrússia, especialmente Mogilev, fora a mais afetada. Dezenas de problemas desconhecidos tinham de ser resolvidos noite e dia por centros de pesquisa em Moscou, Leningrado, Kiev e outras cidades. Muitas pessoas ofereciam sua ajuda e pediam para serem enviadas a Chernobil. Como em outros momentos difíceis de nossa história, as melhores qualidades de nossa gente se mostraram novamente nesses dias cheios de angústia: altruísmo, humanidade, compaixão e solicitude na necessidade.

A limpeza das consequências imediatas da explosão custou 14 bilhões de rublos, aos quais mais tarde se somaram ainda mais alguns bilhões. Os especialistas da Agência Internacional de Energia Atômica (AIEA) não tinham objeções, eles asseguraram que todo o possível e necessário fosse feito.

E apesar disso – nos primeiros dias, falando francamente –, não estava claro que se tratava de uma catástrofe não apenas nacional, mas de dimensões globais. A insegurança gerou boatos e pânico. Na época e hoje, as medidas das direções ucraniana, bielorrussa e central são criticadas. Não posso imputar a ninguém uma atitude irresponsável em relação às pessoas. Se algo não aconteceu cedo o suficiente, foi, sobretudo, por desconhecimento. Não apenas os políticos, mas cientistas e especialistas também foram pegos de surpresa pelo acontecimento.

Em meados de maio, apareci na televisão. Expressei minhas condolências às vítimas, relatei as medidas tomadas e as ainda por tomar e ofereci minha alta consideração à bravura das pessoas que haviam participado da eliminação das consequências do desastre. Organizações estatais e sociais de muitos países, empresas e particulares enviaram extintores, robótica e medicamentos, uma demonstração de solidariedade sem precedentes. Ao lado dos soviéticos, também foram heróis do desastre de Chernobil os médicos americanos Robert Gale e Paul Terasaki, assim como o presidente da Agência Internacional de Energia Atômica, Hans Blix.

Para mim, em particular, o desastre no reator significou um momento crítico não apenas da época da *perestroika*, mas de toda a minha vida. Muito teve de ser repensado e corrigido. Minha vida se dividiu em duas metades: uma antes de Chernobil e outra depois.

Hoje os problemas da energia estão novamente na ordem do dia, pois as fontes de energia não renovável caminham para o fim, e até agora a ciência não encontrou nenhuma solução fundamental para o problema da energia. Observa-se um novo *boom* na construção de usinas atômicas.

Por muito tempo tive uma opinião negativa em relação a isso. Mas, agora que conheço a situação, vejo em detalhes que a comunidade mundial não pode prescindir do consumo de energia atômica. E, sendo assim, a instalação de usinas atômicas deve levar em consideração toda a experiência que temos. Isso diz respeito não apenas aos reatores em si, mas também ao sistema de direção e segurança e, naturalmente, à competência de quem trabalha nessa operação necessária, mas extremamente complexa e perigosa. Sem dúvida, as usinas atômicas devem estar protegidas também de possíveis atentados terroristas.

Retrocesso

O choque de Chernobil, que abalara toda a sociedade e agravara a situação financeira, foi seguido por um golpe não menos pesado: os preços do petróleo caíram de dez a doze dólares por barril. Nossos rendimentos cambiais tiveram uma queda de dois terços. E isso em um momento em que queríamos iniciar de fato o programa de desenvolvimento para 1986 a 1990.

Em junho de 1986, discutimos o projeto de desenvolvimento socioeconômico para o 12º Plano Quinquenal. Estavam em jogo mudanças abrangentes: todos os ramos econômicos tinham de ser reorganizados às novas condições. Era preciso ampliar a autonomia econômica das empresas, elevar seu papel e sua responsabilidade, e métodos de direção econômica tinham de ser implantados. Essas novas exigências não significavam uma mudança radical da estratégia econômica. O Plano Quinquenal tinha o título "Aceleração". Mas, para taxas de crescimento mais altas, a aceleração do progresso técnico-científico e a readaptação técnica dos ramos mais importantes, especialmente da engenharia mecânica, eram investimentos necessários.

Com o aumento das despesas orçamentárias em torno de 10 bilhões de rublos para a elevação dos salários de professores, pessoal médico e agentes culturais, a situação financeira se agravara ainda mais. Acrescia-se a isso que a campanha antiálcool havia reduzido as receitas estatais em várias dezenas de bilhões de rublos. A Lei das Aposentadorias também onerava o orçamento adicionalmente com 45 bilhões de rublos. Uma coisa levava a outra.

Estava cheio de dúvidas sobre o que se deveria fazer, e estava a ponto de minorar a classificação das cifras para o novo Plano Quinquenal. Richkov e outros conhecedores da situação econômica ocupavam-se das mesmas questões. Richkov me perguntou:

— O que vamos fazer? Vamos levar a cabo o Plano Quinquenal elaborado ou temos de revisá-lo e adequá-lo à situação presente?

Pesamos os prós e contras e chegamos ambos à conclusão de não nos afastarmos do Plano Quinquenal.

Hoje penso que a questão foi tudo isso ter se passado no início da *perestroika*, quando tínhamos grandes planos para o futuro. Os planos eram realistas. Mas, quando a situação mudou, não mudamos nossa abordagem, e nossa política se tornou irrealista. Assim, esperávamos pelos resultados de uma economia melhor e de um uso mais eficiente dos recursos. Continuávamos gastando de uma vez e meia até o dobro – especialmente em energia e cimento – do que as outras nações industrializadas gastavam para a produção. Mas, para elevar a efetividade e produtividade, muito ainda tinha de ser feito.

Sinais de alerta

De diversas partes do país chegavam cartas que alertavam que os órgãos locais e regionais teriam assumido uma postura contemporizadora e permaneciam passivos. Antes de minha viagem ao Extremo Oriente (em julho de 1986), havia me reunido com redatores de jornais locais e repreendido sua indecisão e falta de engajamento. A reação veio em contrarrepreensões mais amargas: "É melhor que o senhor conte isso que nos diz aos secretários dos comitês de província, municipais e distritais. Os jornais são assunto dos comitês do partido, e eles não dão muita bola para a *glasnost*".

Mais uma vez o problema estava nos quadros dirigentes, pensei. Talvez tenha sido mesmo a postura dos quadros do partido que inviabilizou, na base, o trabalho prático? Eles são uma trava... Sob a pressão desses pensamentos, fui até Vladivostok, Komsomolsk do Amur e Chabarovsk.

Uma pequena digressão. Há pouco tempo, vi um filme sobre a história da nossa marinha e seu destino após a dissolução da União Soviética. No filme, foi enfatizado que os funcionários da fábrica de submarinos em Komsomolsk do Amur haviam esperado ajuda de Gorbachev para a construção de novos submarinos, enquanto ele se interessava por uma empresa de móveis e todo tipo de insignificâncias. Contudo, na realidade, eu estava, naquela época, familiarizando-me principalmente com a construção de um novo modelo de submarino. O material possibilitaria submersões mais profundas e, com isso, reduziria o ruído a um mínimo. Essa era a tarefa mais urgente, e ela foi cumprida. Apoiei esse projeto de todas as formas imagináveis e fiz tudo para que o modelo fosse colocado em funcionamento o mais rapidamente possível. Isso foi o mais importante em minha viagem. Mas não foi tema para a imprensa.

Quando havia terminado a visita à empresa de submarinos em Komsomolsk e percorria a cidade, ouvi as histórias mais inacreditáveis: no auge do calor do verão, não haveria gelo disponível para compra na cidade; os habitantes recebiam moradias, mas não poderiam mobiliá-las, pois tinham de ir até o fim do mundo para comprar móveis. As empresas de equipamentos enviavam diariamente aviões de carga para Tasquente, mas ninguém se sentia habilitado para fornecer, de Tasquente, frutas e legumes aos trabalhadores de submarinos.

Interrompi minhas férias e viajei para Krasnodar e Stavropol. Queria falar com as pessoas, checar minhas reflexões. Nada de extraordinário aconteceu. Em Krasnodar e Stavropol aconteceu o mesmo. O apoio da população à *perestroika* não havia se tornado menor, mas as estruturas da administração e do partido deixaram tudo como estava. Era como se todos estivessem de acordo, mas mudar não importasse. Isso era incapacidade de mudar o comportamento, ou se manifestava aqui um instinto intuitivo de autoconservação?

As pessoas percebiam isso e tiravam proveito da *glasnost* para criticar as autoridades de forma totalmente aberta e sem consideração, recriminando-as por cuidarem apenas de seus próprios interesses e muito pouco de reorganizar o trabalho. Não havia melhora da situação social. Na torrente de correspondências para o Comitê Central do PCUS, havia cartas cada vez mais frequentes nas quais as pessoas se mostravam preocupadas com os acontecimentos. Alguém da Bielorrússia exigia sem rodeios: "Mikhail Sergueievitch, dê a ordem de bombardear o quartel-general!". Ele propunha, assim, pôr em prática os lemas da Revolução Cultural chinesa. Até esse ponto chegavam a interpretação e a concepção na opinião pública.

As viagens me convenceram de que as mudanças nos níveis administrativos não tinham apoio suficiente. Os servidores sabotavam a *perestroika* e recusavam-se a tomar nas mãos os problemas cotidianos mais simples da população. Voltei para Moscou muito preocupado. Não posso dizer que todos os meus colegas ficaram preocupados na mesma medida.

Por volta do fim do ano de 1986, estava definitivamente consciente da necessidade de haver uma assembleia plenária para questões dos quadros. Começamos a preparar o material. Mas o trabalho sobre a minha conferência se prolongou.

Todavia, conseguimos, em 1º de dezembro, discutir o rascunho para uma primeira leitura. Apesar de todas as diferenças de posição de meus colegas, as ideias essenciais do rascunho encontraram apoio.

Para o trabalho de conclusão da conferência, dirigi-me a Zavidovo, na casa de campo do secretário-geral. Alexander Jakovlev, Vadim Medvedev e Valeri Boldin me acompanharam.

O trabalho progredia lentamente. Houve um momento em que nos encontramos em um beco sem saída e nos indispusemos. Propus a meus colegas interromper o trabalho e nos separarmos para que cada um pudesse refletir por si. Quase 48 horas depois nos reunimos novamente.

A situação era tal que pensei se devia alterar a composição do grupo. Mas deixei como estava e agi certo.

Depois que as ondas se acalmaram e retomamos o trabalho, chegamos rapidamente a um acordo nas questões fundamentais.

Estava claro: sem superar o princípio da nomenclatura na política de quadros e provocar uma democratização do partido e da sociedade, não era possível modificar a situação no que dizia respeito aos quadros. Essa conclusão lógica se baseava na análise da situação daquela época. Posso me lembrar, como Richkov disse uma vez em uma sessão do Politburo, de que nem um único dos sessenta ministros apresentou sua renúncia, embora para muitos já fosse o tempo e estivessem evidentemente sobrecarregados com a nova situação. E também, visto em conjunto, seguramente a composição e o nível dos quadros não favoreciam a realização de uma reforma profunda. Sabia, de conversas preliminares sobre a plenária, que podia contar com o apoio concreto de Richkov e Chevardnadse.

Em uma conversa a sós com Vorotnikov, fiquei em alerta. E os outros? Eles apoiariam as ideias fundamentais da democratização? Definitivamente isso significava, de fato, o fim do princípio da nomenclatura. No lugar das nomeações, deveria haver eleições, e eleições autênticas. Um novo e decisivo elemento seria inserido na escolha dos quadros – a opinião e a vontade dos cidadãos e membros do partido.

Após complicados preparativos, minha apresentação para a cerimônia plenária foi submetida ao Politburo em 19 de janeiro de 1987. A recepção superou todas as expectativas. Quase todos os membros do Politburo e secretários do Comitê Central a apoiaram. Gromiko deu o tom:

— O projeto é muito profundo... Há um contingente de quadros que ainda não puderam se mostrar eficazes, e há aqueles para quem esse é um número grande demais. Trata-se do "ser ou não ser" do Estado socialista.

Richkov assinalou:

— A crítica é dura, mas a situação não é irremediável.

Ele se declarou explicitamente pelo apoio do trecho sobre a democratização e associou esse tema aos problemas da economia. Propôs estabelecer um prazo máximo para o exercício dos funcionários estatais, inclusive dos ministros, assim como eleições secretas alternativas dos secretários pelos comitês do partido.

Ligachev viu que, da rotina preparada na seção de organização, que ele aprovara, não restava praticamente mais nada no projeto de conferência. Mas ele deu a melhor nota. Mais ainda, ele se manifestou pela necessidade da reforma do sistema político.

— O pensamento que me ocupa é o que se deve fazer para que não tenhamos de passar repetidamente por crises, que causam danos desmedidos. Estou convencido: a democratização é o mais importante.

Chevardnadse também aproveitou esse tema. Ele lembrou a guerra no Afeganistão e disse que, no passado:

— O princípio colegial foi frequentemente desprezado, decisões eram tomadas por um pequeno grupo, sem inclusão dos membros do Politburo, para não dizer dos membros do Comitê Central do PCUS e dos mais altos órgãos estatais. Agora está se desenvolvendo um sistema completo de medidas que garante que esses erros não se repitam. É uma revolução moral.

Como Iéltsin mesmo não fez nenhuma menção de tomar a palavra, perguntei a ele se não queria dizer algo. Ele começou com o "apoio à maioria das questões levantadas na conferência", disse que compartilhava da firmeza crítica na avaliação do passado, mas considerava imprescindível fazer uma avaliação clara da época da *perestroika*. Além disso, disse que os membros do Politburo e do Comitê Central, em sua composição anterior, carregavam a culpa pela estagnação e pelo desenvolvimento vagaroso do país, razão pela qual se devia dar um julgamento particular a cada um deles.

Depois de uma discussão de mais de uma hora, percebi, em meu discurso de encerramento, que a principal tarefa da assembleia plenária consistia em explicitar os motivos profundos que teriam nos conduzido à situação de então e dar apoio aos processos de reformulação em curso, sob tais dificuldades, em nosso país. Manifestei-me contrário a reduzir o problema à avaliação da direção anterior e dos membros do Comitê Central. Importantes para nós seriam as conclusões lógicas políticas e as lições para o futuro. A *perestroika* progrediria lentamente, e, como explicitado na minha apresentação, isso estaria, em grande medida, relacionado com os quadros. Era necessário atrair novas forças, mas não fazer a coisa de qualquer jeito e sem organizar uma caça aos quadros. A *perestroika* teria se iniciado em nome do fortalecimento dos princípios democráticos na sociedade e no partido. Não se poderia atingir esse objetivo com abordagens ademocráticas.

No Politburo, chegou-se – o que me alegrou – à conclusão: com essa conferência, não havia do que se envergonhar diante do povo.

Na assembleia plenária, na qual, do total de 77 discursadores que haviam se inscrito para o debate, 34 tomaram a palavra; todos criticaram a burocracia, todos eram fogo e chama pela democratização. E, na questão principal, essa assembleia mal nos fez dar um passo adiante, por mais que se diferencie também das ocorridas antes no que diz respeito à atmosfera e à sisudez da discussão. Ninguém se atreveu a pôr em dúvida a legalidade do monopólio do partido no preenchimento dos quadros. Os discursadores preferiram evitar a questão de como se poderia aliar eleições livres com o mecanismo da nomenclatura.

O PCUS era um poderoso aparato da nomenclatura com práticas e regras de jogo consolidadas. O próprio Politburo era uma parte orgânica dele. Mas a maioria dos membros do Politburo não era simpática à ideia de se meter com uma reformulação do partido e a freou mais tarde. O poder do secretário-geral era muito grande. Mas ele não era onipotente.

Quando me tornei presidente, concordei em manter o posto de secretário-geral – embora o PCUS tenha se tornado cada vez mais abertamente um opositor da *perestroika*. Na época havia também a proposta de renunciar a esse posto. É difícil dizer no que isso teria dado. Mas ao menos eu teria tido carta branca, e não teria de incondicionalmente deixar, em postos estatais importantes, membros do Politburo e candidatos que julgavam-se, cada vez mais, com o direito exclusivo de resolver o destino de nossa nação.

Por trás de tudo isso estava também uma fraqueza objetiva. Nesse curto prazo, não era possível encontrar um substituto para a nomenclatura do PCUS. De onde deveríamos tirar os novos quadros da *perestroika*? O passado stalinista havia impedido a ascensão de pessoas de pensamento autônomo no partido. Não era tão simples reformar o partido, dividir o PCUS, como alguns recomendaram, ou filtrar dele os partidários puros da *perestroika*; embora o desenvolvimento se encaminhasse objetivamente para esse caminho, ele infelizmente foi ultrapassado por um curso meteórico dos acontecimentos em nosso país.

Também por isso a plenária do ano de 1987 ficou na minha memória, pois, na época, pela primeira vez, as objeções com relação à questão da *glasnost* vieram à tona. Ivan Poloskov, o secretário do Comitê do Distrito Partidário de Krasnodar, disse "o necessário" e depois continuou:

— O que a juventude de hoje gosta de ler? Quais obras arrebatam o pequeno-burguês? *O incêndio*, *O patíbulo*, *O detetive triste* e outros. O mesmo no teatro. Lá, assim como nos jornais, nossas feridas são meticulosamente expostas. Não surpreende que o desespero se espalhe pelas almas!... A representação negativa da realidade se tornou quase o único método pelo qual se deve reforçar os ideais! Não terá chegado o tempo de discutirmos isso a fundo?

A célebre tecelã Valentina Golubeva, duas vezes "heroína do trabalho socialista", dizia:

— Acho que a mera crítica e a descoberta de defeitos já se estendem por tempo demais. Temos de diferenciar, de forma totalmente clara, entre crítica interessada, construtiva, e crítica vazia, muitas vezes abertamente maldosa... Tudo deve acontecer com discernimento, do contrário corremos o risco de incorrer no outro extremo.

Como era de se esperar, a *glasnost* foi o primeiro campo de batalha da luta pela liberdade. E nele se encontravam membros do Comitê Central, que "levantaram a luva". Na minha opinião, a cena mais forte, tanto no que diz respeito ao conteúdo como também ao colorido emocional, foi a do nosso grande artista, já falecido nesse meio-tempo, Mikhail Ulianov:

— O mais importante de tudo foi introduzido na nossa vida social – *glasnost*, democracia, gestão autônoma. Acredito que esses três pilares, se não os desgastarmos, aplainarmos e reduzirmos, podem resolver os enormes problemas que nosso povo e o partido têm hoje. A *glasnost* é impolida e não nivelada, convicção democrática de cima a baixo, gestão autônoma, da qual o povo participa. A época das rodinhas passou, e isso é maravilhoso. Chegou a época do povo que governa ele mesmo seu Estado.

O plenário aprovou minha apresentação, aderiu à avaliação dos motivos da crise dos anos 1970 e 1980 e apoiou a ideia da democratização e a proposta para uma conferência do partido. Mas também ficou mais evidente que muitos membros do Comitê Central não estavam prontos para a virada que a apresentação visava. E o que se devia esperar então dos colaboradores de outros órgãos partidários, da gigantesca nomenclatura?

Pode-se avaliar a virada do ano 1986 para 1987 como o primeiro sinal agravante de uma crise da *perestroika*. A sociedade vivia na expectativa das mudanças promissoras de sucesso e de fácil execução, e ainda não fazia ideia de quais dificuldades a oposição tenaz dos retrógrados e a agressividade dos radicais trariam consigo.

CAPÍTULO 13

Uma nova visão de mundo:
a humanidade deixou de ser imortal

Desde o início estava claro para mim: sem uma melhora de nossas relações internacionais, não se podia pensar em reformas radicais em nosso país. A pressão, que estava relacionada com a nossa participação na extenuante corrida armamentista e com nosso envolvimento em conflitos em diversos pontos do globo terrestre, tinha de ser reduzida. Se quiséssemos ter um novo mundo, teríamos de pôr um fim à Guerra Fria. Tentativas de melhorar as relações internacionais não podiam ser adiadas; em vez disso, deviam ser um componente do nosso rumo político.

Quando me perguntam sobre as motivações para a *perestroika*, enfatizo sempre as razões de política interna. Mas as razões de política externa não eram menos importantes, em especial a ameaça atômica, com suas consequências imprevisíveis para nosso país e para todo o mundo. Einstein foi o primeiro a falar da necessidade de um novo pensamento na era das armas atômicas. A humanidade deixou de ser imortal. Temos de colocar em primeiro plano a manutenção da vida na Terra.

Na metade dos anos 1980, o perigo de uma guerra atômica havia crescido. A comunidade internacional estava metida em um beco sem saída. A infernal corrida armamentista alcançara tal velocidade que era difícil imaginar como se poderia detê-la ou pelo menos freá-la. Existia também o perigo de que se pudesse chegar a uma guerra atômica sem que alguém a quisesse. Era preciso fazer alguma coisa.

O novo pensamento permitia combinar os interesses perfeitamente compreensíveis de nosso país com os interesses da humanidade. Dessa forma, abria-se a possibilidade de um novo e frutífero trabalho conjunto com outros Estados.

Quando começamos a *perestroika*, cujo sentido consistia mesmo em dar a liberdade ao nosso povo, a direção soviética teve de conceder esse direito também aos outros países. Isso levou à recusa, a princípio, de toda intromissão nos acontecimentos dos "países irmãos" do Pacto de Varsóvia. Com isso, consumou-se um dos passos mais importantes para a libertação da herança stalinista.

A direção soviética fez certo em não se imiscuir nas mudanças na Europa Central e Ocidental. Até hoje sou recriminado, pois teria "entregue" esses países. Não, eu não os entreguei, apenas confiei esses países ao povo.

Os novos princípios da *perestroika* desempenharam um papel decisivo também na reunificação da Alemanha. O povo desse país foi o protagonista da reunificação. Esse é o fundamento mais seguro para a compreensão do trabalho conjunto.

Como se sabe, sob muitos aspectos, a distensão dos anos 1970 foi desencadeada pelo nosso trabalho conjunto com a França. Isso determinou a escolha da França como a nação na qual eu, na qualidade de secretário-geral, realizei minha primeira viagem oficial ao exterior. Na época, disse que vivemos em uma mesma casa, ainda que uns entrem nessa casa por uma entrada e outros utilizem outra entrada. Temos de estabelecer a comunicação em comum nessa casa. Assim se realizou, pela primeira vez, a imagem da "nossa casa comum, Europa". Exatamente sobre isso falei com François Mitterrand, com quem, desde esse encontro, desenvolvi relações intensas.

Um ano depois nos encontramos em Moscou, e ouvi dele o raciocínio claramente formulado: "A Europa tem de voltar a ser o protagonista de sua própria história, para poder interceder, em toda a amplitude, em favor do equilíbrio e da estabilidade nas relações internacionais".

Na metade dos anos 1980, a época da Guerra Fria havia chegado ao seu ápice. Depois da invasão do Afeganistão pelas tropas soviéticas, a situa-

Com François Mitterrand em uma entrevista coletiva em Paris, outubro de 1985.

ção havia ficado extremamente tensa. Tinha de acontecer alguma coisa. Os líderes dos EUA e da URSS ficaram seis anos sem se encontrar. Achava que devíamos nos aproximar uns dos outros e retomar o diálogo. A manutenção da situação gerada só serviria para continuar inflamando as circunstâncias. Tínhamos de nos encontrar.

O encontro aconteceu no fim de 1985, em Genebra. O mundo inteiro depositava grandes esperanças nele. Três mil e quinhentos jornalistas viajaram para a cobertura da reunião de cúpula. Havíamos nos preparado de maneira sólida. O Ministério do Exterior, sob o novo ministro do Exterior, Chevardnadse, foi o coordenador da preparação. Foram elaboradas diretivas para essa reunião. Essa elaboração coube a comissões, das quais faziam parte grupos dos Ministérios das Relações Exteriores e da Defesa, assim como da KGB. Em questões que diziam respeito a problemas econômicos, foram engajados também a Comissão Estatal de Planejamento e especialistas. Depois, uma comissão especial, sob a direção do membro do *Politbüro* Saikov, assumiu o restante da elaboração. Após terminados, os planos provisórios para as diretivas foram apresentadas ao *Politbüro* como última instância.

Falo sobre isso com tantos detalhes intencionalmente, porque há inúmeras suposições sobre como essas decisões se davam. A última instância a aprovar ou rejeitar essa ou aquela proposta e estabelecer novas disposições era o Politburo. Propostas fundamentais, assim como observações críticas, também eram submetidas ao Politburo.

As negociações e outros encontros em Genebra duraram cerca de quinze horas. Cinco ou seis encontros aconteceram a sós com Reagan, nos quais, todas as vezes, ultrapassamos o tempo previsto.

O primeiro encontro aconteceu na residência de Reagan. Ele me recebeu na entrada. Cumprimentamo-nos. Observando de fora, parecia que estávamos em bom ânimo. Sim, mais que isso, era como se dois velhos conhecidos ou amigos se encontrassem. Mas, quando já havíamos dispensado nossas delegações e nos isolamos com os intérpretes, a atmosfera se modificou rapidamente após algumas palavras de saudação. Discutimos e atiramos um aos pés do outro, de forma inflamada, a responsabilidade pela corrida armamentista, que havia levado o mundo à beira de um conflito atômico.

Reagan pronunciou-se longamente sobre nossa intromissão nos assuntos do "Terceiro Mundo". Esse seria o motivo da tensão entre Washington e Moscou. Minha resposta foi que não tínhamos a intenção de "exportar a Revolução". Apenas apoiávamos os amigos em nossa esfera de interesses, da mesma maneira que os EUA.

Lembro-me ainda de como os membros da delegação soviética me cercaram depois do primeiro encontro. Queriam saber que impressão tivera de Reagan, a quem chamavam, não apenas entre nós, mas em todo o mundo, de "falcão". Disse que Reagan era um homem de convicções extremamente conservadoras, sim, ele era um "verdadeiro dinossauro". Mais tarde, soube pela *Newsweek* que o núcleo de Reagan demonstrara por mim um interesse parecido no dia. E Reagan deve ter dito: "Gorbachev é um verdadeiro comunista de concreto".

Com o tempo, no entanto, o tom se tornou mais pragmático entre nós. Esclareci a Reagan que não queríamos permanecer no Afeganistão e

Com o presidente americano, Ronald Reagan, Genebra, novembro de 1985.

aspirávamos a uma solução política do conflito. E não pretendíamos conduzir uma guerra contra os EUA.

Reagan empenhava-se para me conquistar para seu programa espacial de defesa contra mísseis (SDI), que seria puramente um sistema de defesa. Minha resposta foi categórica: esse programa não é nada além da tentativa de deslocar a corrida armamentista para o cosmo. As asserções do presidente não podiam nos conduzir ao erro. Disse que, se os americanos não compreendessem nossos argumentos contra esse programa, não nos restaria mais nada além de responder a ele.

Muito tempo passou desde o encontro. Mas esclareço novamente: meu aviso de que responderíamos ao programa SDI não era um blefe. Tínhamos de fato um programa assim.

Comparação de relógios antes da conversa na vila Fleur d'Eau, 19 de novembro de 1985.

— Quando percebo que os EUA não acreditam em nós, pergunto-me: por que devemos confiar nos EUA mais do que eles confiam em nós? Acredito que assim não iremos adiante — concluí, e isso gerou um silêncio pesado.

— Não devíamos esticar um pouco as pernas? — propôs Reagan. Ele me convidou à casinha no pátio da vila em que as negociações haviam acontecido. Iniciou-se uma "conversa à lareira". A propósito, alguns de meus parceiros de diálogo, com os quais eu me reunia nos anos da *perestroika*, do mesmo modo me convidavam para uma conversa à lareira. A aparente espontaneidade de Reagan era, portanto, na realidade, um lance bem pensado. Tão logo havíamos tomado lugar, ele retirou uma folha de papel da pasta e a estendeu a mim. Eram propostas para o controle de armamento que compreendiam nove pontos. O texto estava em russo.

Li e disse que, já na primeira leitura, coisas inaceitáveis me chamaram a atenção. A aceitação de um "pacote" como esse apenas permitiria mesmo que os EUA dessem continuidade ao seu programa espacial de defesa contra mísseis. A conversa se esgotava. Estava quente e agradável na sala. O fogo ardia na lareira, mas a conversa não era apropriada para elevar-nos o entusiasmo. Retornamos à vila. No caminho, Reagan me convidou a visitar os EUA. Retribuí na mesma hora e o convidei a ir à União Soviética. Aceitamos os convites, o gelo havia sido quebrado... Lentamente e a duras penas, uma faixa de luz começou a se delinear entre nós dois e entre as delegações de ambos os lados nessas difíceis discussões.

No mesmo dia, Reagan dirigiu-se a mim de repente com uma pergunta:

— Como o senhor julgaria se os EUA propusessem um trabalho conjunto para o caso de uma ameaça aérea a ambas as nossas nações?

Respondi:

— Nós aceitaríamos sua proposta. Imagino que seu país agiria da mesma forma.

— Sim, claro — disse Reagan.

No dia seguinte, o tema direitos humanos estava no centro da discussão. O tema predileto de Reagan: se a União Soviética quisesse ter melhores relações com a América, teria de melhorar sua reputação no âmbito da liberdade do indivíduo. Esclareci meus pontos de vista sobre essa problemática tão importante. Nesse ponto destaquei, todavia: os Estados Unidos não podem impor seus padrões aos outros. Cada povo tem o direito de fazer sua escolha.

No dia seguinte, juntamo-nos aos Reagan para o jantar. Os especialistas ainda trabalhavam no comunicado final, cuja aceitação não era certa. Os americanos aproveitaram a oportunidade, pois consideravam que nosso interesse em um documento conclusivo era maior que o deles.

Enquanto as delegações faziam uma pausa para o café, o ministro de Relações Exteriores, Shultz, Kornijenko e Bessmertnych vieram até nós e relataram o trabalho no comunicado. Shultz, normalmente um homem tranquilo, equilibrado e circunspecto, de repente interrompeu a fala de

À lareira na vila Fleur d'Eau, 19 de novembro de 1985.

Kornijenko, que estava relatando, e o contradisse severamente. Kornijenko respondeu de maneira inflamada. Ele estava atrás de mim, e de repente vi que ele estava prestes a se atirar sobre Shultz como um foguete. Virei-me e mirei o rosto enrubescido do nosso vice-ministro do exterior. Aquilo não parecia uma troca de opiniões diplomática.

Shultz voltou-se para mim:

— Senhor secretário-geral, o senhor já percebeu como anda o nosso trabalho. Então, como se pode chegar a alguma coisa desse jeito?!

O presidente Reagan propôs:

— Venha, daremos um soco na mesa.

Eu:

— Por que não?

E demos um soco na mesa – não propriamente na mesa, mas na tampa preta de um piano – e nos separamos. Chamei meus colegas e perguntei:

— Do que se trata?

O tom e o comportamento de Kornijenko levam a crer, se poderia pensar, que se tratava, por princípio, de diferenças de opinião. Mas, quando Bessmertnych relatou, mostrou-se que discutiam por palavras isoladas. Solucionamos o problema.

— O que mais? — perguntei.

Havia dificuldades com a retomada dos voos da Aeroflot nos EUA. O Ministério Soviético de Aviação Civil teria algumas objeções. Falei por telefone com o ministro Bugajev. Ele disse:

— Está tudo bem. Ainda há pequenas questões, mas as resolveremos já.

— Algo mais?

— Não.

Em quinze minutos havíamos superado os obstáculos insuperáveis.

Esse era o típico estilo da nossa diplomacia ou, em todo caso, de algumas pessoas dirigentes do Ministério de Relações Exteriores: o principal era demonstrar inflexibilidade, mesmo quando não havia necessidade disso nem no plano político nem no prático. Muitos colegas observavam o meu estilo, centrado em estabelecer o diálogo e buscar compromissos, como fraqueza...

Na manhã seguinte houve o ato de encerramento, com a assinatura. As bandeiras da URSS e dos EUA foram içadas, representantes da imprensa estavam presentes. O presidente e eu subimos à tribuna e assinamos uma declaração realmente histórica, na qual se dizia: "Não se pode chegar a uma guerra atômica, pois nela não pode haver vencedor". Com isso, a corrida armamentista atômica foi declarada como sem sentido. Os arsenais atômicos tinham de ser desmontados.

Importante também era a garantia: "Nenhum dos lados ambicionará a superioridade militar sobre o outro". Além disso, registraram-se planos para um intercâmbio mútuo no âmbito humanitário e contatos entre as juventudes de nossas duas nações. Reagan e eu fizemos um discurso. Che-

Assinatura de acordo em 21 de novembro de 1985.

gava-se assim, então, de fato a esse acontecimento significativo, e ambos os lados demonstraram seu interesse em um mundo livre de armas atômicas. O primeiro passo havia sido dado, o "espírito de Genebra" havia nascido.

Os sucessos no âmbito do desarmamento atômico foram os acontecimentos mais importantes dos últimos anos do século xx.

O espírito de Genebra está em perigo

Os passos que demos após a reunião de cúpula em Genebra, o conceito de um novo pensamento do 27º Congresso do Partido, a declaração de 15 de janeiro sobre o desarmamento gradual e as reuniões e conversas com muitos chefes de Estado são provas convincentes da boa vontade da URSS. Mas, em Washington, de repente surgiu uma nova linha anticomunista, em cuja dianteira estava justamente o próprio Reagan.

Na Crimeia, surgiu uma esquadra americana. No deserto de Nevada, os EUA realizaram um grande teste nuclear. De repente, exigiu-se que reduzíssemos o número dos nossos diplomatas em Nova York em 40%. Por meio dos canais de nossa inteligência, recebemos a informação de uma reunião do Conselho de Segurança Nacional dos EUA, na qual se havia constatado que a política externa conduzida pela nova direção soviética não corresponderia aos interesses nacionais dos EUA; ela teria de ser interrompida. Esse, portanto, era o motivo. Ao mesmo tempo, Reagan e o rei da Arábia Saudita haviam baixado o preço de um barril de petróleo para dez a doze dólares.

No verão do mesmo ano de 1986, recebi uma carta de Reagan. Chevardnadse me disse ao telefone (na época estava na Crimeia) que o Ministério de Relações Exteriores preparava uma resposta. Tratava-se de um breve texto de rotina. Assinar uma carta desse tipo teria significado consentir com a lógica dos Estados Unidos nos assuntos internacionais em geral, mas, sobretudo, nas negociações de Genebra sobre o desarmamento atômico. Fiz um colóquio com Chevardnadse, Richkov, Ligachev e alguns outros: joga-se um jogo grande, perigoso para nós; querem nos desviar do caminho que seguimos e que na URSS e no mundo inteiro fora recebido como positivo.

Em minhas reflexões sobre a situação, cheguei à conclusão de que um encontro com Reagan parecia se oferecer com urgência. Não podíamos concordar com as negociações de Genebra assim, se, no fundo, elas eram utilizadas como um abrigo sob o qual nada de essencial acontecia e com o qual o público do mundo era enganado. Não podíamos permitir que os americanos lograssem fragilizar os nossos esforços pela superação do perigo nuclear e pela consolidação da segurança no mundo.

Meus colegas partilhavam dessa opinião. Escrevi uma carta ao presidente e propus um encontro para dar um novo impulso às negociações de Genebra. Como local, propus a ele Londres, Reykjavik ou Paris.

Reagan estava de acordo com um encontro e escolheu Reykjavik – de certo modo, um encontro a meio caminho. Isso tudo aconteceu muito rápido. Combinei a seguinte proposta com o Politburo: havia um equilíbrio ou um nivelamento estratégico do potencial de armas atômicas. Como nosso arsenal de armas atômicas abrangia três áreas, todos os mísseis alocados em terra e em submarinos, assim como os mísseis da Força Aérea, deviam ser reduzidos pela metade. Isso implicaria grandes reduções. Falando francamente, o presidente Reagan foi a Reykjavik para angariar a fama para si.

O encontro começou com nossa conversa a sós. Trocamos nossas visões sobre a situação e depois apresentei minhas propostas. Ele não estava pronto para isso e, digo isso de forma totalmente franca, estava confuso (falo sobre isso pela primeira vez). Diante da situação, propus consultar Chevardnadse e Shultz. Graças à participação deles, dali em diante, o trabalho transcorreu profissionalmente. Mais tarde, o marechal Achromeiev e alguns especialistas juntaram-se a nós.

Tentamos vencer a paralisação do processo de desarmamento: concordamos em reduzir os mísseis estrategicamente alocados em terra, mas não sem compensação; em contrapartida, os EUA tinham de cortar pela metade o número de seus submarinos atômicos e sua força aérea atômica, em que eles se sobressaíam a nós. Os americanos queriam nos encurralar com o problema do controle. Acreditavam que não nos ateríamos às rígidas regras. Mas estavam enganados.

Em Reykjavik, eclodiram paixões shakesperianas. As delegações e os especialistas se separaram no intervalo e depois voltaram a se reunir. Em todas as questões, eles mediam suas posições e as coordenavam. Estava-se ainda, como se diz, apenas a um passo do encerramento triunfal.

Mas a nossa proposta ao programa espacial americano de defesa contra mísseis (SDI) fracassou novamente. As negociações chegaram a um beco sem saída e receberam um contorno estranho. Reagan começou a simplesmente regatear: se vocês transigirem comigo, perceberão o quanto a América pode trabalhar em conjunto com o seu país. Eu, por outro lado, tentei insinuar que ele estaria a apenas um passo de entrar para a história como aquele presidente que trouxera a paz. "Mas", repeti então, "se se trata de segurança, não posso exigir do senhor que dê o seu consentimento para algo que, para os Estados Unidos, significaria menos segurança, e o senhor, como presidente, por outro lado, não tem o direito de exigir de mim algo parecido no que diz respeito ao meu próprio país".

O encontro terminou, nós nos separamos. Já anoitecia. O ânimo estava no ponto zero. Reagan lançou uma acusação contra mim:

— Desde o início, o senhor tinha a intenção de vir até aqui e me colocar nesta situação!

— Não, senhor presidente, estou pronto para voltar para casa imediatamente e assinar o documento das questões sobre as quais já chegamos a um acordo se o senhor desistir de seus planos de militarização do espaço.

— Lamento extraordinariamente — respondeu Reagan...

Separamo-nos. Reagan se dirigiu à sua base militar, de onde voltou para casa, enquanto em quarenta minutos uma entrevista coletiva me esperava. Pensava no principal – o que deveria transmitir à imprensa e ao mundo todo.

A entrevista coletiva aconteceu em um hangar, no qual se encontravam mil pessoas. No caminho da casa, onde as negociações haviam acontecido, ao hangar, onde os jornalistas me esperavam, refleti de maneira febril. Um pensamento não me abandonava: de qualquer forma, havíamos entrado em acordo sobre uma redução dos mísseis estratégicos e de médio alcance. Isso era de fato uma nova situação! Deveria colocar tudo isso em jogo? Uma voz interior me dizia que não devia me deixar vencer pelo insucesso.

Quando entrei, todos se levantaram em silêncio. O ambiente estava agitado. Vi centenas de olhos e fiquei abalado. Era como se todo o gênero humano estivesse diante de mim. Nesse instante, entendi de repente o que acontecera e o que tinha de dizer. Quero citar apenas a passagem mais importante da minha fala: "Apesar de toda a dramaticidade, Reykjavik não é uma derrota, mas uma ruptura. Saímos de um ponto importante". O salão despertou de sua paralisia, houve estrondoso aplauso. Todos pulavam.

Mais tarde, um dos jornalistas escreveu: "Quando o secretário-geral apresentou o fracasso de Reykjavik como vitória, Raíssa Gorbacheva olhou entusiasmada para seu marido, e lágrimas rolaram sobre seu rosto".

Havia percebido bem a atmosfera predominante no mundo e resgatado, assim, o processo de mudanças. O ministro de Relações Exteriores, Shultz, que, ao mesmo tempo, deu uma entrevista coletiva na base militar, declarou como fracassadas as negociações em Reykjavik. Mas, quando voltou para os EUA e soube da minha avaliação, reorientou-se e também falou de uma ruptura. Reykjavik havia mostrado que a União Soviética realmente estava interessada no desarmamento e disposta a negociar. (Quando George Shultz esteve recentemente em Moscou, nós nos encontramos. Conversamos por algumas horas, relembramos Reykjavik. Ele disse que, naquela época, havia cometido um erro de avaliação.)

Um ano depois, em 8 de dezembro de 1987, assinamos o tratado soviético-americano sobre a supressão integral das armas nucleares terrestres de médio alcance. Esse foi o primeiro tratado sobre a destruição de todo tipo de arma nuclear. O significado desse passo dificilmente pode ser superestimado.

Mas também não se deve deixar de mencionar o boato irresponsável que há ainda hoje e com o qual queriam levar a opinião pública no bico: Gorbachev teria assinado rapidamente o que lhe empurraram – e a decisão já estava tomada. Quem diz isso é gente que não faz absolutamente a menor ideia de como as decisões eram tomadas, como todos os detalhes eram aperfeiçoados, todas as *nuances* eram levadas em consideração. E hoje penso: talvez seja o contrário – talvez seja gente que conheça bem. A grande massa não conhece os detalhes. Pode-se levá-la a crer em todo disparate possível.

Era um trabalho extremamente difícil e uma luta, em cujo centro estavam naturalmente os interesses da nação e a manutenção da paz. Recentemente foi publicado um livro, elaborado na nossa fundação, sobre a política externa durante a *perestroika*. Ele se baseia em dados e contém uma entrevista feita em 2000 com Vitali Kataiev, que trabalhou no Comitê Central e se dedicou a questões de defesa. Ele descreve toda a situação do de-

Entrevista coletiva em Reykjavik, 12 de outubro de 1986: Anatoli Tcherniaiev, Anatoli Dobrynin, Eduard Chevardnadse, Mikhail Gorbachev, Alexander Jakovlev, Sergi Achromeiev.

sarmamento: a luta entre os órgãos públicos – a KGB, o Ministério de Relações Exteriores e o Ministério da Defesa – e o nascimento da Comissão Saikov (a genial invenção dos "grandes cinco", de acordo com suas palavras).

Se você, o líder do país, por fim conhece a situação e sabe que um Pershing-2 precisa de dois minutos de voo até Minsk, três até Moscou e cinco até Volga, aí você percebe que "a pistola está encostada na cabeça do país". Então, você está decidido a fazer tudo para afastar essa ameaça, para impedi-la.

Logo após Reykjavik, reuni-me com participantes do Fórum Issyk-Kul, que se realizara por iniciativa do excelente escritor Chinghiz Aitmatov. No encontro com os participantes, o Fórum Issyk-Kul me levou a fazer duas importantes declarações. Na época, disse o seguinte:

"Primeiro: uma política que não é guiada pela consideração dos destinos humanos é uma política amoral, não merece respeito. Por isso, partilho do pensamento que se manifestou na apresentação dos senhores, o pensamento do necessário trabalho conjunto de políticos e representantes da cultura contemporânea e do permanente intercâmbio de opiniões. Deve-se preservar a civilização – em todas as dificuldades e contradições – pela vida, pelos seres humanos.

Segundo: há um interesse de classe, um interesse nacional, há interesses de grupos, interesses empresariais – mas há também interesses humanos universais. Temos de dar prioridade a eles, pois, em face da ameaça atômica e da crise ecológica global, trata-se da vida do gênero humano."

Já falei sobre isso e repito e reforço minha crença nessas conclusões.

Sim, Reykjavik e o consequente acordo sobre a liquidação de toda uma classe de mísseis atômicos são o maior acontecimento da nova história. Não apenas porque lançaram a pedra fundamental para a redução das armas nucleares, mas também porque mostraram que, mesmo em questões tão complicadas e difíceis, em problemas tão delicados como as armas nucleares, pode-se chegar a um acordo quando há confiança e quando a responsabilidade moral em relação ao homem está em primeiro plano.

De volta a 1986

Muito, muito mesmo teve de ser considerado e decidido em 1986. E embora já tenha me antecipado ao ano seguinte com o tema Reykjavik, retorno a 1986.

Algum tempo depois do meu encontro com o presidente Reagan em Reykjavik, viajei até a Índia. E, para seguir o testemunho de Reykjavik, Rajiv Gandhi e eu assinamos, em 27 de novembro de 1986, a Declaração de Délhi sobre os princípios de um mundo livre da violência. Rajiv se sentia comprometido com os negócios de seu avô, Jawaharlal Nehru, e de sua mãe, Indira Gandhi. O renascimento da Índia se tornou, para ele, o sentido de sua vida. Em seu curto tempo de atuação, alcançou muitas coisas: deu impulso para os processos que dão frutos nos tempos de hoje.

Da proximidade das nossas posições resultou confiança. De nossa parte, sentíamos a responsabilidade de sermos úteis à Índia na solução de seus problemas nacionais. Mas sentíamos também um enorme apoio, do lado indiano, às nossas iniciativas no mundo. Lembro-me de uma conversa com Rajiv Gandhi depois de seu retorno de uma conferência dos países da Commonwealth. Ele estava espantado com a forma franca como círculos influentes na Grã-Bretanha expressavam sua rejeição à política do novo pensamento nos assuntos internacionais, praticada pela União Soviética. A Declaração de Délhi, por outro lado, era um autêntico pacto pela paz entre dois grandes Estados; nela foi proclamada uma série de princípios para a edificação de um novo mundo:

– A vida humana deve ser reconhecida como o mais alto bem.

– A não violência deve se tornar a base para a vida da comunidade humana.

– O direito de cada Estado à autonomia política e econômica deve ser reconhecido e respeitado.

– No lugar do "equilíbrio do terror" deve entrar uma ampla segurança internacional.

Na época, assim como hoje, eu era da opinião de que a Declaração de Délhi é um documento de grande importância, cujo significado não se limita ao momento histórico.

Em maio de 1986, o primeiro-ministro espanhol, Felipe Gonzalez, visitou a União Soviética. Na época, tivemos uma conversa que lançou a pedra fundamental de um importante diálogo para mim – e, acredito, para nós dois. Depois disso, rememorei várias vezes nossa conversa, que durou horas. Vi em Gonzalez o representante de uma nova geração de líderes da Internacional Socialista, um autêntico democrata. Isso determinou também o caráter de nossas relações.

Algumas lembranças de outro tipo. Em Reykjavik, Raíssa tinha sua própria programação. Ela viajou pela Islândia e me contou muito de suas impressões. Viu os gêiseres e casas de camponeses. Mostraram a ela, na pequena cidade de Reykjavik, tudo o que a interessava. Na Islândia, documentos escritos no século XII são conservados, e os islandeses ainda hoje têm a mesma linguagem daquela época.

O que mais me admirou foi o número de detentos na Islândia. Durante a nossa estada havia na prisão de Reykjavik apenas um único detento. Ele passava o dia com sua família e trabalhava, apenas à noite ia para a prisão e cumpria sua pena. A constante mudança climática nesse país também era espantosa. O clima mudava literalmente a cada trinta minutos. O vento determinava tudo, o país é justamente uma ilha e tem clima de ilha, com tempo instável.

Disse a Raíssa:

— Você sabe o que isso me lembra?

— Qual país?

— Não, não um país. Isso me lembra o temperamento de uma mulher.

— Você quer me recriminar com isso?

— Não, refiro-me às mulheres em geral. E das quais você, naturalmente, também faz parte.

Reagan e eu nos encontramos ainda duas vezes depois de Reykjavik: em 1987, em Washington, onde assinamos o tratado soviético-americano sobre a supressão integral das armas nucleares terrestres de médio alcance, e em 1988, em Moscou, onde, em 1º de junho, trocamos solenemente os documentos de ratificação do Tratado de Forças Nucleares de Alcance Intermediário (INF, *Intermediate-Range Nuclear Force*). Com isso, estava lançada a base da política que conduziria ao fim da Guerra Fria.

CAPÍTULO 14

Diferenças acerca das reformas econômicas

O ano de 1987 começou mal. Houve um recuo da produção nos setores de engenharia mecânica, metalurgia e química. Novamente, o cumprimento das metas estava ameaçado. Porém, foi possível localizar o erro, e a economia popular pôde ser preservada da crise ainda por mais dois anos. Mas isso era um sinal de que as medidas de reforma foram evidentemente fracas demais. O socorro financeiro para a engenharia mecânica, a eletrônica e outros ramos econômicos não mostrou o resultado esperado. A implantação de novas tecnologias demorava. Os ministérios persistiam em seus direitos legítimos e não queriam dividi-los com as empresas. Nossos esforços não deram em nada.

Sob a influência da situação do momento, decidi marcar uma assembleia plenária sobre a economia para o início do ano de 1987 e revisar a concepção global das reformas econômicas. Em fevereiro foi publicada a "Lei das Empresas", que previa formas democráticas de gestão. Ela deveria ser o pilar fundamental do novo sistema econômico. O projeto de lei foi apoiado de forma entusiasmada pelos coletivos trabalhistas. Mas ele resultou em disputas ríspidas. Era consenso que deveria haver uma lei que resolvesse as questões de princípio e, de maneira complementar, esboços de decretos governamentais concretos.

Antes as discussões transcorriam entre os partidários e os opositores de soluções autoritárias, agora a questão era como as reformas do sistema econômico deveriam acontecer. A resistência dos ministérios e órgãos, sobretudo da Comissão Estatal de Planejamento, do Comitê Estatal para o Abastecimento Técnico-material, do Ministério das Finanças e do aparato governamental encontrava-se com a da burocracia do partido. Embora nenhum tenha se declarado abertamente contra as reformas, foram propostas meias soluções, que sempre deixavam aberta uma portinha dos fundos para um eventual retrocesso.

Via como Richkov era pressionado por seus ex-colegas. Eles esfregavam constantemente em seu nariz que uma condução eficiente da economia popular era exigida do governo e que, ao mesmo tempo, lhe teriam sido retiradas as ferramentas para tanto. Isso muitas vezes o tornava inseguro e inconsequente.

Em 3 de abril, na primeira deliberação das teses para a assembleia plenária de junho de 1987, houve um primeiro debate. A troca de opiniões durou quatro horas e foi absolutamente aberta. Richkov insistia que nossas reformas permanecessem nos limites do socialismo. Repliquei: "As reformas devem se manter nos limites do socialismo, mas não em limites que atem a sociedade e sufoquem a iniciativa das pessoas".

No começo de maio, as teses foram enviadas ao Politburo para discussão. Pela primeira vez, nelas se falava de uma crise iminente, embora eu ainda evitasse essa palavra ali. Por mais que a *perestroika* devesse se ater à economia nos limites do socialismo, ao mesmo tempo era de se perguntar até que ponto o fôlego do modelo, que essencialmente remontava aos anos 1930, correspondia, aliás, a esse conceito. A estatização da propriedade, a subestimação de formas de trabalho cooperativas e individuais, a equiparação de planejamento e centralismo, a demonização de formas democráticas de direção e da autonomia foram veementemente criticadas. Em vez desse modelo, tomou-se por base um novo, segundo o qual uma empresa seria compreendida como "produtora de mercadorias socialistas", que se autogoverna. A "filosofia" do planejamento também mudou: em vez de passar diretivas, o planejamento deveria apenas manifestar recomendações e fazer prognósticos. No centro da reforma estava uma nova política de estabelecimento de preços, que deveria associar mecanismos de mercado com regulação estatal.

Em 14 de maio, aconteceu uma reunião do Politburo na qual as teses foram discutidas minuciosamente. Não houve objeções significativas. Mas, no decurso da discussão seguinte, ocorrida em maio e junho no Politburo, sobre a reforma econômica, nem de longe minhas expectativas foram satisfeitas: as diferenças se tornavam maiores a cada reunião. E, quando o discurso chegou à interferência no trabalho do governo, dos órgãos da república, dos ministérios e dos departamentos, a polêmica atingiu seu ápice. Richkov defendia veementemente os interesses da direção do aparato do partido. À pergunta sobre de quais funções os ministérios, sob as novas condições, estariam dispostos a abrir mão, ele respondeu: "Nenhuma".

Depois de uma conversa em círculo restrito, chegamos a um acordo.

A assembleia plenária que começou em 25 de junho de 1987 tornou-se um marco da *perestroika*. No início, minha palestra foi "sobre as tarefas do partido para a reformulação radical da condução e direção da economia". O ponto de partida e o ponto central da palestra era a democratização, precisamente como o sentido da *perestroika* e meio para solução de nossos problemas candentes, já que os métodos administrativos de comando simplesmente ainda nos impediam. Mas havia cada vez mais campos de refugiados. As pessoas nos diziam e nos escreviam que, em torno delas, nas cidades e aldeias em que viviam e trabalhavam, não viam *perestroika*.

Na minha palestra, concedi prioridade a gêneros alimentícios, habitação, produtos de consumo e prestação de serviços e, ao mesmo tempo, enfatizei que todos os problemas cruciais para a vida só poderiam ser resolvidos pela via de uma reforma econômica radical. Insisti especialmente em como os interesses da sociedade, da coletividade e dos trabalhadores avulsos seriam harmonizáveis e as possibilidades de cooperação seriam úteis. Com a colocação dessas questões, queria afastar os membros da plenária da perspectiva estreita da executabilidade e dar o tom para uma discussão de princípio.

No gabinete, 1987.

A plenária ratificou a linha da democratização, as tarefas fundamentais e os métodos da execução das reformas econômicas. Dessa forma, lançara--se a ponte para a etapa seguinte da *perestroika* – a saber, a 19ª Conferência do PCUS.

Nessa plenária foram resolvidas também urgentes questões dos quadros. Sliunkov e Jakovlev elevaram-se de candidatos a membros do Politburo, Nikonov foi diretamente eleito ao Politburo. Kunajev foi afastado do Politburo, e o ministro da Defesa, Sokolov, perdeu o *status* de candidato ao Politburo (no contexto do caso de Mathias Rust, que pousara com seu avião na praça Vermelha). O novo ministro da Defesa, Jasov, tornou-se candidato ao Politburo.

Tanto em 1987 como hoje avalio os resultados da assembleia plenária como um acordo. Mas, para a consciência da coletividade, essas resoluções eram radicais na época, para não dizer revolucionárias. Além disso, muito dependia do governo e dos órgãos econômicos centrais, que mudaram apenas com contrariedade. Eles observavam as resoluções da assembleia plenária como concessões extremas aos reformistas e como abandono do último bastião do sistema de planejamento central.

Depois da plenária, era evidente que o projeto de lei de empresas tinha de ser melhorado. Curiosamente, na sequência, os opositores da *perestroika* criticaram em especial essa lei de maneira bastante veemente e a declararam quase como o primeiro pontapé para o desmoronamento da economia. A lei não era ideal. De certa forma, ela estava marcada por euforia democrática. Logo se desistiu de algumas medidas, por exemplo, da elegibilidade dos diretores. Sua maior deficiência, contudo, era a adoção inconsequente do princípio da autonomia econômica das empresas.

Para mim, a maior surpresa foi a mudança de posição de Nikolai Richkov: "Se for permitido às empresas planejar seu trabalho e deixá-las trabalhar de forma rentável, então o Plano Quinquenal perde seu sentido". O premiê insistia na "inabalabilidade" das tarefas do Plano Quinquenal, embora estivesse claro, com base nos resultados de 1986 e 1987, que não se conseguiu cumpri-lo.

Não quero renegar Richkov – afinal negociamos juntos, se bem que não raramente nos desentendemos. Começou uma guerra de posição, na qual a reforma havia sido abandonada à sabotagem "instintiva" e consciente e fracassou em uma rixa sem fim.

Compromisso com a *perestroika*

Há aproximadamente mais de dois anos, a vida social mudara gradualmente sob a influência de novas ideias e de uma nova política. A cisão entre política e sociedade se tornava cada vez mais evidente. Tinha a impressão de que não nos entendiam, de que não me entendiam. O extraordinário, a novidade dos acontecimentos foi aceita pela sociedade. Na direção aconteciam os primeiros desentendimentos. No entanto, no que diz respeito a seu julgamento no exterior, a *perestroika* foi fortemente criticada.

De uma maneira ou de outra, todas essas questões tinham de ser esclarecidas. Decidi escrever um livro, tanto mais porque nos aproximávamos de uma data importante, o septuagésimo aniversário da Revolução Socialista de Outubro. Falei sobre isso com meus colegas. Só Anatoli Tcherniaiev me apoiou. Os outros (Frolov, Jakovlev e Dobrynin) recomendaram fazer uma série de conferências ou organizar uma coletânea. Tcherniaiev, por outro lado, apoiou a minha ideia – escrever um livro, o qual deveria expor detalhadamente minhas apresentações no Politburo e em outras reuniões não públicas, que não eram do conhecimento do povo. Consequência disso também era a compreensão deficiente na sociedade da política e de suas intenções e princípios de pensamento.

Trabalhei no manuscrito do livro durante o verão, especialmente durante as férias na Crimeia, as quais, por isso mesmo, prolonguei por cerca de dez dias. Enviei o rascunho a Ligachev, Richkov, Jakovlev, Medvedev, Chevardnadse e Frolov e lhes pedi comentários. As notas mais consistentes, que aproveitei em essência, recebi de Medvedev. Os outros se limitaram a palavras elogiosas.

O livro foi vendido em altas tiragens tanto entre nós como nos Estados Unidos e em outros países do mundo. Atingiu uma tiragem total de cinco milhões de exemplares em 160 países e 64 línguas.

O livro aborda o desenvolvimento da *perestroika* e o surgimento da minha argumentação. Descreve o processo, minhas ideias fundamentais e intenções para a reformulação interna e para a política externa. Isso determinou também o título do livro: *Perestroika e novo pensamento para nosso país e para todo o mundo.*[*] Isso pode soar pretensioso, mas na época eu visava exatamente a esses destinatários. Na urss, o livro não encontrou recepção fácil. No Ocidente – de forma desconfiada e sarcástica –, ele foi menos-

---

*   A edição brasileira do livro foi publicada em 1987 pelo Círculo do Livro sob o título *Perestroika: novas ideias para o meu país e o mundo*. (N. T.)

prezado como idealismo injustificado ou como habitual truque de propaganda. Na época, alguém mal acreditava que alguns anos mais tarde se conseguiria levar o desarmamento atômico adiante, pôr fim à Guerra Fria e desatar o nó górdio da política mundial, embora sem desmanchá-lo.

Criticaram-me por "negligência" na preparação do material e comedimento em relação a certos temas. Mas repito mais uma vez: o livro foi recebido com tremendo interesse. Naturalmente, também um ou outro se pronunciava tendo em vista que o autor desse livro não era qualquer pessoa, mas o iniciador da *perestroika*. Portanto, meu primeiro livro é, ao mesmo tempo, a primeira exposição detalhada do compromisso com a *perestroika*.

Outubro e a *perestroika*: a Revolução segue adiante

Colocou-se a questão: qual critério deveria valer para a avaliação do caminho percorrido? Quanto mais o jubileu da Revolução de Outubro se aproximava, mais intensas se tornavam as discussões – no partido, nos círculos científicos, no país. Nenhum dos historiadores, filósofos ou economistas dirigentes se manifestava contra a alternativa socialista, mas a questão da natureza da sociedade e dos critérios do caráter socialista ocupava as pessoas de forma crescente.

Sabia que se esperava da conferência do secretário-geral uma avaliação de todo o complexo de questões do passado, presente e futuro, considerando, em especial, a *perestroika*. Como se iniciara a construção da nova vida diretamente após a Revolução de Outubro? Dediquei-me novamente aos escritos de Lênin sobre os primeiros anos do poder soviético e li tudo, sem exceção. Com base no artigo "As próximas tarefas do poder soviético" (1918), foi possível ter uma ideia de como Lênin imaginava o movimento em direção a uma nova sociedade, a lógica da reformulação e os métodos pelos quais ele se orientava.

Nos seus trabalhos seguintes, já se pode sentir a atmosfera da guerra civil. E, nos artigos dos anos 1921 a 1923, manifesta-se a crescente preocupação com o destino da Revolução. Lênin estava preocupado, pois os métodos usados na luta implacável contra a contrarrevolução se tornavam comuns. A prioridade da força e o "estado de exceção", dos quais a "burocracia proletária" se servia, haviam lançado raízes profundas. A rejeição dessa herança da guerra civil por Lênin vem acompanhada pela necessidade de uma "nova compreensão do socialismo". O fundamento para isso constitui o abandono da crença na onipotência dos métodos violentos e uma defesa de reformas: o uso de formas tradicionais, compreensíveis pelo povo, que passo a passo devem ser renovadas e preenchidas com novo conteúdo.

Sua doença privou Lênin da implantação dessa profunda reavaliação, em virtude da qual poderia ter nascido uma concepção de desenvolvimento completamente diferente daquela que Stálin impôs ao país, quando usou, de todas as maneiras imagináveis, a autoridade de Lênin e suas declarações, suas avaliações e julgamentos à época da luta exasperada durante a guerra civil. A "Nova Política Econômica" (NEP),* que havia sido aceita pela sociedade e criado o pré-requisito para a reconstrução do país, foi abandonada pela burocracia do partido, que chegou ao poder após Lênin. Os princípios do mercado, do livre empresariado, do pluralismo ideológico e político foram eliminados. Estabeleceu-se um socialismo de Estado, no fundo, um socialismo de "caserna".

Em vez da NEP e de impostos em forma de gêneros, a direção stalinista tomou um caminho árduo em relação aos camponeses – com violento confisco da produção e coletivização forçada. Foi estabelecido um mecanismo feudal, que se manteve por décadas. Métodos de comando, coerção do dissenso e repressões, que primeiro eram justificadas com a vizinhança do capitalismo, tornaram-se partes integrantes plenas do sistema. Formou-se no país um regime totalitário, que se sustentava sobre a propriedade do Estado, um monopólio da ideologia e o poder de um único partido.

---

*   Lênin e Trótski haviam introduzido o conceito econômico da "Nova Política Econômica" (NEP). Ela se caracterizou, sobretudo, por uma liberalização na agricultura, comércio e indústria, e permitiu à economia também métodos econômico-mercantis.

Meus colegas que, no fim de abril de 1987, participaram da sessão na qual, em círculo restrito, a preparação para a conferência do septuagésimo aniversário da Revolução de Outubro foi discutida, lembram-se melhor – seja lá o motivo – das minhas palavras: "Acredito que o destino da direção atual é morrer ou dar dinamismo à *perestroika*". Isso provavelmente tinha a ver com as dificuldades na economia, que cresceram dali em diante. Além disso, vieram as turbulências relacionadas com a transição da indústria para a contabilidade econômica, o autofinanciamento e a autogestão. Alguns viam os problemas como uma possibilidade de colocar em dúvida os processos da *perestroika*. Havia vozes que diziam: "Aí está a democracia de vocês!". Nas discussões e conversas, às vezes era difícil distinguir entre preocupação legítima e *Schadenfreude*.

O ruim era que muitas estruturas do partido e da administração não estavam prontas para o trabalho em uma atmosfera de democratização, *glasnost* e transição para novas formas da economia. Nas reuniões e encontros, ouvia-se sempre o mesmo pedido: "Diga o que devemos fazer, dê-nos instruções". Já nessa época reconhecíamos nisso sintomas ameaçadores de uma crise do partido – de um partido que, no geral, fora destinado para um papel diferente. Admirava-me que, nos três anos da *perestroika*, tivessem acontecido renovações essenciais nos quadros do partido e, contudo, os novos que chegaram, agravados por sua inércia e pela "escola" ideológica soviética, com poucas exceções, agiam segundo os mesmos métodos de seus antecessores.

A sessão do Politburo de 28 de setembro examinou exclusivamente os processos da *perestroika*. Sim, encontrávamo-nos em uma fase crítica, e a *perestroika* progredia apenas lentamente.

Apesar das sempre crescentes dificuldades econômicas, outras coisas puderam ser iniciadas. Às vésperas do septuagésimo aniversário da Revolução, foi instalada uma comissão que apuraria as perseguições stalinistas. Solomenzev foi definido como presidente, os membros eram Jakovlev, Tchebrikov, Lukianov, Rasumovski, Boldin e Giorgi Smirnov (o diretor do Instituto de Marxismo-Leninismo). Com isso houve uma retomada do processo, interrompido na época de Brejnev, de reabilitação de pessoas inocentes condenadas, com o qual a justiça e a verdade histórica deveriam ser restauradas.

No fim de 1987 e no decorrer do ano de 1988, houve acontecimentos que determinaram o caráter e a direção dos processos nos anos seguintes. Falo sobre isso depois; antes, quero falar sobre o septuagésimo aniversário da Revolução de Outubro, pois ele aconteceu sobre o pano de fundo de uma ampla discussão no país.

Na sessão solene no Kremlin em 2 de novembro de 1987, apresentei a conferência "O Outubro e a *perestroika*: a Revolução segue adiante". Ela foi recebida com interesse. Mas sejamos honestos: trazia a marca daquela época. Nós mesmos tínhamos ainda muito a refletir e barreiras psicológicas a superar. Restavam não poucos "pontos cegos", que careciam de apuração. Foi uma conferência harmoniosa, sem posições extremas. E, como se revelou, ela decepcionou extremistas de ambos os lados. Uns receberam a análise crítica como difamação do passado; para outros, a ruptura com o passado não fora longe o suficiente.

De certa forma, contara com essa reação, pois havia conscientemente deixado uma série de questões em aberto. Com isso queria me distinguir dos tempos passados, nos quais a conferência do secretário-geral era um guia para a ação. Era importante para mim não dispor o passado *ad acta*; em vez disso, queria dar um impulso para que mais questões fossem feitas a ele. Pela primeira vez, o secretário-geral prudentemente não pronunciava "sentenças" definitivas; na verdade, eu via como minha principal tarefa tornar o passado livre de tabus para historiadores, teóricos, políticos e toda a sociedade. Tratava-se, em primeiro lugar, de investigar esse caminho violento e difícil que havíamos percorrido. A imprensa já começara a publicar material de temas históricos, agora chegava-se a um verdadeiro *boom* desse tipo de literatura.

Por ocasião das solenidades da Revolução, aconteceu também em 4 e 5 de novembro um encontro internacional no Kremlin. Não apenas visitantes comunistas, mas também praticamente todos os visitantes estrangeiros haviam vindo. Uma reunião tão "pluralista" teria sido completamente impensável antes da *perestroika*. O encontro se tornou uma oportunidade para uma discussão interessante, para a troca de visões e opiniões inteiramente diferentes sobre a situação do mundo e os acontecimentos na URSS. Em minha palestra nesse encontro, formulei pela primeira vez a concepção heterodoxa das múltiplas possibilidades do desenvolvimento histórico e relativizei a polarização entre capitalismo e socialismo. E ainda o fato de eu ter declarado também, depois, que seria o tempo de banir o monopólio da verdade soou como uma exortação à dissidência.

A entrada de Jegor Ligachev na discussão da palestra sobre o septuagésimo aniversário da Revolução de Outubro no Politburo foi interessante. Ele era da opinião de que Bucharin, Rikov e Tomski teriam sugerido uma evolução atrasada da industrialização e isso teria atrapalhado o desenvolvimento para o socialismo. Iéltsin, por sua vez, questionou se não seria prematuro propor a reabilitação de Bucharin.

Quando retorno em pensamento a essa época, a conclusão é sempre a mesma, de que chegamos tarde demais. Compromissos, compromissos, esse sempre foi o ponto fraco. As discussões colocadas diante de nós também se voltavam constantemente à *perestroika*. No fundo, o que se escondia atrás disso era a alternativa da revolução ou evolução. De acordo com seu conteúdo, a *perestroika* era, naturalmente, uma revolução. Mas ela transcorria na forma de um processo reformador evolutivo. ("Isso vai levar de 25 a 30 anos!", disseram outros e eu também.)

Quando se fala da "indecisão" de Gorbachev, de sua "hesitação", retruco: trata-se aqui da velocidade das reformulações, da compreensão da correlação de fatores objetivos e subjetivos, ou seja, de uma questão amplamente mais complicada que a questão Gorbachev... E, quando me pressionavam de maneira fora do comum com perguntas e recriminações, acrescentava: "Saibam os senhores que, se Gorbachev fosse o molenga que muitos descrevem, as mudanças não teriam acontecido de maneira nenhuma". Ainda hoje mantenho minha posição.

A praça Vermelha no dia das solenidades do septuagésimo aniversário da Revolução de Outubro, em 7 de novembro de 1987.

Lembro-me de uma interessante conversa com a historiadora Lilly Marcou, uma francesa que escreveu muitos livros sobre a Rússia, a União Soviética e Stálin. Na época propícia, ela escreveu também um sobre mim. Certa vez, ela me fez a pergunta: "Muitos acusam o senhor de indecisão e de hesitar por tempo demais. Prefiro a opinião de que, com a *perestroika*, o senhor impôs um ritmo superior às forças da sociedade soviética. Conheço bem essa sociedade. O que o senhor acha disso?". Respondi que, se em um assunto havíamos nos precipitado demais, em outro havíamos nos atrasado. "Isso está claro para mim", disse ela. "Quero saber se minha avaliação, no geral, está correta." Tive de dar razão a ela.

Sim, mesmo desconsiderando a militarização e os ramos da indústria de base, a sociedade soviética era uma empreitada extremamente difícil no

Com Fidel Castro, em 7 de novembro de 1987.

que dizia respeito à reforma. Lilly Marcou tinha razão, e por isso também eu não aceitava as acusações de que era indeciso. Para fazer a *perestroika* valer, tive de colocar os remos ora à esquerda, ora à direita. Isso dependia das circunstâncias. Parece-me que, no estágio inicial, poderíamos e deveríamos empenhar todo o poder concentrado do PCUS à época, toda a nossa autoridade, e deveríamos impor tudo o que hoje é chamado de "política industrial". O processo da *perestroika* transcorreu contraditoriamente demais, os acontecimentos poderiam, de uma forma ou de outra, ter se desenvolvido de acordo com um terceiro roteiro.

Nossa esperança de mudanças no caminho da evolução e minha predileção por esse procedimento atestam o quanto percebíamos as dificuldades dessa sociedade e queríamos evitar o caos na reformulação. Para nós, isto estava em primeiro lugar, conseguir tudo sem derramamento de sangue e chegar tão longe quanto as forças permitissem, até o ponto em que não houvesse mais volta. Pois até então as reviravoltas históricas em nosso país sempre haviam levado a derramamento de sangue. Para mim e para os que pensam como eu, impedir isso era a lei suprema.

Além disso, na maioria dos casos, agi assim, e não de maneira diferente, pois sou partidário incondicional da democracia. Todos os meus críticos do campo conservador e os "loucos" esquerdistas se esqueciam da liberdade e da democracia quando queriam chegar ao poder, e atacavam. No nosso país, infelizmente agora também, no tempo atual, muitos estão prontos para apoiar cabeças quentes e fazer tudo de qualquer jeito. Não é por acaso que Stálin, um dos líderes mais sanguinários da nossa história, é visto por muitos como herói e seu retrato até hoje é erguido nas manifestações, e até mesmo tenta-se equipará-lo à Rússia.

Iéltsin: um caso difícil

Nesses meses do ano de 1987 houve também problemas com Iéltsin. Antes eles já estavam ali, latentes, e então se agravaram. O motivo era o seu estilo de trabalho, incluindo sua maneira de resolver os problemas dos quadros.

O campo de trabalho para Iéltsin como primeiro-secretário do Comitê Municipal do Partido Comunista em Moscou não era fácil. Em Moscou, concentravam-se não só a burocracia moscovita, mas também toda a burocracia das repúblicas e da união. Para efetivar a *perestroika* nesse lugar, eram necessários maturidade política e poder de realização. Esperava que Iéltsin estivesse à altura disso. No início, ele se lançou totalmente sobre o trabalho na capital. Em geral, eu estava do lado dele, mesmo depois, quando informações negativas a respeito de seu comportamento se comprovaram.

Duas coisas caracterizavam seu trabalho: a despeito da natureza democrática da *perestroika*, ele recorria a métodos administrativos e inclinava-se ao populismo. Essa foi a infelicidade dele e a nossa. Mas, justamente em razão desse populismo, os moscovitas estavam prontos para carregá-lo nos braços. Além disso, ele estava insatisfeito com o fato de que, embora fosse o líder da maior organização partidária do PCUS, não era membro do Politburo. Isso era um golpe desferido em sua ambição. Mas justamente o seu comportamento em Moscou era um obstáculo para isso. Era inequívoco que lhe faltava perseverança.

Já no verão, quando gozava férias na Crimeia, Iéltsin me escreveu uma carta na qual se queixava do secretariado do Comitê Central e de Ligachev em particular. Ligachev o tratava como um pequeno jovem. Devo acrescentar, no entanto, que aqui, sem dúvida, embateram-se dois cabeças-duras. Ligachev também não era propriamente um sujeito sociável. Dispunha de muitas qualidades de um bom político e era um convicto partidário do socialismo, de acordo com sua concepção. Era um homem culto. A relação com sua família, em especial com sua esposa, Sinaida Ivanovna, causou-me grande impressão. Ela é filha de um oficial que caíra vítima do Grande Terror. Para outro, isso talvez fosse um motivo para o rompimento da relação. Os dois se conheceram como estudantes. Mas ele não a abandonou, pelo contrário, a apoiou nesse período difícil. Creio que ele havia se apaixonado de verdade pela primeira e única vez. Isso dizia muito sobre ele.

Ligachev era uma pessoa receptiva, sempre dizia abertamente sua opinião. Mas como estava habituado a exercer o poder, podia ser extremamente despótico e autoritário. Possivelmente, a razão disso era que, antes da admissão no Politburo, ele trabalhara durante dezoito anos como primeiro-secretário do Comitê do Partido em Tomsk e, antes disso, no aparato do Comitê Central do pcus. No geral, ele estava entre aqueles "asnos teimosos", com os quais se deve ter paciência. Não raramente, agia às minhas costas e contra a minha orientação, por exemplo, na escolha do secretário do Partido Comunista russo ou em outras questões dos quadros. Para ele, era como se não o estimasse o suficiente, mas nisso ele estava enganado. Tinha e tenho até hoje grande consideração por ele.

A carta de Iéltsin continha algumas palavras fortes dirigidas contra o Politburo. Ele me pediu uma consulta após o meu retorno das férias e queria discutir tudo. Prometi a ele, porém para outro momento, pois, por enquanto, estava ocupado com a preparação do septuagésimo aniversário da Revolução e meu discurso para a sessão solene.

Iéltsin não podia esperar e armou um escândalo em 21 de outubro, na assembleia plenária do Comitê Central em que se abordou a conferência para o septuagésimo aniversário da Revolução. O Comitê Central estava de acordo com meu discurso e manifestou meramente pequenos pedidos de modificação. Ligachev, que ocupava a presidência, já queria encerrar a sessão. Faltava apenas a votação. Nesse momento, vi que Iéltsin erguera a mão, chamando a atenção de Ligachev. O presidente concedeu-lhe a palavra. Iéltsin disse que participara da discussão sobre o discurso no Politburo, que seus comentários foram considerados e que ele apoiava o discurso. Mas que agora ele não tomara a palavra por isso, e sim porque queria dizer algo à liderança do partido. Ela teria desenvolvido, às escondidas, um novo culto à personalidade. Isso era endereçado a mim. Sua entrada foi muito singular. Ele declarou que não poderia mais trabalhar junto do Politburo, pois não recebia nenhum apoio dele, principalmente de Ligachev. Nesse contexto, pediu para livrá-lo dos encargos como candidato ao Politburo e como primeiro-secretário do Comitê Municipal de Moscou.

O tom provocador de Iéltsin desencadeou uma reação feroz. Porém, não aquela com a qual ele contava. Irrompeu uma discussão que não se podia mais deter. No geral, houve avaliações como "amor-próprio ferido" e "exigências excessivas". Vinte e quatro membros do Comitê Central pediram a palavra; vociferavam-se reivindicações para expulsar Iéltsin do Comitê Central.

Da mesa, observava Iéltsin e tentava entender o que havia com ele. Em seu rosto havia uma mistura peculiar: amargura, insegurança, pesar, algo que indicava uma natureza desequilibrada. Os participantes da discussão, entre eles inclusive aqueles que ainda ontem o adulavam, atacavam-no forte e ofensivamente, entre nós isso já era uma tradição. A situação se agravava. Eu intervim:

— Senhores, vamos ouvir o próprio Iéltsin. O que ele tem a dizer sobre as declarações dos membros do Comitê Central?

Ouviam-se gritos:

— Não é preciso. Está tudo tão claro.

Mas insisti em deixar Iéltsin falar e me justifiquei com o argumento de que, se queríamos uma democratização do partido, devíamos começar no Comitê Central.

Iéltsin veio à tribuna; ele falou de forma meio desconexa, mas admitiu que estava errado. Atirei a ele um "salva-vidas" e sugeri que retirasse seu pedido de renúncia. Mas ele estava terrivelmente nervoso e declarou:

— Não, eu mantenho.

A plenária incumbiu o Politburo, juntamente com o Comitê Municipal de Moscou, de resolver a questão do primeiro-secretário.

Como se nada tivesse acontecido, em 3 de novembro, Iéltsin me enviou uma breve carta em que pedia que lhe desse a oportunidade de continuar trabalhando. Aliás, em 7 de novembro, por ocasião das solenidades da Revolução, ele inclusive passou em revista conosco, permaneceu com outros membros da direção no Mausoléu de Lênin e agiu como se nada tivesse acontecido.

Em 9 de novembro, recebi a informação de que haviam encontrado Iéltsin ensanguentado no Comitê Municipal de Moscou. Naquele momento, Tchasev e outros médicos estavam junto dele. Iéltsin havia feito uma tentativa de suicídio com a tesoura do escritório. Os médicos entenderam que não havia risco de vida, o ferimento era superficial. Mas ele foi para o hospital.

Tinha de convocar, com urgência, uma sessão do Politburo. Combinamos manter as resoluções da assembleia plenária. Após certo tempo, liguei para Iéltsin, disse que sabia o que ocorrera. A plenária do Comitê Municipal moscovita aconteceria quando ele estivesse bem de saúde novamente. Isso foi em 12 de novembro. Nesses dias, Iéltsin me pediu para aposentá-lo. Por fim, decidiu-se deixá-lo no Comitê Central. Ele foi nomeado primeiro suplente do presidente do Comitê Estatal para a Construção Civil, um cargo ministerial.

Mais tarde, muitos me recriminaram de que não teria levado o assunto a cabo de maneira consequente: "Ele deveria ser expulso do Comitê Central e enviado para a província, onde só raposas e lebres lhe dariam boa-noite. Ou como diplomata em alguma república de bananas. E com isso o assunto estaria encerrado". Com frequência, repreendiam-me: "Admita, o senhor mesmo é culpado por isso!".

Semelhantes pensamentos nunca me passaram pela cabeça. Esse não era o meu jeito de lidar com pessoas, e teria contrariado o espírito com o qual queria que o partido se comprometesse. Não nutri nenhum tipo de aversão a ele, pois silenciei sentimentos de vingança. Mesmo quando ele começou a levantar acusações infamantes contra mim, não me meti em discussões degradantes.

E o que ganhei com isso? Como um tipo de posfácio para esse episódio, gostaria de citar uma conversa com um homem que era próximo a Iéltsin, Poltoranin. De acordo com suas declarações, naquela época, Iéltsin queria, de forma totalmente consciente, com sua entrada no Comitê Central, provocar um escândalo, e contara que muitos ficariam ao seu lado. Mas ele havia se enganado.

Depois que alcançou a mais alta direção do aparato de Estado da URSS, Iéltsin de fato nunca conseguiu fazer nada de novo. À medida que as dificuldades da *perestroika* e as diversas formas da insatisfação com os resultados cresciam, suas aptidões polarizadoras, populistas, de repente passaram a ser requeridas. Ele conseguiu surfar essa onda e assim retornar à política. O resto já é conhecido.

Manifesto antiperestroika

Depois do septuagésimo aniversário da Revolução, por toda parte na sociedade discutia-se sobre nosso passado e os problemas atuais. As obras de filósofos, escritores e pintores cujos nomes antes não ousaríamos mencionar foram buscadas nos arquivos e armários de veneno das bibliotecas. Historiadores, cientistas econômicos, filósofos, sociólogos e teóricos da literatura se esforçaram para livrar seu campo de pesquisa das distorções surgidas no stalinismo e examinar a sua história para encontrar a verdade. A sociedade borbulhava, no sentido mais verdadeiro da palavra. As emoções ferviam em fogo alto. E nós tínhamos de atentar cuidadosamente para que "a tampa da panela da *perestroika*" não arrebentasse.

No centro da discussão estavam a essência do socialismo e os valores socialistas. "Se temos o sistema mais avançado, então por que capengamos cronicamente atrás de muitos outros países no padrão de vida e na produtividade?" "Se somos o 'país mais democrático do mundo', por que entre nós as pessoas não têm liberdade intelectual, por que elas não têm a possibilidade de exercer influência na política?". Essas questões foram postas de maneira totalmente aberta, as pessoas não tinham medo, como antes, de serem acusadas de "agitação antissoviética" por causa disso.

Era cada vez mais frequente surgirem atritos, antes do início e durante as sessões do Politburo e do secretariado do Comitê Central, sobre as mais radicais publicações, transmissões de rádio e televisão. Ligachev era da opinião de que tínhamos perdido o controle sobre a imprensa. Solomenzev, Tchebrikov, Jasov e, por fim, também Richkov seguiram a sua posição.

Eu tinha de falar sério. O tema da assembleia plenária seguinte, em fevereiro de 1988, era a reforma da educação. Ligachev faria a apresentação. O tema não havia sido especialmente bem escolhido para esse momento. Mas era muito tarde para mudá-lo. Decidi pronunciar-me na própria assembleia para as questões da ideologia. Precisávamos de uma ideologia da renovação. A *glasnost* revelara muitas irregularidades, quase ninguém discutia a necessidade da *perestroika*. Mas, no que se referia a suas metas, havia então uma luta exasperada. Por trás de uma aparente unidade estavam ideias diametralmente opostas. O topo do aparato do partido e do Estado achava que devíamos simplesmente "reparar" o sistema existente, e não, pelo amor de Deus, substituí-lo por outro. Depois, quando eu tentava esclarecer o que se deveria entender por esse reparo, ficou claro que se tratava apenas de uma restauração cosmética, comparável com a nova demão com que, antes dos grandes feriados, fazemos brilharem as nossas fachadas nas ruas centrais. Mas o que estava atrás dessas fachadas...

É sabido que o conservadorismo extremo se alimenta do radicalismo cego. Os dissidentes de ontem, uma parte da *intelligentsia* criativa, todos aqueles que estavam firmemente determinados a se imiscuir na grande política, meteram os pés pelas mãos para expandir os "limites do permitido". Ao mesmo tempo que se afastavam dos valores socialistas, inclusive dos valores que ontem ainda lhes eram estimados e caros, exigiam o desmantelamento imediato de todo o sistema, sem consideração às possíveis consequências: violência e alvoroço. De mais a mais, continuava completamente obscuro que tipo de ordem sociopolítica tinham em mente.

No meu discurso na assembleia plenária, defendi como urgentemente necessário alertar para as avaliações demasiadamente simplistas, primitivas, tanto do nosso passado como da sociedade formada em setenta anos. Não podíamos ver a história do nosso país apenas como uma cadeia de crimes sangrentos. De maneira nenhuma podíamos jogar na lama a memória do povo, daqueles esforços abnegados, daqueles sacrifícios por um futuro melhor. Justamente a *perestroika*, eu disse, seria o resultado do desenvolvimento anterior, uma fase de negação, na qual tentávamos nos libertar de tudo o que atrasava nosso movimento. Graças às reformas, o socialismo se libertou das deformações, retornou às suas origens e trilhou novos caminhos históricos.

Quando leio esse discurso, percebo muitas contradições. Naquela época ainda estávamos convencidos de que o infortúnio do nosso país não estava relacionado com algumas regularidades internas do sistema e de que podíamos resolver os problemas na economia, na política e na esfera intelectual sem abandonar o âmbito do sistema. Na época, ainda não tínhamos a consciência de que a crise do nosso país tinha caráter sistêmico.

Após a assembleia plenária de fevereiro, tampouco houve mudança de posição. A polarização permanecia. A preocupação com o povo movia milhões de membros da nomenclatura menos do que o medo de perder o poder.

Pouco tempo depois, houve um fato que entraria para a história da *perestroika*. Em 13 de março de 1988, foi publicado no jornal *Sovietskaia Rossia* o artigo "Não posso abandonar os meus princípios". Sua autora era Nina Andreieva, uma docente de Leningrado. O espírito, o estilo e a terminologia desse artigo era abertamente contra a *perestroika*. Stálin e tudo o que se relacionava a ele, por outro lado, eram glorificados. Como o *Sovietskaia Rossia* era um jornal do Comitê Central do PCUS, o artigo teve o efeito de uma declaração aberta contra a linha que eu havia formulado e que acabara de ser endossada na assembleia plenária de fevereiro.

A reação dos secretários dos comitês de província e até mesmo de alguns membros do Politburo me desencorajou. Em uma primeira conversa com meus colegas sobre o artigo, pasmo, tomei conhecimento de que alguns o aprovavam. A conversa seguinte aconteceu em 23 de março na sala da presidência do Kremlin, durante um intervalo da reunião dos trabalhadores dos colcozes, da qual a direção do país participou. Em suas lembranças, Tcherniaiev detalhava a conversa e para isso se apoiava na declaração de Jakovlev. (Neste ponto, gostaria de frisar que meu consultor de política externa reproduziu a conversa de maneira muito exata.)

Vorotnikov: "Na *Ogoniok,** escolheram outra vez aquele Soifer,[†] aquele vigarista. O que fazer com essa revista? Algo tem de ser feito".

Gorbachev: "E por quê? Em seguida publicaram cientistas contrários a esse artigo. E o que você quer, afinal? Uns escrevem assim mesmo, outros, de outro jeito. Assim são os cientistas. Esse é o mundo deles. E aliás... O que o incomoda? As coisas não são mais como antes...".

Ligachev: "A imprensa ficou atrevida... É preciso mostrar-lhe os dentes. Recentemente foi publicado um artigo no *Sovietskaia Rossia,* um excelente artigo. Exatamente a linha do nosso partido".

Vorotnikov: "Sim! Um artigo realmente certeiro. É assim que temos de fazer. Os outros saíram completamente dos eixos".

Gromiko: "Acho bom o artigo. Ele coloca as coisas em seus lugares".

Solomenzev deu uma declaração parecida, e Tchebrikov também já havia aberto a boca.

Gorbachev: "Dei apenas uma rápida olhada nele antes da minha partida para a Iugoslávia".

Interromperam-no: "[...] realmente um bom artigo. Merece ser lido sem falta[...]".

Gorbachev: "Sim, eu o li após a minha volta".

Novamente, o outro fez um elogio.

Gorbachev: "Eu, no entanto, sou de outra opinião".

Vorotnikov: "Como assim?".

Gorbachev: "Por que 'como assim'?".

Silêncio constrangedor, os olhares passam de um para o outro.

Gorbachev: "Se é assim, dê-nos a oportunidade de discutir no Politburo. Percebo bem que as coisas não estão correndo como deveriam. Isso cheira a cisão. Por que 'como assim'? O artigo se dirige contra a *perestroika,* contra a plenária de fevereiro. Nunca tive nada contra a alguém dizer abertamen-

---

*   Uma das mais antigas revistas ilustradas russas. (N. T.)
†   Trata-se de Viktor Alexandrovich Soifer, que desde 1993 é diretor do Instituto dos Sistemas para a Elaboração de Sinalizações da Academia de Ciências Russa.

te a sua opinião. Tanto faz de que jeito, se na imprensa, em cartas ou em artigos. Mas ouvi dizer que esse artigo é divulgado como um orientador. Nas organizações partidárias, ele já é discutido como uma nova diretriz. Na imprensa, ficou proibido publicar uma única palavra contra esse artigo... Isso é algo completamente diferente. Não apresentei o meu discurso pessoal na plenária de fevereiro. Nós o debatemos e decidimos em conjunto. Era um discurso do Politburo, e a plenária o corroborou. Porém, entrementes, como ficou demonstrado, tomou-se um caminho diverso... Não me agarrei à minha cadeira. Mas, enquanto estiver aqui, enquanto sentar nesta cadeira, defenderei as ideias da *perestroika*. Não! Não é assim que se faz. Vamos discutir sobre isso no Politburo".

No dia seguinte, 24 de março, após encerrada a ordem oficial do dia, eu disse algumas palavras, mas de maneira tão clara que o empalidecido Ligachev foi o primeiro a tomar a palavra.

Ligachev: "Sim, Tchikin* veio até mim. O artigo me agradou. Mas não tive nada mais a ver com isso".

Gromiko já se alistou e falou longamente asneiras incompreensíveis, mas uma coisa estava clara: nem peixe, nem carne. Vorotnikov justificou-se pelo "Como assim?" do dia anterior, mas procurava uma alternativa enquanto se queixava da imprensa e de que ela não sabia o que é justiça. Depois de Vorotnikov, Jakovlev inscreveu-se para falar e descreveu sua entrada da seguinte forma: "Falei por pelo menos vinte minutos e expus ponto por ponto que todo o artigo, tanto no espírito como no tom e em cada sentença isoladamente, volta-se contra Gorbachev, contra a plenária de fevereiro, ele é um manifesto contra a *perestroika*. Quando terminei, já era tarde, por volta de 22 horas. Gorbachev disse: 'Encerremos a sessão de hoje, mas amanhã continuamos a conversar'".

No dia seguinte, Richkov inscreveu-se como o primeiro a falar e condenou o artigo severamente e sem a menor consideração. Ele fez provavel-

---

*   O chefe de redação do *Sovietskaia Rossia*.

mente o discurso mais emocionado: "Sobretudo duas impressões nesse artigo não me saem da cabeça: para que, afinal, precisamos da *perestroika*?! Mas como o infortúnio, de qualquer maneira, já aconteceu, temos de mantê-lo o menor possível e tomar providências".

Jakovlev prosseguia com sua descrição da discussão: Chevardnadse condenou o artigo de forma severa e categórica; Medvedev, convicto e com argumentos convincentes; Sliunkov e Masliukov, concisos mas objetivos, emocionados, cheios de indignação; Tchebrikov (que teria "tropeçado" por um fio de cabelo na conferência) disse palavras tranquilas de desaprovação.

O General Jasov murmurou algo indistinguível sobre a imprensa, que havia perdido em todos os níveis, mas, *grosso modo*, manifestou-se favorável ao secretário-geral. Solomenzev, Nikonov e Lukianov intercederam por Ligachev. Saikov, que retornara das férias especialmente para isso, estava indeciso. Rasumovski disse palavras sensatas. Evidentemente, a decisão foi tomada por unanimidade: condenar e repreender o artigo. O *Pravda* deveria publicar uma avaliação correspondente do artigo.

Para terminar, Jakovlev comunicou a Tcherniaiev sua avaliação: "Isso é uma reviravolta na história da *perestroika*". (Richkov propusera até mesmo retirar de Ligachev a atribuição da ideologia!)

Todavia, muitos secretários dos comitês de província já haviam publicado o artigo em seus jornais locais; uns por compreensão equivocada da disciplina, outros por estarem de acordo com ele. Uma parte não conseguira acreditar que esse artigo deveria ser uma diretriz e recusou a publicação.

Esse foi um momento extraordinariamente perigoso. Por isso, defendi ser necessário convocar os secretários dos comitês distritais e de província. O teor dos meus três encontros com os líderes do partido em março e abril foi o seguinte: quem não compreendeu bem o artigo, o verificaria mais uma vez e se retrataria; mas quem pensa como Nina Andreieva deve partir, pois esse artigo era um apelo aberto para retornarmos ao criminoso e mais profundamente amoral stalinismo. "Especialmente para os senhores", assim me dirigi aos secretários, "gostaria de acrescentar: centenas de milhares de ativistas do partido foram fuzilados, três milhões foram deportados para os campos. Isso ainda não engloba a coletivização, da qual outros milhões caíram vítimas. Nina Andreieva nos conclama a um novo ano de 1937. Isso é o que querem vocês, membros do Comitê Central? Temos de pensar no nosso país. Queremos o socialismo? Sim! Mas qual? Não podemos precisar do socialismo de Stálin".

Por incumbência do Politburo, o *Pravda* publicou um artigo devastador sobre o "caso Nina Andreieva".

A história do artigo havia revelado o que eu já suspeitava antes: meus camaradas, com os quais eu, sinceramente, de comum acordo e por unanimidade, havia instaurado a *perestroika* e dado os primeiros passos dela, cada um deles tinha sua própria limitação. As dificuldades e os riscos haviam feito arrefecer o entusiasmo do início, e muitos prefeririam permanecer com uma reparação cosmética do sistema vigente.

A revolução nas mentes

A publicação do artigo de Nina Andreieva não faz parte simplesmente dos muitos tiros n'água da imprensa da *perestroika*, foi uma ação política preparada havia muito tempo. Logo fiquei sabendo que ela fora preparada pelos colaboradores de Ligachev e endossada por ele mesmo. Por isso mesmo, o artigo foi interpretado como orientador, porque ele vinha "bem de cima".

É claro que eu não estava tranquilo por isso ter acontecido pelas minhas costas. Mas recusei categoricamente, como me foi aconselhado, investigar o curso exato da ação e punir todos os participantes e iniciadores, em especial o chefe de redação, Tchikin. O problema estava em outro lugar, a saber, na compreensão básica da linha do partido entre a população e sua conversão consciente na própria vida. Por esse motivo, para mim era mais difícil, como se dizia, recolher, "cara a cara", a opinião de todo o aparato do partido, ou seja, de cada um dos secretários dos comitês centrais das repúblicas, dos comitês regionais e dos comitês dos territórios. Queria saber deles como poderíamos agregar melhor e de maneira mais eficiente à *perestroika* sua opinião sobre todo o partido e a sociedade.

Resoluções sobre essa questão só podiam ser tomadas publicamente, em um fórum do partido. Para isso serviria a 19ª Conferência do Partido, que fora convocada para 28 de junho de 1988. Para mim, o sentido dessa conferência era implantar uma reforma fundamental do sistema político, que, sob diversos aspectos, trazia em si características cada vez mais profundamente enraizadas, as quais haviam sido adotadas já nas décadas da economia administrativa planificada stalinista. Pois esse sistema era, eu estava convicto disso, o principal motivo para a limitação da consciência política dos quadros do partido do mais elevado até o mais baixo nível, bem como da consciência social de amplas camadas da população. Essa era a mais importante e a mais difícil tarefa da *perestroika*. A conversa com os secretários do partido tinha me dado esperança. A maioria compreendia completamente a necessidade de renovar e modificar o sistema político, econômico e social. Os problemas concretos relativos às necessidades fundamentais das pessoas em todo o país exigiam isso.[*]

Nos três anos passados desde março de 1985, a *perestroika*, a *glasnost* e a democratização haviam ampliado cada vez mais a consciência social e o horizonte das pessoas, que se preocupavam com o país e se queixavam da impossibilidade de um desenvolvimento normal das pessoas e dos cidadãos. Havia começado uma revolução nas mentes que não se podia calar nem proibir. Comprovavam isso a imprensa diária, os novos livros, apresentações teatrais, entradas em cena de artistas e a fundação de uma série de organizações inoficiais da juventude, de defensores dos direitos civis e defensores do meio ambiente.

Nem todos tinham objetivos construtivos, ainda que, no início, o apoio à *perestroika* preponderasse. Mas formaram-se também grupos duvidosos,

---

[*] 19ª Conferência do Partido: diferentemente das assembleias do partido e sessões do Comitê Central, as conferências do partido da União aconteciam muito raramente e com um objetivo específico.

destrutivos, radicais; surgiram também organizações reacionárias, como o famigerado grupo fascista Pamyat. Além disso, agravou-se o problema da legalidade e da atividade das novas associações, principalmente no nível das relações nacionais. Isso salientava mais uma vez a importância de fortalecermos a ordem jurídica democrática e criarmos um Estado de direito. A sociedade havia despertado de sua hibernação e de sua apatia. Como podíamos guiar esses movimentos em uma direção construtiva? O que o PCUS podia e devia fazer sobre isso? A 19ª Conferência do Partido tinha de dar uma resposta para essas questões.

Discussão pública do partido

A onda de paixões políticas no contexto do manifesto antiperestroika de Nina Andreieva revelara opiniões distintas sobre a política da *perestroika*, tanto na cúpula do PCUS como também nos escalões inferiores. Mas o ceticismo em face do curso da renovação e a saudade da estagnação da era Brejnev, e até mesmo do tempo de Stálin, não eram motivados apenas pelos interesses egoístas da nomenclatura e da burocracia. Eles estavam também profundamente ancorados nos estereótipos da consciência das massas, que se formaram nas décadas do total controle político e ideológico e do domínio monopólico do PCUS, com toda a sua burocracia penetrante. Na sequência houvera um alheamento da maioria do povo do poder e da propriedade, uma transformação dos cidadãos em "engrenagenzinhas", totalmente dependentes da vontade e do arbítrio dos funcionários. Dar às pessoas a possibilidade de não ser "engrenagenzinhas", mas cidadãos e senhores de sua vida, seu destino, seu país, abrir-lhes espaço para suas faculdades criativas, isso só seria possível caso se modificasse a sua posição social. Exatamente esse era o sentido e o objetivo da *perestroika*.

Como já disse, eu partia do pressuposto de que isso levaria muitos anos, pelo menos duas ou três décadas ou até mais. Os primeiros obstáculos da *perestroika* já eram um alerta de que também poderiam acontecer movimentos de retorno ao passado, com consequências difíceis de prever. Era imprescindível que garantias político-sociais e estatais fossem imediatamente criadas para aprofundar a reforma da sociedade implementada e aquele sistema que, através dos anos, foi habitualmente chamado de socialismo "real" ou até "desenvolvido", com todas as suas "deformações" e impasses. De maneira nenhuma, o "socialismo stalinista" poderia servir como modelo. Tínhamos de, decididamente, nos afastar dessa forma de "socialismo" e não admitir o retorno das atrocidades stalinistas. Assim como muitos dos meus amigos e camaradas dos anos 1960, eu estava convencido da possibilidade de um socialismo humano e democrático.

Na perigosa situação da primavera de 1988, era preciso evitar, sobretudo, o meu desejo, a divergência e o conflito na direção, e, em vez disso, concentrar todos os esforços na consolidação da sociedade e na inclusão de grandes camadas de cidadãos nos processos da autorregeneração e renovação sociais. Para mim, esse era o sentido da 19ª Conferência do Partido.

O interesse público na Conferência era grande. As pessoas queriam saber o que estava acontecendo na cúpula, o que se pretendia lá e para onde o nosso país seria conduzido. As teses do Comitê Central para a conferência foram publicadas previamente, no momento oportuno, no *Pravda*. Da mesma forma, as eleições dos delegados para a Conferência foram intensamente discutidas em todas as mídias. Além disso, na época, tive de persuadir muitos na direção moscovita do partido a abandonarem seu prejulgamento e sua intolerância em relação a alguns participantes da conferência, como o historiador Iuri Afanasiev ou o dramaturgo Alexander Gelman.

A discussão transcorria de forma turbulenta. Os delegados empurravam-se à tribuna. Sob aplausos estrondosos dos conservadores, o famoso escritor Bondarev comparou a *perestroika* a um "avião que havia decolado, mas que não sabíamos onde aterrissaria". Discordando dele, o discurso do escritor Grigori Baklanov foi "jogado ao chão" e "pisoteado". Iéltsin surgiu como líder da crítica na direção do partido da parte dos chamados radicais "de esquerda". Ele se portava como o mais radical opositor do "culto ao líder" e como o partidário mais convicto da autêntica democracia. Ele exigia que "aqueles que ocupavam o Politburo há dez, até quinze anos", que haviam feito do enfermo Tchernenko secretário-geral e conduzido o partido e nosso país à crise atual, fossem responsabilizados. Ele exigia reduzir consideravelmente o aparato burocrático no centro e em Moscou, onde a máfia ainda subsistia.

A reação à declaração de Iéltsin foi especialmente inflamada, a injustiça social tinha de ser eliminada, privilégios, atribuições excepcionais, hospitais e sanatórios especiais deveriam ser extintos. "Tem de ser assim...", proclamou o futuro "Czar Bóris" sob estrondoso aplauso, "Se há alguma carência na sociedade socialista, então todos, sem exceção, devem sofrer essa carência".*

Por fim, Iéltsin pediu para "reabilitá-lo ainda em vida" e revogar como infundada a conhecida resolução da assembleia plenária do Comitê Central de outubro. A aparição de Iéltsin foi entendida pela *intelligentsia* radical de Moscou, Leningrado e Sverdlovsk como expressão de sua disposição de retornar ao ápice da luta contra os burocratas do partido na grande política para lutar por justiça social.

A conferência revelou, assim, uma consolidação dos críticos e oponentes tanto no campo da nomenclatura conservadora como também nos círculos da esquerda radical. Apesar disso, vejo o sentido principal da conferência no fato de que ela, no todo, reforçou a direção do partido e o colocou no caminho de uma fundamental reforma política do país. Para o prosseguimento e aprofundamento da *perestroika*, foi aprovada a resolução de implantar eleições livres dos órgãos de poder de todos os níveis. A divisão de funções do partido e dos conselhos também recebeu o consentimento da conferência. Dessa forma, havia se estabelecido a base para a revogação do monopólio do poder do pcus, que passaria para os conselhos, livremente eleitos.

---

* Na época alguém mal podia imaginar que, na Rússia pós-soviética de Iéltsin, o número de servidores ultrapassaria o da União Soviética em torno de uma vez e meia até duas vezes e que o próprio Iéltsin, três, quatro anos mais tarde, exigiria para si todos os privilégios possíveis.

Em um intervalo entre as sessões da 19ª Conferência do Partido, de 28 de junho a 1º de julho de 1988.

As resoluções da conferência deviam tornar realidade o lema "todo poder aos conselhos". Na realidade, o partido nunca havia recebido do povo um mandato de governo, ele havia assumido essas funções por si mesmo, monopolizando-as depois. As resoluções diziam: "No futuro, o partido jamais admitirá a repetição do que aconteceu na época do culto à personalidade e da estagnação".

Em virtude das determinações da conferência, o Politburo rejuvenesceu. Solomenzev, Demitchev, Dolgich e outros se aposentaram. O aparato do partido foi reduzido e reorganizado. O secretariado do Comitê Central e suas seções econômicas foram dissolvidos, exceto a seção para a economia agrícola. No futuro, o critério para ascensão no partido deveria ser não a posição, mas a competência.

A conferência recomendou momentos concretos para medidas legislativas que deveriam trazer renovação democrática à Constituição da urss. O sistema eleitoral deveria ser modificado e adaptado ao princípio da alternância dos candidatos. A atualidade da criação de um Estado de Direito e de uma reforma do Direito e da Justiça foi reconhecida. Acentuou-se também a necessidade de uma reforma econômica radical, de uma renovação de todos os mecanismos econômicos e uma *perestroika* radical das relações econômicas nas aldeias.

Por meio de todas essas medidas, abria-se a possibilidade de uma atuação política ativa de camadas totalmente novas de cidadãos, até mesmo de gerações inteiras que até então estavam excluídas da política e alheias a ela. Foram abertas também possibilidades legais de fundar partidos de oposição independentes.

A entrada de novas pessoas na política modificou o cenário. A formação de novos clubes e frentes populares para apoiar a *perestroika* fortalecia a posição dos apoiadores da democratização e da resistência aos conservadores. Mas algo diferente também ficava cada vez mais claro: a inexperiência de muitos novatos políticos frequentemente os fazia se tornarem bolcheviques de sinal invertido: radicais impacientes, maximalistas, que, em nome de benefícios próprios, queriam derrubar o "regime comunista" a todo custo. Porém, muitos só perceberam isso definitivamente tarde...

A real democratização da sociedade e do Estado foi a prova mais difícil para o PCUS. Infelizmente, uma grande parte dos funcionários do partido, no decorrer das décadas de monopólio do poder, havia perdido (ou nunca a tivera) a capacidade de realizar um trabalho político, ideológico e organizacional sem a retaguarda dos recursos administrativos estatais. Nas assembleias plenárias sempre voltavam a soar as exigências de consolidar a autoridade dos órgãos do partido por meio de instrumentos jurídicos. O resultado disso foi que a maioria da cúpula do partido – ou pelo menos uma parte considerável dela – participaria do golpe de agosto. Mais sobre isso adiante.

CAPÍTULO 15

A carta do novo pensamento apresentada à ONU

Apesar de todas as dificuldades e grandes problemas com os quais a *peres-troika* havia lutado em nosso país, ela se deparava gradualmente com cada vez mais compreensão e confiança pelo mundo. Nesse sentido, o ano de 1988 foi um marco. Em fevereiro, expliquei que a URSS pretendia retirar suas tropas do Afeganistão dentro de dez meses a partir de 15 de maio. Mais tarde, em Genebra, essa intenção foi referendada também por um acordo oficial entre Afeganistão, URSS e Paquistão.

No fim de maio, ocorreu a visita oficial de Reagan a nós, sobre a qual já contei. Em outubro, o chanceler Kohl nos visitou. Esse encontro abriu um novo capítulo nas relações entre nossos países...

Recebemos apoio público para a *perestroika* também durante uma visita do presidente francês, Mitterrand. Além disso, a assembleia geral da Unesco celebrava também, em Paris, o aniversário de cem anos da cristianização da Rússia como grande acontecimento da história e da cultura da Europa e do mundo. Depois das grandes celebrações oficiais na União Soviética, muitas novas paróquias foram formadas, e igrejas foram reconstruídas. Representantes de todas as religiões participaram da elaboração da lei sobre a liberdade de consciência e as organizações religiosas. A igreja se tornou uma instituição social, com todos os direitos; participava da educação intelectual e moral e dedicava-se a uma atividade beneficente e pacífica.

Com Ronald Reagan na Praça Vermelha, maio/junho de 1988.

Na segunda quinzena de novembro, viajei pela segunda vez à Índia. Já tinha boa relação com Rajiv Gandhi, como parceiro político confiável. Havíamos aprovado em conjunto a Declaração de Délhi, que ambos os países procuravam colocar em prática desde então. Nas conversas em novembro, abordou-se, sobretudo, a importante questão das relações com a China. Tanto Rajiv como eu partíamos da ideia de que estava na hora de buscar uma melhora das relações com a República Popular, de que devíamos fazer tudo para que a China não tivesse motivo para temer a aproximação da URSS e da Índia.

Nesse ponto, os amigos indianos compartilhavam de nossas análises e concepções, com as quais fui a público em Krasnojarsk, em setembro. Na época, justifiquei a urgência e as boas perspectivas de uma redução das tensões e da renúncia ao confronto, também nos campos das armas nucleares, da marinha de guerra e das armas aéreas, e de um congelamento e redução do armamento e das bases militares. De acordo com a minha concepção e a de Gandhi era preciso refletir sobre um intercâmbio de

Helmut Kohl em Moscou, 24 de outubro de 1988.

questões de segurança na região pacífico-asiática, possivelmente, em primeiro lugar, com a URSS, a China e os Estados Unidos, como membros permanentes do Conselho de Segurança da ONU.

No começo de dezembro, encontrei-me em Moscou com o ministro de Relações Exteriores chinês, Qian Qichen. Discutimos um amplo leque de problemas internacionais, diversas alternativas de solução e – o tema mais urgente na época – questões elementares para uma reunião dos chefes de Estado de ambos os países. Tanto em Moscou como em Pequim foi atribuído a essa reunião um significado central para a normalização das relações dos dois grandes Estados e povos.

Gostaria de destacar especialmente meu encontro com o presidente da Internacional Socialista, Willy Brandt. Ele demonstrou preocupação com Nina Andreieva por causa da ação antiperestroika e queria convencer-se pessoalmente de que a *perestroika* seguiria adiante e de que nós não queríamos nos distanciar dela nem na política interna, nem na externa. Como líder da social-democracia internacional, ele prometeu interceder a favor de uma *"perestroika"* das condições da Internacional Socialista em face da União Soviética. Brandt enfatizou que, apesar da ideologia distinta, a distância que nos separava um do outro se tornava cada vez menor. O novo programa da Internacional Socialista se diferenciaria radicalmente do de 1952. Este era fortemente marcado pela Guerra Fria, pelo anticomunismo e pelo antissovietismo.[*]

As conversas com Brandt e as negociações com Reagan, Kohl, Mitterrand e outros líderes políticos da Europa, América e Ásia forneceram argumentos importantes para ampliar ativamente os princípios do novo pensamento. Nossa política externa conjugava cada vez melhor as necessidades mais urgentes do mundo com as do nosso próprio país. Por esse motivo, são totalmente infundadas as falsas insinuações e afirmações, que ainda hoje são feitas contra os defensores da *perestroika*, de que eles teriam

---

[*]   O novo programa, que substituiu a Declaração de Frankfurt, de 1951, foi aprovado pelo 28º Congresso da Internacional Socialista.

caído, a todo custo, em um discurso que pretendia agradar aos outros. A situação era completamente diferente. O mundo atual é um mundo de dependências e ligações qualitativamente novas, cujas dimensões internacionais crescem. O novo ritmo, novas perspectivas, mas também novos riscos e contradições do desenvolvimento geravam problemas globais, que atingiam praticamente todos os países e que não podiam ser resolvidos de forma unilateral, mesmo pelos maiores. Para isso, são necessárias instituições e normas adequadas, que dependem de uma nova ordem mundial. Por isso, as resoluções da 19ª Conferência do Partido também foram tão importantes; pois, por meio delas, a política internacional da liderança da URSS e a participação ativa da União Soviética em uma política mundial pacífica, baseadas no novo pensamento político, foram aprovadas.

Até certo grau, o simples fato de que mesmo estratégias políticas consagradas dos EUA associavam ao novo pensamento político tão somente derrotas e fracassos catastróficos justifica nossos opositores domésticos do novo pensamento, e muitos ainda hoje pensam dessa maneira. Essa miopia deve ser atribuída à ideologização da política internacional e das relações internacionais.

Apoiados pelos êxitos da *perestroika*, que, especialmente no campo da democratização política, não podiam mais passar despercebidos em 1988, apesar de todas as dificuldades e problemas, decidimos apresentar à comunidade mundial nosso esboço abrangente e alicerçado com medidas práticas. Considerávamos que ele, com sua postura construtiva e sua perspectiva, merecia a atenção da Assembleia Geral da ONU, que, em dezembro de 1988, estava reunida em Nova York. Preparei-me para isso de forma extremamente minuciosa em todos os sentidos.

Em novembro, no Politburo, a questão do complexo industrial-militar, sob as condições de então, estava na ordem do dia. Contei sobre um encontro com jovens, no qual os membros do Komsomol me haviam perguntado: "Por que precisamos desse exército grande, por que precisamos de tantos tanques?". A 19ª Conferência do Partido havia dado as diretrizes básicas para isso: precisamos de qualidade, e não de quantidade. Chegara o momento de tomar decisões fundamentais. Nossos gastos militares *per capita* eram duas vezes e meia maiores que os dos EUA. Se tivéssemos revelado isso ao público, todo o nosso novo pensamento se teria desfeito, desapercebido, no ar. Mas isso não era o principal. Não teríamos conseguido cumprir as funções da *perestroika* se tivéssemos deixado tudo por conta do exército, como era. Era o momento de refletir sobre a redução da nossa presença militar nos países socialistas. Tínhamos de discutir esse problema com nossos amigos.

O que deu força à nossa política externa foi nossa *perestroika* interna e a observação das mudanças, que trouxeram consigo o novo pensamento. É bastante ingênuo achar que Gorbachev viajou às Nações Unidas porque nós, no nosso próprio país, estávamos em um beco sem saída. A *perestroika* havia aberto o caminho para uma renovação do nosso país e representava as necessidades prementes do mundo de chegar a uma nova perspectiva de paz.

Os passos rumo ao desarmamento foram determinados sob a responsabilidade do marechal Achromeiev. Ao mesmo tempo das propostas para a redução de nossas tropas e de nossas armas, seguimos trabalhando também em medidas no campo humanitário. Isso abrangia a libertação de todos os "presos políticos" e dos submetidos a um tratamento forçado (vítimas da "psicoterapia penal", praticada nos anos pré-perestroika). As limitações de viagem dos cidadãos ao exterior, injustificadas e, em parte, voluntárias, foram revogadas. O trabalho da Comissão para a Reabilitação das Vítimas de Stálin prosseguia. A reboque desse trabalho, foram descobertas, em diversas províncias, covas coletivas secretas de milhares de fuzilados.

Resumindo: nosso trabalho de renovação, reciclagem, democratização e humanização de todos os lados de nossa vida estatal e social transcorria em todas as direções e foi continuado ativamente. O propósito do meu discurso na Assembleia Geral da ONU consistia em apresentar à comunidade mundial nossa nova visão e soluções construtivas dos problemas políticos mundiais às vésperas do século XXI. Havíamos elaborado um esboço político, integral, de maneira nenhuma propagandístico, para a transição do confronto ao trabalho conjunto, um esboço que dizia respeito a todo o

mundo, com todas as suas novas possibilidades e perigos. Esse deveria ser o nosso "manifesto", ou uma "carta de paz", e distinguir-se conscientemente do discurso de Churchill, que na época proclamara a Guerra Fria.

Expliquei que um confronto, no mundo de hoje, seria desprovido de perspectiva e traria riscos à vida, por isso as diferenças ideológicas e as contradições não podiam ser transferidas para as relações entre os Estados. Em vez disso, víamos possibilidades e perspectivas para uma solução construtiva dos problemas internacionais e mundiais, na direção do trabalho conjunto de direitos iguais. Resumindo: era um sólido e minucioso convite ao mundo para uma virada construtiva de significado histórico, para uma irrupção civilizada no século XXI.

Hoje, quando leio esse discurso que apresentei há mais de vinte anos, observo que ele não está ultrapassado. Os seguintes princípios e reflexões,

Aparição na 43ª Assembleia Geral da ONU, em 7 de dezembro de 1988, Nova Iorque.

453

que apresentei em 7 de dezembro de 1988, perderam hoje algo de sua atualidade e sua perspectiva positiva?

– O componente mais importante, e garantia da segurança internacional, é o trabalho conjunto dos Estados baseado no direito popular. Externamente, exige-se de todos, mas especialmente dos Estados mais fortes, autolimitação e total renúncia ao uso da força. O ideal atual deve ser um mundo livre da violência. A violência e a ameaça não podem e não devem mais ser instrumento da política externa.

O incremento das forças militares não faz um Estado onipotente. (Essa compreensão ainda não havia se consolidado totalmente.)

– A economia mundial convergiu em um organismo, e economicamente ele ainda é tão forte que fora dele nem um único Estado pode se desenvolver normalmente.

– Isso faz necessária a elaboração, em princípio, de um novo mecanismo, de acordo com o qual essa economia mundial deve funcionar. (A crise econômica de proporções mundiais dos anos 2008/2009 mostrou o quanto eu tinha razão.)

– O princípio da livre escolha do sistema e do modo de vida é a condição legítima para a unidade do mundo em sua heterogeneidade.

– Uma desideologização das relações interestatais é a conclusão atual tirada da experiência anterior de difíceis confrontos. O benefício do próprio sistema, do próprio modo de vida e da própria ideologia se comprova a cada um por meio de palavras, propaganda e pormenores reais, não de violência.

– As realidades do mundo atual requerem uma dinamização e internacionalização do diálogo político e dos processos de negociação, assim como uma democratização das relações internacionais.

– A onu é a única organização capaz de equilibrar os interesses de diferentes Estados e seus esforços bilaterais, regionais e universais.

– Enquanto defendemos a desmilitarização das relações internacionais, contamos com métodos políticos e jurídicos para solução dos problemas surgidos. Nosso ideal é uma comunidade mundial de Estados de Direito, que também subordinam sua atividade de política externa ao Direito.

– A aceitação da heterogeneidade do mundo torna insustentáveis as tentativas de olhar para os outros por cima, com desprezo, e de ensinar-lhes "democracia". (Isso poderia ser dito ontem como hoje também.)

– Sem uma condução zelosa, apenas negociando de maneira espontânea, entramos em um beco sem saída. A comunidade mundial tem de aprender a organizar e conduzir os processos de forma que a civilização seja preservada, que ela seja mais segura para todos e que a vida normal se torne mais confortável. Encerrando o meu discurso, comuniquei à Assembleia Geral da ONU as medidas concretas para a redução de nossas forças armadas e de nossas armas, mais especificamente a retirada das tropas soviéticas dos países do Pacto de Varsóvia: da RDA, da Hungria e da Checoslováquia. Do mesmo modo, falei da liberação dos cidadãos soviéticos para viagens ao exterior. Para muitos, isso foi uma sensação.

A Assembleia Geral acompanhou meu discurso com atenção extrema e o aplaudiu ruidosamente. Um editorial do *The New York Times* dizia: "Desde 1918, quando Woodrow Wilson anunciou seu Programa de Quatorze Pontos, e 1941, quando Franklin Roosevelt e Winston Churchill apresentaram a Carta do Atlântico, nenhum outro político do mundo demonstrou uma visão de mundo como a de Mikhail Gorbachev na ONU". Muitos outros órgãos de imprensa do mundo também reagiram positivamente ao meu discurso.

Hoje, gostaria de salientar especialmente um "eco", muito importante para o mundo, mas que chegou apenas mais de vinte anos mais tarde. Refiro-me ao discurso do presidente dos EUA, Barack Obama, de 2010, no qual ele falou de mudanças necessárias na estratégia dos EUA. Ele explicou que os EUA não poderiam criar uma nova ordem mundial, baseada em compromissos diplomáticos, de maneira unilateral. O isolamento da comunidade mundial, assim constatou o presidente dos EUA, nunca havia sido proveitoso para eles; por isso, os EUA tinham de fortalecer suas alianças existentes e buscar novos parceiros. Influiria isso também nas relações russo-americanas? Em uma alusão à famosa citação de Galilei "E, contudo, ela se move", poderia dizer, tendo em vista o novo pensamento: "E, contudo, ele se afirma!".

Alexei Levinson: a avaliação de Gorbachev na Rússia de hoje (resultados de uma pesquisa de opinião)*

[...] Na Rússia, não nos lembramos se vencemos ou não a Primeira Guerra Mundial. Mas que vencemos a Segunda Guerra Mundial, disso temos certeza. Por um tempo, predominou o aflitivo sentimento de que perdemos a Terceira. Do fim da Segunda Guerra Mundial até o fim dos anos 1980, isto é, por toda uma geração, os soviéticos não esperavam exatamente por uma guerra, mas viviam com a consciência de que a próxima guerra viria sem falta.

A queda do bloco soviético é, sem dúvida, um dos acontecimentos que marcaram o século xx. As sociedades dos países da Europa oriental se libertaram da tutela soviética e procuraram, o mais rapidamente possível, a filiação à Europa. Toda a arquitetura global se modificou. A divisão em "dois mundos", em Ocidente e Oriente, perdeu seu sentido. Durante certo tempo, parecia até mesmo que o mundo estava unido, pois a renovada União Soviética pretendia retornar "à casa europeia", "à família dos povos europeus".

Os países estrangeiros são gratos a Gorbachev pela desmontagem pacífica do império stalinista e lhe atribuem o mérito. Mas há razões suficientes para a suposição de que Gorbachev, em 1985, ano em que chegou ao poder, não queria destruir esse sistema geopolítico, mas consolidá-lo. Nesse sentido, pode-se dizer que ele não atingiu o que sonhava, enquanto aquilo que ele, na realidade, conseguiu não fora planejado por ele.

Os países estrangeiros são gratos a Gorbachev. Mas no país liderado por ele, via-se a "ruína do sistema" como sua culpa, e não como seu mérito. Depois de pouco tempo de popularidade, Gorbachev caiu em desgraça com seu povo, e até agora essa situação não mudou quase nada. Na lista daqueles sobre quem os russos se declaram de maneira positiva (cerca de

---

*   Fonte: Polit.ru de 2 de agosto de 2010, reduzido.

trinta políticos em quem eles confiam), hoje Gorbachev se encontra na antepenúltima posição.

Apenas levando-se em conta tudo o que foi dito acima, é possível avaliar corretamente um dos resultados da consulta popular realizada pelo Centro Levada no início de julho deste ano. A questão era assim: "Como o senhor avalia hoje os resultados da 'mudança de rumo da política externa do final dos anos 1980'?". Aqui, então, abordava-se exatamente o rumo que na Rússia foi sentido como traição, logro, condescendência ou derrota. Em conformidade com isso, 27% escolheram a resposta: "Nós perdemos para o Ocidente".

Mas como a avaliação mudou no contexto da reflexão sobre a virada histórica de Gorbachev? Quarenta e três por cento assinalaram a resposta: "Para nós, o fato de o confronto ter acabado não é um ganho menor que para os outros". Entre os líderes inferiores e medianos, o número dos que julgaram assim chegou a 57%. Dessa forma indireta, o país expressou sua gratidão a Gorbachev.

De fato, nós, enfim, não perdemos a Terceira Guerra Mundial. De toda forma, a metade dos russos é da opinião de que seu país continua sempre ameaçado externamente. Pois, sob a ameaça principal, atua agora não apenas o Ocidente, com 32%, mas também os países islâmicos, com 29% (16% temem os "países da antiga União Soviética"; a China, 13%). O Oriente islâmico é visto como a principal ameaça pelos líderes, e é mencionado por 50% deles. Por outro lado, apenas poucos, menos de 10%, temem o Ocidente. Com suas respostas, eles expressam uma opinião que contradiz até mesmo a mais alta liderança do país, que superestima sua interpretação sobre a ameaça representada pelo Ocidente e subestima a que parte do Oriente. Enquanto isso, formou-se um "novo pensamento" desse tipo.

A reforma do sistema político

Os debates públicos na 19ª Conferência do Partido tiveram um significado fundamental para a *perestroika*. Em virtude deles, as forças sóbrias da sociedade se propuseram a apoiar e dar prosseguimento aos processos de reformulação. O alinhamento a uma reforma política drástica enriquecia e fortalecia a *perestroika*. Esse caminho nos deu a chance de ampliar seus horizontes e perspectivas. Essencialmente, tratava-se de garantir uma transição livre de violência, pacífica, do sistema político ultrapassado, baseado no monopólio do poder do partido, para um novo sistema, em que o real poder está com o povo, com os conselhos, a quem, inclusive de acordo com a Constituição, ele pertence.

Sempre volto a destacar que essa era uma tarefa extremamente difícil, dolorosa em muitos sentidos, mas inevitável. Para realizá-la, tínhamos de conquistar a compreensão e o apoio da população. Esse era um processo mais difícil, mais complexo, e nem todos se mostraram à altura dele. Como secretário-geral, sempre me deixei guiar por princípios democráticos no trabalho partidário – e até o extremo, como gostaria de sublinhar: todas as decisões eram discutidas publicamente e em conjunto nas sessões do Politburo, do plenário do Comitê Central e nas reuniões do partido. Digo de maneira totalmente franca: esse procedimento nem de longe encontrou sempre a compreensão dos meus colegas, que estavam habituados a decisões predeterminadas, velozes e autoritárias.

O primeiro teste sério para o partido após a 19ª Conferência foram as eleições dos delegados para o Congresso dos Deputados do Povo, em março de 1989. A participação dos eleitores e a concorrência dos candidatos (de quinze a dezessete para uma vaga) foram impressionantes. Milhares de associações e organizações informais participaram da disputa eleitoral. Os resultados da eleição não eram previsíveis, exatamente como costuma ser em eleições livres de fato.

A derrota de uma série de altos líderes partidários foi um choque para a nomenclatura do partido. Em Moscou e, especialmente, em Leningrado, quase toda a cúpula dos Comitês do Estado e da Província do PC caiu. Os funcionários de muitos grandes centros industriais e científicos da província do Volga, dos Urais, da Sibéria, do Extremo Oriente, da Ucrânia do Sul e do Oeste, dos Bálticos, da Armênia e da Geórgia tiveram de suportar grandes prejuízos. Do outro lado, não apenas agentes culturais, cientistas e artistas conseguiram se afirmar, mas também muitos novos candidatos que não eram conhecidos do grande público. Oitenta e quatro por cento dos deputados eram membros do PCUS. Através das eleições, a nomenclatura do partido viu-se atirada à margem, no mais alto órgão do poder, pelos membros do partido "de sempre". Muitos líderes dos órgãos partidários republicanos e locais não conseguiram se resignar bem com os resultados da eleição. O derrotismo e as conclusões precipitadas de que a *perestroika* teria fracassado se espalharam.

Percebi isso claramente nas primeiras sessões do Politburo após a eleição. A essa altura, eu mesmo estava firmemente convencido de que a *perestroika* e o povo haviam conquistado uma grande vitória política. As pessoas haviam mostrado ao mundo e a si mesmas que as eleições livres haviam se tornado realidade entre nós. Os mais altos órgãos haviam chegado ao poder de forma democrática e legítima. Com isso, nada mais obstruía um autêntico parlamentarismo. E isso depois de Chernobyl, do terremoto na Armênia, do Afeganistão, da queda dos preços do petróleo e de conflitos nacionais.

Para mim estava claro que, se o partido queria influir nesses processos, conduzir seu desenvolvimento, tinha de tirar conclusões das eleições; ele tinha de lidar agora com órgãos de poder novos e democráticos e novas associações políticas, inclusive oposicionistas. A política havia se tornado um assunto público, aberto à análise e à participação dos cidadãos e seus partidos políticos. Ela deixara de ser coisa de um pequeno círculo de pessoas e clãs "do topo" e de uma esfera de disputas secretas obscura para as pessoas simples, na qual era destinado a elas apenas o papel de "engrenagenzinhas" ou de um coro de consentimento. Isso foi uma extraordinária virada político-social, uma irrupção de nosso país e nosso povo em fronteiras qualitativamente novas da civilização. Ainda assim, a *perestroika* era recebida, por uma parcela significativa e influente da burocracia partidária, de níveis mediano e superior, de maneira cada vez mais negativa ou até mesmo hostil. A resistência por parte da nomenclatura conservadora se fazia cada vez mais fortemente perceptível.

No verão de 1990, examinei a situação nas organizações partidárias de Leningrado. Um após o outro, os trabalhadores me perguntavam na plenária do Comitê de Província: "O que houve com a nossa organização partidária? As paixões estão fervendo, mas nos comitês partidários imperam o silêncio, o sono". O trabalho com as pessoas não frutifica, problemas vitais não são atacados. Os comitês partidários exigiam: "Mantenham-nos protegidos da mídia, da insatisfação das massas!". Muitos órgãos locais de poder estavam imobilizados. Nas repúblicas e províncias onde havia um amontoado de terrenos livres, as autoridades locais se recusavam de forma intransigente a liberá-los para arrendamento. As novas fazendas surgidas faziam as pessoas invejosas, muitas vezes elas eram incendiadas pela população. Os trabalhadores queriam estrangular as pessoas das novas cooperativas. E a nomenclatura, feliz com a desgraça alheia, esfregava as mãos: "Não podemos mais fazer nada, não temos mais poder, aí está a *perestroika* de vocês!".

A resistência local à *perestroika* não viera por acaso. Ela foi ativamente incitada por uma parte considerável da nomenclatura, pelos Grupos Democráticos Inter-regionais radicais e pela "Rússia Democrática", e mantida em ebulição. Cinicamente, os enviados de Iéltsin tiraram proveito, para sua política, das justas reivindicações dos mineiros por melhores condições de trabalho. Em todo o país eclodiam greves e exigia-se a renúncia do governo da União e do presidente. Até mesmo os metalúrgicos e trabalhadores dos transportes entraram em greve. As estradas de ferro não funcionavam mais, outros meios de transporte foram suspensos, os portos marítimos, bloqueados. Comboios e navios com alimentos, bens de consumo e outros produtos indispensáveis para a população e para a economia popular estavam parados. Afetada de maneira sem precedentes, a economia sofreu, por parte dos radicais, um dano irremediável. Era significativo que a decisão do governo Richkov, que finalmente conseguiu fechar um acordo com os mineiros, tenha sido maldosamente desvalorizada por Iéltsin, porque Richkov supostamente se contentara com medidas paliativas, em vez de, decididamente e de uma vez por todas, "quebrar a espinha dorsal da economia planificada".

Milhares de associações informais de diversas orientações políticas pediam a palavra e lutavam "por" ou "contra" a *perestroika*. Nessa situação, surgiu no partido e no Soviete Supremo a ideia de instaurar um cargo de presidente. No início, eu era da opinião de que esse cargo não combinaria com o sistema de conselhos e recusei. Mas a crescente tensão político-social e o efetivo sistema multipartidário fizeram necessária uma consolidação imediata do poder estatal na forma de um poder presidencial executivo. Uma resolução correspondente foi aprovada em março de 1990 pelo Terceiro Congresso Extraordinário dos Deputados do Povo. Ao mesmo tempo, o artigo 6º da Constituição da URSS, que ancorava o monopólio do poder do PCUS, foi revogado. Dessa forma, um sistema multipartidário passou a ser legalizado pela Constituição. Isso foi um passo fundamental da reforma política. De resto, outra vez o mesmo bloco de radicais de esquerda e de direita se manifestaram contra essa instituição de um cargo presidencial e minha eleição a presidente.

Infelizmente, o cargo de presidente da União, criado pelo Congresso, foi logo enfraquecido através da introdução de presidentes nas repúblicas da União isoladamente. Isso, de maneira nenhuma, representava meus planos e, como os resultados mostrariam, foi também prontamente utilizado pelos opositores da União para minar todo o Estado unificado. Não era possível evitar a eleição do presidente da União no Congresso em vez de no âmbito de uma eleição universal, que abrangesse todo o país, tendo em vista a tensa situação política e econômico-social, pois não haveria tempo para uma disputa eleitoral longa. Por fim, fora convocado também o Terceiro Congresso do Povo, não sem motivo, como sessão extraordinária. A maioria absoluta dos deputados se manifestou favoravelmente à eleição do presidente através do Congresso.

Um segundo ponto fraco era que as funções do Conselho de Ministros da União não foram modificadas e, juridicamente, não foram delimitadas pelas funções do presidente de forma clara. Não havia tempo para construir uma autoridade eficiente, judiciária, e um sistema universal, baseado no Estado de Direito. Tudo isso teria demandado um trabalho de muitos anos.

Em face das crescentes contradições políticas, que se reforçavam ainda mais com a demora da reforma econômica radical, eu queria, na 28ª Assembleia Plenária de julho de 1990, comprometer o Partido Comunista com uma nova plataforma política, para retirá-lo da crise. Essa nova plataforma política devia e tinha de levar em conta o sistema multipartidário surgido e a sociedade pluralista. Nessa sociedade, que observava a si mesma, seus vizinhos e o mundo inteiro com novos olhos, o partido poderia, como eu considerava, viver uma segunda alvorada e exercer influência positiva, se recordasse os valores do socialismo humano e democrático. Por esse fundamento, ele poderia iniciar o trabalho conjunto com todas as potências sociais construtivas, inclusive com a juventude e a *intelligentsia*, as quais ele até então atemorizara com sua relação obsoleta com as pessoas.

Mas esse panorama de maneira nenhuma agradava a parte dos funcionários do centro e dos níveis locais mais agressiva e versada no jogo de intrigas. Eles desejavam uma saída completamente diferente. Formalmente eles concordavam com a nova plataforma da 28ª Assembleia Plenária, mas desejavam secretamente e depois de forma cada vez mais aberta o enfraquecimento e a destituição da ala reformista do Politburo e, assim, através do alerta de emergência, abriram caminho para restaurar a "ordem".

Declarações de independência e guerra das leis

A luta pela *perestroika* atingiu uma nova dimensão no ano de 1990, quando se tratava de realizar reformas políticas nos níveis das repúblicas e dos órgãos locais de poder. Se foi possível, dentro do período de cerca de um ano, "esboçar", configurar e, pela primeira vez na história do país, colocar em vigor um mecanismo parlamentar real nos níveis mais altos, que abrangiam

Juramento para presidente da União, 15 de março de 1990.

toda a União, nas repúblicas as reformas políticas requeriam, no mínimo, o mesmo grande esforço. Nesse contexto, na minha opinião, cabia um significado atual à experiência do trabalho no Congresso dos Deputados do Povo e no Soviete Supremo, com todos os aspectos positivos e negativos. Tanto mais que um "item negativo", como a passividade e perplexidade do Congresso dos Deputados do Povo em face da conspiração do Comitê Emergencial, em agosto de 1991, foi uma das causas para que a ação tivesse dramáticas consequências para todo o país.

Não obstante, os primeiros Congressos da União e o novo Soviete Supremo demonstraram que é possível uma ação positiva de uma força representativa e legislativa no nível da União, sob a colaboração de pessoas de diferentes visões políticas. Com isso me refiro especialmente aos deputados do Grupo Inter-regional. Ele formava uma fração política separada, que, no início, desempenhava o papel de uma posição inesperadamente forte, mas construtiva. Sob o lema "Todo o poder aos conselhos!", como o acadêmico Andrei Dmitrievitch Sacharov o interpretava, o grupo se manifestava a favor de mudanças radicais. Toda uma série de deputados eram famosos representantes da economia e da cultura ou ativistas sociais. Seu trabalho no parlamento, na composição e aprovação de leis, sem dúvida foi útil e promissor.

Na minha opinião, a maioria no Grupo Inter-regional era de homens completamente normais, com os quais se poderia e deveria trabalhar de forma conjunta, mesmo se um ou outro entre eles fosse "ultrarrevolucionário" e oportunista. A morte de Sacharov, em dezembro de 1989, repercutiu de maneira extremamente negativa no grupo. O acadêmico e vencedor do Prêmio Nobel Sacharov se distinguia não apenas por sua inteligência aguda, seu altruísmo e sua integridade. Apesar de seu romantismo político, ele, com sua aversão às intrigas, era o modelo de um democrata russo e soviético. O nome, a autoridade e a atividade de Sacharov conferiam ao Grupo Inter-regional um peso moral e político especial.

Depois de sua morte, uma grande parte dos membros apostou em Iéltsin como o "aríete" contra o PCUS, Gorbachev e até mesmo contra a *perestroika*. A partir daí, o confronto no Congresso e no Soviete Supremo se intensificou, e chegou-se de fato a uma aliança, no aparato do partido, com os opositores da *perestroika*. Sob o lema político de destituir o governo e o presidente, devastadoras greves em massa foram convocadas em todo o país.

Essa linha política, de maneira nenhuma, elevou o prestígio do Grupo Inter-regional, nem nos órgãos de poder que abrangiam toda a União, nem no PCUS, menos ainda na ala reformista da direção partidária. O grupo se desintegrava gradualmente. Os ativistas mais radicais se uniram em torno de Iéltsin, em um bloco de eleitores e, mais tarde, no movimento e partido Rússia Democrática. Enquanto o movimento Rússia Democrática apostava cegamente em um novo líder "com força de vontade" como alternativa a Gorbachev, converteu-se, por fim, da vanguarda do movimento democrático, em um "apêndice" do novo poder oligárquico, como disse uma vez Gavriil Popov de forma certeira. Nesse contexto, é significativa a percepção tardia de Iuri Afanasiev de que os "românticos democráticos" na realidade foram usados como cobertor para aqueles que estavam no Rússia Democrática, que, em nome do poder, desejavam chegar ao poder.

Nas eleições para os mais altos órgãos de poder da República Soviética Russa, na primavera de 1990, os democratas radicais aspiravam à soberania nacional da Rússia e também não temiam o apoio de separatistas nacionais e uma colaboração direta, franca e sigilosa com eles. Iéltsin e seus partidários davam-se ares de convictos defensores dos interesses dos cidadãos russos contra o centro da União e os "parasitas" das outras repúblicas soviéticas. Nesse ponto, eles operavam com fatos fundamentados de maneira pretensamente científica, segundo os quais a Federação Russa, quando se libertasse dos "grilhões" da União e do apoio financeiro das outras repúblicas, no mais breve prazo ascenderia às prósperas potências econômicas do mundo. Essa era uma linha temerária e, como os anos demonstrariam, destrutiva, tanto para as perspectivas de uma renovação da União como para a própria Federação Russa. Ela contradizia a rota da ala reformadora da União e do Congresso dos Deputados do Povo, que trabalhavam na solução de duas questões principais estreitamente correlacionadas.

Uma era a transformação da índole do Estado da União em uma federação democrática de repúblicas. Meu lema para isso dizia: "Um centro forte – repúblicas fortes". A outra questão urgente era uma reforma econômica radical da União, por meio da qual a economia seria adaptada para as relações de mercado sem grandes abalos sociais.

O mais importante e perigoso empecilho para resolver essas questões era a recusa dos democratas radicais russos. Eles seguiam um projeto destrutivo da soberania da Rússia, com o qual as leis da República Russa seriam sobrepostas às da União. Esse projeto foi recebido pelo círculo mais próximo a Iéltsin diretamente dos separatistas mais radicais da Estônia, Lituânia e Letônia. Eles criticavam novamente os acontecimentos de 1939, no contexto do Pacto de Não Agressão Alemão-Soviético. Mas, enquanto essa concepção nas repúblicas bálticas conduzia à sua saída da União Soviética, a realização desse modelo na Federação Russa significava, por fim, a destruição da União como ente estatal. Bóris Iéltsin e seus seguidores se preparavam exatamente para transformar esse projeto em realidade, apoiando ativamente o golpe "ultrarrevolucionário" em moscovitas e outros intelectuais russos.

Na apresentação de seus candidatos para a eleição do Congresso Russo dos Deputados do Povo, escaparam ao PCUS graves erros de avaliação. O partido perdeu a eleição para presidente do Soviete Supremo da Federação Russa. Eu havia alertado os deputados, de maneira totalmente franca, porque previa que eleger Iéltsin a esse posto levaria a um perigoso confronto com o centro da União. Mas fosse para pregar uma peça em Gorbachev, fosse porque tinham esperanças de uma carreira, no último momento uma série de deputados da fração Comunistas da Rússia votou em Iéltsin, tanto que ele recebeu a maioria dos votos. Além disso, com os votos da fração comunista, a Rússia declarava sua independência e sobrepunha expressamente suas leis às da União.

Isso foi uma clara declaração de guerra à *perestroika* e à União. A cláusula, contida na declaração de independência, da disposição da Rússia de "permanecer membro de uma União renovada" tranquilizou apenas provisoriamente muitos deputados comunistas e foi suprimida por Iéltsin já meio ano depois sem muito estardalhaço.

Sob o mote de um fortalecimento da soberania nacional, foram realizadas eleições também em outras repúblicas. Com o pano de fundo dos problemas econômicos, as elites se apressaram em garantir sua própria posição e não se intimidaram nem mesmo diante do incitamento das paixões nacionais. E isso embora a maioria dos líderes das repúblicas da União, assim como a maioria da população, reconhecesse o quanto as relações no nível de toda a União e a preservação de um centro renovado eram do interesse das próprias repúblicas. Via isso como chance para a transição de uma União homogênea para uma autêntica federação de Estados soberanos e independentes. Esse processo foi dificultado pelo recrudescimento de conflitos nacionais, que, em grande medida, reconhecidamente foram provocados pelos clãs dirigentes locais e pelos círculos mafiosos, como em Karabakh e Sumgait. E também em Baku, onde, por decreto do comitê do Soviete Supremo, o estado de emergência teve de ser declarado, pois o governo da república havia se mostrado incapaz de agir.

O fracasso e os insucessos na solução dos problemas nacionais e internacionais tinham ainda outras razões. No Báltico, os partidos comunistas das repúblicas não estavam em condições de travar e ampliar relações construtivas para as forças moderadas nas frentes populares. Eles simplesmente capitularam e cederam o campo aos separatistas. O mesmo valia para Tbilisi, em abril de 1989: na época, a direção local do partido preferiu, em vez de um diálogo e o trabalho prático com as pessoas, dissolver uma manifestação das massas com o emprego de tanques, que havia sido autorizado secretamente, pelas costas da direção suprema do país, por órgãos locais e algumas "instâncias representativas em Moscou". Uma "política" desse tipo teve como consequência o fato de que, na região da Transcaucásia, de acordo com as palavras de Eduard Chevardnadse, era cada vez mais difícil distinguir um secretário do Comitê Central de um nacionalista convicto.

A declaração de independência da Rússia provocou uma reação em cadeia. Os Sovietes Supremos de Uzbequistão, Moldávia, Ucrânia, Bielorrússia, Turcmênia, Armênia, Tajiquistão, Cazaquistão e Quirguistão igualmente declararam a independência de suas repúblicas. Enquanto isso, a plenos pulmões, Iéltsin prometia à população da Rússia uma elevação do padrão de vida. "O programa econômico russo tem duração de quinhentos dias e promete, diferentemente do programa da União, não uma elevação dos preços, mas do padrão de vida. Se não cumprirmos o nosso programa dentro de dois, três anos, então o povo simplesmente recorrerá aos forcados e dará cabo dos incompetentes." Com essas declarações populistas, Iéltsin percorreu o país no verão de 1990. Quando, em 1996, participei das eleições presidenciais russas, as pessoas me perguntaram: "Por que Iéltsin não cumpriu sua promessa de se deitar entre os trilhos caso não realizasse seus compromissos perante o povo russo?". Minha resposta foi curta: "Isso provavelmente está ligado ao fato de que as linhas férreas só funcionam com grandes interrupções". As pessoas observavam tudo isso havia muito tempo.

No início do outono de 1990, Iéltsin, depois de ter feito propaganda por toda parte com a promessa de um milagre econômico russo contra o "centro da União", dirigiu-se a mim de repente com a oferta de que as lideranças da Federação Russa e da União trabalhassem juntas na realização da reforma radical de mercado. Porém, sem o governo Richkov. Na verdade, o programa de quinhentos dias, que ele apregoava como caminho para um milagre econômico russo, não podia, de maneira nenhuma, ser implementado sem a participação das estruturas de poder e administrativas da União. Ele fora originalmente concebido, até mesmo pelos autores, como programa para a União. As propostas construtivas e a dinâmica do programa me impressionaram. Mas eu era contra o confronto, contido nele, com o governo da União. Sob a direção do especialista em economia Leonid Abalkin, ele trabalhou em um programa próprio, e eu considerava possível chegar a um acordo mesmo sobre a base de ambos os programas. Após uma conversa de cinco horas, Iéltsin respondeu: "Senhores, permitam-nos decidirmos juntos e fazermos finalmente uma política conjunta. Não podemos precisar do confronto". Ótimo, é só o que se pode dizer.

Em meados de outubro, junto do conhecido cientista econômico Schatalin, do ainda muito jovem Javlinski e de outros, havíamos elaborado uma solução de compromisso: "Bases para a transição ao mercado". De acordo com as avaliações de especialistas, esse compromisso se baseava em um "cálculo absolutamente profissional, econômico". Mas, de maneira completamente inesperada, Iéltsin reagiu a esse documento de forma extremamente negativa. Na sessão do Soviete Supremo da Rússia, em 16 de outubro, ele declarou que se tratava de um novo ataque à soberania russa, e exigiu ou que aceitassem suas condições, que incluíam a renúncia do governo Richkov, ou que repartissem o poder, os cargos-chave estatais, a propriedade e até mesmo as Forças Armadas. Ameaçou com desordem e manifestações em massa. Nas repúblicas da União, o procedimento de Iéltsin não encontrou anuência e muito menos apoio, antes as deixou de orelha em pé.

Dessa forma, a planejada reforma econômica drástica se tornou joguete da política de Iéltsin e dos radicais partidários do movimento Rússia Democrática. Este, em seu documento de fundação, havia declarado, de maneira inequívoca, que, se o Soviete Supremo e o presidente da URSS ferissem a soberania da Rússia, ele acionaria a retirada da Federação Russa da URSS e nacionalizaria a propriedade da União instalada em território russo.

A escandalosa declaração de Iéltsin em 16 de outubro, que chocou até mesmo políticos europeus tão experientes como Mitterrand, mostrou que coisas completamente diferentes da reforma econômica preocupavam os democratas radicais; de acordo com o mote: se Gorbachev não acata o ultimato pela renúncia do governo Richkov, ele fere a soberania da Rússia. A resposta a isso foi a "guerra das leis" da Federação Russa contra a URSS. Em 24 de janeiro de 1991, o Soviete Supremo da Federação Russa aprovou a lei sobre a Validade das Leis da URSS no Território da Federação Russa, com a qual não apenas preconiza a primazia das leis russas, mas também ameaça de uma pena cidadãos e funcionários públicos que não cumprem leis da União ratificadas pela Federação Russa.

A decisão orçamentária da Federação Russa para o ano de 1991 foi um golpe para o planejamento orçamentário da URSS. A direção russa reduziu arbitrariamente seus pagamentos à União em 100 bilhões de rublos. Com isso, reduziam-se as possibilidades de ajudar outras repúblicas. Como elas dependiam desse dinheiro, as remessas de seus produtos para a União também foram reduzidas. A carência aguda de algodão e de produtos de algodão se agravou. As autoridades russas elevaram unilateralmente os preços no atacado da carne e do petróleo e derivados. Tudo isso acontecia em nome dos *slogans* populistas, de aproximar, o mais depressa possível, o padrão de vida dos russos ao do Ocidente. Na realidade, o abalo das relações econômicas teve o resultado exatamente inverso.

A guerra das leis, das soberanias e dos orçamentos, tramada pela direção da Federação Russa, alastrou-se para outras repúblicas. As bases da Constituição, a segurança pública, todo o sistema das relações econômicas foram postos em questão. Ao mesmo tempo, a discussão do documento "Bases para a transição ao mercado" transcorria de maneira bastante construtiva no Parlamento da União. Apesar da severamente combalida autoridade do governo, o documento foi aprovado no nível da União.

Uma vez consegui relaxar as tensões entre mim e Iéltsin quando destaquei a responsabilidade comum pelo destino do país. Mas logo já fui posto sob pressão por um lado totalmente diferente. O surgimento dos conservadores, cujos interesses o grupo Sojus (em português, "união") representava no Parlamento, combinou totalmente com as concepções da oposição de extrema "esquerda". No 4º Congresso dos Deputados do Povo, no fim do ano, muitos de suas fileiras já exigiam que se colocasse na ordem do dia a questão da minha exoneração das obrigações decorrentes do cargo. "Aborrecidos" de ambos os campos votaram a favor do requerimento, mas foram reunidos apenas quatrocentos votos. Iéltsin, Popov e Stankevitch votaram contra.

O Congresso aprovou a minha proposta de uma emenda da Constituição que previa a instituição de um gabinete ministerial, em vez do conselho ministerial, e uma série de outras medidas necessárias para o fortalecimento do Executivo em face da crise. Como as discussões e os conflitos se atinham à integridade do país, ao destino da União e ao novo pacto da União, propus consultar o povo sobre esse ponto. O Congresso acolheu minha proposta e decidiu realizar um referendo para a URSS sobre a questão da manutenção da União como uma renovada federação de Estados soberanos e de direitos iguais.

O ano de 1991 começou sem resolução do orçamento. A administração russa a havia tornado impossível. As cifras da produção continuavam a cair (cerca de 5% em comparação com o primeiro trimestre de 1990). O trabalho do gabinete ministerial, sob a direção de Valentin Pavlov,* foi inviabilizado por tendências patrióticas locais nas repúblicas da União e, sobretudo, pelas autoridades russas. Houve também falhas do novo governo da União. Alguns resultados positivos das empresas da União, obtidos por meio de uma reforma dos preços no varejo, foram postos por terra pela perda das alavancas financeiras da União, que haviam passado para as repúblicas. A elevação desproporcional dos salários pelas repúblicas acentuou a inflação. Apesar disso, as reformas monetárias da União não foram "terapia de choque"; na verdade, deixavam à maioria da população um mínimo de garantias sociais. Mas os radicais da "direita" e da "esquerda" continuavam com sua disputa pelo poder.

Os acontecimentos em Vílnius, na noite de 12 para 13 de janeiro, foram um duro golpe. A situação havia se agravado na capital lituana. A fim de encontrar uma saída para a crise, os presidentes dos Sovietes Supremos da Bielorrússia e da Armênia, assim como um conselheiro do presidente da URSS, foram enviados a Vílnius. Mas, na véspera de sua chegada, provavelmente por ordem do chefe da guarnição, o centro de televisão, que estava cercado por um grande número de partidários da independência da Lituânia, foi tomado de assalto pelas tropas. Catorze pessoas morreram, houve muitos feridos. O trágico derramamento de sangue, já triste o suficiente por si, foi explorado para fins políticos. Ao desistir da instalação de um regime presi-

---

* Valentin Pavlov, anteriormente ministro das Finanças, em janeiro de 1991 foi nomeado novo chefe do gabinete ministerial, já que, em dezembro de 1990, Richkov adoecera gravemente.

dencial na Lituânia, impedi uma escalada. Além disso, salientei a ilegitimidade da tomada de poder pela via não constitucional e com o uso da força.

Enquanto isso, Iéltsin havia viajado a Talin para se reunir com os líderes dos Bálticos, que, em um ofício dirigido à ONU, haviam classificado o incidente em Vílnius como "agressão da União Soviética contra a Lituânia". Ele se dirigiu aos soldados instalados com a solicitação de praticar o comedimento e manter a calma e declarou, provocativo: "Sem um *exército russo*, certamente não conseguiremos defender a soberania". Essa declaração ampla, que ameaçava uma cisão das forças armadas, foi duramente condenada por mim no Soviete Supremo da União.

Em Moscou e alguns outros estados, houve manifestações com zilhões de pessoas. Elas exigiam a renúncia do presidente da União, que foi responsabilizado pela tragédia em Vílnius. Os mentores dessas manifestações foram os líderes do Rússia Democrática. Em fevereiro de 1991, Iéltsin surgiu na televisão com uma declaração direta de guerra a mim: "Distanciei-me da posição e da política do presidente e exijo sua renúncia imediata".

O sentido e o propósito da atitude eram evidentes: roubar do governo central e da *perestroika* sua cabeça dirigente e incitar tanto quanto possível as repúblicas da União e, em primeiro lugar, a Rússia contra o presidente. Nessa atmosfera, poderia sobrevir uma desestabilização, que viria muito a calhar aos radicais de todos os naipes. Toda medida do governo da União com o objetivo de manter a paz e a ordem seria denunciada como atentado à democracia e à soberania, como iminente perigo de uma ditadura. Sei também que, naquela época, Nasarbaiev se manifestava por toda parte de maneira depreciativa sobre os ataques: "Seja como for, a crise já é dura o suficiente, e ele ainda a agrava". Esses ataques não foram partilhados, e sim condenados pelos membros mais prudentes do Rússia Democrática, que, em meio a toda a euforia da assembleia, conseguiram manter a cabeça fria.[*]

---

[*] Em uma de suas participações, Viktor Scheinis observou ainda que, se as exigências de Iéltsin, na primavera de 1991, de destituir Gorbachev tivessem sido realizadas, muito provavelmente os golpistas teriam tido sucesso em agosto.

Quanto mais se aproximava o 17 de março, o dia do referendo da União, mais se intensificavam as investidas contra a União e contra mim por parte da oposição de Iéltsin. No início de março, recomeçaram as greves políticas, apoiadas pelo Rússia Democrática, nas minas de diversas regiões com a exigência pela renúncia do governo da União. Novamente, um enorme dano foi causado à economia de todo o país, e a metalurgia e a agricultura foram especialmente afetadas. Nos primeiros meses do ano de 1991, cinco baterias de coque e vinte altos-fornos estavam parados.

Na praça Manege, em Moscou, houve manifestações em massa contra mim. Algo parecido aconteceu em outras cidades da Rússia, onde os cidadãos foram convocados a, no referendo, votar contra a manutenção da União Soviética. O apelo a não participar do referendo ou votar "não" era repetido incessantemente em panfletos, cartazes e transmissões de rádio. Mas a nova onda de greves políticas dos mineiros não atingiu a dimensão que seus organizadores haviam especulado.

A oposição não conseguiu estragar o referendo ou mobilizar uma maioria de votos contra a União. Pelo contrário: a maioria absoluta da população da Federação Russa, da Ucrânia e das outras repúblicas que participaram do referendo se manifestou pela manutenção e por uma renovação da União. Os resultados do referendo foram não apenas uma grande conquista moral e política do presidente soviético como também expressão da vontade do povo de conservar a integridade da União em uma forma renovada.

Aproveitei esse sucesso, que havia logrado apesar da crescente crise econômica e da iminente dissolução do país, e propus aos líderes das repúblicas de Rússia, Ucrânia, Bielorrússia, Uzbequistão, Cazaquistão, Azerbaijão, Quirguistão, Turcomenistão e Tajiquistão um encontro confidencial para elaborar um programa conjunto de providências concretas e construtivas.

O encontro, realizado por minha iniciativa ficou conhecido como "Encontro 9+1 de Novo Ogarevo". Iéltsin também participou, pois ele, naquele momento, tinha boas expectativas para sua candidatura nas iminentes eleições presidenciais na Rússia. Em Novo Ogarevo, aprovamos a Declaração Conjunta de Medidas Urgentes para a Estabilização da Situação no País e para a Superação da Crise. Com esse documento, acordamos sobre a assinatura, o mais depressa possível, de um pacto da União como o mais importante instrumento de estabilização.

Além disso, o encontro de Novo Ogarevo teve uma participação decisiva no fracasso do ataque ao secretário-geral, preparado na época por funcionários do partido. Ainda que formalmente tivessem aprovado as resoluções da 28ª Assembleia do Partido, mantinham-se firmes em seu propósito de eliminar da direção do partido Gorbachev e toda a ala da *perestroika*. O debate decisivo se deu em abril, na Assembleia Plenária do Comitê Central.

Sob o pretexto da preparação para o 50º Aniversário do Início da Guerra, os primeiros e segundos secretários dos comitês municipais de Moscou, Leningrado, Kiev, Minsk, Brest, Kerch, Murmansk, Novosibirsk, Odessa, Sevastopol e Tula acordaram, em Smolensk, o afastamento de Gorbachev do posto de secretário-geral. Com esses objetivos, reaproveitaram a ideia de convocar uma assembleia do partido extraordinária, uma ideia da direção do Partido Comunista Russo. A assembleia plenária do Comitê Central, exatamente como a 28ª Assembleia do Partido e a reunião do Partido russo, seria desvirtuada em um tribunal sobre a *perestroika* e Gorbachev. Os primeiros-secretários dos comitês centrais ucraniano e bielorrusso e dos comitês municipais de Moscou e Leningrado, assim como toda uma série de outros funcionários do partido, apresentaram-se com uma inflexão ameaçadora, abertamente insolente. Exigiam a declaração do estado de emergência.

Então, declarei minha renúncia do posto de secretário-geral e abandonei o salão. Ninguém contara com essa virada. Mais de setenta membros do Comitê Central redigiram espontaneamente uma declaração de apoio ao secretário-geral e exigiram, por sua vez, a convocação de uma assembleia extraordinária do partido. Depois de três horas de deliberações, o Politburo se dirigiu a mim com o pedido de consentir com a supressão da minha

Manifestação na praça Manege, março de 1991.

oferta de renúncia dos debates. Nasarbaiev e outros membros do Comitê Central conferiram ao ataque ao secretário-geral um forte revés.

Em minhas palavras finais, disse que um conflito no partido equivaleria a uma dança sobre um vulcão. Todavia, um diálogo de princípios sobre questões de teoria e política do partido, em virtude da discussão em torno de um novo programa partidário para a 29ª Assembleia do Partido, estaria prestes a acontecer. No fim, o Comitê Central aprovou uma resolução bastante equilibrada.

O acordo de Novo Ogarevo ajudou o governo de Pavlov a elaborar um programa anticrise votado com a direção das repúblicas, de cuja implantação as repúblicas bálticas também manifestaram interesse de participar. Assinei esse programa em 5 de junho. Ele foi publicado sob o título "Programa para uma Ação Conjunta do Gabinete Ministerial da URSS e do Governo das Repúblicas Soberanas para a Superação da Crise Econômica por meio da Transição ao Mercado". A implementação começou já no mês seguinte.

Um ano depois da declaração de independência da Rússia, a qual dizia que o país permaneceria membro de uma União renovada, em 12 de junho de 1991, aconteceram as eleições para a presidência da Rússia. Com 40%, Iéltsin recebeu, de longe, a maioria dos votos. Os demais candidatos (Richkov, Bakatin, Chirinovski, Makachov) claramente receberam menos votos. Os candidatos apoiados pelo PCUS perderam em todas as cidades maiores, precisamente onde, portanto, a parcela da classe trabalhadora e da *intelligentsia* era predominante. Isso foi um fiasco para o Partido Comunista Russo, sob seu presidente, Poloskov, e todos aqueles no Politburo que o dirigiam.

Como Iéltsin fora eleito legal e democraticamente presidente da Federação Russa, reconheci a eleição e combinei com ele como a assinatura do novo pacto da União seria feita. Com o texto finalmente fixado, agendamos a assinatura para 20 de junho.

De resto, a assembleia plenária do Comitê Central do PCUS aprovou em julho o projeto de um novo programa, segundo o qual o Partido Comunista deveria se transformar em um partido parlamentar de orientação social-democrata.

Em meados de 1991, predominava um relativo equilíbrio político entre o centro e a direção da maioria das repúblicas da União. É claro que esse equilíbrio era extremamente instável, simplesmente porque as bases econômicas estavam enfraquecidas. Mas o acordo de princípios que se delineara no âmbito do Encontro 9+1 havia aberto o caminho para os esforços seguintes sobre a base de um novo compromisso. Havia novamente sinais de uma colaboração por parte das repúblicas da Lituânia, Letônia e Estônia. Abriam-se novas perspectivas para um avanço nas mais importantes direções.

Sobre esse pano de fundo, em 30 de julho, antes de partir para as minhas férias em Foros, na Crimeia, onde queria me concentrar na preparação direta da assinatura do pacto da União, encontrei-me com Iéltsin e Nasarbaiev. Em uma conversa confidencial, combinamos os passos que estavam por vir e que, após a assinatura do pacto da União, eram prováveis e conjuntos. Acordamos em relação à eleição do presidente da União, à provável reorganização dos papéis no gabinete ministerial e a uma mudança no *status* desse grupo.

O golpe de agosto de 1991

A assinatura do novo pacto da União, ocorrida em 20 de agosto de 1991, podia e devia ser um acontecimento histórico para o nosso país. Ela tinha de sinalizar à sociedade e ao mundo que a maioria das nove repúblicas e o centro da União estavam prontos para estabilizar a situação em nosso país por meio de esforços comuns. Era preciso criar bases legais para a preservação da integridade do Estado da União, para renová-lo democraticamente por meio do desenvolvimento de relações federativas. O pacto deveria estabelecer o equilíbrio de interesses do centro e das repúblicas e deixar espaço para reformas democráticas. Em uma conversa telefônica em 14 de agosto, Iéltsin queixou-se comigo sobre a crescente pressão que o Rússia Democrática exercia sobre ele. Minha resposta foi curta: "Você é criticado pela manutenção e eu, pela extinção do império. Então estamos no caminho certo".

Mas, três dias depois, vi-me confrontado com outros opositores do novo pacto. Um grupo dos mais altos funcionários do Estado e do partido havia formado um "comitê de emergência". Em minha *datcha* em Foros, eles me privaram de todo contato exterior, para isolar a mim, minha família e meus colaboradores, e exigiram terminantemente de mim que proclamasse o estado de emergência e/ou transmitisse meus plenos poderes como presidente ao vice-presidente Janaiev, ou renunciasse. Refutei categoricamente todas essas exigências e lhes declarei que um comitê de emergência só poderia ser instalado com o conhecimento do Congresso dos Deputados do Povo ou do Soviete Supremo. Portanto, tinham de se dirigir para lá. Qualquer outra coisa seria um ato criminoso, pelo qual seriam responsabilizados. Por fim, cobri meus visitantes indesejados com os piores impropérios russos. Pensava, falando honestamente, que minha recusa veemente poderia desiludir os conspiradores e modificar suas intenções.

Sem haver obtido concordância para nenhuma de suas exigências, os enviados dos conspiradores retrocederam após a minha decidida negativa, um pouco confusos, como me pareceu. Mas o fato de que as ligações externas permaneciam cortadas, o acesso à *datcha* seguia dificultado e o isolamento tinha se intensificado atestava seus planos de longo alcance. Isso sugeria que pretendiam prender o presidente e tomar o poder.

O pretexto para o golpe havia sido simplesmente inventado: uma doença grave impedia o presidente da URSS de cumprir suas obrigações. Atestados médicos seriam apresentados como comprovação. Não é difícil imaginar por quais meios os "órgãos competentes", que haviam usurpado o poder, conseguiriam "comprovar" isso. Como ficou claro, "provas" da grave doença do presidente da URSS, de sua incapacidade de cumprir suas obrigações, foram apressadas e energicamente exigidas dos médicos por ordem pessoal do presidente da KGB, contudo sem sucesso. Justiça seja feita aos nossos médicos: à época, nem um único se dobrou à pressão. A declaração do comitê de emergência era manifestamente ilegal.

Os dias e noites com centenas de tanques nas praças e ruas de Moscou foram uma provação para os cidadãos, para as novas instituições democráticas e para toda a *perestroika*. O golpe foi um revés contra a *perestroika* como processo, cujo objetivo era uma renovação pacífica, sem violência, no sentido de uma democratização do Estado e da sociedade. A alienação do povo em relação ao poder tinha de ser superada. Por isso, o golpe foi um tremendo retrocesso ao tempo anterior à *perestroika*, quando as ordens vindas de cima, os ditames e a autoridade do medo regiam as relações entre Estado e sociedade.

As pessoas não se deixaram enganar pela falcatrua por muito tempo. Nem em Moscou, nem em Leningrado, nem em outras cidades ou repúblicas houve apoio maciço aos golpistas. Pelo contrário: em Moscou, centenas de milhares de cidadãos se opuseram a eles. O Soviete de Moscou e o Soviete Supremo da Rússia aguentavam firmes. Iéltsin, a quem os golpistas propuseram colaboração após o fracasso de suas exigências ao presidente da URSS, voltou-se publicamente contra eles.

Minha recusa em fazer conluio com os conspiradores retirou deles toda a aparência de legitimidade, atrapalhou seus planos originais e os confundiu. Depois, quando se depararam ainda com os protestos maciços em Moscou e com a recusa de uma série de altos representantes dos mili-

Chegada a Foros, agosto de 1991.

tares em tomar de assalto a Casa Branca, o comitê de emergência ficou abalado e desmoronou. Aparentemente, a *perestroika* e a democracia haviam vencido de maneira plena. Mas o *Putsch* minou a autoridade dos órgãos de poder e administração da União. E, em muitos aspectos, minou também a posição do presidente da União, pelo simples motivo de que os principais conspiradores, que haviam passado por cima da Constituição, da lei e das regras democráticas, eram funcionários superiores do Estado e do partido, do círculo do presidente. Entre eles, Lukianov, o presidente do Soviete Supremo da URSS.

Isso foi um duro golpe para a virada ao entendimento mútuo para o trabalho conjunto, iniciada com tanto esforço com base nas relações federativas, que se preparava entre o centro da União, o qual se renovava, e as repúblicas da União, que haviam se tornado Estados soberanos. Já nos dias do golpe, uma série de países declarou sua independência da União Soviética: Estônia, Letônia, Ucrânia, Bielorrússia, Moldávia, Azerbaijão, Quir-

Moscou nos dias do golpe, em agosto de 1991.

guistão e Uzbequistão. Com isso, a relação de forças no país havia se modificado. Sim, de fato se tratava de outro país. Disse isso, aliás, em meu retorno de Foros, quando eu mesmo, em muitos aspectos, já era outro...

A traição de pessoas que acreditava conhecer bem e que, pelas minhas costas, haviam preparado um golpe, abalou-me bastante. O problema não foi só que eles não mereciam minha confiança, enganaram-me e traíram-me; o problema foi que eu mesmo havia me equivocado e claramente superestimado suas qualidades humanas, morais e políticas. No auge da *perestroika*, quando novas perspectivas acabavam de se abrir, meus "protegidos" traíram cinicamente os objetivos e ideais democráticos, pelos quais havia se empreendido a renovação histórica do nosso país. E eles preferiram, a esses ideais, a violência, a intimidação e a trapaça – sem falar das suas criminosas violações do direito.

Outro duro golpe foi a conduta de uma parte dos secretários do Comitê Central, que não se declarou contrária aos conspiradores ou até mesmo os apoiou. Apenas alguns camaradas foram exceção. Sob essas circunstâncias, decidi, com dor no coração, renunciar às minhas obrigações como secretário-geral do Comitê Central do PCUS e recomendei que se declarasse extinto. Com isso, não era do meu interesse jogar no lixo toda a história e o trabalho da URSS. O problema foi que a proximidade do poder havia tornado os quadros burocráticos demais; eles haviam interiorizado demais as características negativas do sistema de comando, que havia sobrevivido. Os acontecimentos de antes e durante o golpe reforçaram em mim essa avaliação.

Por outro lado, tenho de realçar a postura de Iéltsin, que iniciou uma luta pública contra o comitê de emergência. Uma vitória dos golpistas teria atrasado muito o país e conduzido a consequências negativas duras demais e previsíveis. O outro lado da moeda, nesse caso, é apenas que Iéltsin não parou a tempo, e depois direcionou sua luta contra o Estado da União, no qual ele via o principal risco à soberania da Rússia.

Nos dias do golpe e imediatamente depois, quando eu já havia retornado de Foros, Iéltsin assinou todos os decretos inconstitucionais possíveis, com os quais subordinava os órgãos da União aos órgãos da república russa. Representantes da Federação Russa foram enviados às instituições da União para controlar, alterar ou anular as suas configurações. Com um despacho, aprovei a conduta do presidente russo durante o golpe, mas condenei os abusos seguintes de Iéltsin na direção mencionada, pois eles apenas reforçaram as tendências separatistas nas repúblicas, que queriam "privatizar" o mais depressa possível as empresas e instituições da União em seu território.

Mas, infelizmente, Iéltsin não parou de praticar a destruição da União Soviética.

Operação secreta para dissolução da União

Quando, no fim de dezembro de 1991, Iéltsin me informou de sua iminente viagem a Minsk, omitiu o principal: os presidentes da Rússia e da Ucrâ-

Retorno das "férias", 22 de agosto de 1991.

nia e o presidente do Parlamento bielorrusso, Chuchkevitch, pretendiam assinar secretamente documentos que anulariam as bases legais e políticas da União Soviética e, sob o pretexto da criação da Comunidade dos Estados Independentes (CEI), proclamariam a dissolução da URSS.

O encontro ocorreu na residência oficial Visculi, em Belaveja, nas proximidades da fronteira polonesa, sob o mais rigoroso sigilo e vigilância especial. "Trabalhamos duro, mas em uma boa atmosfera, a tensão crescia a cada minuto", contou Iéltsin mais tarde. (Como ele cuidou de elevar a atmosfera, nós já sabemos.) Burbulis, Gaidar, Kosirev e Chachrai aconselharam o presidente russo. Eles trabalharam durante toda a noite, "pois estava claro que o acordo tinha de ser assinado naquele local", admitiu Iéltsin.

Mas por que em um lugar, uma floresta, de difícil acesso para a imprensa, a televisão e representantes da opinião pública e do corpo diplomático? Porque estava claro para eles que estavam fazendo algo que as

A primeira entrevista após o retorno de Foros, 22 de agosto de 1991.

pessoas temiam e que só podia lhes ser apresentado como fato consumado. Em 8 de dezembro, Iéltsin, Kravtchuk e Chuchkevitch, como chefes dos três Estados, Federação Russa, Ucrânia e Bielorrússia, assinaram o pacto sobre a Comunidade dos Estados Independentes.

O documento dizia: "As negociações sobre a assinatura de um novo pacto da União estão em um impasse, a saída da URSS e a independência dos Estados são uma realidade". Haviam passado apenas duas semanas desde o 25 de novembro, em que os líderes de sete repúblicas da União haviam encaminhado o projeto do pacto da União aos parlamentos, como comprovou um comunicado oficial assinado por um deles. E, se as negociações de fato estavam em um impasse, por que isso não foi alegado no Conselho de Estado da URSS em Moscou, onde todas essas negociações aconteceram, e precisamente sobre o fundamento e em conformidade com os acordos de Novo Ogarevo? A resposta é evidente: porque os parceiros de negociação das outras repúblicas, em primeiro lugar os do Cazaquistão, por fim em Moscou, intervieram favoravelmente a uma "confederação de Estados da União".

Diferentemente do que afirmavam os conspiradores de Belaveja, nem todas as repúblicas haviam deixado a União. A maioria das repúblicas da União não havia declarado nada semelhante. Como a *troika* chegou a essa afirmação por conta própria e quem a autorizou a isso? Não há resposta para isso, muito menos uma que conserve a legalidade. A independência declarada pelas repúblicas após o golpe não excluía, nem legal nem faticamente, a possibilidade e a conveniência de participar de forma espontânea da União e criar uma confederação de Estados da União. Pelo contrário: a criação de um Estado desse tipo era de interesse objetivo e representava o desejo da maioria absoluta da população.

O Pacto de Belaveja afirma: "A urss deixa de existir como sujeito de direito internacional público e realidade geopolítica". E isso embora os povos da urss tivessem se manifestado pela manutenção da União no referendo de 17 de março de 1991. O que foi encenado ali, apressada e furtivamente, equivalia a uma dissecção conspiratória – para usar uma expressão médica – de um sujeito vivo, por mais que maciçamente traumatizado, a um dilaceramento de seu corpo. O presidente russo foi o protagonista nessa operação.

"Sem a Rússia, não teria havido o Pacto de Belaveja, sem a Rússia, a União não teria se desmembrado" – assim disse, mais tarde, o presidente do Cazaquistão, Nasarbaiev.* E Javlinski, a quem Iéltsin, não sem motivo, trocou por Gaidar, julgou: "Iéltsin e seu círculo têm claros objetivos políticos, que são prioridade para eles e que querem alcançar de qualquer maneira. Sobretudo a rápida desintegração (realizada dentro de um único dia), não apenas política, mas também econômica, da União, a extinção de todos os órgãos de coordenação econômica possíveis, inclusive os das esferas financeira, de crédito e monetária, e a desvinculação total da Rússia

---

*   *Nesavisimaia Gaseta*, 6 de maio de 1992.

em relação a todas as repúblicas, inclusive àquelas que não queriam de forma alguma, como a Bielorrússia e o Cazaquistão...”*

Os incumbentes desse programa foram Iéltsin e a ala radical de seu partido, o Rússia Democrática, que estavam convencidos da onipotência utópica de um livre mercado na Rússia. Na mesma direção já seguia a meta de uma "transição da direção atual da URSS, com Gorbachev no topo", para "estruturas paralelas", que "fariam a direção da União recuar" e formariam a base para uma futura comunidade de Estados, meta essa formulada pelo Rússia Democrática já em 1990.

Por isso, não é de se estranhar que Kravtchuk, de acordo com seu próprio depoimento[†], "tenha assinado rapidamente o documento ainda à noite, sem discussões e consultas". Para a convicção, teria faltado "as pessoas acharem correta a nossa decisão e tê-la por legítima". Com isso, Kravtchuk acertou na mosca. Do ponto de vista da legitimidade, o Pacto de Belaveja, todo o processo e as condições conspiratórias são completamente inaceitáveis. O desejo de poder e os interesses políticos e pessoais haviam claramente prevalecido sobre dúvidas jurídicas.

Por que essa pressa?

Um programa de televisão, transmitido por ocasião do quinto aniversário da desintegração da URSS, ainda está vivo na minha memória. Entre outros, participaram dele Chachnasarov, Chuchkevitch e Burbulis. O apresentador perguntou a Burbulis: "Então o projeto da CEI não teve longa duração?". O entrevistado confirmou. "E o que poderia tomar o seu lugar?", insistiu na questão o apresentador. Então, Burbulis: "Possivelmente, uma União gorbacheviana moderada". Burbulis estava protocolarmente fazendo ro-

---

*   *Literaturnaia Gaseta*, 1992.

†   *Rabotchaia Gaseta*, 11 de dezembro de 1991.

deios, tentava tergiversar. Por todos aqueles anos, ele havia estimulado Iéltsin e ele próprio havia tramado a desintegração da União.

Era possível ter renovado e mantido a União. Persisti nisso até o fim. Os opositores da União se apavoravam com isso. Em novembro de 1991, Chevardnadse havia voltado ao posto de ministro de Relações Exteriores da URSS. Para as repúblicas da União e para o mundo, isso foi um sinal de que o presidente da URSS queria voltar a exercer uma política externa ativa. Essa posse atenuaria e equilibraria a linha de política externa parcial e pró--ocidente do Ministério de Relações Exteriores russo de Kosirev. Em resumo, apesar das afirmações veementes dos opositores de que a União não existia mais, prossegui obstinadamente, juntando pedrinha por pedrinha, e lutei pela União "até o último cartucho".

Nessa situação, a direção ieltsista decidiu impor seus planos separatistas. Embora os três líderes republicanos tivessem declarado em Belaveja que a União não existia mais e, em especial, terem informado isso ao presidente dos Estados Unidos, eles temiam o encontro com o presidente da União, que fora marcado previamente para 9 de dezembro, no Kremlin. Kravtchuk e Chuchkevitch permaneceram distantes. Iéltsin certificou-se antes comigo de que nada aconteceria a ele.

O que o presidente da União, declarada inexistente, deveria fazer? Prender Iéltsin e seus camaradas por seus atentados à Constituição? Não é que o presidente não tivesse mais o controle total sobre os órgãos de segurança e sobre o exército. Se tivesse decidido me amparar em uma parte dessas organizações militares, isso teria levado, inevitavelmente, a um conflito político crítico, que poderia ter implicado derramamento de sangue e consideráveis consequências. Não podia fazer isso sem trair a mim mesmo. Mas eu não queria "desistir" da União enquanto ainda via uma possibilidade de salvá-la. Por isso, lutei por sua manutenção.

Em 9 de dezembro, declarei que era necessário discutir tanto o projeto de uma União de Estados soberanos como também o Pacto de Belaveja em todos os sovietes supremos das repúblicas. Como o pacto propunha uma forma diferente de Estado, o que caía na competência do Congresso dos Deputados do Povo da URSS, declarei que o Congresso deveria ser convocado, e não descartava também a possibilidade de um plebiscito para essa questão. Diante dessa declaração, os líderes dos sovietes supremos da Federação Russa e da Bielorrússia vetaram a convocação do Congresso dos Deputados do Povo da URSS, enquanto destituíram seus representantes desse colegiado. O teste do pacto da União nos parlamentos das repúblicas deu em nada.

A direção russa queria, a todo custo, alcançar uma aprovação do Pacto de Belaveja por uma clara maioria de seu Parlamento. Para esse propósito, empregou Chasbulatov e até mesmo Siuganov. A pressão política, psicológica, etc. sobre os deputados do povo da Federação Russa, inclusive sobre os membros do Partido Comunista russo, que julgaram negativamente o Pacto de Belaveja ou hesitaram, obteve êxito. Dos 201 deputados, 188 votaram a favor do Pacto, contra, seis – sete deputados se abstiveram.[*] Somente Baburin, Isakov, Konstantinov, Poloskov, Lysov e Nikolai Pavlov votaram contra a dissolução da União.

No Soviete Supremo da Rússia, a discussão e a decisão sobre esse problema, extensivo ao país, foram marcadas por uma atmosfera nervosa e ultrapatriótica. Iéltsin e os outros autores do pacto garantiam que apenas quando a Rússia tivesse se libertado do centro da União seria possível construir relações mais justas e leais com as outras repúblicas. Todas as dúvidas e questões de uma série de deputados foram varridas da mesa. Os resultados da votação foram recebidos com uma ovação em pé.

Menos de dois anos depois, em outubro de 1993, Iéltsin teve de dispersar o mesmo Soviete, quando ordenou bombardeá-lo com tanques – a dissolução da assembleia constituinte pelos bolcheviques em 1918 fora absolutamente inócua comparada a isso. A propósito, até hoje não está claro como muitas pessoas morreram ali. Elas foram rapidamente removidas em contêineres e sepultadas em algum lugar. Iéltsin temia que devesse ser res-

---

[*]   O Pacto de Belaveja (também conhecido pelo nome de "Tratado de Minsk") foi ratificado
        pelo Soviete Supremo da Federação Russa em 12 de dezembro de 1991.

ponsabilizado por aquilo e propôs uma barganha: se a investigação de todo o trágico incidente com o bombardeio do Parlamento não prosseguisse, ele decretaria uma anistia para os golpistas de 1991, a quem o processo foi feito diretamente pelo Tribunal Superior. Uma barganha *par excellence*.

E agora? Acredito, tanto depois como antes, que uma união de Estados independentes qualitativamente nova tem uma chance, mas até então isso ainda está longe. A criação de uma união aduaneira entre Rússia, Cazaquistão, Bielorrússia e outras é, em todo caso, um passo na direção certa.

Em 23 de dezembro de 1991, entreguei a Iéltsin, na presença de Jakovlev, a documentação presidencial. Combinamos que o aparato da União interromperia suas atividades em 30 de dezembro.

Nessa fase de transição, ocorreram os seguintes episódios: já em 1990, cientistas e arquivistas soviéticos, que pertenciam a uma comissão conjunta soviético-polonesa para a investigação da chamada "mancha branca" nas relações entre a União Soviética e a Polônia, haviam descoberto documentos de tropas de escolta do NKVD que comprovavam, de forma indireta, mas evidente, a responsabilidade direta de Berija, Merkulov e seus cúmplices pelos crimes em Katyn.

Em 13 de abril de 1990, durante a visita de Estado do presidente polonês Wojciech Jaruzelski a Moscou, dei uma declaração pública sobre as listas e outros materiais de arquivo, descobertos por historiadores soviéticos, sobre prisioneiros de guerra e confinados em campos na URSS. Neles havia, inclusive, os nomes dos cidadãos poloneses que foram confinados nos campos do NKVD nos anos 1939/40. Em um comunicado oficial da TASS, de 13 de abril de 1990, o lado soviético expressou seu profundo pesar sobre os trágicos incidentes e declarou: "A tragédia de Katyn está entre os mais graves crimes do stalinismo". Na época, foi instaurada pela Procuradoria--Geral Militar uma investigação criminal sob o número 159. Após a minha demissão como presidente da União, era tarefa de Iéltsin repassar os autos às autoridades polonesas. A razão pela qual ele só fez isso com um atraso de quase um ano e, além disso, declarou que os documentos haviam sido descobertos apenas há pouco tempo, fica em aberto.

Outro ponto que quero mencionar diz respeito à falsa afirmação de Iéltsin de que eu, em uma conversa de trabalho com ele, teria apresentado uma "lista gigantesca de reivindicações" de privilégios e exigido um *status* especial de imunidade. Naturalmente, no encontro foram mencionadas questões que afetavam o *status* do presidente da União após a renúncia às suas obrigações oficiais. Entre elas, também a questão da minha vigilância como portador de segredos do Estado. Totalmente fora do contexto, Iéltsin declarou então, de maneira ameaçadora, que uma imunidade do presidente após a renúncia estava fora de questão: "Se o senhor se sente culpado por alguma coisa, é melhor que confesse enquanto ainda é presidente".

Mesmo sem garantia de imunidade, resisti por uns bons vinte anos dali em diante. No decurso desses anos, vivenciei os mais diversos incidentes: da brusca exigência de deixar a residência e a *datcha* do presidente dentro de 24 horas até a proibição de viajar ao exterior (infelizmente, inclusive para ao funeral de meu amigo Willy Brandt), da encenação de um processo contra o PCUS e Gorbachev nos moldes dos processos de Nuremberg até o infame bloqueio pelas tropas e a difamação da Fundação Gorbachev, a proibição de aparições públicas e da publicação dos meus livros. Isso sem falar da minúscula aposentadoria equivalente a dois dólares e dos inúmeros insultos, ora mais, ora menos ferozes, por parte da nova-velha nomenclatura russa e seu "líder".

Essa era, na realidade, a aparência da "civilização de Belaveja", a cujo nível o país desceu. Pois lá escreve Iéltsin, a sério, em suas memórias: "Nós queríamos abrir o precedente de uma vida aberta, desimpedida e tranquila para um antigo chefe de Estado, e fizemos isso, aliás, pela primeira vez na história russa, apesar de tudo". Que "precedente", que inovação? Isso é a mais pura demagogia.

Nos últimos dias antes da minha saída do Kremlin, telefonei para Kohl, Mitterrand, Major, Bush, Mulroney e meus outros parceiros políticos. Eles perguntaram a minha opinião, minha avaliação e meus prognósticos para o futuro. Embora eu fosse da opinião, tanto depois como antes, de que os acontecimentos não se desenvolveram na direção que considerava correta,

Com Iéltsin, Korchakov e Jakovlev no Kremlin, dezembro de 1991.

assegurei aos meus parceiros de diálogo que utilizaria todas as possibilidades para intervir a favor da vitalidade e eficiência da comunidade. O pior, alertei, seria o avanço da desintegração. Era preciso impedir isso. Por isso salientei a necessidade de que o Ocidente apoiasse a comunidade e, especialmente, a Rússia. Acentuei a atualidade do auxílio financeiro e alimentício.

Os parceiros de diálogo me perguntaram sobre meus planos para depois do Kremlin. Assegurei a eles que não me esconderia na floresta, não me retiraria da política e da vida pública. No âmbito das minhas possibilidades, queria também, sob as novas condições, apoiar as reformas democráticas que haviam sido introduzidas pela *perestroika*.

Reconheci: a atenção, as garantias e os bons votos de meus velhos conhecidos e parceiros elevaram um pouco o meu moral, que não estava muito bom. O cuidado com a obra que meus camaradas de convicção e eu havíamos começado não me abandonou. Esse cuidado foi apenas amenizado pela convicção de que eu havia feito tudo, e estava preparado para

490

continuar fazendo, o que estava dentro de minhas forças e possibilidades para renovar o país, a sociedade e a vida dos meus concidadãos.

Quando refletia sobre o conteúdo de meu discurso público de despedida, desconsiderei os conselhos de deixar os fundadores da comunidade em paz. Queria apresentar o caminho e o resultado dos acontecimentos de maneira fiel à realidade, isto é, denunciar o perigo do desmoronamento do Estado e acentuar a necessidade de conservar as conquistas que havíamos alcançado nos anos da *perestroika*. Quando surgi, em 25 de dezembro, com a declaração da renúncia ao meu posto presidencial, mantive meu repúdio à divisão do país e declarei que faria tudo, dentro das minhas possibilidades, que levasse o Tratado de Alma-Ata* a um consenso real na sociedade e indicasse uma saída para a crise por meio de reformas.

O quarto de século que se passou desde o início da *perestroika* me dá todo o direito de dizer: ainda hoje, estou convencido da exatidão histórica das reformas democráticas, que foram introduzidas na primavera de 1985. Os anos que se passaram desde então atestam não apenas a exatidão histórica, mas também a crescente atualidade de uma renovação democrática de nosso país. Da mesma maneira como a atualidade da minha declaração aos concidadãos de 25 de dezembro de 1991: "É vital conservar as conquistas democráticas da *perestroika*. Não podemos, sob nenhuma circunstância e nenhum pretexto, desviar-nos dessas conquistas. Do contrário, todas as esperanças de um futuro melhor estão destruídas".

As conquistas democráticas da *perestroika*, que haviam suportado o golpe de agosto, foram depois expostas a novas provas por parte de um regime de poder pessoal. Esse regime havia se estabelecido sob o subterfúgio dos lemas democráticos, com o apoio dos democratas radicais da velha e da nova nomenclatura russa e a tolerância real dos "líderes" liberais

---

*   Com o Tratado de Alma-Ata, onze Estados da antiga União Soviética fundaram formalmente, em 21 de dezembro de 1991, a Comunidade dos Estados Independentes (CEI). Originalmente, faziam parte dela Armênia, Azerbaijão, Bielorrússia, Cazaquistão, Quirguistão, Moldávia, Rússia, Tajiquistão, Turcomenistão, Ucrânia e Uzbequistão.

Discurso na televisão por ocasião da renúncia ao posto presidencial, 25 de dezembro de 1991.

do Rússia Democrática. Todas as decisões importantes, que afetavam os interesses vitais do povo, foram tomadas pelas suas costas e às suas custas. Assim ocorreu com a "terapia de choque" e a privatização atabalhoada, que lançou a absoluta maioria da população à miséria e teve como consequência uma enorme polarização social; até hoje é impossível ignorar as profundas marcas dessas medidas na sociedade russa. Assim acabaram com o primeiro Parlamento russo eleito livremente, que foi bombardeado em outubro de 1993 por ordem de Iéltsin. Dessa forma foi iniciada a Guerra da Chechênia, que degringolou em um longo e extremamente sangrento massacre, com consequências dolorosas até hoje. Assim, as eleições para a presidência de 1996 se transformaram em um verdadeiro *show*, por meio da compra de eleitores, despesas ilegais em montantes de muitos milhões de dólares e falsificações grosseiras.

Tendo chegado ao poder e agarrando-se a ele a qualquer preço, os democratas radicais se transformaram em liberais radicais, que haviam se esquecido da democracia e da responsabilidade social. Como consequência disso, os próprios conceitos de "democracia" e "reformas" caíram em descrédito junto ao povo. Nisso não vejo tanto a culpa principal da "elite" dos anos 1990, e sim, muito mais, uma grande infelicidade da nossa sociedade até os nossos dias.

Prova disso são os enfáticos apelos do antigo presidente russo Medvedev à modernização. Sem uma nova ruptura da atividade dos cidadãos, uma modernização – se se considerar o Estado e a sociedade, e não simplesmente renovações técnicas em ramos de produção isolados – não pode dar certo. Apenas os cidadãos, com seus direitos e deveres, podem ser atores de uma modernização social. A libertação do homem, sua transformação de uma "engrenagenzinha" em um participante ativo dos processos político-sociais, que faz suas próprias escolhas, que pode influir em seu destino pessoal e político, no rumo das coisas em seu entorno e em seu país, esse era o objetivo da *perestroika*. E, aliás, em grande medida, isso foi alcançado; pelo menos no decorrer desses nem sete anos da *perestroika*, muita coisa se movimentou. O principal que ela trouxe é a tremenda eclosão da atividade social enérgica, política e cívica de uma massa de novas pessoas de todas as faixas etárias, de gerações inteiras e, especialmente, da juventude.

Nos anos da *perestroika*, a sociedade civil na Rússia, de certo modo, despertou e cresceu. Os cidadãos não queriam e não admitiam o regresso de seu país à época anterior à *perestroika*. Mas, depois de terem rechaçado os golpistas, os cidadãos da Rússia, com atraso, perceberam a armadilha política em que foram atirados pelos distintos demagogos e líderes da nomenc'atura especializados em intrigas. "Um líder firme" e certeza da vitória, isso se mostrou incompatível com a democracia e lhe era, desde o início, estranho.

Na disputa pela *perestroika*, meus adversários e eu cometemos uma série de erros, os quais já relatei. E, embora muitos dos meus opositores fossem e sejam da opinião de que nem o PCUS nem a URSS tivessem de ser reformados, tanto depois como antes, sou de opinião diferente. Muitas coisas poderíamos e deveríamos ter enfrentado antes, mais rápido e, como ficou evidente agora, de forma mais dura. A subestimação da grave crise financeira e econômica em que o país caiu foi um erro estratégico da *perestroika*. Devíamos ter começado antes e de maneira mais resoluta a virada para uma economia de mercado social. Teríamos conseguido deter e impedir o colapso do mercado de consumo ainda nos anos 1990/91 se tivéssemos disponibilizado os meios necessários para isso e reduzido de maneira mais drástica as despesas militares.

A pergunta se impõe: por que os chefes da *perestroika* não enfrentaram tudo "mais cedo, mais rápido e de forma mais dura"? Quem e o que os impediram?

O processo, instaurado pela *perestroika*, da renovação fundamental de um país tão gigantesco e multifacetado, como era a União Soviética, requereria, para ter um desenvolvimento exitoso, muito mais tempo que os curtos sete anos concedidos à *perestroika* antes de ela ser interrompida no meio do caminho. Os opositores da *perestroika*, embora fossem de orientação social antagônica, agiam paralelamente e em sincronia. Uns freavam e sabotavam a renovação; outros exigiam uma aceleração, atiçavam e abalavam as estruturas da União. Sob o pretexto da luta contra os conservadores, quebraram a espinha dorsal do centro da União e a "liquidaram". Em 1991, a *perestroika*, e com ela todo o Estado da União, viveu duas tremendas conspirações: o golpe de agosto e o Pacto de Belaveja, em dezembro. Esses foram, em suma, dois golpes de Estado, que, apesar de todas as diferenças de seus líderes, têm uma grande semelhança.

Primeiro: tanto um como o outro foram uma conspiração e foram preparados em segredo, pelas costas do povo.

Segundo: tanto um como o outro atentaram contra as constituições da União e das repúblicas da maneira mais grosseira.

Terceiro: tanto um como o outro basearam-se em mentira e enganação.

Quarto: tanto um como o outro foram endereçados contra Gorbachev, mas levaram à destruição do Estado (um, factualmente; outro, de forma totalmente dirigida).

Mas a principal semelhança desses dois golpes de Estado consistia em que, por trás deles, estavam, na realidade, os interesses da nomenclatura. Em um caso, a parte da nomenclatura que temia perder seu poder e seus privilégios; no outro, a parte que queria declarar e "legalizar" seu domínio sobre a propriedade, denominada propriedade "da União", "do povo" ou "do Estado", junto aos novos detentores do poder republicanos.

O primeiro golpe de Estado fracassou porque foi reconhecido a tempo pela população como regresso aos anos anteriores à *perestroika*. O segundo golpe de Estado obteve êxito porque se serviu dos mesmos lemas democráticos da *perestroika* e prometeu uma rápida superação da crise e o prosseguimento do desenvolvimento da democracia. Em outras palavras: a velha nomenclatura não havia conseguido ludibriar o povo, mas a nova nomenclatura em torno de Iéltsin conseguiu, a princípio.

Mas rapidamente mostraram-se também diferenças importantes. Enquanto os golpistas de agosto não se atreveram a disparar contra o Parlamento russo na Casa Branca, Iéltsin não teve nenhum escrúpulo em fazê--lo em outubro de 1993. Nisso uma *nuance*, sobre a qual não se fala até hoje, desempenhou um papel importante e significativo. A firmeza de Iéltsin, por fim, não teve a ver com o fato de que ele antes se certificara da anuência e do apoio de personalidades dirigentes de alguns países ocidentais, que muito rapidamente o "perdoaram" por esse procedimento ou simplesmente não quiseram perceber.

A *perestroika* no mundo de hoje

Gostaria de abordar ainda outro tema, a saber, a disputa pela *perestroika* no Ocidente. É claro que o destino de nosso país e da *perestroika* foi decidido, em primeiro lugar, dentro da União Soviética e dependia, sobretudo, da condição da nossa sociedade, nossa economia, das proporções das formas políticas internas. Isso é incontestável. Mas a União não existia em um vácuo – muitas coisas dependiam da situação internacional, das nossas relações com as nações vizinhas e as superpotências, e, principalmente, de nosso posicionamento no mundo. Como a *perestroika* almejava veementemente renovações necessárias de uma das duas superpotências, ela dizia respeito a toda a comunidade mundial. Esta seguia atentamente os processos político--sociais introduzidos com a *perestroika*. No início, a *perestroika* era tida no Ocidente como pura campanha de propaganda, inclusive nos Estados Unidos.

Em outubro de 1987, Bóris Iéltsin entrou no foco dos especialistas americanos como o mais chamativo e espalhafatoso antagonista da direção sob Gorbachev. Quando, em setembro de 1989, Iéltsin viajou aos EUA, o assessor de segurança nacional do presidente, general Brent Scowcroft, recebeu-o em uma sala na Casa Branca, na qual de repente surgiu George Bush por um quarto de hora. À época, Iéltsin não lhe causou grande impressão.

Como ficou evidente em publicações divulgadas mais tarde, uma série de colaboradores notáveis da CIA e o ministro da Defesa, Cheney, pessoalmente tentaram, a partir do início do ano de 1990, convencer o presidente americano a se afastar do "monocentrista" Gorbachev e apoiar Iéltsin. O argumento para isso era que os planos políticos de Iéltsin, a saber, a divisão e dissolução da União Soviética e introdução de um livre mercado não regulado pelo Estado na Rússia, representavam mais os interesses nacionais dos EUA do que a linha política de Gorbachev, que pretendia apenas atenuar o socialismo estatal e passar para uma economia de mercado "regulada".* Gates escreve: "A CIA era um claro partidário de Iéltsin, ela o apoiava não apenas verbalmente, mas também por meio de uma série de avaliações que salientavam sua popularidade dentro e fora da Rússia, sua iniciativa no campo das reformas e seu tratamento das questões nacionais".† De acordo com outros, nos depoimentos de "especialistas" americanos publicados nos anos pós-soviéticos, o serviço secreto intercedia de forma tão maciça a favor

---

*   V. Robert M. Gates, *From the Shadows: The Ultimate Insider's Story of Five Presidents and How They Won the Cold War*, New York 1996, p. 496.

†   Idem, p. 503.

de Iéltsin que o general Scowcroft falava até mesmo de um "fã-clube de Iéltsin dentro da CIA".

A ala mais conservadora do *establishment* americano e seus representantes em torno de Bush, assim como, por fim, o próprio presidente americano, apostavam em Iéltsin, cujos objetivos de esfacelar e extinguir a União eram do interesse da direção americana. Era evidente que esta achava que uma Rússia enfraquecida sob Iéltsin era mais do seu interesse que a perspectiva de uma União renovada, a favor da qual intercedia Gorbachev. Isso também representa mais a tradicional estratégia americana da força, que conhece apenas "vitória ou derrota". Não à toa, representantes do complexo industrial-militar, do serviço de informações e do monopólio do petróleo desempenharam um papel tão ativo para acabar com as relações da América com a União Soviética e a linha de Iéltsin. Isso vale especialmente para Cheney, Rumsfeld e Gates.

A interpretação do fim da Guerra Fria como vitória dos EUA e vitória do Ocidente sobre o Oriente e a União Soviética certamente também vem desse círculo. Mas esse cálculo totalmente pragmático desse círculo era a única solução possível, racional e também sensata para a perspectiva da direção americana no mundo modificado após o fim da Guerra Fria? Os anos após a destruição da União Soviética mostraram que os EUA, que se sentiam como os únicos vencedores da Guerra Fria, começaram a se comportar no cenário internacional de acordo com o duvidoso princípio: "Os vencedores não serão levados a juízo". Mas justamente isso não fortaleceu as posições americanas no mundo, pelo contrário.

Por quase toda parte cresceram os ânimos antiamericanos, até que o terrorismo atingiu o coração dos EUA. O ataque terrorista sem precedentes de 11 de setembro de 2001 desencadeou, em todo o mundo civilizado, uma onda de compaixão e simpatia com os americanos. Mas a Guerra do Iraque, iniciada pelos EUA, com suas violações grosseiras do direito dos povos e o desprezo da ONU, fez tudo menos fortalecer a direção americana, mesmo entre seus aliados. A política americana em relação à Rússia de Iéltsin também não elevou a autoridade dos EUA.

Nos anos da presidência de Iéltsin, os líderes dos EUA agiam como se não percebessem nada: nem o bombardeio do Parlamento, nem as monstruosidades da "terapia de choque" e a privatização criminosa, de cuja realização, aliás, conselheiros americanos participaram, nem a penúria do sistema oligárquico com a pilhagem do país. O Ocidente apoiava em bloco o rumo liberal radical de Iéltsin e, nos assuntos internacionais, não se importava com a Rússia e sua reputação. Pensava-se apenas no bombardeio de Belgrado, apesar dos protestos de Moscou!

Ria-se das estranhas quedas do presidente russo, davam-lhe tapinhas indulgentes nos ombros e o celebravam como um "autêntico democrata russo". Portanto, não é de se estranhar que esse tratamento cínico com a Rússia minasse o respeito e a confiança em relação aos padrões democráticos ocidentais em vastos círculos da população russa. E não é de se admirar que, nos anos do governo Iéltsin, que os ânimos antiamericanos crescessem.

A Rússia de Iéltsin, enfraquecida pela destruição da União, mostrou-se incapaz de dar continuidade ao papel construtivo que a União Soviética havia desempenhado no nível internacional nos anos da *perestroika*. Assim foram perdidas, por um longo período, as oportunidades, criadas por meio do fim da Guerra Fria, de conduzir a comunidade mundial a uma nova ordem mundial, a um mundo mais estável, justo e humano, como disse, certa vez, o Papa João Paulo II.

Durante anos, não foram aproveitadas também as condições favoráveis, estabelecidas com a *perestroika*, para a edificação de uma grande Europa, uma casa europeia comum, e o desenvolvimento dos processos europeus.

A crise financeira global dos últimos anos mostra a necessidade de a comunidade mundial retomar o caminho das profundas e construtivas transformações das relações interestatais, introduzido nos anos da *perestroika* e ligado a essa época de maneira indissolúvel.

O desejo por um novo capítulo da civilização nos níveis global e estatal-nacional certamente abrirá caminho no mundo. Já há os rudimentos para tanto. Será uma "nova modernização". Seu objetivo não é simplesmente o retorno aos tempos e à ordem anteriores à crise; seu objetivo é a transição para um novo modelo de desenvolvimento do mundo. E, nesse contexto, estou convicto disto, observar mais uma vez a experiência da *perestroika* em todos os seus aspectos poderia ser de interesse e utilidade.

Conclusão da *perestroika*

Não se deve julgar a *perestroika* pelo que ela não alcançou, e sim pela dimensão da reviravolta que significou para a história multissecular da Rússia e, por consequência, para todo o mundo. A *perestroika* foi uma resposta aos anseios da sociedade soviética. Mas, ao mesmo tempo, resgatou também problemas que se apresentavam mundo afora no último quarto do século passado. Com a *perestroika*, nosso país retomou os processos de desenvolvimento da comunidade mundial. Nisso, ela encontrou ressonância mundial e também desencadeou tendências progressistas em outras partes.

Nesse sentido, a *perestroika* pertence à "terceira onda de revoluções democráticas", que passou pela Europa em meados dos anos 1970 (Grécia, Espanha, Portugal) e que, na década seguinte, se propagou por todo o mundo ocidental. A *perestroika* acolheu esse movimento e o conduziu de volta à Europa, no oriente do continente europeu, que até então estava alijado da Europa pela "Cortina de Ferro".

Nos anos 1980 e 1990, quase todas as nações estavam diante da necessidade de se posicionar sobre os desafios da globalização.

Todo povo tem o direito a uma escolha livre, de acordo com sua história, sua cultura, sua mentalidade e suas possibilidades. Disso resulta uma diversidade de variantes de desenvolvimento. A liberdade de escolha não pode ser limitada por ninguém. Esse era o início do meu "revisionismo": sou da opinião de que soluções democráticas não podem ser encontradas sem livre escolha e pluralismo. Digam o que disserem hoje os opositores e críticos da *perestroika*, aquela foi uma época maravilhosa. Descobrimos um caminho que nos levaria adiante; fizemos o que tinha de ser feito: criamos a liberdade, *glasnost*, pluralismo político, democracia. Libertamos as pessoas. Criamos as condições para a liberdade cidadã, liberdade de consciência, de opinião e de expressão, que proporcionam escolha às pessoas.

A *perestroika* aboliu o monopólio do partido e a ideologia. Ela pôs fim à era Stálin, às repressões política e ideológica. Centenas de milhares de pessoas julgadas inocentes foram reabilitadas. Proibimos a censura, instauramos a liberdade de reunião e manifestação, criamos o direito de fundação de organizações e partidos políticos, abrimos a possibilidade de eleger candidatos alternativos. Surgiram de fato órgãos representativos de poder, e foram dados os primeiros passos para a divisão do poder. Surgiu no país um sistema aberto ao parlamentarismo.

Pela primeira vez, havia a possibilidade de viajar livremente ao exterior e criticar publicamente a direção e os detentores do poder de nosso país. Mesmo que nem todos os direitos e liberdades tenham se realizado sem perdas, o movimento nessa direção iniciado pela *perestroika* era irreversível.

A lógica econômica da *perestroika* tinha por meta um desmonte continuado do sistema de economia planificada e a introdução de elementos da economia de mercado. Iniciou-se a construção de formas econômicas de diversos tipos, a igualdade de direitos de todas as formas de propriedade foi instaurada, o empresariado e o sistema de arrendamento se formaram, sociedades anônimas foram fundadas e a privatização teve início. No âmbito da reforma agrária, o campesinato foi restaurado, e autênticos fazendeiros se apresentaram. Milhões de hectares de terra foram concedidos aos habitantes das aldeias e das cidades.

As tentativas de uma reforma democrática do Estado multinacional e a transformação do Estado unitário ultracentralizado em uma autêntica federação levavam à conclusão do planejado novo pacto da União. O reconhecimento da soberania real de cada uma das repúblicas estava ancorado em que, nas áreas comuns, necessárias a todos – econômica, social, legal –, uma defesa e uma política externa comuns deviam ser garantidas.

As reformulações no interior do país levavam necessariamente a uma virada na política externa. O novo rumo da *perestroika* trazia consigo uma renúncia ao antigo rumo do confronto, à repartição do mundo em "nós" e "os outros" e à tentativa de impor aos outros o próprio modo de vida. Ele permitiu uma reconsideração dos fatores mais importantes para a segurança do nosso país e os caminhos para alcançá-la, e assim pôs em curso um amplo diálogo sobre os novos princípios da ordem mundial. Apesar de todas as dificuldades internas e internacionais, a política externa da *perestroika*, inspirada pelas ideias de um novo pensamento, trouxe resultados indiscutivelmente positivos – o mais importante é o fim da Guerra Fria. Com isso terminou uma longa, potencialmente muito perigosa fase da história mundial, já que toda a humanidade vivia sob a constante ameaça de uma catástrofe atômica.

As relações com Estados tanto do Oriente como do Ocidente se normalizaram, o que possibilitou reduzir drasticamente nossas despesas militares e aplicar uma parte do dinheiro livre na produção civil. O desejo apaixonado das pessoas que ainda vivenciaram o ano de guerra de 1941, de jamais permitir uma guerra como essa, finalmente se realizou.

A transição para essa nova sociedade se deu sem derramamento de sangue. Conseguiu-se evitar uma guerra civil. Fomos tão longe com as reformas que não havia volta. Até hoje muitos se admiram como isso definitivamente foi possível nessa nação grande e complexa.

Essa é a conclusão da *perestroika*, segundo a qual fica evidente que ela, de maneira nenhuma, fracassou. Com o intervalo de vinte anos, fica fácil refletir sobre o que não foi feito corretamente no decorrer da *perestroika*, quais erros cometemos e onde circunstâncias adversas se potencializaram de maneira desastrosa.

O paradoxo dramático da *perestroika* está estreitamente relacionado com o legado que foi posto em nosso colo: ousar mudanças estava relacionado a um alto risco, mas renunciar a elas teria sido ainda mais arriscado para um país na situação daquela época. Em retrospectiva, percebemos mais claramente as origens essenciais que dificultaram uma reforma da sociedade soviética. No decurso da democratização, as contradições acumuladas nos setenta anos da era dos sovietes se fortaleceram rapidamente. Ideólogos inescrupulosos e políticos irresponsáveis tiravam proveito delas.

Mas também não seria correto atribuir o dramático fim da *perestroika* exclusivamente a razões objetivas: acasos trágicos, a particularidade russa e as especificidades do passado soviético. Houve também erros na direção, se bem que ela estava sob forte pressão do tempo e sujeita ao fogo cruzado de conservadores, radicais e nacionalistas, que, por fim, formariam uma frente única para derrubar o poder central.

Não tiramos o devido proveito do claro apoio popular no início. Não sei se um poder estatal alguma vez encontrou um apoio tão aberto e veemente. Mas nós o perdemos a olhos vistos. Deixamos passar a ocasião de resolver os problemas da fixação de preços e do mercado. Tínhamos de ampliar a oferta de consumo, adaptar – de forma mais corajosa e consequente –, a indústria bélica à fabricação de artigos para o povo. Assim, não teríamos feito as pessoas perderem o fio da meada. Iniciamos tarde demais a reformulação da União e a remodelação do pcus em um partido democrático de perfil moderno. Esses foram os maiores erros.

A urss era um "Estado-partido", em que o pcus e as instituições estatais estavam inseparavelmente entrelaçados entre si. Por isso, uma fraqueza do partido atraía automaticamente para si uma fraqueza do Estado. O partido, por sua vez, era caracterizado pela nomenclatura, e era notório que justamente esta não simpatizava com reformistas. Em geral, ela os destituía e reprimia quaisquer tendências que pudessem trazer mudanças consigo. Entretanto, o trágico consistia em que, com o "Estado pcus" – com a herança de uma época histórica passada e ultrapassada –, não conseguíamos progredir, nos desenvolver; porém, rejeitá-la imediatamente significaria expor o país a um grande perigo, pois na época a nomenclatura ainda tinha a palavra em todos os níveis do governo.

Uma reforma do pcus, impulsionada pela direção do partido, teria sido uma saída para essa contradição básica. Só na assembleia plenária, em julho de 1991, um congresso extraordinário do partido foi convocado para reformar o pcus. Em novembro deveria estar em discussão o novo programa de um partido social-democrata. Mas o golpe de agosto e o Pacto de Belaveja frustraram esse plano, assim como o do novo pacto da União. A forte torrente conservadora no Politburo e nos andares superiores do partido, em geral, levou a que, não raramente, tenhamos iniciado soluções urgentes tarde demais.

Uma última coisa. O mérito histórico dos reformistas da época da *perestroika* está em que realizaram as reformas radicais necessárias há muito tempo, e pelo caminho democrático. Avançaram passo a passo, na medida das possibilidades da época, e expandiram sucessivamente os limites da liberdade, a dimensão e a profundidade das mudanças. No decurso da *perestroika*, conseguiu-se mudar qualitativamente a sociedade, dar-lhe uma dimensão democrática. O reconhecimento de um ou outro erro não anula os méritos fundamentais da *perestroika*.

A *perestroika* foi concebida como alternativa aos dois extremos históricos: ao capitalismo egoísta, jurado à propriedade privada, de um lado, e ao totalitarismo stalinista, do outro. Ao mesmo tempo, ela foi um movimento tão espontâneo quanto enérgico no sentido de fundir entre si os aspectos positivos do socialismo e do capitalismo. Tomada isoladamente, a *perestroika* foi um feito histórico: pelo menos a sociedade soviética se livrou, pelas próprias forças, do sistema totalitário e também preparou, para outros países e povos, o caminho para a liberdade e a democracia.

Em todas as diferentes avaliações da *perestroika*, nossos compatriotas desfrutam, ainda hoje, mesmo que de maneira inconsciente, daquelas conquistas, em primeiro lugar, no campo dos direitos civis e políticos e das liberdades. Mais de 70% dos russos, de forma mais ou menos decidida, sustentam valores democráticos fundamentais que remontam à *perestroika*. As melhoras na política externa daquela era também são inestimáveis. A diferença entra as épocas antes e depois da *perestroika* se mostra da maneira mais evidente em nível internacional.

A humanidade adentrou o século XXI com a carga de problemas não resolvidos do passado e confrontada com desafios novos, globais. E para enfrentá-los, precisamos de uma verdadeira ordem mundial democrática.

As condições criadas por meio da *perestroika* e as perspectivas abertas não são apenas quimera, mas um fator duradouro. Elas impedem o mundo de descambar para um novo confronto e trazem à memória o exemplo de um real trabalho conjunto para a solução dos mais difíceis problemas internacionais.

EPÍLOGO

Quis o destino que me coubesse uma tarefa extremamente rara para uma única pessoa. Pode-se generosamente chamar de destino o fato de me ter sido concedida essa rara chance. Ainda que pudesse prever todas as dificuldades, não me deixaria desviar do meu princípio: da tentativa, se chegasse ao topo do poder, de modificar o país com o qual me deparei. Ainda hoje considero correto esse princípio. No meu ponto de vista, que defendi e defenderei: na história sempre há diversas possibilidades, há alternativas. Na verdade, a história da humanidade e da sociedade consiste apenas em decisões que devem ser tomadas.

Os valores político-sociais nos quais acreditei e continuo acreditando são: liberdade, igualdade, justiça e solidariedade. Muitas gerações de pessoas que lutaram pela libertação e dignidade da humanidade honraram esses valores. Os grandes movimentos de massas surgiram sob o signo desses valores. Em todo caso, estou convencido de que, sem o valor da liberdade, sem a ideia de justiça na política e na vida, sem a solidariedade e sem normas morais de alcance geral, uma sociedade só pode ser totalitária ou autoritária.

Ainda hoje lamento por não ter conseguido conduzir o barco, em cujo leme eu deveria estar, a águas tranquilas, que não se tenha conseguido levar a termo a reforma do país e manter a *perestroika* na medida dos meus propósitos. Isso me entristece, pois minha responsabilidade tanto pela União Soviética quanto pela política mundial era grande.

Assumindo que o destino se articulou de maneira que fez de mim não apenas um ator de uma das maiores reviravoltas da história, mas também uma pessoa que iniciou e levou adiante o processo de renovação, pode-se dizer: tive sorte. Bati às portas da história, e elas se abriram também para aqueles pelos quais intercedi.

Não ambicionei o poder pelo amor ao poder e não tentei impor minha vontade a todo custo. Quando me tornei secretário-geral, tinha de ponderar os pressupostos e as consequências dos meus passos e considerar a opinião dos outros membros da direção. Quando ocupei o mais alto posto, muitas vezes tive de responder à pergunta de como me sentiria quando tivesse de deixar esse posto por não terem me reelegido. Durante minha viagem ao Japão, essa pergunta me foi colocada de maneira totalmente direta em uma conversa na televisão. Na época, respondi que isso era uma consequência natural da democracia e que veria a alternância pela via de uma eleição democrática como uma das conquistas da minha própria política.

Em uma conversa com meu amigo Chinghiz Aitmatov, disse certa vez: fiz minha escolha – e não me afastarei dela, não importa o que isso me custe. E foi assim mesmo que agi.

ÍNDICE DE NOMES E PERFIS

Andropova, Tatiana Filippovna (1917-1991): esposa de Iuri Andropov. **187, 312**

Arbatov, Georgi Arkadievitch (1923-2010): membro da academia, diretor do Instituto de Estudos dos EUA e do Canadá da Academia de Ciências de 1967 a 1995. Desde 1976 ele foi candidato, e, a partir de 1981, membro do Comitê Central do PCUS. Arbatov foi deputado do Soviete Supremo da URSS de 1974 a 1989 e foi eleito deputado do povo em 1989. **283, 342**

Astafiev, Viktor Petrovitch (1924-2001): escritor russo, deputado do povo da URSS para a Associação dos Escritores de 1989 a 1991. **380**

B

Baburin, Sergei Nikolaievitch (nasc. 1959): deputado do Soviete Supremo da RSFSR/FR de 1990 a 1993. **487**

Baibakov, Nikolai Konstantinovitch (1911-2008): membro do governo soviético, membro da academia; vice-presidente do Conselho Ministerial da URSS de 1965 a 1985, presidente da Comissão de Planejamento Gosplan, da URSS. **252, 259, 310, 376**

Bakatin, Vadim Viktorovitch (nasc. 1937): secretário do Comitê da Província de Kemerovo do PCUS de 1977 a 1983; primeiro secretário do Comitê da Província de Kirov desde 1985. Nos anos 1987/88, foi primeiro secretário do Comitê da Província de Kemerovo. De 1988 a 1990, Bakatin foi ministro do exterior da URSS, e desde 1990, membro do Conselho Presidencial da URSS, no ano de 1991, membro do Conselho de Segurança do presidente da URSS. Em junho de 1991, candidatou-se ao cargo de presidente da RSFSR e, no final de 1991, foi presidente da KGB da URSS. **474**

Baklanov, Grigori Jakovlevitch (1923-2009): escritor russo-soviético; redator-chefe do jornal *Snamja* de 1981 a 1993. **440**

Barakov, Innokenti Ivanovitch: chefe da administração da agricultura do distrito de Georgievski, na região de Stavropol. **151**

Bek, Alexander Alfredovitch (1902/03-1972): escritor russo-soviético. **381**

Beliaiev, Nikolai Ilitch (1903-1966): primeiro secretário do Comitê Regional do PCUS de Stavropol, de janeiro a junho de 1960. **73**

Beliaiev: escritor, amigo de Gorbachev na Universidade Estatal de Moscou (MGU) nos anos cinquenta. **124**

Belinski, Vissarion Grigorievitch (1811-1848): crítico literário russo, democrata revolucionário, filósofo materialista. **48**

Belov, Vasili Ivanovitch (nasc. 1932): escritor russo-soviético; deputado do povo da URSS de 1989 a 1991. **380**

Berdiaiev, Nikolai Alexandrovitch (1874-1948): filósofo religioso russo. Foi expatriado da Rússia em 1922. **382**

Berija, Lawrenti Pavlovitch (1899-1953): em posições de liderança na polícia secreta Tcheká/GPU e órgãos partidários da República Transcaucasiana desde 1921. Foi comissário do povo de 1938 a 1946, a partir de 1953, ministro de assuntos internos da URSS; membro do Politburo desde 1946. Berija foi um dos principais executores do regime de terror de Stálin. **488**

Berlinguer, Enrico (1922-1984): secretário geral do Partido Comunista Italiano (PCI) desde 1972. **321 e segs.**

Berlioz, Hector Louis (1803-1869): compositor e dirigente francês. **239**

Bessmertnych, Alexander Alexandrovitch (nasc. 1933): atuante no sistema do Ministério do Exterior da URSS: chefe de repartição, ministro suplente, embaixador nos EUA. Foi ministro do exterior da URSS de janeiro a agosto de 1991. É presidente da Associação de Política Externa da Rússia. **398 e segs.**

Bikkenin, Nail Barievitch (1931-2007): filósofo e jornalista; redator-chefe do jornal *Kommunist* (do jornal *Svobodnaia Mysl* desde 1991). **319**

Biriukova, Alexandra Pavlovna (1929-2008): engenheira-chefe do truste do algodão "Trechgornaia Manufaktura" de 1963 a 1968. Foi secretária do Comitê Central do PCUS de 1986 a 1988; vice-presidente do Conselho Ministerial da URSS nos anos 1988 a 1990. Trabalhou no conglomerado "Trechgornaia Manufaktura" desde o final de 1991 (engenheira-chefe do departamento de *marketing*, depois chefe do departamento de economia externa do conglomerado). **373**

Blinov, Viktor: amigo de Mikhail Gorbachev durante a atuação no Komsomol. **76**

Blix, Hans (nasc. 1928): ministro de exterior sueco de outubro de 1978 a setembro de 1979; diretor da Agência Internacional de Energia Atômica (IAEA) de 1981 a 1997. Em maio de 1986, a convite do governo da URSS, viajou até a região da usina atômica de Chernobyl. **385**

Boldin, Valeri Ivanovitch (1935-2006): membro do aparato do Comitê Central do PCUS desde 1981. Nos anos 1990/91, foi membro do Conselho Presidencial da URSS, chefe do estafe do presidente da URSS. Em agosto de 1991, Boldin teve participação decisiva no *putsch* e foi membro do Comitê de Emergência. **319, 422**

Bondarenko, Ivan Afanasievitch (1926-2009): primeiro secretário do Comitê do PCUS da Província de Rostov de 1966 a 1984. **229**

Bondarev, Iuri Vasilievitch (nasc. 1924): escritor russo-soviético, ensaísta. **440**

Borisov, Igor Anatolievitch (nasc. 1938): doutor em medicina, professor, valoroso médico da RSFSR, médico pessoal de Mikhail Gorbachev. **348**

Borovikova, Natalia (nasc. 1932): colega de estudos de Gorbachev na Faculdade de Direito da MGU (mais tarde a conhecida especialista econômica Rimachevskaia, Natalia Michailovna). **75**

Bosenko, Nikolai Vasilievitch (nasc. 1918): segundo secretário do Comitê Regional do PCUS de Stavropol de 1961 a 1968, presidente do Comitê Executivo do soviete regional de 1968 a 1973; deputado do povo da URSS de 1989 a 1991. Foi presidente do Comitê do Soviete Supremo da URSS para os interesses dos veteranos e inválidos. **138, 166**

Bovin, Alexander Ievgenievitch (1930-2004): comentarista político do jornal *Isvestia* de 1972 a 1991 e de 1997 a 2000; embaixador da URSS e da Federação Russa em Israel de 1991 a 1997. **283**

Brandt, Willy (nome verdadeiro: **Herbert Ernst Karl Frahm**) (1913-1992): chanceler da República Federal da Alemanha de 1969 a 1974; presidente do Partido Social-Democrata da Alemanha de 1964 a 1987, presidente da Internacional Socialista desde 1976. Em 1971, foi concedido a Brandt o Prêmio Nobel da Paz. **451, 489**

Brejnev, Leonid Ilitch (1906-1982): primeiro secretário desde 1964 e, mais tarde, secretário geral do Comitê Central do PCUS, ao mesmo tempo, presidente do *Presidium* do Soviete Supremo da URSS desde 1977. **8 e segs., 115, 138 e segs., 147, 151, 156**

e segs., 164 e segs., 167 e segs., 170 e segs., 173, 178 e segs., 197 e segs., 223, 226, 228-31, 236 e segs., 240, 242-47, 250, 256-9, 260, 263-65, 266, 268 e segs., 271-79, 281-91, 294 e segs., 299, 306, 311, 330, 345, 359, 370, 376-9, 380

Brejneva, Viktoria Petrovna (1907-1995): esposa de Leonid Brejnev. **276**

Bucharin, Nikolai Ivanovitch (1888-1938): bolchevique, colaborador de Vladimir Lenin, membro do Politburo do Comitê Central do VKP (b) – Partido Comunista Pan-Russo (bolchevique) – nos anos vinte; membro do Comitê Executivo do Komintern. Foi redator-chefe do jornal *Isvestia* de 1934 a 1937. No fim dos anos vinte, contrapôs-se à linha de Stálin de empregar medidas excepcionais na realização da coletivização e industrialização. Bucharin foi vítima do terror (foi fuzilado); foi reabilitado postumamente. **423**

Büchner, Thomas: professor do Hospital Universitário de Münster. **214**

Budionnyi, Semion Michailovitch (1883-1973): participante da Primeira Guerra Mundial, da Guerra Civil e da Segunda Guerra Mundial, marechal da URSS. Pertenceu ao *Predidium* do Soviete Supremo da URSS de 1938 a 1973. **28**

Budyka, Alexander e Lida: amigos de Mikhail e Raissa Gorbachev. Alexander Dmitrievitch Budyka (1927-1991) foi, desde 1965, chefe do departamento de agricultura do Comitê Regional do PCUS de Stavropol, sub-chefe do departamento de agricultura no Comitê Central do PCUS a partir de 1980, ministro de produtos cerealistas da URSS de 1987 a 1989. **142, 156**

Bufalini, Paolo (nasc. 1915): membro da direção do Partido Comunista Italiano. **322**

Bugajev, Boris Pavlovitch (1923-2007): marechal da força aérea da URSS, ministro da aviação civil da URSS de 1970 a 1987. **403**

Bulavin, Kondrati Afanasievitch (aprox. 1660-1708): cossaco da região do rio Don, líder de um levante popular na região do Don, na margem esquerda e Sloboda Ucrânia e no médio Volga (1707-1708). **27**

Bulganin, Nikolai Alexandrovitch (1895-1975): presidente do Conselho Ministerial da URSS de 1955 a 1958. **123**

Búnin, Ivan Alexeievitch (1870-1953): escritor russo, ganhador do Prêmio Nobel de literatura. Viveu como emigrante desde 1920. **382**

Burbulis, Gennadi Eduardovitch (nasc. 1945): acadêmico de filosofia, docente. Foi eleito deputado do povo da URSS em 1989. Em 1990/91, foi representante com plenos poderes do presidente do Soviete Supremo da RSFSR, Boris Ieltsin, em 1991/92, secretário de Estado russo e primeiro vice-presidente ministerial da Federação Russa. **357, 481, 484**

Burmistrov, Fiódor Petrovitch (nasc. 1917): primeiro secretário do Comitê do PCUS da Província de Carachai-Circássia de 1968 a 1975 (anteriormente, segundo secretário do Comitê Regional de Stavropol). **150**

Bush, George Herbert Walker (nasc. 1924): 41° presidente dos EUA (1989-1993). Foi diretor da CIA de 1976 a 1977, vice-presidente dos EUA de 1981 a 1989. **344, 489, 492**

C

Catarina II (em russo: Jekaterina Alexeievna) (1729-1796): tsarina russa a partir de 1762. **23 e segs.**

Cervetti, Gianni (nasc. 1933): membro da direção do Partido Comunista Italiano (PCI). **322**

Chabunin, Ivan Petrovitch (1935-2006): chefe da administração da Província de Volgogrado de 1991 a 1997. **349**

Chachnasarov, Georgi Chosroievitch (1924-2001): membro correspondente da Academia de Ciências da URSS (AN). Foi conselheiro e vice-chefe do departamento internacional do Comitê Central do PCUS nos anos de 1964 a 1988, conselheiro do secretário geral do Comitê Central do PCUS de 1988 a 1991 e do presidente da URSS em 1991. Foi deputado do povo da URSS em 1990 e 1991. **362, 485**

Chachrai, Sergei Michailovitch (nasc. 1956): chefe do laboratório de informática e cibernética da Universidade Estatal de Moscou (MGU) nos anos de 1987 a 1990, deputado do povo da RSFSR de 1990 a 1992. **482**

Chapko, Valeri Makarovitch (1924-2010): soldado do *front*, colega de estudos de Gorbachev na Faculdade de Direito da Universidade Estatal de Moscou (MGU). **67, 74, 77**

Chapochnikov, Ievgeni Ivanovitch (nasc. 1942): ministro da defesa soviético (1991), marechal da Força Aérea. **67, 74, 77**

Chasbulatov, Ruslan Imranovitch (nasc. 1942): presidente do Soviete Supremo da Rússia nos anos 1991 e 1992. **357, 483**

Chatalin, Stanislav Sergeievitch (1934-1997): membro da Academia. Foi membro da Comissão Estatal para a Reforma da Economia a partir de dezembro de 1989 e, em 1990, liderou um grupo de trabalho que deveria elaborar um programa unificado para a União para a transição à economia de mercado ("500 dias"). **466**

Chatrov, Mikhail Filippovitch (verdadeiro sobrenome: Marchak, 1932-2010): dramaturgo e roteirista russo-soviético. **261**

Cheinis, Viktor Leonidovitch (nasc. 1931): político, especialista em Economia e cientista político russo, colaborador científico do Instituto de Economia Mundial e Relações Internacionais (IMEMO) da Academia Russa de Ciências a partir de 1977. Deputado do povo da RSFSR nos anos de 1990 a 1992. **470**

Chelest, Piotr Jefimovitch (1908-1996): primeiro secretário do Comitê Central do Partido Comunista Ucraniano nos anos de 1963 a 1972, membro do Politburo (*Presidium*) do Comitê Central do PCUS de 1964 a 1973 e vice-presidente do Conselho Ministerial da URSS de 1972 a 1973. **184, 257, 293**

Cheney, Richard ("Dick") (nasc. 1941): ministro da defesa dos EUA de 1989 a 1993 e vice-presidente dos EUA de 2001 a 2008. **492**

Chevardnadse, Eduard Amvrosievitch (nasc. 1928): ministro do interior da República Soviética da Geórgia nos anos de 1968 a 1972, primeiro secretário do Comitê Central do Partido Comunista da Geórgia de 1972 a 1985. Foi ministro do exterior da URSS e, ao mesmo tempo, membro do Politburo do PCUS de 1985 a 1991. Foi presidente do Conselho de Estado georgiano de março a novembro de 1992, presidente do Parlamento georgiano de 1992 a 1995 e presidente da Geórgia de 1995 a 2003. **249 e segs., 341, 373, 377, 381, 390 e segs., 397, 404 e segs., 408, 419 435, 465, 484**

Chevtchenko, Taras Grigorievitch (1814-1861): poeta, artista e democrata revolucionário ucraniano, fundador da moderna literatura ucraniana e da língua literária nacional. **130**

Chiaromonte, Gerardo (1924-1993): funcionário do Partido Comunista Italiano, participante da resistência antifascista e membro dirigente do PCI.

Foi redator chefe do jornal semanal *Rinascità* de 1972 a 1986 e redator chefe do jornal *Unità*, do órgão central do PCI, de 1986 a 1988. **322**

Chibaiev, Alexei Ivanovitch (1915-1991): primeiro secretário do Comitê do PCUS da Província de Saratov de 1959 a 1976 e presidente do Conselho Central dos Sindicatos de 1976 a 1982. **172, 178**

Chirinovski, Vladimir Volfovitch (nasc. 1946): ativista político, líder do Partido Liberal Democrata da Rússia. **350, 474**

Chivkov, Todor (1911-1998): secretário geral do Comitê Central do Partido Comunista Búlgaro (PCB) de 1981 a 1989 e, ao mesmo tempo, presidente do Conselho de Estado da República Popular da Bulgária de 1971 a 1989. **293**

Chkuro, Andrei Grigorievitch (1887-1947): participante ativo do movimento branco na Guerra Civil, comandante do corpo de cavaleiros das "Forças Armadas do Sul da Rússia" no ano de 1919. **28**

Chmelnizki, Bogdan (Sinovi) Michailovitch (cerca de 1595-1657): *hetman* ucraniano, líder da guerra de libertação do povo ucraniano, de 1648 a 1654, contra o jugo da baixa aristocracia polonesa. Em 8 de janeiro de 1654, em Pereiaslavl, ele proclamou a associação da Ucrânia com a Rússia. **257**

Chtchepetov (Chtchepotev), Andrei Fiodorovitch: mensageiro de Ivan, o Terrível. **23**

Chtcherbizki, Vladimir Vasilievitch (1918-1990): atuante no trabalho partidário desde 1946. Foi membro do Politburo do PCUS de 1971 a 1989 e, ao mesmo tempo, de 1972 a 1989, primeiro secretário do Comitê Central do Partido Comunista Ucraniano. **184, 243, 257, 266, 274, 289, 292-5, 342, 383**

Chtcholokov, Nikolai Anisimovitch (1910-1984): segundo secretário do Comitê Central do Partido Comunista Moldavo nos anos de 1965 e 1966, ministro do interior da URSS a partir de 1966. Em dezembro de 1982, foi destituído de seu cargo e suicidou-se. **197-9, 289**

Chuchkevitch, Stanislav Stanislavovitch (nasc. 1934): político bielorrusso-soviético. Foi presidente do Soviete Supremo da Bielorrússia nos anos de 1991 a 1994 e, em 1991, um iniciador e participante da reunião no Parque Nacional de Belaveja Puchtcha (Viskuli) em que a dissolução da URSS foi decidida. **482, 485**

Chulev, Dimitr (nasc. 1925): membro do Comitê Central do Partido Comunista Búlgaro de 1971 a 1990, embaixador da Bulgária na URSS de 1972 a 1986. **203**

Chumilin, Boris Tichonovitch (1922-2003): vice-ministro do interior da URSS nos anos de 1966 a 1983. **200**

Churchill, Winston Leonard Spencer (1874-1965): primeiro-ministro britânico de 1940 a 1945 e de 1951 a 1955. Na Segunda Guerra Mundial, teve participação decisiva na fundação da uma coalizão anti-Hitler com os EUA e a URSS. **453, 456**

Cícero, Marcus Tullius (106-43 a.C.): político, orador, filósofo romano. **65**

Clinton, Bill (William Jefferson) (nasc. 1946): 42º president dos EUA (1993-2001). **212**

Cossutta, Armando (nasc. 1926): membro do Comitê Central do Partido Comunista Italiano nos anos oitenta. **322**

D

Degtiariov, Vladimir Ivanovitch (1920-1993): primeiro secretário do Comitê do PCUS da Província de Donetsk nos anos de 1963 a 1967, membro do Politburo do Partido Comunista da Ucrânia. **185 e segs.**

Demitchev, Piotr Nilovitch (1918-2010): membro do Comitê Central do PCUS de 1961 a 1989. Foi ministro da cultura da URSS nos anos 1974 a 1986 e candidato ao Politburo do PCUS de 1964 a 1988. Demitchev foi primeiro vice-presidente do *Presidium* do Soviete Supremo da URSS de 1986 a 1988. **244, 442**

Deng Xiaoping (1904-1997): participante dirigente da Revolução Chinesa. Foi secretário geral do Comitê Central do Partido Comunista Chinês (PCC) de 1956 a 1966. Em 1966 1976, foi afastado de todos os cargos, e mais tarde, reabilitado. Nos anos 1982 a 1987, Deng foi presidente da Comissão Permanente do Partido; de 1983 a 1990, presidente do Conselho Militar do Comitê Central. Foi o iniciador do caminho reformador na direção da economia de mercado na China. **362**

Denikin, Anton Ivanovitch (1872-1947): general, um dos organizadores dos exércitos brancos na Guerra Civil. A partir de abril de 1918, foi comandante e, desde outubro, comandante supremo de um exército voluntário, a partir de janeiro de 1919, comandante supremo das "Forças Armadas do Sul da Rússia". Viveu no exílio a partir de 1920. **28**

Dobroskokin, Grigori: secretário dos colcozes no Komsomol "Comunistitcheski Maiak", em Stavropol. **110**

Dobrynin, Anatoli Fiodorovitch (1919-2010): embaixador da URSS nos EUA de 1962 a 1986, secretário do Comitê Central de 1986 a 1988, chefe do setor internacional do Comitê Central do PCUS. Foi conselheiro do presidente do *Presidium* do Soviete Supremo, do presidente do Soviete Supremo e do presidente da URSS nos anos de 1988 a 1991. **327, 373, 408, 418**

Dolgich, Vladimir Ivanovitch (nasc. 1924): primeiro secretário do Comitê Regional do PCUS de Krasnojarsk desde 1969, secretário do Comitê Central a partir de 1972, ao mesmo tempo, chefe do setor para a indústria de base e energia no Comitê Central do PCUS de 1976 a 1984. Foi candidato ao Politburo do PCUS de 1982 a 1988. Dolgich é presidente do Conselho dos Veteranos em Moscou. **292-4, 316, 341, 370, 442**

Dostoiévski, Fiódor Michailovitch (1821-1881): escritor russo. **48**

Dubček, Alexander (1921-1992): primeiro secretário do Partido Comunista da Tchecoslováquia (KPČ) de janeiro de 1968 a abril de 1969. Está entre os iniciadores e membros dirigentes do processo reformador "Primavera de Praga". Dubček foi presidente da Assembleia Federal da Tchecoslováquia de 1969 a dezembro de 1989. **204**

Dudinzev, Vladimir Dmitrievitch (1918-1998): escritor russo-soviético. **381**

E

Einstein, Albert (1879-1955): físico teórico, pai da física moderna, ganhador do Prêmio Nobel. **395**

F

Falin, Valentin Michailovitch (nasc. 1926): atuante no aparato do Ministério do Exterior a partir de 1952. Foi embaixador da URSS na República Federal da Alemanha nos anos de 1971 a 1978, a partir de 1988, chefe do setor internacional no Comitê Central do PCUS. Foi secretário do Comitê Central do PCUS e presidente da Comissão do Comitê Central para os problemas de política internacional nos anos de 1990 e 1991. **373**

Fedortchuk, Vitali Vasilievitch (1918-2008): general do Exército, presidente da KGB no ano de 1982 e ministro do interior da URSS de 1982 a 1986. **258 e segs., 289, 294**

Florenski, Pavel Alexandrovitch (1882-1937/1943): filósofo religioso russo, matemático, engenheiro. **382**

Florentiev, Leonid Jakovlevitch (1911-2003): primeiro secretário do Comitê do PCUS da Província de Kostroma a partir de 1956, ministro da agricultura da RSFSR nos anos 1965 a 1983. **226**

Frolov, Ivan Timofeievitch (1929-1999): atuou nos jornais *Voprosy filosofii* e *Problemy mira i sozializma* de 1956 a 1979. Foi presidente do Conselho Econômico do *Presidium* da Academia de Ciências da URSS para Questões Filosóficas e Sociais da Ciência e Tecnologia de 1956 a 1979. Frolov foi redator chefe do jornal *Kommunist* em 1986 e 1987, de 1987 em diante, conselheiro do secretário geral do Comitê Central do PCUS e, a partir de outubro de 1989, redator chefe do jornal *Pravda*, ao mesmo tempo, de dezembro a julho de 1990, secretário do Comitê Central. Fez parte do Politburo do PCUS nos anos 1990 e 1991. **418**

Frumkin, Moisej Ilitch (1878-1938): membro do VKP (b) – Partido Comunista Pan-Russo (bolchevique) – na época anterior à Revolução de Outubro. Stálin o acusou de desvio da lei. **71**

G

Gaidar, Jegor Timurovitch (1956-2009): ministro da Economia e Finanças da RSFSR e FR nos anos 1991/92. De junho a dezembro de 1992, ocupou interinamente o cargo de primeiro-ministro da Federação Russa. **358, 481, 484**

Gale, Robert Peter (nasc. 1945): médico americano, ativista. Em 1986, colaborou na organização para o provimento medicinal dos cidadãos soviéticos que sofreram as consequências do acidente na usina nuclear de Chernobil. **385**

Galilei, Galileu (1564-1642): sábio italiano, um dos fundadores das ciências naturais exatas. **456**

Gamsachurdia, Sviad Konstantinovitch (1939-1993): presidente do Soviete Supremo da República Soviética Georgiana nos anos 1990/91; presidente georgiano em 1991 e 1992 (foi derrubado em consequência de uma revolução). **85**

de Moscou de 1967 a 1985. **193, 242 e segs.**, **270, 274, 295, 315, 330, 332, 336-8, 340**

Gromiko, Andrei Andreievitch (1909-1989): ministro do exterior da URSS de 1957 a 1985, e ao mesmo tempo, de 1983 a 1985, primeiro vice-presidente do Conselho Ministerial da URSS. Nos anos 1985 a 1988, foi presidente do *Presidium* do Soviete Supremo. Gromiko fez parte do Politburo do Comitê Central do PCUS de 1973 a 1988. **236, 244, 250, 257 e segs., 276, 287, 313, 315, 327, 330, 336-8, 339, 344 e segs., 372, 390, 437 e segs.**

H

Havel, Václav (1936-2011): escritor, dramaturgo, defensor dos direitos civis tcheco, último presidente da Tchecoslováquia (1989-1992) e primeiro presidente da República Tcheca (1993-2003). **379**

Herzen, Alexander Ivanovitch (1812-1870): revolucionário, escritor, filósofo russo. Viveu no exílio a partir de 1847. Herzen elaborou a teoria de um "socialismo russo" e se tornou um dos fundadores do movimento Narodniki. Em 1853, fundou em Londres a *Imprensa Livre Russa* e publicou o jornal *Kolokol* ("O Sino"). Ele morreu em Paris. **26**

Honecker, Erich (1912-1994): presidente do Conselho Estatal da RDA e secretário geral do Comitê Central do Partido Socialista Unificado da Alemanha (SED) de 1976 a 1989. Em outubro de 1989, ele foi destituído de todos os cargos no Partido e no governo e, em dezembro, expulso do Partido. Honecker morreu no Chile. **201**

Husák, Gustáv (1913-1991): membro dirigente do movimento eslovaco de resistência à ocupação alemã. Foi secretário geral do Comitê Central do Partido Comunista Tchecoslovaco de 1971 a 1987 e presidente da Tchecoslováquia de 1975 a 1989. **186**

I

Ieltchenko, Iuri Nikiforovitch (nasc. 1929): primeiro secretário do Komsomol da Ucrânia de 1960 a 1968. **127**

Ieltsin, Bóris Nikolaievitch (1931-2007): primeiro secretário do Comitê da Província de Sverdlovsk a partir de 1976, chefe de departamento no Comitê Central do PCUS a partir de abril de 1985, secretário do Comitê Central de julho de 1985 a feve-

reiro de 1986. Em dezembro de 1985, tornou-se primeiro secretário do Comitê Municipal do PCUS de Moscou e candidato ao Politburo do Comitê Central. Em 1989, Ieltsin foi eleito deputado do povo da URSS e foi presidente do Soviete Supremo da RSFSR nos anos de 1990 e 1991. Foi presidente da Federação Russa de 1991 a 1999. **10, 348, 350, 355-8, 370, 373, 391, 425, 435-9, 450 e segs., 461, 466-76, 478-80, 478, 484-6, 488-93, 492, 499-502**

Iesenin, Sergei Alexandrovitch (1895-1925): poeta russo. **48**

Iliumchinov, Kirsan Nikolaievitch (nasc. 1962): líder da República Calmúquia de 1993 a 2010, a partir de 1995, presidente da Federação Internacional de Xadrez – FIDE (Fédération Internationale des Échecs). **113 e segs.**

Isakov, Vladimir Borisovitch (nasc. 1950): deputado do Soviete Supremo da RSFSR / FR de 1990 a 1993. **487**

Iuchkov, Serafim Vladimirovitch: professor da Universidade Estatal de Moscou (MGU). **68**

Ivachko, Vladimir Antonovitch (1932-1994): a partir de 1973, chefe de departamento, secretário do Comitê do PCUS da Província da Cracóvia, secretário do Comitê Central do Partido Comunista da Ucrânia e, nos anos de 1987 e 1988, primeiro secretário do Comitê da Província de Dnipropetrovsk. Em 1989 e 1990, ele foi secretário do Comitê Central do Partido Comunista Ucraniano e, em 1990/91, vice-secretário geral do Comitê Central do PCUS. **373**

Ivan IV Vasilievitch, "o terrível" (1530-1584): grão-duque de "toda a Rússia" (a partir de 1533), primeiro tsar russo (a partir de 1547). **23**

J

Jadov, Vladimir Alexandrovitch (nasc. 1929): sociólogo russo dirigente, diretor do Instituto Sociológico da Academia de Ciências da Rússia (RAN) de 1988 a 2000. **142**

Jakovlev, Alexander Nikolaievitch (1923-2005): atuante no aparato do Comitê Central do PCUS a partir de 1953. Foi embaixador da URSS no Canadá de 1973 a 1983, diretor do Instituto de Economia Mundial e Relações Internacionais (IMEMO) da Academia de Ciências da URSS (AN) de 1983 a 1985. Nos anos de 1985 e 1986, ele foi chefe de departamento no Comitê Central do PCUS e, de 1987 a janeiro de 1991, membro do Politburo do PCUS. **300, 302, 319, 323, 325, 373, 408, 414, 419 422, 429-31, 487 e segs.**

Janaiev, Gennadi Ivanovitch (1937-2010): secretário do Conselho Central dos Sindicatos de 1986 em diante, vice-presidente a partir de 1989 e, em abril e maio de 1990, presidente do Conselho Sindical Soviético (WZSPS). Foi membro do Politburo e secretário do Comitê Central do PCUS de julho de 1990 a janeiro de 1991 e vice-presidente da URSS de dezembro de 1990 a agosto de 1991. Participou ativamente do golpe de agosto de 1991 (explicou-se ao presidente da URSS). **476**

Janchin, Mikhail Michailotich (1902-1976): ator, diretor e artista popular da URSS. **80**

Jaruzelski, Wojciech (nasc. 1923): general, ministro da defesa da República Popular da Polônia de 1968 a 1983. Foi primeiro secretário do Comitê Central do Partido Operário Unificado Polonês de 1981 a 1989, ao mesmo tempo, nos anos de 1981 a 1985, presidente do Conselho Ministerial e presidente do Conselho Estatal da República Popular da Polônia de 1985 a 1989. De julho de 1989 a dezembro de 1990, foi presidente da República da Polônia. **487**

Jasov, Dmitri Timofeievitch (nasc. 1923): marechal da União Soviética. Comandante do pelotão central das Forças Armadas a partir de 1979, ministro da defesa da URSS de 1987 a 1991. Em agosto de 1991, fez parte do Comitê de Emergência. **43, 415, 431, 435**

Javlinski, Grigori Alexeievitch (nasc. 1952): político russo-soviético, fundador do partido "Jabloko" e seu presidente até o ano de 2008. Foi vice-presidente do Comitê para a Direção da Economia Popular da URSS em 1991. **484**

Jefremov, Leonid Nikolaievitch (1912-2007): primeiro secretário do Comitê Regional do PCUS de Stavropol de 1964 a 1970 (antecessor de Mikhail Gorbachev nesse cargo) e primeiro vice-presidente do Comitê Estatal da URSS para a Ciência e Tecnologia a partir de 1970. **8, 71, 136-9, 147, 150-53, 186**

Jermak Timofeievitch (?-1585): ataman dos cossacos. Por volta de 1581, liderou a partida para a Sibéria e com isso lançou pedra fundamental para a conquista dessa região pelo Estado russo. **29**

João Paulo II (1920-2005): papa da Igreja Católica Romana a partir de 1978. **493**

K

Kapitonov, Ivan Vasilievitch (1915-2002): politicamente atuante no Partido e no Soviete em Moscou a partir de 1941. Foi primeiro secretário do Comitê do PCUS da Província de Ivanovsk de 1959 a 1964 e chefe de departamento no Comitê Central de 1964 a 1983. Liderou a Comissão Central de Revisão do PCUS de 1986 a 1988. **164, 286 e segs.**

Karagesian, Karen Karovitch (nasc. 1935): vice-chefe do departamento de relações internacionais e imprensa na Fundação Gorbachev, jornalista internacional. **212**

Karlov, Vladimir Alexeievitch (1914-1994): chefe do departamento de agricultura no Comitê Central do PCUS de 1976 a 1986. **171, 265**

Kasanez, Ivan Pavlovitch (nasc. 1918): atuante no aparato do Partido a partir de 1953, ministro de siderurgia da URSS de 1965 a 1985.

Kasatchok, Maria Petrovna: docente na cátedra de história do PCUS na Universidade Estatal de Moscou (MGU) nos anos 1950. **70**

Kataiev, Vitali Leonidovitch (1932-2007): vice-chefe do Departamento de Defesa no Comitê Central do PCUS nos anos 1980, vice-chefe do Departamento de Questões de Defesa e Segurança Estatal junto ao presidente da URSS nos anos 1990 e 1991. Foi membro do grupo de trabalho extensivo a diversas autoridades competentes. **409**

Kerenski, Alexander Fiodorovitch (1881-1970): político e revolucionário social russo. De julho a outubro de 1917, foi presidente do governo provisório e, como ministro da guerra, comandante supremo. **31**

Kirilenko, Andrei Pavlovitch (1906-1990): primeiro secretário dos Comitês do PCUS das Províncias de Nikolaiev, Dnipropetrovsk e Sverdlovsk nos anos de 1947 a 1962, membro do Politburo de 1962 a 1982, secretário do Comitê Central do PCUS de 1966 a 1982. **136, 139, 164, 228, 236, 238, 241, 244, 269, 271, 289 e segs.**

Kisliuk, Mikhail Borisovitch (nasc. 1951): um líder do movimento dos mineiros em Kuzbass nos anos de 1989 a 1991, chefe da administração da Província de Kemerovo de 1991 a 1997. **349**

Klimov, Oleg Anatolievitch (nasc. 1953): oficial da guarda pessoal do presidente da URSS. **213**

Kniga, Vasili Ivanovitch (1883-1961): general, herói da Guerra Civil, veterano da Primeira Guerra Mundial e da Grande Guerra Patriótica. **29**

Kobson, Josif Davidovitch (nasc. 1937): cantor russo-soviético, professor de técnica vocal no instituto pedagógico-musical estatal em homenagem a Gnessin. **216 e segs.**

Kohl, Helmut (nasc. 1930): chanceler da República Federal da Alemanha de 1982 a 1998 e presidente da União Democrata-Cristã de 1973 a 1998. **344, 347, 447, 451, 489**

Koltchanov, Rudolf: colega de estudos de Gorbachev na Faculdade de Direito da Universidade Estatal de Moscou (MGU). **74**

Konstantinov, Ilia Vladimirovitch (nasc. 1956): deputado no Soviete Supremo da RSFSR/FR de 1990 a 1993. **487**

Korchakov, Alexander Vasilievitch (nasc. 1950): chefe do serviço de segurança do presidente russo Bóris Ieltsin. **357, 488**

Kornijenko, Georgi Markovitch (1925-2006): diplomata; primeiro suplente do ministro do exterior da URSS a partir de 1977, primeiro vice-chefe do setor internacional no Comitê Central do PCUS nos anos de 1986 a 1988. **313, 401 e segs.**

Kornilov, Lavr Georgievitch (1870-1918): general; comandante supremo do Exército em julho e agosto de 1917. No final de agosto de 1917, liderou uma tentativa de golpe contrarrevolucionário e esteve entre os organizadores de um exército voluntário branco. **28**

Kosigin, Alexei Nikolaievitch (1904-1980): presidente do Conselho Ministerial da URSS nos anos de 1964 a 1980, membro do Politburo (*Presidium*) do Comitê Central do PCUS de 1948 a 1952 e de 1960 a 1980. **8, 139, 148, 152, 176, 179, 186, 188, 191-94, 195, 231, 236, 242 e segs., 245 e segs., 277, 290, 345**

Kosirev, Andrei Vladimirovitch (nasc. 1951): ministro do exterior da Federação Russa de 1990 a 1996. **481, 485**

Koslovski, Ivan Semionovitch (1900-1993): cantor russo-ucraniano, artista popular da URSS. **80**

Kosmodemianskaia, Soia Anatolievna ("Tania") (1923-1941): guerreira partisan da Grande Guerra Patriótica, espiã, heroína da União Soviética (1942, postumamente). **37**

Kovalenko, Alexander Vlasovitch (1909-1987): primeiro secretário do Comitê do PCUS da Província de Orenburg nos anos de 1964 a 1980. **176 e segs.**

Krasnov, Piotr Nikolaievitch (1869-1947): general, um dos principais organizadores do movimento branco na Guerra Civil. No ano de 1918, foi ataman das tropas no rio Don e comandante de um exército cossaco. **28**

Kravtchuk, Leonid Makarovitch (nasc. 1934): secretário, a partir de 1989, e segundo secretário do Comitê Central do Partido Comunista da Ucrânia de junho a setembro de 1990. De julho de 1990 em diante, foi presidente do Soviete Supremo da República Soviética Ucraniana e, de 1991 a 1994, primeiro presidente da Ucrânia. **482, 484 e segs.**

Kruschev, Nikita Sergeievitch (1894-1971): membro do Politburo do VKP (b) desde 1939. Foi primeiro secretário do Comitê Central do PCUS de 1953 a 1964, e, ao mesmo tempo, presidente do Conselho Ministerial da URSS de 1958 a 1964. Na 20ª e 22ª Assembleias do Partido, Kruschev criticou fortemente o culto à personalidade de Josef Stálin. No ano de 1964, ele foi destituído de todas as funções importantes. **71, 111 e segs., 115, 122 e segs., 127-30, 134, 136 e segs., 142, 152, 194, 242, 257, 277, 311, 372, 378, 380**

Krutchina, Nikolai Jefimovitch (1928-1991): administrador do Comitê Central do PCUS nos anos de 1983 a 1991. **288**

Kulakov, Fiódor Davidovitch (1918-1978): politicamente atuante no Komsomol, nos Sovietes e no Partido a partir de 1941. Foi primeiro secretário do Comitê Regional do PCUS de Stavropol de 1960 a 1964, chefe de departamento, a partir de 1964, e secretário do Comitê Central do PCUS a partir de 1965. Fez parte do Politburo do Comitê Central do PCUS a partir de 1971. **8, 124 e segs., 131-36, 147, 157, 164-7, 169-72, 178, 186, 195-7, 221-23, 225 e segs., 230**

Kulidchanov, Lev Alexandrovitch (1924-2002): diretor de cinema soviético, artista popular da URSS. **377**

Kulitchenko, Leonid Sergeievitch (1913-1990): primeiro secretário do Comitê do PCUS da Província de Volgogrado de 1965 a 1984. **178**

Kunajev, Dinmuchamed Achmedovitch (1912-1993): primeiro secretário do Comitê Central do

Partido Comunista do Cazaquistão de 1964 a 1986. Fez parte do Politburo do Comitê Central do PCUS nos anos de 1971 a 1987. **243, 257, 274, 340, 410**

Kusnezov, Alexei Alexandrovitch (1905-1950): segundo secretário, a partir de 1938, e primeiro secretário dos Comitês da Província e Municipal de Leningrado do PCUS a partir de 1945. Nos anos de 1941 a 1944, esteve entre os organizadores da defesa da cidade. Em 1950, Kusnezov caiu vítima do terror e foi fuzilado, reabilitado postumamente. **190**

Kusnezov, Vasili Vasilievitch (1901-1990): nos anos de 1977 a 1986, primeiro vice-presidente do *Presidium* do Soviete Supremo da URSS e candidato ao Politburo do Comitê Central do PCUS. **334**

L

Laptev, Pavel Pavlovitch: colaborador de Iuri Andropov. **310**

Larionov, Alexei Nikolaievitch (1907-1960): primeiro secretário do Comitê do PCUS da Província de Riazan nos anos de 1948 a 1960. Foi o idealizador da fraude que ficou conhecida como "milagre de Riazan". Depois que o embuste foi desfeito, ele se suicidou. **123 e segs.**

Larionov, Pavel Andreievitch: secretário do Komsomol no Distrito de Krasnogvardeiskoie, na região de Stavropol. **157**

Larionova, Maria Sergeievna: diretora da escola secundária na aldeia de Krasnogvardeiskoie, na região de Stavropol, em que Mikhail Gorbachev concluiu seus estudos. **157**

Lebedev, Ivan Kononovitch (1907-1972): primeiro secretário do Comitê Regional do PCUS de Stavropol. **123 e segs.**

Lemechev, Sergei Jakovlevitch (1902-1977): cantor de ópera, artista popular da URSS. **80**

Lenin, Vladimir Ilitch (1870-1924): teórico e líder do Partido Operário Social-Democrata Russo, fundador da facção dos bolcheviques (1903). Retornou à Rússia do exílio no ano de 1917 e liderou os bolcheviques na Revolução de Outubro. A partir de 1922, fragilizou-se severamente em razão de acidentes vasculares cerebrais. **28, 70 e segs., 204, 258, 279, 297-9, 354, 359 e segs., 364, 420 e segs.**

Leonov, Pavel Artiomovitch (1918-1992): primeiro secretário do Comitê do PCUS da Província de Sa-chalin nos anos de 1960 a 1978, primeiro secretário do Comitê do PCUS da Província de Kalininsk. **178**

Lermontov, Mikhail Iurievitch (1814-1841): poeta russo. **26, 48**

Levada, Iuri Alexandrovitch (1930-2006): sociólogo e cientista político russo, fundador e diretor do Centro de Pesquisa de Opinião ("Centro Levada"). **84 e segs.**

Levinson, Alexei Georgievitch (nasc. 1944): sociólogo, chefe do Departamento de Pesquisas Socioculturais do "Centro Levada". **10, 456**

Liachov, Vladimir Afanasievitch (nasc. 1941): cosmonauta, duas vezes "herói da União Soviética". **246**

Liakicheva, Nina Tichonovna (1931-2000): estudante da Faculdade de Filosofia da Universidade Estatal de Moscou (MGU), amiga de Raissa Gorbacheva. **84, 236**

Liberman, Vladimir: soldado do *front*, colega de estudos de Gorbachev na Faculdade de Direito da Universidade Estatal de Moscou (MGU). **72, 74, 81, 85**

Ligachev, Jegor Kusmitch (nasc. 1920): politicamente atuante no Partido e nos Sovietes a partir de 1949. Foi primeiro secretário do Comitê do PCUS da Província de Tomsk de 1965 a 1983, chefe de departamento a partir de 1983, depois secretário do Comitê Central do PCUS. Ligachev foi membro do Politburo de 1985 a 1990. A partir de dezembro de 1999, foi deputado da terceira duma estatal da Federação Russa. **203, 287, 295, 310, 316 e segs., 327-9, 334, 335-7, 341, 366, 373, 383, 390, 405, 419 425, 422 e segs., 426 e segs., 430-2**

Ligachova, Sinaida Ivanovna: esposa de Jegor Ligachev. **422**

Lisitchkin, Gennadi Stepanovitch: doutor em ciências econômicas, articulista, colaborador do Instituto dos Problemas Econômicos e Políticos Internacionais da Academia Russa de Ciências. **151**

Luchkov, Iuri Michailovitch (nasc. 1936): político russo, prefeito de Moscou de 1992 a 2010. **214 e segs.**

Lukianov, Anatoli Ivanovitch (nasc. 1930): atuante no aparato do *Presidium* do Soviete Supremo da URSS de 1961 a 1983 e, a partir de 1983, no aparato do Comitê Central do PCUS. De março de 1989 em diante, foi primeiro vice-presidente e, a partir de março de 1990 até 26 de agosto de 1991, presidente do *Presidium* do Soviete Supremo da URSS. **373, 422, 435, 478**

Lychin, Nikolai Michailovitch (nasc. 1914): primeiro secretário do Comitê do PCUS da Província de Carachai-Circássia de 1961 a 1968. **149 e segs.**

Lysov, Pavel Alexandrovitch (nasc. 1959): deputado do Soviete Supremo da RSFSR/FR de 1990 a 1993. **487**

M

Maiakovski, Vladimir Vladimirovitch (1893-1930): poeta soviético. **48**

Major, John (nasc. 1943): primeiro-ministro britânico no anos de 1990 a 1997. **489**

Makachov, Albert Michailovitch (nasc. 1938): coronel-general, político da oposição; participou ativamente dos conflitos armados em Moscou no início de outubro de 1993. **474**

Malenkov, Georgi Maximilianovitch (1902-1988): funcionário do Partido e político soviético, presidente do Conselho Ministerial da URSS nos anos de 1953 a 1955. **71**

Malzev, Terenti Semionovitch (1895-1994): inovador agrônomo da Província de Kurgan, membro de honra da Academia Agrária Pan-Russa Lenin (abreviatura russa: WASChNIL). **171**

Mamardachvili, Merab Konstantinovitch (1930-1990): filósofo soviético, redator chefe substituto do jornal *Voprosy filosofii* de 1968 a 1974. **84 e segs.**

Marcou, Lilly (nasc. 1936): historiadora francesa. **420**

Marezkaia, Vera Petrovna (1906-1978): atriz, artista popular da URSS. **76, 81**

Marx, Karl (1818-1883): filósofo alemão, economista nacional e teórico social; junto com Friedrich Engels, o mais influente teórico do socialismo e do comunismo. **70, 326**

Masliukov, Iuri Dmitrievitch (nasc. 1937): vice a partir de 1985 primeiro vice-presidente do Conselho Ministerial da URSS de 1988 a 1990, presidente da Comissão de Planejamento Gosplan (1988-1991). Foi membro do Politburo do PCUS nos anos de 1989 e 1990, assim como, em 1991, membro do Conselho Presidencial. **435**

Masurov, Kirill Trofimovitch (1914-1989): líder do movimento partisan na Grande Guerra Patriótica.

Foi primeiro secretário do Partido Comunista da Bielorrússia de 1956 a 1965, membro do Politburo (*Presidium*) do Comitê Central do PCUS e primeiro vice-presidente do Conselho Ministerial da URSS de 1965 a 1978. **176**

Medunov, Sergei Fiodorovitch (1915-1999): primeiro secretário do Comitê Regional do PCUS de Krasnodar de 1973 a 1982. **178, 199, 229, 271**

Medvedev, Dmitri Anatolievitch (nasc. 1965): presidente da Rússia de 2008 a 2012; ministro-presidente da Federação Russa e presidente do Partido Rússia Unida desde maio de 2012. **492**

Medvedev, Vadim Andreievitch (nasc. 1929): membro correspondente da Academia Russa de Ciências. Foi secretário do Comitê Central nos anos de 1986 a 1990 e membro do Politburo do PCUS de 1988 a 1990. No ano de 1991, Medvedev era o principal conselheiro do presidente da URSS. **286, 319, 362, 373, 419 435**

Merkulov, Vsevolod Nikolaievitch (1895-1953): comissário do povo (ministro) para a segurança do Estado da URSS nos anos de 1941 e 1943 a 1946 e ministro da Controladoria do Estado da URSS de 1950 a 1953. Preso e fuzilado em 1953, em razão do processo contra Berija. **488**

Mikoian, Anastas Ivanovitch (1895-1978): político e funcionário do Partido soviético, presidente do *Presidium* do Soviete Supremo da URSS no anos 1964/65. **71, 137**

Minucci, Adalberto (nasc. 1932): funcionário do Partido Comunista Italiano, membro dirigente do PCI. **322**

Mironenko, Viktor Ivanovitch (nasc. 1953): atuante no trabalho no Komsomol da Ucrânia a partir de 1977, primeiro secretário do Comitê Central da Associação Pan-Russa do Komsomol de 1986 a 1991. **105 e segs.**

Mironov, Vasili Petrovitch (1925-1988): primeiro secretário do Comitê da Província de Donetsk do Partido Comunista Ucraniano nos anos de 1982 a 1988. **321**

Mitterrand, François (1916-1996): presidente francês nos anos de 1981 a 1995, primeiro secretário do Partido Socialista Francês de 1971 a 1981. **344, 396, 447, 451, 463, 489**

Mlynář, Zdeněk (1930-1997): estudante da Tchecoslováquia, colega e amigo de Gorbachev na Universidade Estatal de Moscou (MGU). Participou dos acontecimentos em torno da "Primavera de Praga". 74

Molotov, Viatcheslav Michailovitch (1890-1986): funcionário do Partido e político soviético, presidente do Conselho dos Comissários do Povo da URSS nos anos de 1930 a 1941, comissário do povo (ministro a partir de 1946) de 1939 a 1949, assim como ministro de assuntos estrangeiros da URSS de 1953 a 1956. **35, 71**

Mordvinov, Nikolai Dmitrievitch (1901-1966): ator, artista popular da URSS. **81**

Morgun, Fiódor Trofimovitch (1924-2008): primeiro secretário do Comitê da Província de Poltava do Partido Comunista Ucraniano nos anos de 1973 a 1988. **229**

Mulroney, Martin Brian (nasc. 1939): 18º primeiro-ministro do Canadá de 1984 a 1993; presidente do Partido Progressista Conservador de 1983 a 1993. **489**

Murachovski, Vsevolod Serafimovitch (nasc. 1926): primeiro secretário do Comitê da Província de Carachai-Circássia de 1975 a 1978 e primeiro secretário do Comitê Regional de Stavropol do PCUS de 1978 a 1985. Foi primeiro vice-presidente do Conselho Ministerial da URSS nos anos de 1985 a 1989 – presidente do Comitê Estatal de Agricultura (Gosagroprom) da URSS. **229 e segs.**

Muratov, Dmitri Andreievitch (nasc. 1961): fundador do jornal *Novaja gaseta*, redator chefe da Editora "Novaja gaseta". **184**

Murtasaiev, Akram Kaiumovitch (nasc. 1951): jornalista, trabalhou para o *Komsomolskaja pravda*, o *Pravda* e depois para o *Novaja gaseta* e outras publicações. **183**

Murtasaiev, Kaium Murtasaievitch (1926-1982): primeiro secretário do Comitê da Província de Buchara do Partido Comunista Uzbeque nos anos de 1965 a 1977. **183**

N

Nabokov, Vladimir Vladimirovitch (1899-1977): escritor russo-americano. **382**

Naidionov, Viktor Vasilievitch (1931-1987): vice-procurador-geral da URSS de 1977 a 1981, liderou as investigações do "caso Krasnodar". **199**

Nakasone, Iasuhiro (nasc. 1918): ministro-presidente japonês nos anos de 1982 a 1987. **344**

Nasarbaiev, Nursultan Abichevitch (nasc. 1940): atuante no Partido desde 1973. Secretário do Comitê Central do Partido Comunista do Cazaquistão a partir de 1979, presidente do Conselho Ministerial a partir de 1984 e primeiro secretário do Comitê Central do Partido Comunista do Cazaquistão nos anos de 1989 a 1991. Foi presidente do Soviete Supremo de fevereiro de 1990 em diante e, a partir de abril de 1991, presidente da República Soviética Cazaque. Ele é presidente da República do Cazaquistão desde dezembro de 1991. **470, 483 e segs., 483**

Nehru, Jawaharlal (1889-1964): primeiro-ministro indiano e ministro do exterior a partir de 1947, um líder do Congresso Nacional indiano. Entrou para a história como "fundador da nova Índia". **94 e segs., 410**

Nekrassov, Ignat Fiodorovitch (cerca de 1660-1737): cossaco da região do rio Don, combatente junto de Bulavin, participante do levante de 1707 a 1709. **29**

Nesmeianov, Alexander Nikolaievitch (1899-1980): eminente químico soviético, reitor da Universidade Estatal de Moscou (MGU) de 1948 a 1951, presidente da Academia de Ciências da URSS de 1951 a 1961. **79**

Nikonov, Alexander Alexandrovitch (1918-1995): especialista em economia, membro da Academia Russa de Ciências e da Academia de Agricultura. Foi presidente da Academia Agrária Pan-Russa Lenin (WASCHNIL) nos anos de 1984 a 1992 e vice-presidente do Comitê Estatal de Agricultura (Gosagroprom) da URSS de 1985 a 1989. **168**

Nikonov, Viktor Petrovitch (1929-1993): presidente da União Pan-Russa de Química Agrária, vice-ministro da agricultura da URSS de 1979 a 1983 e ministro da agricultura da RSFSR de 1983 a 1985. Nikonov foi membro do Comitê Central nos anos de 1976 a 1990, secretário do Comitê Central de 1985 a 1989 e membro do Politburo do PCUS de 1987 a 1989. **373, 414, 435**

Nochikov, Iuri Abramovitch (1934-2010): governador da Província de Irkutsk de 1991 a 1997. **349**

Novikov, Ignati Trofimovitch (1906/07-1993): ministro da Construção de Usinas de Energia Elétrica nos anos de 1958 a 1962, ministro de Energia e

Abastecimento Elétrico da URSS em 1962 e vice--presidente do Conselho Ministerial da URSS e presidente da Comissão de Construção Gosstroia de 1962 a 1983. **282, 285 e segs.**

O

Obama, Barack (nasc. 1961): 44º presidente dos EUA (desde 2009). **456**

Obuchova, Nadechda Andreievna (1886-1961): cantora de ópera, artista popular da URSS. **81**

Odoievski, Alexander Ivanovitch (1802-1839): poeta russo, dezembrista. **25 e segs.**

Ogariov, Nikolai Platonovitch (1813-1877): revolucionário, poeta, articulista russo, amigo e colaborador de Alexander Herzen. **26**

Ordchonikidse, Grigori Konstantinovitch (Sergo) (1886-1937): político e funcionário estatal soviético, participante da Revolução de Outubro. De 1926 em diante, foi presidente da Comissão Central de Fiscalização (CCF) do Partido Comunista Pan-Russo (bolchevique) (VKP (b)) e comissário do povo para a inspeção dos operários e camponeses (RKI), ao mesmo tempo, vice-presidente do Conselho dos Comissários do Povo e do Conselho do Trabalho e Defesa (STO) da URSS. A partir de 1926, Ordchonikidse foi candidato e, a partir de 1930, membro do Politburo do Comitê Central do VKP (b), a partir de 1930, presidente do Conselho Superior de Economia Popular e de 1932 em diante, comissário do povo para a indústria de base da URSS. **39, 234**

Osipov, Gennadi Vasilievitch (nasc. 1929): sociólogo russo-soviético, membro da Academia Russa de Ciências (1991). **142**

P

Pajetta, Giancarlo (1911-1990): funcionário do Partido Comunista Italiano, integrante da resistência antifascista, membro do Comitê Central e da direção do PCI a partir de 1945. **319-21**

Pastuchov, Boris Nikolaievitch (nasc. 1933): secretário a partir de 1964, primeiro secretário do Comitê Central do Komsomol de 1977 a 1982, presidente do Comitê Estatal para o setor de editoração, concepção gráfica e livrarias de 1982 a 1986. **203**

Pavlov, Georgi Sergeievitch (1910-1991): administrador do Comitê Central do PCUS de 1965 a 1983. **284 e segs.**

Pavlov, Nikolai Alexandrovitch (nasc. 1951): deputado do Soviete Supremo da RSFSR / FR nos anos de 1990 a 1993. **487**

Pavlov, Valentin Sergeievitch (1937-2003): presidente do Comitê Estatal da URSS para a evolução dos preços a partir de 1986; ministro das finanças da URSS a partir de 1989. Foi ministro-presidente e presidente do Conselho Estatal para a Reforma Econômica de janeiro a agosto de 1991. Fez parte do Comitê de Emergência em agosto de 1991. **468, 474**

Pavlovski, Ivan Grigorievitch (1922-2007): vice--ministro de comunicação da URSS a partir de 1972 e ministro da comunicação de 1977 a 1982. **282**

Pecchioli, Ugo (nasc. 1925): funcionário do Partido Comunista Italiano, membro dirigente do PCI. **322**

Pedro I, o Grande (1672-1725): tsar russo a partir do ano de 1682 (autocraticamente desde 1689), primeiro imperador russo a partir de 1721. **178**

Pelche, Arvid Ianovitch (1899-1983): funcionário soviético do Partido e do Estado, participante da Revolução de Outubro e da Guerra Civil. Foi primeiro secretário do Partido Comunista Letão de 1959 a 1966, presidente do Comitê para Fiscalização do Partido no Comitê Central do PCUS a partir de 1966. Além disso, fez parte do Politburo do PCUS a partir de 1966. **244, 345**

Pertini, Alessandro (1896-1990): presidente italiano de 1978 a 1985, liderança do Partido Socialista Italiano. Participou ativamente da resistência nos anos do fascismo. **320 e segs.**

Pestov, Valeri Borisovitch (nasc. 1951): oficial do serviço de segurança do presidente da URSS. **213**

Petrovski, Ivan Georgievitch (1901-1973): matemático soviético, membro da Academia de Ciências da URSS (AN), reitor da Universidade Estatal de Moscou (MGU) de 1951 a 1973. **79**

Petuchov, Vasili Nikolaievitch (1916-2003): promotor público da região de Stavropol nos anos cinquenta. Tomou parte nos esforços para reabilitar as vítimas da repressão política injusta no Norte do Cáucaso. **106**

Pliatt, Rostislav Ianovitch (1908-1989): ator de teatro e cinema, artista popular da URSS. **81**

Podgorni, Nikolai Viktorovitch (1903-1983): primeiro secretário do Comitê Central do Partido Comunista Ucraniano nos anos de 1957 a 1963, secretário do Comitê Central do PCUS de 1963 a 1965 e presidente do *Presidium* do Soviete Supremo da URSS de 1965 a 1977. **179, 243**

Pokutni, Nikolai Feodosievitch (nasc. 1946): doutor em Medicina, professor, reconhecido médico da RSFSR, médico pessoal de Gorbachev. **348**

Polechaiev, Leonid Konstantinovitch (nasc. 1940): governador da Província de Omsk desde 1991. **350**

Poloskov, Ivan Kusmitch (nasc. 1935): atuante no aparato do Comitê Central do PCUS nos anos de 1975/78, 1980 a 1983 e 1984/85. Foi primeiro secretário do Comitê Regional do PCUS de Krasnodar a partir de 1985, primeiro secretário do Partido Comunista da RSFSR de junho de 1990 a julho de 1991. **393, 487**

Poloskov, Sergei Alexandrovitch (nasc. 1959): deputado do Soviete Supremo da RSFSR/FR de 1990 a 1993. **487**

Poltoranin, Mikhail Nikiforovitch (nasc. 1939): redator chefe do jornal *Moskovskaia pravda* nos anos de 1986 a 1988, comentarista político da agência de notícias *Novosti* a partir de 1988. Foi deputado no primeiro congresso dos deputados do povo da URSS no ano de 1989. Ministro russo do setor gráfico e de imprensa de julho de 1990 a novembro de 1992, ao mesmo tempo, em 1990, vice-chefe de governo da Federação Russa. **357, 425**

Pompidou, George (1911-1974): ministro-presidente de 1962 a 1968 e presidente do Estado da França de 1969 a 1974. **240**

Ponomariov, Boris Nikolaievitch (1905-1995): chefe do setor internacional do Comitê Central do PCUS a partir de 1952, ao mesmo tempo, a partir de 1961, secretário do Comitê Central, candidato ao Politburo do PCUS de 1972 a 1986. Foi membro do Comitê Central e fez parte da Academia de Ciências de 1956 a 1989. **244, 320, 341**

Popov, Gavriil Charitonovitch (nasc. 1936): decano da Faculdade de Ciências Econômicas da Universidade Estatal de Moscou (MGU) de 1978 a 1988 e redator chefe do jornal *Voprossi ekonomiki* de 1988 a 1991. Foi eleito deputado do povo da URSS no ano de 1989, em 1990, deputado do Soviete municipal de Moscou e, por fim, presidente. Popov foi prefeito de Moscou em 1991 e 1992. **462, 468**

Popov, V. I. 324

Pösner, Vladimir Vladimirovitch (nasc. 1934): jornalista e apresentador russo. **101**

Pribytkov, Viktor Vasilievitch: conselheiro do secretário geral do Comitê Central do PCUS Konstantin Tchernenko nos anos de 1984 e 1985. **334**

Prokofiev, Iuri Anatolievitch (nasc. 1939): deputado do Soviete municipal de Moscou nos anos de 1984 a 1993. Foi chefe de departamento no Comitê Municipal de Moscou do PCUS a partir de 1985, secretário do Comitê Executivo de Moscou de 1986 a 1988 e segundo, depois primeiro secretário do Comitê Municipal de Moscou do PCUS de 1988 a 1991. Prokofiev fez parte do Politburo em 1990 e 1991. **334**

Puchkin, Alexander Sergeievitch (1799-1837): poeta russo. **25, 48**

Pugatchev, Iemelian Ivanovitch (1740/42-1775): cossaco da região do rio Don, líder do levante dos camponeses de 1773 a 1775. **27**

Putin, Vladimir Vladimirovitch (nasc. 1952): ministro-presidente da Federação Russa de 16 de agosto de 1999 a 7 de maio de 2000, presidente russo de 2000 a 2008, ministro-presidente de maio de 2008 a 2012. Foi novamente eleito presidente em maio de 2012. **348, 358**

Q

Qian Qichen (nasc. 1928): ministro do exterior da República Popular da China de 1988 a 1998. **451**

R

Rachidov, Charaf Rachidovitch (1917-1983): funcionário político e escritor. Atuante jornalística e politicamente no Partido a partir de 1943. Foi presidente do *Presidium* do Soviete Supremo da República Soviética Uzbeque de 1950 a 1959, primeiro secretário do Comitê Central do Partido Comunista Uzbeque de 1959 a 1983. Rachidov foi candidato ao Politburo (*Presidium*) do Comitê Central do PCUS de 1961 a 1983. **128, 182 e segs., 243, 274**

Rákosi, Mátjás (1892-1971): secretário geral do Comitê Central do Partido Comunista Húngaro nos anos de 1945 a 1948, integrou a cúpula do Comitê Central do Partido Operário Húngaro de 1948 a 1956 e foi presidente do Conselho Ministerial da

República Popular da Hungria de 1952 a 1953. No contexto dos acontecimentos de 1956, foi destituído de todas as funções de direção e expulso do Partido em 1962. 112

Rasin, Stepan Timofeievitch (aprox. 1630-1671): cossaco da região do rio Don, ataman, líder de um levante de camponeses em 1670/71. 27

Rasputin, Valentin Grigorievitch (nasc. 1937): escritor russo. Foi deputado do povo da URSS nos anos de 1989 a 1991. 380

Rasumovski, Georgi Petrovitch (nasc. 1936): atuante no trabalho do Partido desde 1961. Foi chefe da direção administrativa no Conselho Ministerial da URSS de 1981 a 1983, primeiro secretário do Comitê Regional do PCUS de Krasnodar a partir de 1983, chefe de departamento no Comitê Central de 1985 a 1990 e secretário do Comitê Central a partir de 1986. Foi cônsul-geral da URSS em Xangai (República Popular da China) de 1990 a 1992. 373, 422, 435

Reagan, Ronald Wilson (1911-2004): 40º presidente dos EUA (1981-1989). 398-401, 403-8, 410, 412, 447, 449, 451

Ribakov, Anatoli Naumovitch (1911-1998): escritor russo-soviético, autor do romance *Os filhos da Rua Arbat*. 381

Richkov, Nikolai Ivanovitch (nasc. 1929): secretário do Comitê Central nos anos de 1982 a 1985, membro do Politburo do PCUS de 1985 a 1990. Foi presidente do Conselho Ministerial da URSS de 1985 a 1991. Richkov foi deputado da segunda (1995 a 1999) e da terceira (a partir de dezembro de 1999) Duma Estatal da Federação Russa. 284, 293-6, 309, 314 e segs., 338, 373, 383, 390, 389 e segs., 405, 486 e segs., 489 e segs., 425, 431, 435, 461, 469-71, 474

Riumin, Valeri Viktorovitch (nasc. 1939): cosmonauta, por duas vezes "herói da União Soviética". 246

Romanov, Grigori Vasilievitch (1923-2008): primeiro secretário do Comitê do PCUS da Província de Leningrado de 1970 a 1983, membro do Politburo de 1976 a 1985 e secretário do Comitê Central do PCUS de 1983 a 1985. 291 e segs., 340

Roosevelt, Franklin Delano (1882-1945): 32º presidente dos EUA (de 1933 a 1945). Em 1933, o governo Roosevelt normalizou as relações diplomáticas com a URSS, e, na Segunda Guerra Mundial, Roosevelt colaborou de maneira decisiva para a formação da coalizão anti-Hitler. 456

Rosanova, Maria Vasilievna (nasc. 1929): literata, crítica literária, esposa de Andrei Siniavski. 351

Rosov, Viktor Sergeievitch (1913-2004): dramaturgo e roteirista russo-soviético. 261

Rubbi, Antonio (nasc. 1932): membro dirigente do Partido Comunista Italiano. Foi deputado no Parlamento desde 1976 e fez parte, em 1990, do Comitê para Assuntos Estrangeiros na Câmara dos Deputados. É membro da Assembleia Parlamentar do Conselho Europeu. 320 e segs.

Rudenko, Illarion Anisimovitch: chefe da cátedra do Instituto Pedagógico em Stavropol. 118 e segs.

Rumsfeld, Donald (nasc. 1932): político americano, Ministro da Defesa dos EUA de 1975 a 1977 e de 2001 a 2006. 493

Rusinova, Lia: estudante da Faculdade de Filosofia da Universidade Estatal de Moscou (MGU), colega de estudos de Raissa Gorbacheva. 84 e segs.

Rust, Mathias: alemão nonagenário da República Federal que sobrevoou a fronteira e, em 28 de maio de 1987, com um avião esportivo monomotor do tipo Cessna 172, aterrissou na Praça Vermelha, em Moscou. 489

S

Sacharov, Andrei Dmitrievitch (1921-1989): físico teórico soviético, membro da Academia, por três vezes "herói do trabalho socialista", ganhador do Prêmio Nobel da Paz. Participou decisivamente na construção da bomba de hidrogênio soviética e lutou pelos direitos dos cidadãos. Após uma aparição pública em janeiro de 1980, na qual ele condenou a incursão de tropas soviéticas no Afeganistão, foi exilado em Gorki. Foi libertado do exílio em 1986 e eleito deputado do povo da URSS em 1989. 73, 145

Sadikov, F. B.: docente na cátedra de Filosofia do Instituto Agrário de Stavropol. 152

Sagladin, Vadim Valentinovitch (1927-2006): jornalista de política internacional; membro do aparato do Comitê Central do PCUS a partir de 1964. Sagladin foi suplente e mais tarde primeiro suplente do chefe do setor internacional do Comitê Central de 1967 a 1988. Atuou como conselheiro do presidente da URSS a partir de 1990 e, a partir de

1992, como conselheiro do presidente da Fundação Gorbachev. **318 e segs.**

Saikov, Lev Nikolaievitch (1923-2002): membro do Comitê Central do pcus a partir de 1981, secretário do Comitê Central a partir de 1985, membro do Politburo do pcus de 1986 a 1990. Foi primeiro secretário do Comitê Municipal de Moscou do pcus nos anos de 1989 a 1990. **366, 398, 409, 435**

Saizev, Savatei ("avô Savka"): camponês da aldeia Privolnoie (vizinho de Stavropol). **40 e segs.**

Saketti, Alexander Oliverievitch: professor na Faculdade de Direito da Universidade Estatal de Moscou (mgu), latinista. **65**

Saligin, Sergei (1913-2000): escritor, acadêmico. Trabalhou como redator chefe do jornal *Novi Mir* de 1986 a 1997. **380**

Samiatin, Leonid Mitrofanovitch (nasc. 1922): atuante no serviço diplomático a partir de 1946. Foi diretor-geral da agência de notícias tass junto ao Conselho Ministerial da urss de 1970 a 1978, chefe do departamento de propaganda de política externa de 1978 a 1982 e chefe do departamento de informação internacional no Comitê Central do pcus de 1982 a 1986. Samiatin foi embaixador da urss na Grã-Bretanha de 1986 a 1991. **323, 325**

Sarezki, Anatoli 83, 86

Saveljev, Viktor Sergeievitch (nasc. 1928): famoso cirurgião russo, membro da Academia Médica de Ciências (1991) e da Academia Russa de Ciências (1997). **304**

Schröder, Gerhard (nasc. 1944): chanceler da República Federal da Alemanha de 1998 a 2005. **212**

Schultz, George Pratt (nasc. 1920): ministro do exterior dos eua, sob o Presidente Reagan, de julho de 1982 a janeiro de 1989. **344, 402 e segs., 405, 410 e segs.**

Scowcroft, Brent (nasc. 1925): conselheiro do presidente dos eua (nas administrações Nixon e Ford) em questões de segurança nacional nos anos de 1975 a 1977. Foi diretor do Banco Nacional de Washington de 1977 a 1983, presidente da comissão de armas estratégicas (Comissão mx) de 1983 a 1984. De 1989 a 1993, sob George Bush pai, foi conselheiro nacional de segurança. **492**

Semionova, Galina Vladimirovna (nasc. 1937): jornalista, membro do Politburo do pcus nos anos de 1990 e 1991. Era responsável pela família, pelas mulheres e pela política da população. Foi deputada do povo da urss de 1989 a 1991. **373**

Silaiev, Ivan Stepanovitch (nasc. 1930): ministro da construção de máquinas-ferramentas da urss nos anos de 1980 e 1981 e ministro da indústria da aviação de 1981 a 1985. Foi vice-presidente do Conselho Ministerial da urss de 1985 a 1990, presidente do Conselho Ministerial da rsfsr de 1990 a 1991 e representante da Rússia na Comunidade Europeia, em Bruxelas, de 1991 a 1994. **357**

Simjanin, Mikhail Vasilievitch (1914-1995): participante do movimento partisan na Bielorrússia nos anos da Grande Guerra Patriótica. De 1947 a 1953, foi secretário, segundo secretário, depois primeiro secretário do Comitê Central do Partido Comunista da Bielorrússia. Simjanin foi chefe de redação do jornal *Pravda* de 1965 a 1976 e secretário do Comitê Central do pcus de 1976 a 1987. **280 e segs., 303 e segs., 316, 318 e segs., 334, 366**

Siniavski, Andrei Donatovitch (1925-1997): teórico de literatura, escritor, crítico literário (pseudônimo: "Abram Terz"). **351**

Sisuiev, Oleg Nikolaievitch (nasc. 1953): prefeito de Saratov de 1992 a 1997. **349**

Siuganov, Gennadi Andreievitch (nasc. 1944): ativista político russo, líder do Partido Comunista da Federação Russa (pcfr). **353 e segs., 483**

Slavik, Václav: funcionário do Partido Comunista Tchecoslovaco, participou ativamente da Primavera de Praga. **204**

Sliunkov, Nikolai Nikitovitch (nasc. 1929): vice-presidente da Comissão de Planejamento Gosplan da urss de 1974 a 1983. Foi primeiro secretário do Comitê Central do Partido Comunista da Bielorrússia a partir de janeiro de 1983 e secretário do Comitê Central e membro do Politburo do pcus de 1987 a 1990. **373, 414, 435**

Smirnov, Giorgi Lukitch (1922-1999): membro da Academia Russa de Ciências (ran). Foi atuante no aparato do Comitê Central do pcus a partir de 1957, membro da redação do jornal *Kommunist* a partir de 1962 e vice-chefe do departamento de propaganda do Comitê Central do pcus a partir de 1969. Smirnov foi diretor do Instituto de Filosofia da Academia de Ciências (an) da urss de 1983 a 1985 e conselheiro do secretário geral do pcus de 1985 a 1987. **422**

Sobtchak, Anatoli Alexandrovitch (1937-2000): chefe de uma cátedra da Faculdade de Direito da Universidade Estatal de Leningrado de 1982 a 1989. Foi deputado do povo da URSS e membro do Soviete Supremo da URSS nos anos de 1989 a 1991. Fez parte do grupo de conselheiros políticos junto do presidente da URSS. Foi prefeito de Leningrado/São Petersburgo de junho de 1991 a junho de 1996. **349, 358**

Sogoian, Friedrich Mkrtichevitch (nasc. 1936): escultor, criador da lápide no túmulo de Raissa Gorbacheva. **11**

Sokolov, Sergei Leonidovitch (nasc. 1911): marechal da União Soviética, ministro da defesa da URSS de dezembro de 1984 a maio de 1987. **410**

Sokolova, Nelli: amiga de Raissa Gorbacheva. **156**

Soljenítsin, Alexander Isaievitch (1918-2008): ganhador do Prêmio Nobel de Literatura (1970). Foi preso em fevereiro de 1974 e, pouco tempo depois, expulso para a República Federal da Alemanha. Soljenítsin mudou-se para os EUA em 1976 e retornou à Rússia em maio de 1994. **24, 378 e segs.**

Solomenzev, Mikhail Sergeievitch (1913-2008): presidente do Conselho Ministerial da RSFSR nos anos de 1971 a 1983 e presidente do Comitê de Fiscalização do Partido no Comitê Central e membro do Politburo do PCUS de 1983 a 1988. **172, 176, 244, 292, 310, 327, 339, 422, 431, 433, 435, 442**

Solotopup, Nikolai: secretário do comitê do Komsomol no círculo de Apollonovski, na região de Stavropol. **109 e segs.**

Solotuchin, Grigori Sergeievitch (1911-1998): primeiro secretário do Comitê Regional de Krasnodar nos anos de 1966 a 1973, ministro de abastecimento da URSS a partir de 1973.

Spiridonov, Boris: secretário do comitê partidário da Faculdade de Direito da Universidade Estatal de Moscou (MGU) durante o tempo de estudos de Gorbachev. **73**

Stálin (Dchugachvili), Josef Vissarionovitch (1879-1953): secretário geral do Comitê Central do PCUS a partir de 1922, comandante supremo do Conselho Ministerial de 1941 a 1945 e presidente do Conselho Ministerial a partir de 1946. Impôs a coletivização da agricultura com medidas cruéis e organizou, nos anos trinta, um regime de terror, que vitimou uma grande parte da sociedade, assim como da direção do Partido e dos militares. **39, 67,** 69, 71-74, 79, 112 e segs., 115, 128, 130, 139, 190, 194, 201, 208, 236, 241, 311, 380, 420 e segs., 420 e segs., 432, 436

Stankevitch, Sergei Borisovitch (nasc. 1954): colaborador científico do Instituto de História Geral da Academia de Ciências da URSS. Foi deputado do primeiro Congresso dos Deputados do Povo da URSS no ano de 1989, primeiro vice-presidente do Soviete Municipal de Moscou de 1990 a 1992 e primeiro vice-prefeito de Moscou de 1991 a 1992. **468**

Stukalin, Boris, Ivanovitch (1923-2004): presidente do comitê estatal para o setor editorial do Conselho Ministerial da RSFSR a partir de 1963, redator chefe substituto, a partir de 1965, e depois primeiro redator chefe substituto do jornal *Pravda*. Stukalin liderou o comitê estatal da URSS para o setor editorial, gráfico e livreiro de 1970 a 1982 e, de 1982 a 1985, foi chefe do departamento de propaganda do Comitê Central do PCUS. **285**

Suleimenov, Olchas Omarovitch (nasc. 1936): poeta cazaque, primeiro secretário da direitoria da Associação de Escritores do Cazaquistão. Em 1989, foi deputado no primeiro congresso dos deputados do povo da URSS e membro do comitê legislativo do Soviete Supremo da URSS. **380**

Suslov, Mikhail Andreievitch (1902-1982): membro do Politburo (*Presidium*) do Comitê Central do PCUS nos anos de 1952/53 e a partir de 1955. Ditava as regras nas questões ideológicas. **139, 164, 176, 188, 227, 236 e segs., 241 e segs., 244, 247, 256-8, 263, 269, 271, 345**

Sverev, Arseni Grigorievitch (1900-1969): comissário do povo (ministro) de finanças da URSS nos anos de 1938 a 1960, membro do Comitê Central do PCUS de 1939 a 1961. **70**

T

Talisin, Nikolai Vladimirovitch (1929-1991): vice-ministro, nos anos de 1965 a 1975, e ministro do setor de imprensa de 1975 a 1980. De 1980 a 1985, foi vice-presidente do Conselho Ministerial da URSS e representante permanente da URSS no Conselho para a Assistência Econômica Mútua (CAEM) e, de 1985 a 1988, vice-presidente do Conselho Ministerial e ao mesmo tempo presidente do órgão de planejamento Gosplan. Foi candidato ao Politburo do Comitê Central do PCUS de 1985 a 1989. **373**

Vosnesenski, Nikolai Alexeievitch (1903-1950): presidente da comissão de planejamento Gosplan da URSS de 1938 a 1941 e 1942 a 1949. Ao mesmo tempo, foi vice-presidente do Conselho dos Comissários do Povo (Conselho Ministerial a partir de 1946) de 1939 a 1941 e 1946 a 1949. Nos anos da Grande Guerra Patriótica, foi membro do Comitê Estatal de Defesa. Fez parte do Politburo do Comitê Central do PCUS a partir de 1947 e caiu vítima do terror em 1950 (foi fuzilado). Vosnesenski foi reabilitado postumamente. **190**

W

Whelan, Eugene (nasc. 1924): politico canadense, ministro da agricultura canadense de 1972 a 1979 e de 1981 a 1984. **299, 301 e segs.**

Wilson, Thomas Woodrow (1856-1924): 28º presidente dos Estados Unidos, de 1913 a 1921. Em 1919, recebeu o Prêmio Nobel da Paz. **456**

Wisbor, Iuri Iosifovitch (1934-1984): poeta, trovador, ator de cinema, compositor e intérprete de diversas canções. **187, 312**

ÍNDICE DE IMAGENS

As fotos utilizadas no livro pertencem ao arquivo pessoal de Mikhail Gorbachev.